W0108758

Kohlhammer

Werner Reinartz, Monika Käuferle (Hrsg.)

Wertschöpfung im Handel

Verlag W. Kohlhammer

Dieses Buch konnte nur mit der Unterstützung des Instituts für Handelsforschung (IFH) an der Universität zu Köln e.V. realisiert werden. Dem Präsidium des IFH möchten wir an dieser Stelle ganz herzlich unseren Dank aussprechen.

1. Auflage 2014

Alle Rechte vorbehalten
© W. Kohlhammer GmbH, Stuttgart
Umschlagabbildung: © Mopic-Fotalia.com
Gesamtherstellung: W. Kohlhammer GmbH, Stuttgart

Print:
ISBN 978-3-17-023285-3

E-Book-Formate:
pdf: ISBN 978-3-17-025084-0
epub: ISBN 978-3-17-025085-7
mobi: ISBN 978-3-17-025086-4

Für den Inhalt abgedruckter oder verlinkter Websites ist ausschließlich der jeweilige Betreiber verantwortlich. Die W. Kohlhammer GmbH hat keinen Einfluss auf die verknüpften Seiten und übernimmt hierfür keinerlei Haftung.

Inhaltsverzeichnis

1.   Einleitung

Prof. Dr. Werner Reinartz und Dr. Monika Käuferle

Immer wieder treten einzelne Handelsunternehmen – darunter auch recht etablierte – unfreiwillig aus dem Markt. Beispiele für Insolvenzen von Handelsunternehmen finden sich in allen Handelssektoren, wie z. B. die Pleite der Baumarktkette Praktiker im Jahr 2013, das Aus der Drogeriemarktkette Schlecker und des Versandhauses Neckermann im Jahr 2012 oder die Insolvenz des Handelskonzerns Arcandor im Jahr 2009. Aber warum sind manche Handelsunternehmen am Markt so erfolgreich, während andere um ihr Überleben kämpfen müssen bzw. scheitern? Noch spannender ist die Frage, warum viele Handelsunternehmen dieses Schicksal trifft, obwohl sie davor viele Jahre erfolgreich auf dem Markt bestehen konnten und profunde Erfahrungen im Handelsmanagement vorweisen können?

Das übergeordnete Ziel aller Unternehmungen ist es, Wert zu schaffen und zu schöpfen. Der Begriff der betriebswirtschaftlichen Wertschöpfung beschreibt das vom Betrieb erzeugte *Gütereinkommen*, welches sich ergibt aus den gesamten Erlösen (den nach außen abgegebenen Güterwerten), von denen die Vorleistungskosten (die von außen hereingenommenen Güterwerte, d. h. Leistungen vorgelagerter Produktionsstufen) abgezogen werden. Händler, wie alle Unternehmen, sind daran interessiert, das eigene Ergebnis durch Vorleistungskostensenkung bzw. Kostenkontrolle und durch Preis- und Absatzmengensteigerung zu maximieren. Damit wird klar, dass sowohl die Perspektive des Händlers als auch die Kundenperspektive von entscheidender Bedeutung für die Wertschöpfung sind. Denn eine wesentliche Erfolgsvoraussetzung einer Unternehmung ist die *Wertschätzung* der erzielten Leistung durch den Kunden. Nur wenn aus Kundensicht ein wirklicher Nutzen geschaffen wird, hat dieser einen Anreiz, beim jeweiligen Unternehmen die Leistung zu beziehen. Je größer der Mehrwert vom Kunden eingestuft wird, umso höher seine Preisbereitschaft und Loyalität. Darüber hinaus werden Maßnahmen auf der Vorleistungs- und Kostenseite des Unternehmens vom Kunden nur in Kauf genommen, wenn das erstandene Gut und der Kaufprozess ein überzeugendes Kosten-Nutzen-Verhältnis bieten. Schafft es ein Händler also nicht, einen hinreichenden Wert *für* den Kunden zu generieren, wandert letzterer zur Konkurrenz ab und das Unternehmen kann auf lange Sicht nicht im Wettbewerb überleben.

Eine zentrale Herausforderung in der Wertschöpfung stellen dabei die sich kontinuierlich ändernden Rahmenbedingungen für den Handel dar, insbesondere im Sinne einer stetigen Veränderung von Kundenbedürfnissen und Erwartungen, technologischen

Entwicklungen und von wettbewerbsspezifischen Marktgegebenheiten. Vor dem Hintergrund dieser dynamischen Umfeldentwicklung ist der Handel als Branche und die Unternehmen innerhalb dieser Branche gezwungen, sich neu zu orientieren und Wertschöpfung neu zu denken. Durch die Wettbewerbs- und Umweltdynamik gibt es per se keine dauerhaft anwendbaren, erfolgsversprechenden Wertschöpfungsmodelle. Für Handelsunternehmen ist daher die genaue Kenntnis aktuell valider wertschöpfender Mechanismen und Strategien sowie der jeweiligen Wertschöpfungstreiber von existenziellem Interesse.

Darüber hinaus ist das Thema Wertschöpfung kein singuläres, sondern ein äußerst vielschichtiges und vernetztes Thema. Es existiert eine Vielzahl strategischer Stellschrauben, die, bei richtigem Umgang, die Wertschöpfungsleistung eines Händlers steigern können. Um ein nachhaltiges und umfassendes Wertschöpfungsergebnis realisieren zu können, müssen sich Handelsunternehmen den vielseitigen Ansatzpunkten bewusst sein und mit ihnen umzugehen wissen. Denn Wert kann auf verschiedensten Wegen geschaffen werden: Sei es durch das gekonnte Management von Innovationen, den Vertrieb über geeignete Multikanalsysteme, nachhaltiges Handeln, den vorteilhaften Einsatz von Handelsmarken, ein durchdachtes Preismanagement, strategische Rückwärtsintegration, die gezielte Integration des Kunden in Wertschöpfungsaktivitäten, den Einsatz technologischer Neuerungen, die vorteilhafte Ausnutzung des Digitalisierungstrends oder auch durch ein geschicktes Shopper Marketing.

Um Wertschöpfungspotenziale umfassend aufzudecken, muss die Thematik von verschiedenen Seiten und vor dem Hintergrund sich wandelnder Rahmenbedingungen beleuchtet werden. Das vorliegende Buch befasst sich mit dem Thema »Wertschöpfung im Handel« aus einer Reihe von Perspektiven, mit dem Ziel, Wertschöpfungstreiber und erfolgreiche Handelsstrategien aufzuzeigen. Auch wenn diese Auswahl naturgemäß nicht allumfassend sein kann, so sind diese Aspekte heute doch von hoher Bedeutung. Eine Übersicht über die verschiedenen, im Folgenden beleuchteten Themen, wird in Abbildung 1 illustriert.

In Kapitel 1 wird aus *volkswirtschaftlicher Perspektive* untersucht, inwieweit sich die Wertschöpfung zwischen einzelnen Handelsbranchen und -formaten unterscheidet und worauf die bestehenden Unterschiede in der Wertschöpfungsentwicklung zurückzuführen sind. Im Gegensatz zu Kauf- und Warenhäusern sowie Fachgeschäften zählen heute vor allem Supermärkte, Discounter und der Versandhandel zu den Handelsformaten mit der am stärksten wachsenden Wertschöpfung. Letztere schaffen es, einen signifikanten Mehrwert für den Kunden zu erzeugen.

Im Versandhandel sind die Treiber dieser Entwicklung die kostenorientierten und preisaggressiven online-basierten Versandhandelsformate. Während diese und Discounter die Kundenaffinität für niedrige Preise beantworten, erfüllen Supermärkte mit ihren margenintensiven Premium-Handelsmarken-Konzepten den Wunsch nach einem guten Preis-Leistungs-Verhältnis. Letztere reagieren außerdem immer mehr auf das wachsende Kundeninteresse nach regionalen und nachhaltigen Produkten. Ein weiterer

Abb. 1: Thematische Übersicht

Erfolgsfaktor von Supermärkten liegt in der zunehmenden Anzahl inhabergeführter Supermärkte, da diese flexibel auf Kundenwünsche reagieren und Innovationen einführen können.

Kapitel 2 untersucht Wertschöpfungspotenziale aus *betriebswirtschaftlicher Perspektive*. Dynamische Umfeldentwicklungen führen dazu, dass die Handelswelt zunehmend schnelllebiger und komplexer wird und die Kundenansprüche stetig steigen. Basierend auf einer empirischen Untersuchung der größten öffentlich notierten, internationalen Handelsunternehmen aus den Bereichen Lebensmittel und Textil werden konkrete Aktivitäten zur Wertschöpfung in der modernen Handelslandschaft herausgestellt. Im Fokus des Kapitels steht dabei das Potenzial der sogenannten Funktionenverschiebung, d.h. die Abgabe bzw. Übernahme einzelner Wertschöpfungsaktivitäten an andere bzw. von anderen Parteien, als Schlüssel zur modernen Wertschöpfung.

Während die geschickte Integration von Kunden ein guter Weg ist, um mit deren individuellen Wünschen umzugehen, ergibt sich, dass eine Ausgliederung einzelner Wertschöpfungsaktivitäten an Dritte nur dann Sinn macht, wenn die erwarteten

Umsatzvorteile (Vergrößerung des Kundenstamms, Skaleneffekte) und Auswirkungen auf die Marke (Bekanntheit) die Nachteile aufwiegen (geringere absolute Gewinnabschöpfung durch verkleinerte Wertschöpfungskette). Die Ergebnisse der empirischen Analyse zeigen zudem, dass Handelsunternehmen, die Aktivitäten des Herstellers (Rückwärtsintegration) übernehmen, einen potenziell besonders erfolgreichen Hebel haben. Denn durch die zunehmende Kontrolle über die Wertschöpfungskette und die geringere Anzahl an Entscheidungsträgern können diese Händler schnell und flexibel auf Marktveränderungen reagieren und ihre Händlermarke stärken. Zudem bergen neuartige Aktivitäten, wie z. B. die Gestaltung eines abwechslungsreichen Einkaufsprozesses, Wertschöpfungspotenzial für den Handel.

Kapitel 3 zeigt die zentralen Aufgaben und Herausforderungen eines wertschöpfenden *Preismanagements* im Handel anhand eines systematischen 4-Phasen-Prozesses auf.

In der Strategiephase gilt es, vor allem bei höherer Preispositionierung einen Mehrwert für den Kunden, z. B. durch eine besondere Atmosphäre oder Dienstleistungen, zu schaffen sowie eine geeignete Preisstrategie zu identifizieren. Durch eine intensive preisbezogene Kommunikation oder häufige Preispromotions kann ein als subjektiv gut empfundenes Preisimage erzielt werden, welches die Einkaufsstättenwahl des Kunden beeinflusst. Ziel der Analysephase ist die Erhebung und Zusammenstellung preisbezogener Informationen auf Unternehmens-, Kunden- und Wettbewerbsebene. Als notwendige Voraussetzung für die wertschöpfende Preissetzung muss sich ein Händler darüber bewusst sein, wie viel er in den einzelnen Warengruppen und an einzelnen Produkten verdient, welche Zahlungsbereitschaft die Kunden haben und welche Preise der Wettbewerb gesetzt hat. Darauf aufbauend wird in der Entscheidungsphase schließlich über die generellen Preislagen, Artikelpreise und Preispromotions entschieden. Um die Wertschöpfung des gesamten Sortiments zu maximieren, sollte die Entscheidung über die Preislagen die Zahlungsbereitschaft des Kunden berücksichtigen und die Bepreisung der einzelnen Artikel die Verbundbeziehungen zwischen Produkten. Die abschließende Implementierungsphase konzentriert sich auf die erfolgreiche Kommunikation der festgesetzten Preise. Durch die zunehmende Nutzung des Internets wird die Rolle einer transparenten Preispolitik, sowohl bei Preisreduktionen als auch bei Preiserhöhungen, immer wichtiger. Vor allem in letzterem Fall sollte zudem ein klarer Mehrwert kommuniziert werden.

Kapitel 4 beschäftigt sich mit dem Aspekt der wertschöpfungsorientierten Gestaltung von *Handelsmarkenstrategien* und diskutiert verschiedene handelsmarken-, händler-, produktkategorie- und konsumentenspezifische Erfolgsfaktoren.

Als handelsmarkenspezifische Erfolgsfaktoren werden ein gutes Qualitätsniveau, die attraktive Gestaltung der Verpackung, eine hohe Handelsmarkenvertrautheit sowie ein auf den jeweiligen Handelsmarkentypen abgestimmtes Preisniveau identifiziert. Zu den zentralen händlerspezifischen Erfolgsfaktoren zählen die Förderung von Kundenloyalität und eines positiven Händlerimages, eine große Regalplatzfläche und das Angebot einer limitierten Sortimentstiefe zur Verstärkung der Sichtbarkeit der Handelsmarken. Im Rahmen der produktkategoriespezifischen Faktoren stellt sich vor allem ein als gering empfundenes finanzielles und funktionales Kaufrisiko als wichtige Voraussetzung des Handelsmarkenerfolgs heraus. In diesem Sinne sollte der Handelsmarkenerfolg bei Suchgütern höher sein als bei Erfahrungsgütern. Aber auch bei Produkten mit einer geringen Qualitätsvarianz wird vom Kunden ein geringeres Kaufrisiko empfunden. Zudem zeigt sich eine geringere Anzahl an Herstellermarken als wertschöpfungsförderlich, da somit Kannibalisierungs- bzw. Verdrängungseffekte im Sortiment reduziert werden. Zu den erfolgsversprechenden konsumentenspezifischen Faktoren zählen eine geringe Loyalität zu Herstellermarken, eine hohe Einkaufshäufigkeit, ein subjektives Smart Shopper-Bewusstsein sowie ein geringeres Qualitätsbewusstsein. Darüber hinaus wird die Wahl einer geeigneten Labeling-Strategie als zentraler wertschöpfender Faktor herausgestellt.

Der Handel als Marke hat sich zu einem strategischen Erfolgsfaktor entwickelt. In Kapitel 5 wird daher der Zusammenhang zwischen Händlermarkenpositionierung (*Rückwärtsintegration*) und vertikaler Wertschöpfung beleuchtet.

Vertikalisierungsaktivitäten dienen als Differenzierungsmerkmal und haben zum Ziel, Vertrauen in die Händlermarke aufzubauen, sie zu stärken, Markenidentität zu schaffen und die Kundenloyalität zu steigern. Darüber hinaus kann Potenzial zur Margensteigerung erzielt sowie die Möglichkeit geschaffen werden, direkten Einfluss auf die Produktspezifikationen zu nehmen. Je stärker Handelsunternehmen ihre Vorstufenprozesse beherrschen, umso stärker kontrollieren und erweitern sie die markeneigene Wertschöpfung. Um den optimalen Grad an Rückwärtsintegration festzulegen, müssen Handelsunternehmen sowohl eine ökonomische als auch eine administrative Kosten-Nutzen-Abwägung vornehmen, welche stark von der jeweiligen Branche, der strategischen Ausrichtung sowie der aktuellen Marktposition des Händlers abhängt. Der Trend zur Vertikalisierung wird von Industrie- und Erzeugervorstufen allerdings kritisch betrachtet, da sich die Herstellerseite von der fortschreitenden Ausweitung der Eigenmarkensortimente bedroht sieht.

Im Rahmen von Kapitel 6 wird unter anderem diskutiert, wie Hersteller und Händler ein effektives, wertschaffendes *Shopper Marketing* erzielen können.

Durch geschicktes Shopper Marketing kann Wert für den Kunden geschaffen werden (z.B. positives Einkaufserlebnis, Zufriedenheit mit Angebot und Service), der sich wiederum positiv auf die Wertschöpfung des Händlers bzw. Herstellers auswirkt (z.B. Kundenloyalität, Umsatz- und Profitsteigerungen, Wert der Marke und der Einkaufsstätte). Um diese Erfolgspotenziale realisieren zu können, müssen Unternehmen allerdings mit einigen Herausforderungen am »Point of Sale« (POS) umzugehen wissen. Hierzu zählt beispielsweise der wertschöpfende Umgang mit der Prädisposition eines Shoppers (Selbstverwirklichung vs. Verlustvermeidung) oder dessen habitualisiertem Kaufverhalten, um auch ungeplante Käufe zu forcieren. Darüber hinaus stellt die Reizüberflutung des Kunden am POS das Unternehmen vor die Herausforderung, den Shopper in seiner Orientierung im Geschäft zu unterstützen, um Kaufabbrüche zu vermeiden und die typischerweise äußerst kurzen Kontaktzeiten zu steigern, um die Aufmerksamkeit des Kunden zu gewinnen. Es werden konkrete Ansatzpunkte vorgestellt, die vor dem Hintergrund der bestehenden Herausforderungen am POS dazu beitragen können, Wertschöpfung für alle Parteien zu generieren. Zu diesen Ansatzpunkten zählen Maßnahmen der Verkaufsraumgestaltung (z. B. strategischer Einsatz von Düften, Musik und Licht, gezielte Verteilung der Produktkategorien im Geschäft, Steuerung der Wegstrecke), der Kommunikation (z. B. Unterstützung des Kunden durch Mitarbeiter im Geschäft, Nutzung digitaler Preisschilder am Regal, Einsatz von Guerilla Marketing), der Gestaltung des Produkt- und Leistungsangebots (Festlegung der Anzahl angebotener Produktalternativen, Zusammenstellung der Produktkategorien) und der Preissetzung (Einsatz von Sonderangeboten, In-Store Coupons).

Kapitel 7 befasst sich mit den Wertschöpfungspotenzialen, die durch die Integration *des Kunden* in den Wertschöpfungsprozess entstehen.

Sofern die Integration des Kunden einen Mehrwert für den Kunden (qualitative Verbesserung der Kaufentscheidung, Zeitersparnis, Kosteneinsparungen) ergibt, kann auch der Händler Wertschöpfung im Sinne von Kundenloyalität, Umsatzsteigerung und/ oder Profitsteigerung erzielen. Das maximal erzielbare Wertschöpfungspotenzial durch Kundenintegration hängt dabei von der jeweiligen Wertschöpfungsaktivität (z. B. Produktion, Marketingkommunikation, Transaktionsabwicklung, Service und Support) ab, in die Kunden integriert werden. Zudem geht die Einbindung des Kunden in Wertschöpfungsaktivitäten auch mit Herausforderungen einher, die u. a. davon abhängen, wie sehr ein Kunde im Rahmen seiner Mitarbeit auf sich alleine gestellt ist (Kundenintegration vs. Self-Service) und ob das Unternehmen im Integrationsprozess Zugriff auf den Kunden hat (Einbindung bei Unternehmen vor Ort vs. beim Kunden zuhause). So kann Kundenintegration Handelsunternehmen im Extremfall den Zugang zu Kundendaten verwehren, die Kontrollmöglichkeiten des Unternehmens einschränken, den Kunden überfordern, zu Kostenverlagerungen führen und die Bindung des Kunden an das Handelsunternehmen erschweren. Der Handel muss mit diesen Herausforderungen umzugehen wissen, um die angestrebte Wertschöpfung für den Kunden und das eigene Unternehmen erzielen und sich dadurch gegenüber dem Wettbewerb behaupten zu können.

Kapitel 8 geht der Frage nach, welche Voraussetzungen für eine erfolgreiche Wertschöpfung durch *Internationalisierung* im Handel erfüllt sein müssen.

Neben der Relevanz und Wettbewerbsfähigkeit des Konzeptes stellt die Kenntnis der erforderlichen Prozessschritte eine notwendige Erfolgsvoraussetzung dar. Zunächst müssen geeignete Auslandsmärkte im Hinblick auf die vorhandene Infrastruktur, das ökonomische Potenzial und die grundsätzliche, im Auslandsmarkt bestehende Relevanz des im Heimatmarkt erfolgreichen Konzeptes identifiziert werden. Es folgt die Evaluation des Erfordernisses von Konzeptanpassungen, wobei die unterschiedlichen Kulturen oder Lebenszyklen eines Landes eine zusätzliche Herausforderung darstellen. Ein wesentliches Augenmerk sollte schließlich auf die Verfügbarkeit der erforderlichen Management-Ressourcen – sowohl in der Unternehmenszentrale als auch im jeweiligen Zielland – gerichtet werden. Dies ist nicht nur im Hinblick auf die Vorbereitung des Internationalisierungsschrittes (Konzeptverständnis, Marktanalyse,

Konzeptadaption) wichtig, sondern auch für die spätere prozessuale und operative Umsetzung.

Thema von Kapitel 9 ist das Wertschöpfungspotenzial durch *Digitalisierung*.

Durch das Aufkommen des Internets haben sich die Prinzipien des Informationsaustausches (Informationsverhalten, Auswahlprozesse, Wissensbasis, Vernetzung und Machtposition) grundlegend zu Gunsten des Verbrauchers verändert. Dieser Wandel führt zu drei zentralen Wertschöpfungspotenzialen für den Konsumenten: 1) Komfortsteigerung durch Entkoppelung von örtlichen und zeitlichen Restriktionen, 2) Kostensenkungen durch anbieterübergreifende Preistransparenz, erhöhten Wettbewerbsdruck und geringeren Aufwand bei der Informationsbeschaffung, 3) Zusatznutzen im Kaufprozess durch Kundenintegration (Produktindividualisierung) und neue Interaktionsmöglichkeiten zwischen Kunden (erhöhte Glaubwürdigkeit).

Der Onlinehandel bietet etablierten Händlern zudem die Möglichkeit, die eigenen Geschäftätigkeiten durch neue Technologien wertschöpfend zu ergänzen. Sie können z.B. den Zugang zu Waren ausweiten (z.B. durch interaktive Schaufenster, mobile Einkaufsassistenten), den Austausch zwischen Kunden bzw. zwischen Kunden und Geschäft fördern (z.B. durch virtuelle Feedbackformulare, Social Dressing Room), den Kunden durch den Einsatz von Technologien im Kaufprozess unterstützen (z.B. durch digitale Körpervermessung) und längst etablierte Kundenanalyseverfahren auf die Offline-Welt übertragen (z.B. durch Mobile-IDs in Verbindung mit lokalen Sensoren und Kassensystemschnittstellen). Dies birgt allerdings Herausforderungen für die Unternehmenssteuerung. Denn Handelsunternehmen müssen entscheiden, ob und in welchem Umfang digitale Entwicklungen genutzt werden, womit auch die Komplexität der Unternehmung steigt. Wichtig ist bei dieser Entscheidung, dass Händler die eigene Startposition objektiv einschätzen (z.B. Qualität des Kerngeschäfts, Wettbewerbsposition, Kompetenzen), individuelle digitale Innovationsfelder auf Basis von Unternehmens- und Kundenbedürfnissen identifizieren, digitale Kompetenzen in allen Bereichen und Hierarchieebenen erzeugen und ein Verständnis dafür entwickeln, unter welchen Bedingungen eine digitale Investition zur Wertschöpfung führen kann.

Kapitel 10 widmet sich den Auswirkungen des *Multi-Channel-Handels* auf die Wertschöpfung. Durch Einsatz und Kombination verschiedener Vertriebskanäle können Handelsunternehmen besser auf Konsumentenwünsche nach Individualität, Flexibilität und Bequemlichkeit reagieren und haben somit die Möglichkeit, Kosteneinsparungen, Ertragssteigerungen, verstärktes Vertrauen, verbesserte Differenzierungsmöglichkeiten und Markterweiterungen zu erzielen.

Durch die Nutzung von Skaleneffekten und die gezielte Lenkung der Kunden in kostengünstige Kanäle können Multi-Channel-Händler ihre Ausgaben reduzieren. Eine Ertragserhöhung kann zugleich durch das Cross-Selling-Potenzial von Multikanalsystemen bzw. durch eine Kundenwertsteigerung aufgrund des Angebots verbesserter, kanalübergreifender Dienstleistungen erlangt werden. Es zeigt sich zudem, dass das empfundene Kaufrisiko der Kunden durch die Verfügbarkeit unterschiedlicher

Kontaktpunkte sinkt und somit Vertrauenspositionen geschaffen und Umsätze gesteigert werden können. Der Multi-Channel-Handel schafft darüber hinaus die Möglichkeit der kanalspezifischen Preisdifferenzierung. Das Wertschöpfungspotenzial dieser Strategie wird allerdings oft kritisch bewertet und zumeist von großen Unternehmen mit hoher Marktmacht eingesetzt. Schließlich können durch die vielfältigen Möglichkeiten der Kundenansprache neue Kundensegmente erschlossen werden.

Das wertschöpfungsorientierte Management von *Innovationen* ist zentrales Augenmerk von Kapitel 11. Das Innovationsmanagement wird durch verschiedene konsumentenbezogene (z. B. demographischer Wandel, IT-integrierter Lebensstil), branchenbezogene (z. B. Wettbewerbs- und Zuliefererverhalten, neue Technologien) und staatsregulationsbezogene Faktoren (z. B. Vorgaben zu Verpackungsdesigns, Produktkennzeichnungen und Nachhaltigkeit) beeinflusst. Anhand eines 3-Phasen-Prozesses werden die Voraussetzungen für eine erfolgreiche Wertschöpfung durch Innovationen aufgezeigt.

Im Rahmen von Phase 1 (Ideensuche) ist es wichtig, zur Ideengenerierung sowohl unternehmensinterne (Mitarbeiter und Geschäftsleitung durch Schulung und Weiterbildung, Workshops, betriebliches Vorschlagswesen, Qualitätszirkel) als auch externe Quellen (Kunden, Nicht-Kunden, Wettbewerb, Lieferanten, Forschungsstellen durch Open Innovation bzw. Web 2.0) heranzuziehen. In Phase 2 (Entwicklung von Produkten, Dienstleistungen und Geschäftsmodellen) gilt es, Innovationsbarrieren (Innovationsgegner, fehlende finanzielle Mittel, geringes Know-how, Konflikte im Projektteam) weitestgehend zu überwinden. Eine Möglichkeit zum Umgang mit Innovationsgegnern stellt beispielsweise die Ressourcen-Reallokation bzw. der Einsatz von Innovations-Champions dar, um die Ängste vor Innovationen abzubauen. Darüber hinaus ist es ratsam, sich auf eine übersichtliche Anzahl wohlüberlegt ausgewählter Ideen zu konzentrieren. Voraussetzung für die erfolgreiche Umsetzung von Innovationsideen in Phase 3 ist schließlich die Marktakzeptanz. Wichtig ist dabei weniger die vollkommene Neuheit einer Innovation, dafür aber eine schnelle Markteinführung, die Erzielung von Mehrwert für den Kunden, Kompatibilität und die gezielte Ansprache ausgewählter Kundengruppen.

Kapitel 12 befasst sich mit Wertschöpfungspotenzialen durch *Nachhaltigkeit*. Nachhaltiges Handeln kann ökologische, ökonomische und soziale Maßnahmen beinhalten und wird durch die große Relevanz des Themas in der Öffentlichkeit forciert. Politiker, Medien, Verbraucherschutzorganisationen und Nichtregierungsorganisationen fokussieren sich in ihren Nachhaltigkeitsappellen stets auf die Verbraucherperspektive, wodurch der Endkonsument zunehmend an Verhandlungsmacht gewinnt und für das Thema sensibilisiert wird. Nachhaltigkeitsaktivitäten werden daher als Hygienefaktor zur Vermeidung von Kundenboykotten eingesetzt, aber auch als Abgrenzungskriterium von der Konkurrenz und können sowohl über Umsatzerhöhungen als auch über Kostenreduzierungen Einfluss auf die Wertschöpfung nehmen. Wichtig dabei ist, dass Nachhaltigkeitsmaßnahmen stringent in allen Unternehmensbereichen bearbeitet werden, um Glaubwürdigkeit gegenüber der Öffentlichkeit zu schaffen.

Ökologische Nachhaltigkeit wirkt sich ressourcenschonend und damit kostenreduzierend aus (z. B. Glasabdeckungen für Kühl- und Gefriersysteme). Soziale Nachhaltigkeit gegenüber eigenen Mitarbeitern führt, unter anderem durch eine als positiv wahrgenommene Unternehmenskultur, zu einer Steigerung von Wertschöpfung aufgrund einer geringeren Anzahl an Krankheitstagen und Mitarbeiterzufriedenheit. Nachhaltigkeit bei der nationalen und internationalen Produktion und Erzeugung (z. B. Angaben zu Haltungsbedingungen bei Fleischproduktion) kann dagegen nur zu einem Wertschöpfungstreiber werden, wenn die Aktivität konsequent verfolgt wird und für den Verbraucher transparent und überprüfbar kommuniziert wird. Nachhaltiges Handeln im Sinne eines Engagements für Gesellschaft und Kultur (z. B. Produkte ohne Kinderarbeit) zeigt dagegen keinen wertschöpfungssteigernden Effekt, da ein solches Engagement vom Verbraucher heutzutage erwartet wird.

Kapitel 13 beschäftigt sich mit verschiedenen *Technologien*, durch deren Einsatz im Rahmen des Einkaufsprozesses Wert geschaffen und geschöpft werden kann. Der besondere Fokus liegt dabei auf dem Wertschöpfungspotenzial von Empfehlungssystemen, die vor allem in der Orientierungsphase (Produktsuche) sowie der Informationsbeschaffungsphase eingesetzt werden können. Empfehlungssysteme (natürlichsprachliche bzw. textbasierte Empfehlungsassistenten) können Kunden, basierend auf deren individuellen Interessen und Präferenzen, geeignete Produktempfehlungen aussprechen. Dadurch erhöht sich die Effizienz der Kommunikationsprozesse zwischen Verkäufern, Herstellern und Kunden. Durch den intuitiven und permanenten Zugang zu Informationen haben Empfehlungsassistenten zudem ein hohes Kundenbindungspotenzial.

Neben Empfehlungssystemen wird auch der Einsatz weiterer Technologien, wie z. B. RFID, QR-Codes oder der instrumentierte Einkaufswagen diskutiert, die im weiteren Verlauf des Einkaufsprozesses wertschöpfend eingesetzt werden können. Als notwendige Voraussetzung für die Verknüpfung verschiedener Dienste und somit den erfolgreichen Einsatz von Einkaufsassistenzsystemen wird die Existenz einer geeigneten Infrastruktur betont.

Das vorliegende Werk ist sowohl an Entscheider im Handel und in handelsnahen Sektoren, als auch an Lehrende und interessierte Studierende gerichtet. Es beschreibt und analysiert Wertschöpfungsstrategien des Handels an der Schnittstelle zwischen der akademischen Forschung und der unternehmerischen Praxis. Die systematische Aufarbeitung der vielfältigen, beschriebenen Perspektiven durch Experten (Wissenschaftler und Praktiker) der jeweiligen Themengebiete schafft ein holistisches Bild erfolgsversprechender Wertschöpfungsmechanismen und -treiber. Damit bietet das Buch sowohl Entscheidern als auch Lehrenden eine aktuelle Übersicht und ein tiefergehendes Verständnis von erfolgreicher Wertschöpfung im Handel.

Köln, im November 2013

Werner Reinartz
Monika Käuferle

Kapitel 1: Wertschöpfung im Handel aus volkswirtschaftlicher Perspektive

von Dr. Susanne Eichholz-Klein, Dr. Markus Preißner und Thomas Brylla

1. Einleitung

Der institutionelle Handel ist in Deutschland mit einer Umsatzleistung von 1798 Mrd. Euro im Jahre 2012 eine der bedeutendsten Stützen der Volkswirtschaft. Jedoch entwickeln sich Umsatz und Wertschöpfung des Handels im Vergleich zu anderen Wirtschaftsbereichen unterdurchschnittlich. Die Gründe hierfür scheinen vielfältig und sind vor allem in Veränderungen im Handelsumfeld sowie im Handel selbst zu suchen. Zu denken ist vor allem an die voranschreitende Globalisierung der Märkte, den verstärkten Wettbewerb auf vor- und nachgelagerten Wirtschaftsstufen und die von diesen Stufen ausgehenden Tendenzen zur Vorwärts- bzw. Rückwärtsintegration sowie an Veränderungen im Bereich der Betriebsformen bzw. Handelsformate, der Technologien und des Konsumentenverhaltens. Aber auch rechtliche und sozio-ökonomische Rahmenbedingungen, wie das verfügbare Einkommen und die Aufteilung der Konsumausgaben, können die Umsatzleistung und die Wertschöpfung des institutionellen Handels nachhaltig beeinflussen.

Vor diesem Hintergrund widmet sich der vorliegende Beitrag im Anschluss an einen definitorischen Teil zunächst der Frage, wie sich die Wertschöpfung des Handels in gesamtwirtschaftlicher Perspektive im Zeitablauf entwickelt hat und ob diesbezüglich Unterschiede zwischen Groß- und Einzelhandel bestehen. Anschließend wird mit Blick auf den Einzelhandel untersucht, inwieweit sich die Wertschöpfung zwischen einzelnen Handelsbranchen und -formaten unterscheidet und worauf bestehende Unterschiede zurückzuführen sind bzw. welche Treiber für die Wertschöpfungsentwicklung verantwortlich zeichnen. Das Kapitel schließt mit einer kurzen Zusammenfassung und einem Ausblick.

Die konzeptionelle Struktur des Kapitels wird in Abbildung 1.1 illustriert.

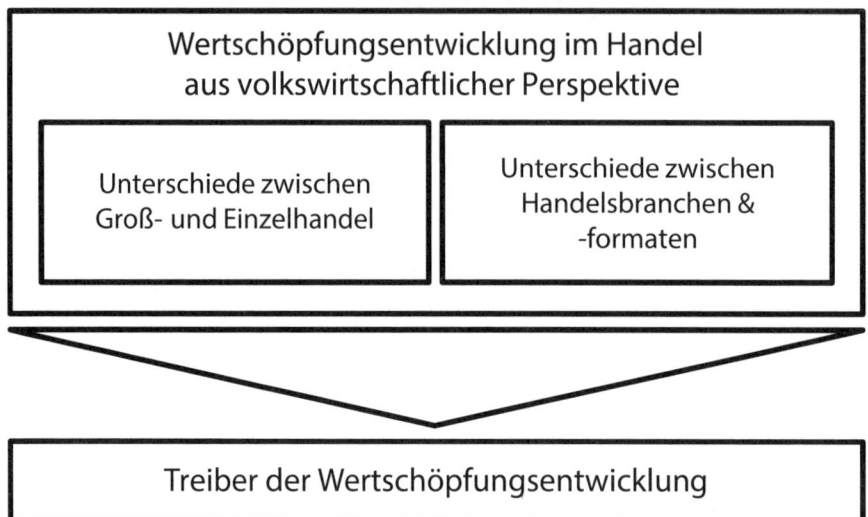

Abb. 1.1: Konzeptioneller Rahmen des Kapitels

2. Definition und Messung der Wertschöpfung im Handel

Der klassische Begriff der »Wertschöpfung« geht auf den Ökonomen T. Cox zurück, der im Jahre 1970 die wirtschaftliche Leistungsfähigkeit der USA berechnete und sich dazu folgender Formel bediente: »value of production in the economy minus brought-in materials and services« (Haller 1997, S. 77–82). Die Wertschöpfung ist demnach eine Wertbewegungsgröße, welche die monetäre Differenz der abgegebenen Güter oder Dienstleistungen und der empfangenen Güter oder Dienstleistungen abbildet (Weber 1993). Diesem Begriffsverständnis folgend kann die Wertschöpfung auf unterschiedlichen Ebenen erfasst werden:

- Einerseits lässt sich der Anteil der Wertschöpfung eines Unternehmens ins Verhältnis setzen zur gesamten Wertschöpfung eines Staates, wodurch sich die volkswirtschaftliche Bedeutung des Einzelunternehmens an der Gesamtwirtschaft darstellen lässt (Haller 1997, S. 73). Analog gilt dies bezogen auf die Wertschöpfung einzelner Volkswirtschaften, Wirtschaftsstufen bzw. -bereiche und Branchen.
- Andererseits kann die Wertschöpfung auch eine Kennziffer zur Ermittlung von Produktivitätskennzahlen sein, die letztlich für die Messung, Planung und Steuerung wirtschaftlicher Einheiten herangezogen werden kann. So lässt sich beispielsweise der Wertschöpfungsgrad ermitteln, indem die Wertschöpfung ins Verhältnis zum Ressourceneinsatz bzw. zu den Vorleistungen gesetzt wird. Weiterhin ist es möglich, eine Wertschöpfungsquote zu bilden, indem die Relation mit dem Bruttoproduktionswert gebildet wird (Finkeißen 2000, S. 43). Demzufolge kann die

Wertschöpfung als wichtige Kennzahl im Rahmen der Unternehmenssteuerung herangezogen werden.

Die Operationalisierung des Wertschöpfungsbegriffs erfolgt in den nachfolgenden Analysen anhand der vom Statistischen Bundesamt in der Volkswirtschaftlichen Gesamtrechnung (VGR) und in der Handelsstatistik ausgewiesenen Bruttowertschöpfung zu Faktorkosten. Die Bruttowertschöpfung zu Faktorkosten definiert das Statistische Bundesamt als Differenz der Produktionswerte und der Vorleistungen; sie umfasst also nur den im Produktionsprozess geschaffenen Mehrwert. Dieser ergibt sich als Differenz der Umsatzleistung (ohne Umsatzsteuer) und dem Wareneinsatz, der Kosten für Leiharbeiter, Mieten, sonstiger Kosten (ohne Personalkosten und Abschreibungen) sowie der indirekten Steuern. Abbildung 1.2 veranschaulicht die Zusammensetzung der Bruttowertschöpfung zu Faktorkosten grafisch. Die Begriffe »Wertschöpfung« und »Bruttowertschöpfung zu Faktorkosten« werden im Folgenden synonym verwendet.

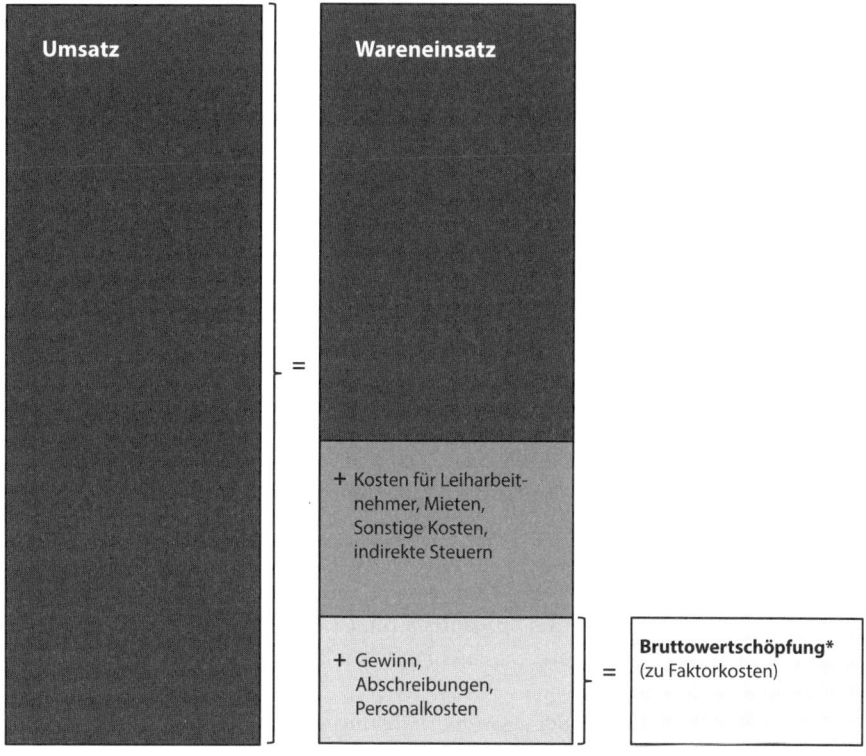

*nachfolgend auch kurz als Wertschöpfung bezeichnet
(eigene Darstellung gemäß Definition des Statistischen Bundesamtes)

Abb 1.2: Vom Umsatz zur Bruttowertschöpfung

Die nachfolgende Analyse der Umsätze und Wertschöpfung erfolgt auf Basis der Handelsstatistik (2010, Messzahlen 2000–2012). Allerdings wird nicht auf die absoluten

Umsatzgrößen der Handelsstatistik zurückgegriffen, da die dort ausgewiesenen branchenbezogenen Daten im Zeitablauf aufgrund häufiger Änderungen in der Klassifikation der Wirtschaftszweige (WZ) mitunter erhebliche Datensprünge aufweisen. Stattdessen basiert die Analyse auf den Messzahlen der Handelsstatistik, die sich immer auf den Basiswert eines Jahres beziehen und lediglich die Veränderungsraten bezogen auf das jeweilige Jahr abbilden. Veränderungen in der Klassifikation der Wirtschaftszweige können so im Rahmen der branchenbezogenen Analyse berücksichtigt und »bereinigt« werden. In der Systematik der Klassifikation der Wirtschaftszweige begründete Datensprünge werden so vermieden. Im vorliegenden Fall wurde das Jahr 2010 der Handelsstatistik als Basisjahr für den Ausweis der absoluten Umsätze des Handels in einer tiefen Handelszweigesystematik herangezogen. Darauf aufbauend wurden mit den Messzahlen der Handelsstatistik Zeitreihen rückwirkend bis in das Jahr 2000 und prospektiv in das Jahr 2012 erstellt. Als Bruttowertschöpfung wurde der in der Handelsstatistik ausgewiesene anteilige Wert auf die ermittelte absolute Umsatzleistung angewandt.

Generell ist anzumerken, dass die statistische Zuordnung eines Unternehmens immer nach dem Schwerpunktprinzip erfolgt. Das bedeutet, dass ein Unternehmen demjenigen Wirtschaftsbereich und derjenigen Branche zugeordnet wird, in der dessen Umsatzschwerpunkt liegt (Statistisches Bundesamt 2013, S. 12). So werden beispielsweise die Umsätze, die Douglas mit seinen Sparten Buchhandel (Thalia) und Bekleidung (Appelrath & Cüpper) erzielt, den Parfümerieumsätzen zugeordnet.

3. Wertschöpfung des Handels in der Gesamtwirtschaft

Die Gesamtumsatzleistung Deutschlands belief sich im Jahr 2012 auf rund 5806 Mrd. Euro, wovon auf den Handel mit 1798 Mrd. Euro knapp ein Drittel (31 Prozent) entfiel. Im Jahr 2000 lag diese Quote noch bei 35,4 Prozent. Zurückzuführen ist dies darauf, dass der Handel in Deutschland zwischen 2000 und 2012 schwächer gewachsen ist als andere Wirtschaftsbereiche. Während das durchschnittliche jährliche Umsatzwachstum im Verarbeitenden Gewerbe in diesem Zeitraum beispielsweise bei rund 3,2 Prozent lag, legte der Handel nur um jährlich 1,3 Prozent zu. Im Einzelhandel lag die durchschnittliche Wachstumsrate sogar nur bei 0,3 Prozent pro Jahr, im Kfz-Handel bei 0,2 Prozent; der Großhandel wuchs immerhin um jährlich rund 1,8 Prozent. Abbildung 1.3 veranschaulicht die Umsatzanteile und durchschnittlichen jährlichen Wachstumsraten nach Wirtschaftsbereichen grafisch.

Der Anteil des Handels an der gesamtwirtschaftlichen Wertschöpfung belief sich im Jahr 2012 auf 11,1 Prozent. Der Wertschöpfungsanteil lag damit deutlich unter dem Umsatzanteil des Handels an der deutschen Gesamtwirtschaft. Im Jahr 2000 lag die Quote noch bei 12,5 Prozent. Der Anteil der Wertschöpfung des Einzelhandels ist dabei zwischen 2000 und 2012 pro Jahr um durchschnittlich 0,2 Prozent gestiegen. Im Großhandel wuchs die Wertschöpfung im Jahr um durchschnittlich 2,0 Prozent, im Kfz-Handel um 0,4 Prozent. Im Vergleich dazu legte das Verarbeitende Gewerbe jährlich um durchschnittlich 2,4 Prozent zu, genauso wie der Bereich »Verkehr, Gesund-

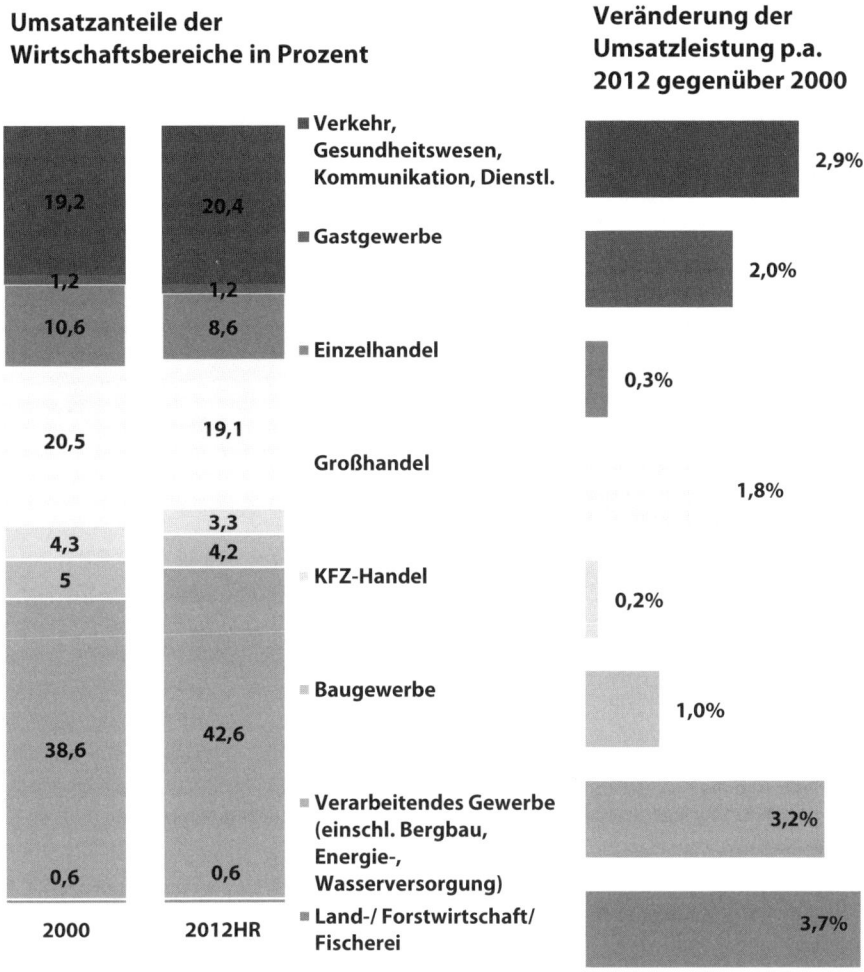

Umsatzanteile der Wirtschaftsbereiche in Prozent

Veränderung der Umsatzleistung p.a. 2012 gegenüber 2000

HR=Hochrechnung
(eigene Darstellung nach Statistisches Bundesamt, Handelsstatistik (2010), Messzahlen (2000–2012))

Abb 1.3: Umsatzanteile und durchschnittliche jährliche Wachstumsraten nach Wirtschaftsbereichen

heitswesen, Kommunikation, Dienstleitungen«. Abbildung 1.4 veranschaulicht die Wertschöpfungsanteile und durchschnittlichen jährlichen Wachstumsraten nach Wirtschaftsbereichen grafisch.

Zusammenfassend ist festzuhalten, dass sich sowohl die Umsätze als auch die Wertschöpfung im Handel im Vergleich zu vielen anderen Wirtschaftsbereichen unterdurchschnittlich entwickelt haben. In besonderer Weise gilt dies für den Einzelhandel, dessen Umsatz und Wertschöpfung in den letzten Jahren nur gering gewachsen sind. Da es sich bei den Größen um nominale Betrachtungsweisen handelt, wird deutlich, wie stark der

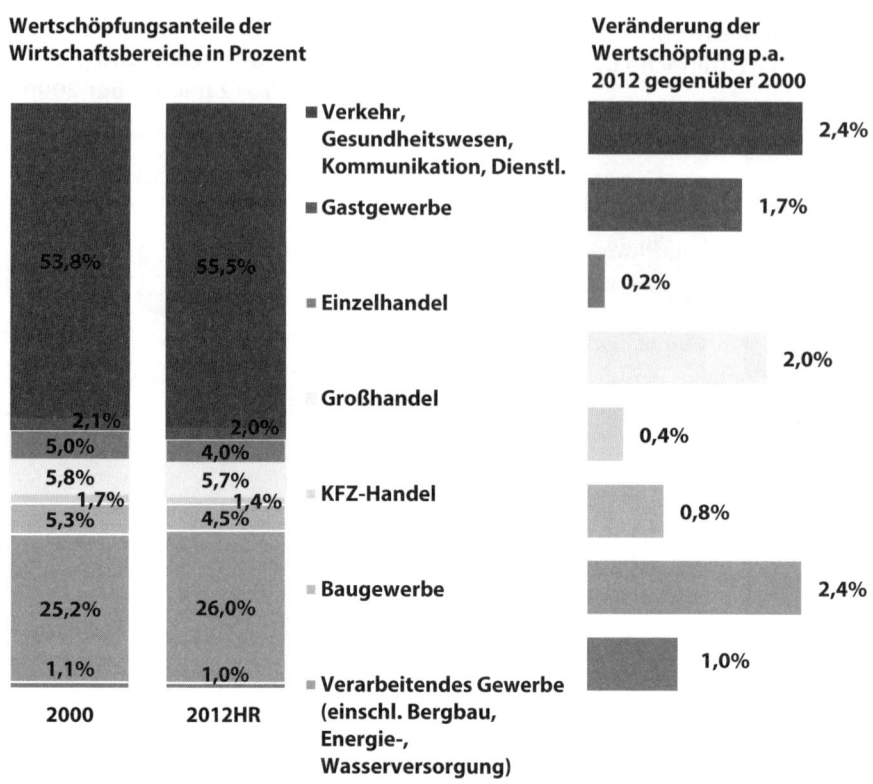

HR=Hochrechnung
(eigene Darstellung nach Statistisches Bundesamt, Handelsstatistik (2010), Messzahlen
(2000–2012))

Abb. 1.4: Wertschöpfungsanteile und durchschnittliche jährliche Wachstumsraten nach
Wirtschaftsbereichen

deutsche Handel tatsächlich unter Druck steht. Ob diese Entwicklung für den gesamten
Einzelhandel gilt oder ob diesbezüglich format- bzw. branchenbezogene Unterschiede
bestehen, wird im nachfolgenden Abschnitt untersucht.

4. Wertschöpfung im Einzelhandel auf Ebene der Handelsformate

Hat sich die Wertschöpfung im Einzelhandel formatübergreifend negativ entwickelt
oder bestehen diesbezüglich Unterschiede zwischen einzelnen Handelsformaten? Um
diese Frage beantworten zu können, werden im Folgenden einzelne Handelsformate
einer tiefergehenden Analyse unterzogen:

- Fachhandel: Unterschieden wird zwischen Fachgeschäften und Fachmärkten, wobei
  sich beide durch ein breit und tief gegliedertes Sortiment einer Branche auszeichnen,
  Fachmärkte allerdings deutlich großflächiger sind.

- Kauf- und Warenhäuser: Mindestens 3000 qm Verkaufsfläche mit breit gefächertem Sortiment.
- SB-Warenhäuser: Mindestens 5000 qm Verkaufsfläche, Sortiment: überwiegend Lebensmittel sowie Ge- und Verbrauchsgüter.
- Supermärkte/Discounter: Unterscheidung insbesondere durch den höheren Handelsmarkenanteil und die Niedrigpreispolitik der Discounter.
- Versandhandel: Beinhaltet sowohl Katalog- als auch Internetbestellung.
- Ambulanter Handel: Verkauf findet nicht an festen Standorten statt, sondern erfolgt mit beweglichen oder ganz ohne offene Verkaufsstellen.

Insgesamt wurde im deutschen Einzelhandel im Jahr 2012 ein Umsatz von 494,4 Mrd. Euro erwirtschaftet (▶ Abb. 1.5). Auf dieser Basis wurde eine Wertschöpfung von 93,4 Mrd. Euro realisiert. Dies entspricht einem Umsatzanteil von 18,9 Prozent. Der Anteil des Wareneinsatzes am Umsatz lag bei durchschnittlich 68,6 Prozent.

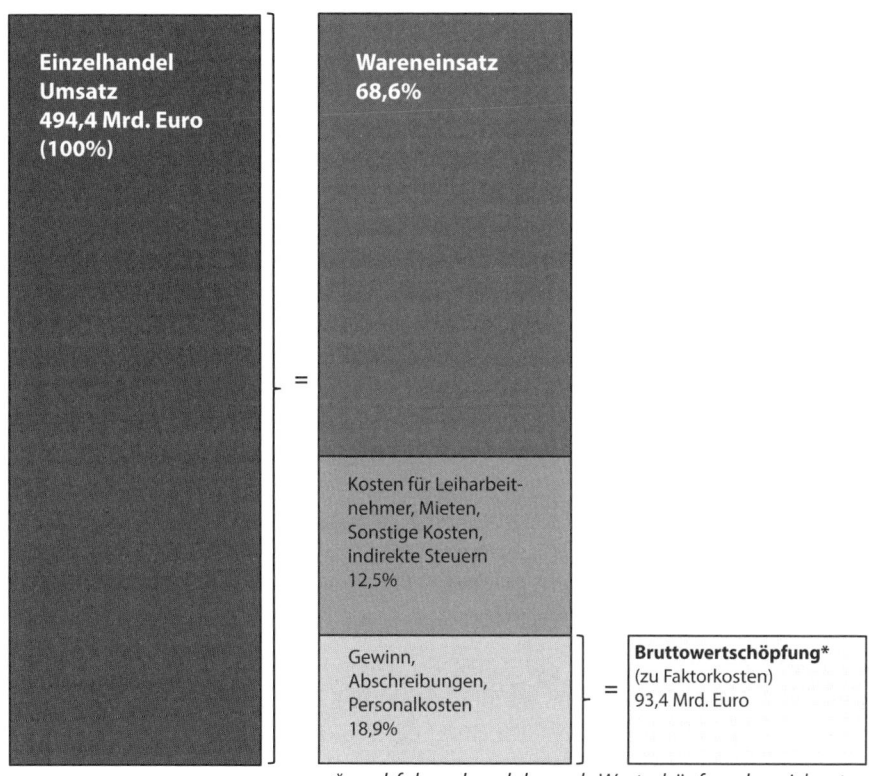

nachfolgend auch kurz als Wertschöpfung bezeichnet

(eigene Darstellung gemäß Statistisches Bundesamt, Daten nach Statistisches Bundesamt, Handelsstatistik (2010), Messzahlen (2000–2012))

Abb. 1.5: Quantifizierung des Umsatzes und der Wertschöpfung im Einzelhandel

Zwischen 2000 und 2012 stieg der Umsatz des Einzelhandels um 33,8 Mrd. Euro, die Bruttowertschöpfung dagegen nur um 2,1 Mrd. Euro. Während **Supermärkte** und **Discounter** und der Versandhandel in diesem Zeitraum sowohl beim Umsatz als auch bei der Wertschöpfung zulegen konnten, verloren **Kauf- und Warenhäuser** und der **ambulante Handel** auf beiden Ebenen. Bei **SB-Warenhäusern** und im **Fachhandel** konnte zwar der Umsatz, nicht aber die Wertschöpfung, gesteigert werden. Abbildung 1.6 gibt einen Überblick über die Entwicklung des Umsatzes und der Wertschöpfung in ausgewählten Handelsformaten zwischen 2000 und 2012.

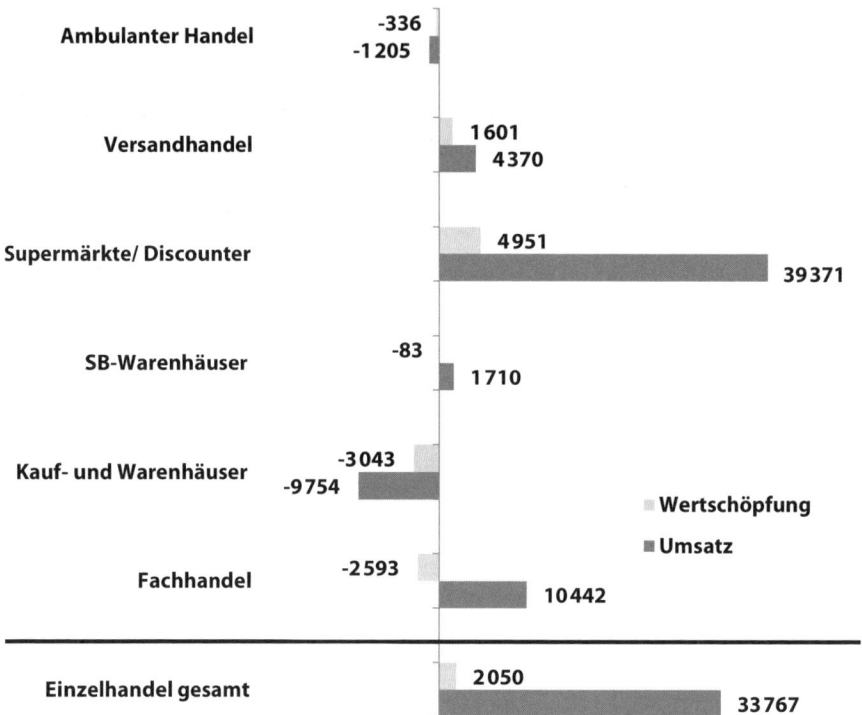

(eigene Darstellung nach Statistisches Bundesamt, Handelsstatistik (2010), Messzahlen (2000–2012))

Abb. 1.6: Veränderung von Umsatz und Wertschöpfung je Einzelhandelsformat in Mio. Euro von 2000 gegenüber 2012

Bezogen auf den Umsatz ist der Anteil der Wertschöpfung im Einzelhandel zwischen 2000 und 2012 um 0,9 Prozentpunkte von 19,8 auf 18,9 Prozent gesunken. Auf Ebene der Handelsformate zeigt sich einzig der Versandhandel als »Wertschöpfungsgewinner«, wohingegen alle anderen untersuchten Handelsformate zwischen 2000 und 2012 Wertschöpfungsanteile verloren haben (▶ **Abb. 1.7**). Die deutlichsten Einbußen mussten wiederum die Kauf- und Warenhäuser hinnehmen, aber auch der Fachhandel, die SB-Warenhäuser und der ambulante Handel verloren überdurchschnittlich stark.

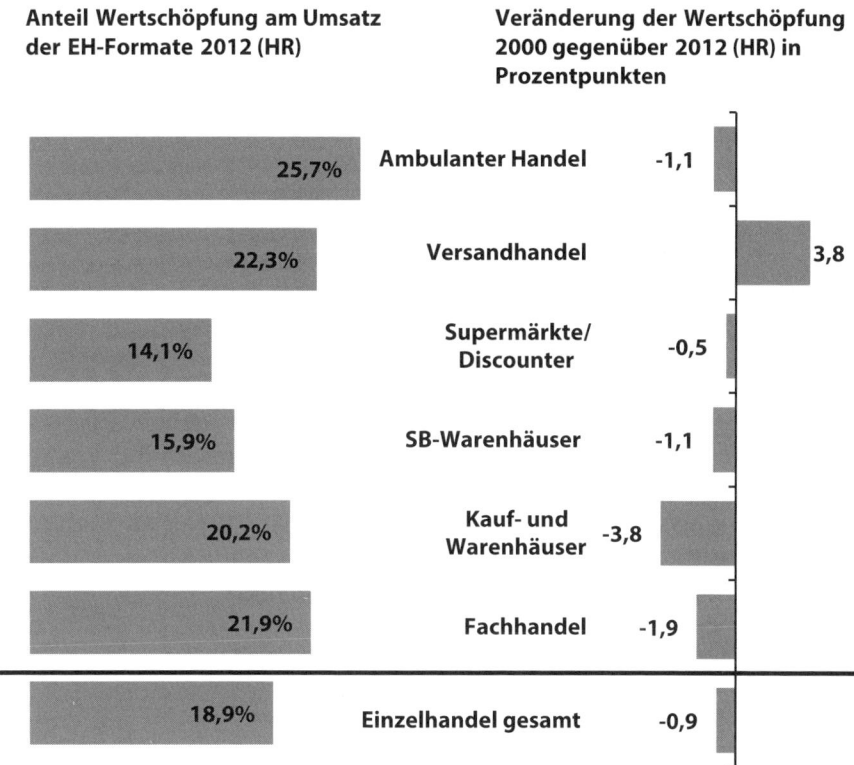

Anteil Wertschöpfung am Umsatz der EH-Formate 2012 (HR)

Veränderung der Wertschöpfung 2000 gegenüber 2012 (HR) in Prozentpunkten

Format	Anteil	Veränderung
Ambulanter Handel	25,7%	-1,1
Versandhandel	22,3%	3,8
Supermärkte/Discounter	14,1%	-0,5
SB-Warenhäuser	15,9%	-1,1
Kauf- und Warenhäuser	20,2%	-3,8
Fachhandel	21,9%	-1,9
Einzelhandel gesamt	18,9%	-0,9

HR=Hochrechnung; EH= Einzelhandel
(eigene Darstellung nach Statistisches Bundesamt, Handelsstatistik (2010), Messzahlen (2000–2012))

Abb. 1.7: Anteil und Veränderung der Wertschöpfung einzelner Handelsformate

Wie Abbildung 1.7 zeigt, unterscheiden sich die Wertschöpfungsanteile am Umsatz zwischen den einzelnen Handelsformaten mitunter deutlich. Unter Berücksichtigung der jeweiligen Umsatzvolumina ergeben sich bezogen auf den gesamten Einzelhandelsumsatz 2012 die in Abbildung 1.8 im unteren Teil ausgewiesenen Wertschöpfungsanteile. Verglichen mit den entsprechenden Umsatzanteilen (▶ **Abb. 1.8**, oberer Teil) zeigt sich, dass sich die Umsatz- und Wertschöpfungsbedeutung der einzelnen Handelsformate bezogen auf den gesamten Einzelhandelsumsatz bzw. die gesamte Einzelhandelswertschöpfung mitunter unterscheiden. So weist beispielsweise der Fachhandel als strukturprägendes Handelsformat im deutschen Einzelhandel mit einem Umsatzanteil von 52,8 Prozent die höchste Umsatzbedeutung und mit einem Wertschöpfungsanteil von 61 Prozent eine noch höhere Wertschöpfungsbedeutung auf. In den typischen Handelsformaten des Lebensmitteleinzelhandels stellt sich die Situation anders dar: Während beispielsweise Supermärkte und Discounter einen Umsatzanteil von 32,4 Prozent realisieren, erreichen sie bei der Wertschöpfung lediglich einen Anteil von 24,1 Prozent.

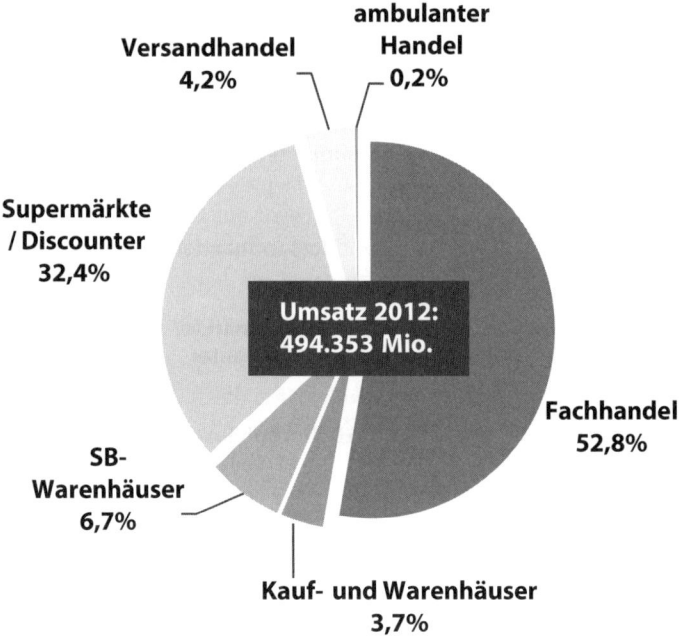

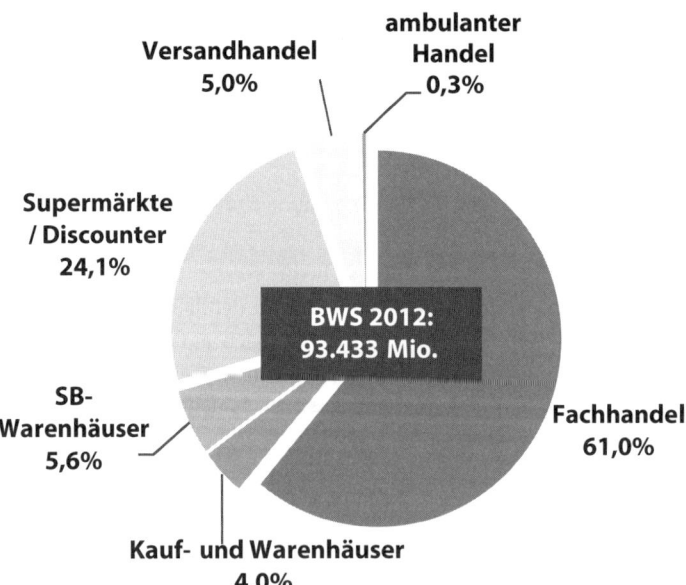

(eigene Darstellung nach Statistisches Bundesamt, Handelsstatistik (2010), Messzahlen
(2000–2012))

Abb. 1.8: Umsatz- und Wertschöpfungsanteile einzelner Handelsformate am gesamten
Einzelhandelsumsatz 2012

Bei den in Abbildung 1.8 ausgewiesenen Umsatz- und Wertschöpfungsanteilen handelt es sich um eine Momentaufnahme für das Jahr 2012. Unter Berücksichtigung der handelsformatspezifischen Umsatz- und Wertschöpfungsentwicklungen (▶ Abb. 1.6 und 1.7) ist davon auszugehen, dass sich das Umsatz- und Wertschöpfungsgefüge im deutschen Einzelhandel in Zukunft deutlich verändern wird.

Supermärkte und Discounter sowie der Versandhandel werden – schreibt man die Entwicklungen seit dem Jahr 2000 fort – sowohl auf der Umsatz- als auch auf der Wertschöpfungsebene noch Anteile gewinnen, wohingegen die in der Vergangenheit wertschöpfungsstarken Kauf- und Warenhäuser auf beiden Ebenen weiter an Boden verlieren werden. Der Fachhandel zeigt sich in seiner Gesamtheit wenig dynamisch.

Insgesamt zeigt sich aber eine gebremste Entwicklung der Wertschöpfung im Einzelhandel (▶ Abb. 1.7). Dies ist zum einen zu erklären durch die zunehmende Umsatzbedeutung von Handelsformaten, die weniger wertschöpfungsfokussiert agieren, wie z. B. Discounter und Fachmärkte als Teil des Fachhandels (▶ Abb. 1.6 und 1.8). Zum anderen wirkt der im deutschen Einzelhandel vorherrschende intensive Preiswettbewerb bzw. -druck einer positiven Wertschöpfungsentwicklung handelsformatübergreifend entgegen.

5. Treiber der Wertschöpfung im Einzelhandel

Wie im vorhergehenden Kapitel gezeigt worden ist, zählen Supermärkte, Discounter und der Versandhandel zu den Handelsformaten mit der am stärksten wachsenden Wertschöpfung. Die Gründe hierfür sollen im vorliegenden Kapitel näher beleuchtet werden. Mit Blick auf den Fachhandel als dominierendes Handelsformat in Deutschland wird zudem der Frage nachgegangen, inwieweit branchenspezifische Unterschiede bezogen auf die Wertschöpfung innerhalb dieses Formats bestehen.

5.1 Wertschöpfung in Supermärkten, Discountern, SB-Warenhäusern und Verbrauchermärkten

Supermärkte und Discounter haben im Gegensatz zum Einzelhandel insgesamt in den letzten Jahren sowohl ihren Umsatz als auch ihre Wertschöpfung erhöhen können. Auf Ebene der Umsätze erreichten Discounter dabei zwischen 2000 und 2012 ein durchschnittliches jährliches nominales Wachstum von 3,7 Prozent (▶ Abb. 1.9). Dies ist insbesondere durch die Preisaggressivität der Anbieter in Verbindung mit einer Affinität zu günstigen Produkten seitens der Nachfrager zu erklären. Außerdem hat sich das Image der margenintensiven Handelsmarken stetig verbessert, was die Umsätze zusätzlich ansteigen ließ. Die in mittleren bis hohen Preislagen angesiedelten Supermärkte verloren hingegen in diesem Zeitraum. SB-Warenhäuser gewannen durchschnittlich 0,4 Prozent pro Jahr. Seit 2008 treiben jedoch primär Supermärkte den Umsatz: Sie legten zwischen 2008 und 2012 jährlich um durchschnittlich 1,9 Prozent zu. Discounter wuchsen in diesem Zeitraum lediglich um 0,7 Prozent pro Jahr. Zu erklären ist dies durch einen Wandel im Verbraucherverhalten: So rückt die Präferenz für ein gutes

Preis-Leistungs-Verhältnis stärker in den Vordergrund und verdrängt den reinen Preis-gedanken zunehmend.

Umsatzentwicklung verschiedener Formate im LEH

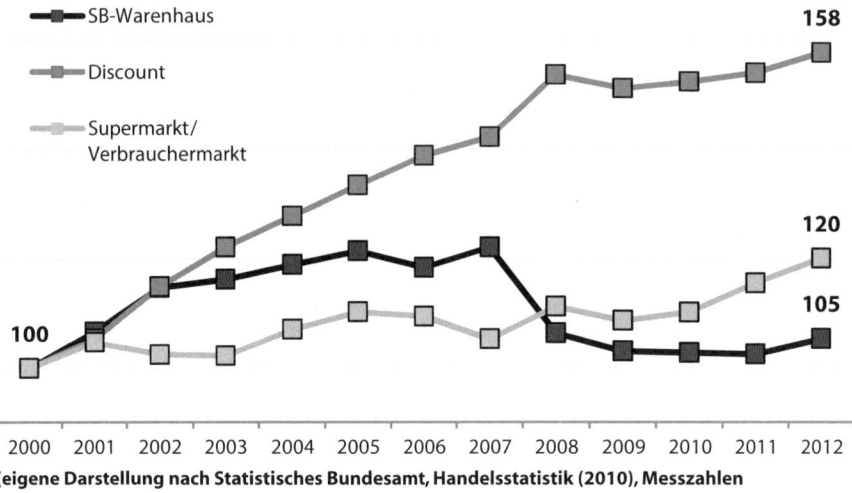

(eigene Darstellung nach Statistisches Bundesamt, Handelsstatistik (2010), Messzahlen
(2000–2012))

Abb. 1.9: Umsatzentwicklung der Discounter, Supermärkte und SB-Warenhäuser/
Verbrauchermärkte (Index, 2000 = 100)

Während Discounter langfristig ein starkes Umsatzwachstum erzielen konnten, wuch-sen Supermärkte vor allem in den letzten vier bis fünf Jahren. Speziell das steigende In-teresse an Premium-Handelsmarken sowie der Trend zu regionalen und nachhaltigen Produkten dürfte die Entwicklung der Supermärkte vorangetrieben haben. Parallel zu dieser Entwicklung hat sich der (Markt-)Anteil inhabergeführter Supermärkte konti-nuierlich erhöht: Seit 2009 steigerten sie ihren Marktanteil von 17,8 auf 20,6 Prozent; ihr Beitrag zur Wertschöpfung innerhalb des Lebensmitteleinzelhandels stieg sogar von 22,9 auf 27 Prozent. Selbständige Händler sind damit in hohem Maße für das Um-satzwachstum und die Steigerung der Wertschöpfung im Lebensmitteleinzelhandel ver-antwortlich. Durch die Flexibilität und die Möglichkeit, gezielt auf die Wünsche des Kunden eingehen zu können, kann den selbständigen Supermärkten ein wesentlicher Wettbewerbsvorteil entstehen. Zudem haben es inhabergeführte Supermärkte deutlich leichter, Innovationen einzuführen und letztlich auch davon zu profitieren. Abbildung 1.10 veranschaulicht die Entwicklung der Umsatz- und Wertschöpfungsanteile nach Handelsformaten und Organisationsgrad im Lebensmitteleinzelhandel seit dem Jahr 2000 grafisch.

Das Beispiel der inhabergeführten Supermärkte zeigt, dass die Wertschöpfung außer vom gewählten Handelsformat auch von anderen Faktoren, beispielsweise vom Orga-nisationsgrad, abhängt. Abbildung 1.11 gibt einen Überblick über die Wertschöpfungs-

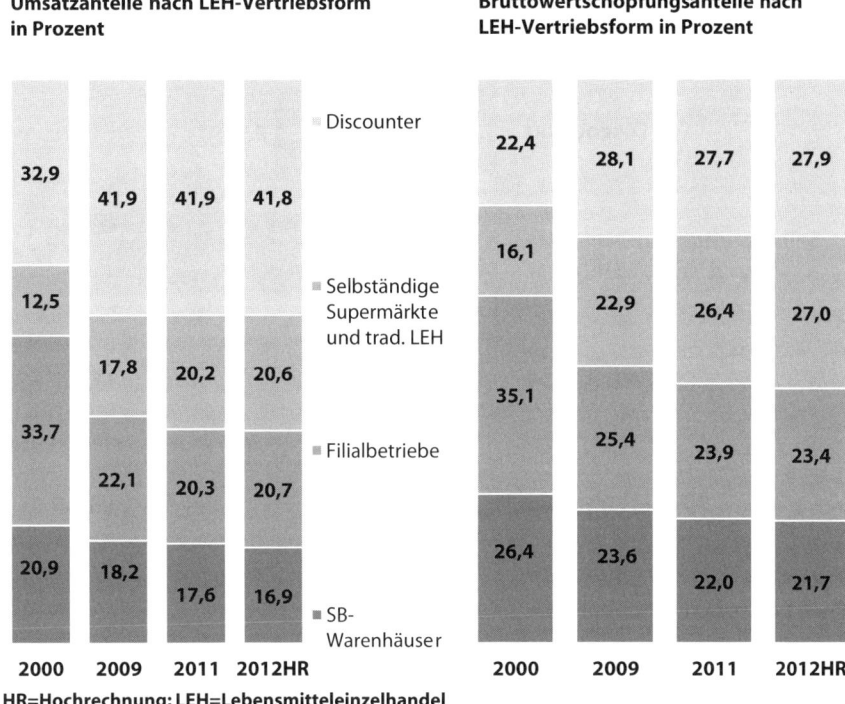

Umsatzanteile nach LEH-Vertriebsform in Prozent

Bruttowertschöpfungsanteile nach LEH-Vertriebsform in Prozent

HR=Hochrechnung; LEH=Lebensmitteleinzelhandel
(eigene Darstellung nach IFH Retail Consultants)

Abb. 1.10: Umsatz- und Wertschöpfungsanteile nach Handelsformaten und Organisations-grad im Lebensmitteleinzelhandel (2000 bis 2012, in Prozent)

anteile nach Handelsformaten und Organisationsgrad im Lebensmitteleinzelhandel bezogen auf den Umsatz. Auch hier liegen die inhabergeführten Supermärkte vorne. Insbesondere der Vergleich zu den als Filialen betriebenen Supermärkten offenbart die hohe Wertschöpfungskraft inhabergeführter Betriebe.

5.2 Wertschöpfung im (Online-)Versandhandel

Der Versandhandel zählt zu den wenigen Handelsformaten bzw. Vertriebskanälen im Einzelhandel, die ihre Wertschöpfung in den letzten Jahren erhöhen konnten. Treiber dieser Entwicklung sind online-basierte Versandhandelsformate, die kontinuierlich Marktanteile im Versandhandelsgeschäft gewinnen konnten (▶ Abb. 1.12). Entfielen auf online-basierte Versandhandelsformate im Jahr 2007 knapp 50 Prozent des Versandhandelsgeschäfts, lag diese Quote 2012 bereits bei rund 85 Prozent. Während der offline-basierte Versandhandel seit 2000 jährlich im Durchschnitt 12,4 Prozent seines Umsatzes eingebüßt hat, sind online-basierte Versandhandelsformate deutlich gewachsen. Neben Kannibalisierungseffekten ist dabei eine deutliche Überkompensation der

Anteil Wertschöpfung am Umsatz 2012 (HR) in Prozent

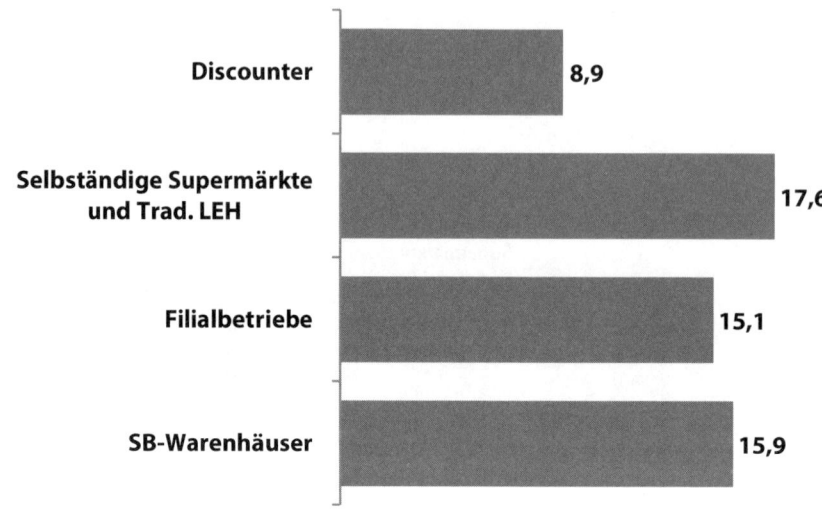

HR=Hochrechnung
(eigene Darstellung nach IFH Retail Consultants)

Abb. 1.11: Wertschöpfung in Prozent vom Umsatz je Handelsformat

Umsatzeinbußen des offline-basierten Versandhandels durch Online-Anbieter zu beobachten. Im Zuge dieser Entwicklung ist der Anteil der Wertschöpfung am Umsatz im Versandhandel zwischen 2000 und 2012 um 3,8 Prozentpunkte gestiegen, obwohl der Anteil des Wareneinsatzes am Umsatz ebenfalls zugenommen hat.

5.3 Wertschöpfung im Fachhandel

In seiner Gesamtheit verzeichnete der **Fachhandel** in den vergangenen Jahren eine leicht positive Entwicklung seines Umsatzes und einen Rückgang seiner Wertschöpfung. Zurückzuführen ist dies vor allem auf den intensiven (Preis-)Wettbewerb im deutschen Einzelhandel und den dort zu beobachtenden Strukturwandel. So wächst innerhalb des Fachhandels die Marktbedeutung von (eher kostenorientierten und preisaggressiven) **Fachmärkten**, wohingegen **Fachgeschäfte** Marktanteile verlieren. Zudem nimmt der Filialisierungsgrad kontinuierlich zu. Tendenziell ziehen diese Entwicklungen einen (leichten) Rückgang des Wertschöpfungsanteils im Fachhandel nach sich. Infolge unterschiedlicher Intensitäten des Wettbewerbs und des Strukturwandels unterscheidet sich die Umsatz- und Wertschöpfungsentwicklung zwischen einzelnen Fachhandelsbranchen mitunter jedoch deutlich (▶Abb. 1.13): *Während Apotheken, Parfümerien, Drogerien und Drogeriemärkte sowie CE-Fachhändler bei Umsatz und Wertschöpfung seit dem Jahr 2000 zulegen konnten, verzeichnen andere Branchen Umsatz- und Wertschöpfungsrückgänge. Zurückzuführen ist dies zum einen auf konjunkturelle,*

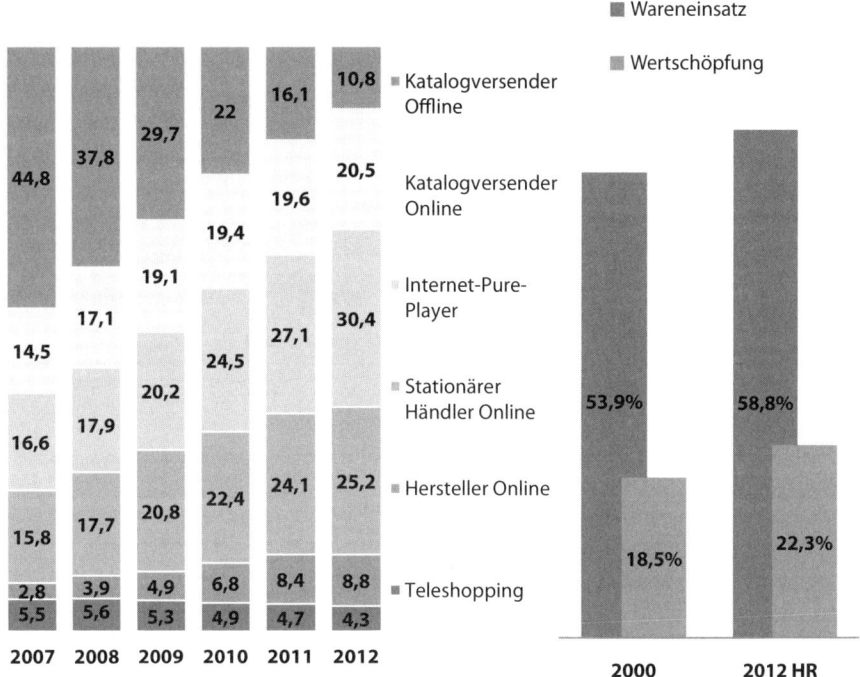

(eigene Darstellung nach Statistisches Bundesamt, Handelsstatistik (2010), Messzahlen
(2000–2012), IFH Retail Consultants) HR = Hochrechnung

Abb. 1.12: Anteile online- und offline-basierter Versandhandelsformate am Versandhandelsumsatz in Prozent sowie prozentuale Entwicklung von Wareneinsatz und Bruttowertschöpfung

wettbewerbliche und konsumrelevante Entwicklungen (z. B. Verteilung der Konsumausgaben), aber auch auf rechtliche Rahmenbedingungen (z. B. Apothekenvergütung). Zum anderen spiegeln sich in den Entwicklungen aber auch die in den einzelnen Branchen vorzufindenden Handelsstrukturen wider (z. B. Dominanz der Fachmarktkonzepte im Bereich der Consumer Electronics und im Bereich der Körperpflegemittel).

Der Fachhandel realisierte im Jahr 2012 einen Gesamtumsatz von 260,8 Mrd. Euro und eine Wertschöpfung von 57,0 Mrd. Euro. Die Wertschöpfungsquote lag damit insgesamt bei 21,9 Prozent. Überdurchschnittlich hoch ist der Anteil der Wertschöpfung am Umsatz naturgemäß in eher personal(kosten)intensiven Fachhandelsbranchen (z. B. Orthopädie-, Blumen-, Uhren- und Schmuck-, Bekleidungs- sowie Sport-Fachgeschäfte). Insbesondere der zunehmende (Preis-)Wettbewerb im Fachhandel und die Marktanteilsgewinne von Fachmarktkonzepten führten in vielen Fachhandelsbranchen zu einem deutlichen Rückgang der Wertschöpfungsquote. Abbildung 1.14 gibt einen Überblick über die Wertschöpfungsquoten in ausgewählten Fachhandelsbranchen und deren Veränderung im Zeitablauf.

Verantwortlich für den Rückgang der Wertschöpfung in vielen Fachhandelsbranchen ist neben den angeführten Gründen insbesondere eine Zunahme des Anteils des

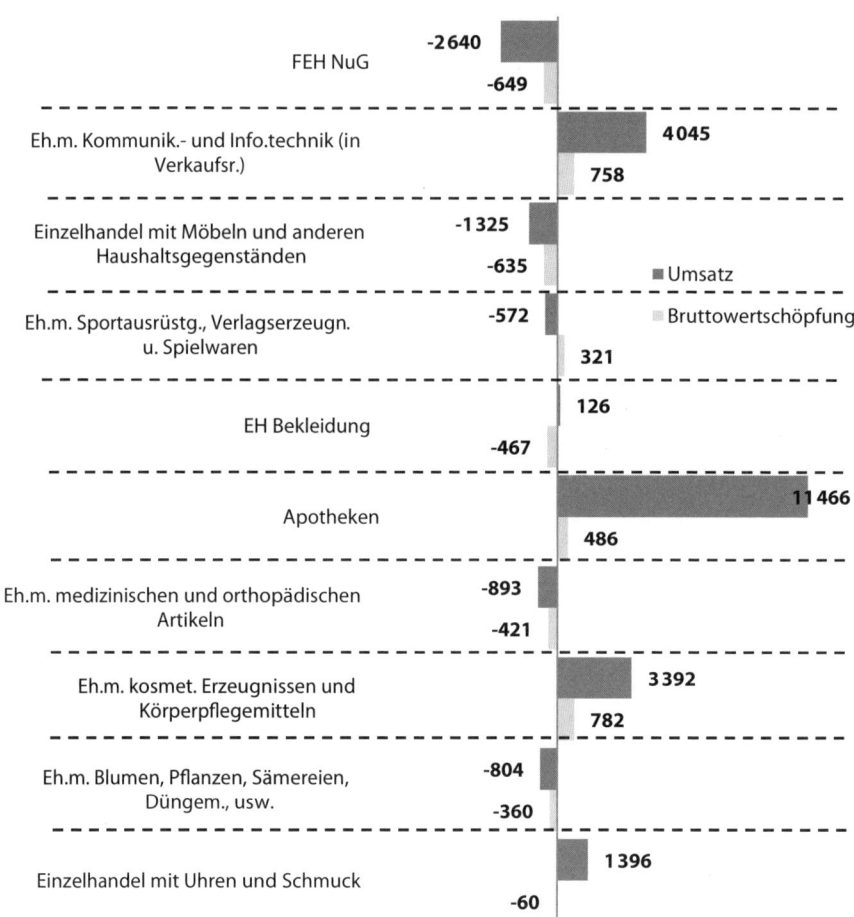

FEH NuG=Facheinzelhandel Nahrungs- und Genussmittel; Eh.m.=Einzelhandel mit;
EH=Einzelhandel
(eigene Darstellung nach Statistisches Bundesamt, Handelsstatistik (2010), Messzahlen
(2000–2012))

Abb. 1.13: Veränderung von Umsatz und Wertschöpfung im Fachhandel nach Branchen
2012 gegenüber 2000 (in Mio. Euro)

Wareneinsatzes am Umsatz (▶Abb.1.15). So ist der Anteil des Wareneinsatzes beispielsweise im Bereich der Consumer Electronics zwischen 2000 und 2012 um 2,4 Prozentpunkte gestiegen, was zu einem Rückgang der Wertschöpfung um 99 Mio. Euro führte.
Am stärksten betroffen von einer Erhöhung des Wareneinsatzes war der Schmuck- und
Uhren-Fachhandel. Dort stieg der Wareneinsatz um 16,5 Prozentpunkte, die Wertschöpfung verringerte sich um 174 Mio. Euro. Einen sinkenden Anteil des Wareneinsatzes
am Umsatz und einen entsprechenden positiven Wertschöpfungseffekt verzeichneten
hingegen nur wenige Fachhandelsbranchen. Im Bekleidungsfachhandel beispielsweise

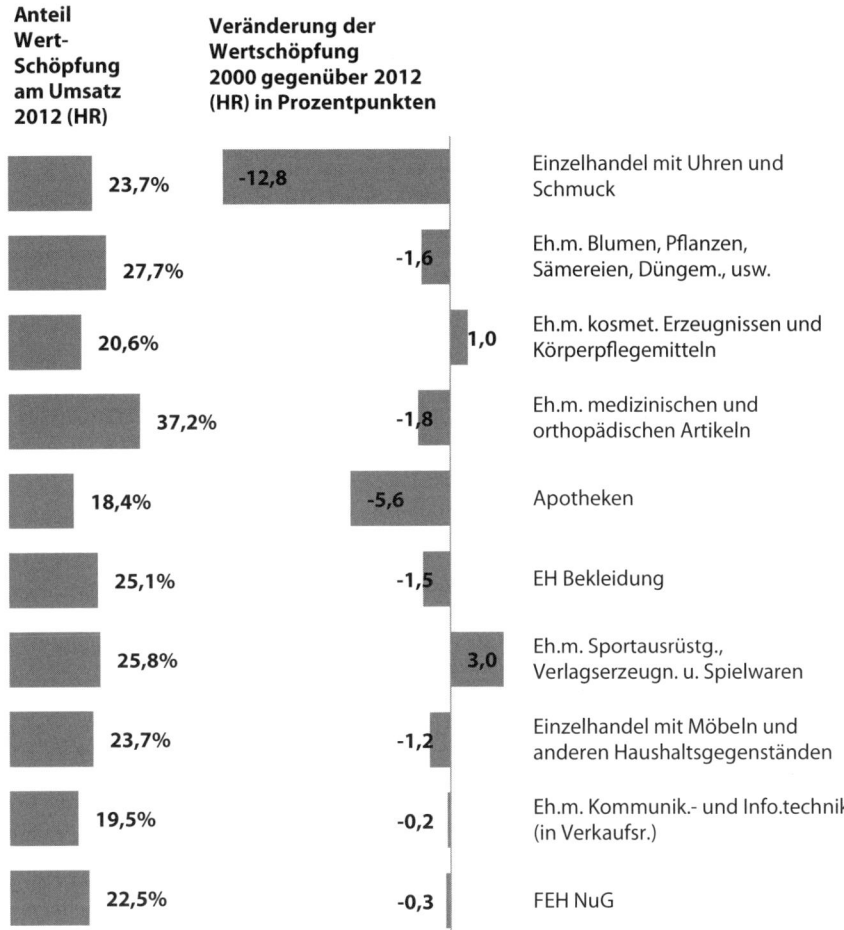

Anteil Wert-Schöpfung am Umsatz 2012 (HR)	Veränderung der Wertschöpfung 2000 gegenüber 2012 (HR) in Prozentpunkten	
23,7%	-12,8	Einzelhandel mit Uhren und Schmuck
27,7%	-1,6	Eh.m. Blumen, Pflanzen, Sämereien, Düngem., usw.
20,6%	1,0	Eh.m. kosmet. Erzeugnissen und Körperpflegemitteln
37,2%	-1,8	Eh.m. medizinischen und orthopädischen Artikeln
18,4%	-5,6	Apotheken
25,1%	-1,5	EH Bekleidung
25,8%	3,0	Eh.m. Sportausrüstg., Verlagserzeugn. u. Spielwaren
23,7%	-1,2	Einzelhandel mit Möbeln und anderen Haushaltsgegenständen
19,5%	-0,2	Eh.m. Kommunik.- und Info.technik (in Verkaufsr.)
22,5%	-0,3	FEH NuG

HR=Hochrechnung; FEH NuG=Facheinzelhandel Nahrungs- und Genussmittel;
Eh.m.=Einzelhandel mit
(eigene Darstellung nach Statistisches Bundesamt, Handelsstatistik (2010), Messzahlen (2000–2012))

Abb. 1.14: Anteil der Wertschöpfung am Umsatz sowie deren Veränderung im Zeitablauf nach Fachhandelsbranchen

sank der Anteil des Wareneinsatzes um 0,5 Prozentpunkte und die Wertschöpfung wuchs um 40 Mio. Euro. Insgesamt erhöhte sich der Wareneinsatz im Fachhandel zwischen 2000 und 2012 um 1,8 Prozentpunkte; die Wertschöpfung sank dadurch um insgesamt rund 1 Mrd. Euro. Wie Abbildung 1.15 zeigt, leiden auch andere Handelsformate unter einem steigenden Anteil des Wareneinsatzes am Umsatz. So verzeichneten beispielsweise Supermärkte und Discounter einen Anstieg des Wareneinsatzes um 2,2 Prozentpunkte und büßten über 500 Mio. Euro ihrer Wertschöpfung ein.

	Anteil Wareneinsatz am Umsatz 2000	Anteil Wareneinsatz am Umsatz 2012 (HR)	Veränderung Anteil Wareneinsatz am Umsatz 2000-2012 in Prozentpunkten	Wertschöpfungseffekt (Potenzial) in Mio. EUR
Kauf- und Warenhäuser	62,6	61,7	-0,9	32
Fachhandel	61,8	63,6	1,8	-1025
Supermarkt/ Discounter	76,4	78,7	2,2	-506
ambulanter Handel	55,3	62,1	6,8	-19
Versandhandel	53,6	56,9	3,3	-153
SB-Warenhäuser	73,6	77,6	4,1	-212
FEH NuG	64,9	66,5	1,6	-65
Eh.m. Kommunik.- und Info.technik	69,8	72,2	2,4	-99
Eh.m. sonst. Haush.geräten usw	61,0	61,3	0,3	-42
Einzelhandel mit Möbein und anderen Haushaltsgegenständen	57,4	58,1	0,7	-43
Ehm. Sportausrüstg., Verlagserzeugn. u.Spielwaren	63,0	62,9	-0,1	3
EH Bekleidung	54,7	54,2	-0,5	40
Apotheken	68,1	75,5	7,5	-556
Eh.m. medizinischen und orthopädischen Artiken	45,9	46,9	1,0	-16
Eh.m. kosmet. Erzeugnissen und Körperpflegemitteln	66,7	67,5	0,8	-18
Eh.m. Blumen, Pflanzen, Sämereien, Düngem, usw	56,3	57,1	0,8	-18
Einzelhandel mit Uhren und Schmuck	48,3	64,8	16,5	-174
Sonstiger Einzelhandel in Verkaufsräumen	59,8	60,1	0,3	-9

HR=Hochrechnung; FEH NuG=Facheinzelhandel Nahrungs- und Genussmittel; Eh.m.=Einzelhandel
mit; EH=Einzelhandel
(eigene Darstellung nach Statistisches Bundesamt, Handelsstatistik (2010), Messzahlen
(2000 – 2012))

Abb. 1.15: Entwicklung des Wareneinsatzes nach Handelsformaten und Branchen und
daraus hervorgehende Wertschöpfungseffekte

6. Zusammenfassung und Ausblick

Der institutionelle Handel ist eine bedeutende Stütze der deutschen Volkswirtschaft.
Rund jeder dritte in Deutschland umgesetzte Euro entfällt auf diesen Wirtschaftszweig.
Im Vergleich zu anderen Bereichen der Wirtschaft stellen sich Umsatzwachstum und
Wertschöpfung des Handels jedoch unterdurchschnittlich dar. Dies gilt in besonderer
Weise für den Einzelhandel.

Besonders betroffen waren die Kauf- und Warenhäuser, welche deutlich an Umsatz und Wertschöpfung verloren haben. Auch der ambulante Handel hat bei beiden
Kennzahlen Einbußen hinnehmen müssen. Der Fachhandel sowie die SB-Warenhäuser
konnten zwar den Umsatz im Betrachtungszeitraum ausbauen, die erzielte Wertschöpfung hat sich hingegen verringert. Sowohl bei Umsatz als auch bei der Wertschöpfung
zugelegt haben lediglich die Handelsformate Supermärkte/Discounter und Versandhandel. Grundsätzlich ist zu erkennen, dass vor allem die Formate, die am Markt eher
preis- und kostenorientiert agieren (z.B. Online-Versender, Discounter, Fachmärkte),
eine bessere Performance aufweisen.

Der Strukturwandel führt zu einer insgesamt gebremsten Entwicklung der Wertschöpfung im Einzelhandel. Handelsformatübergreifend wirkt darüber hinaus der intensive Preiswettbewerb bzw. -druck einer positiveren Wertschöpfungsentwicklung
entgegen.

Die in den letzten Jahren zu beobachtenden Umsatz- und Wertschöpfungsentwicklungen einzelner Handelsformate lassen vermuten, dass sich das Umsatz- und
Wertschöpfungsgefüge im deutschen Einzelhandel in Zukunft (weiter) deutlich verändern wird. Werden die Zahlen fortgeschrieben, lässt sich prognostizieren, dass

Supermärkte und Discounter sowie der (onlinebasierte) Versandhandel sowohl auf der Umsatz- als auch auf der Wertschöpfungsebene Anteile gewinnen werden, wohingegen Kauf- und Warenhäuser auf beiden Ebenen weiter unter Druck sein werden. Für den Fachhandel fällt die Prognose weniger eindeutig aus. Je nach Branche werden Fachmarktkonzepte und/oder Fachgeschäfte zu den Wertschöpfungsgewinnern bzw. -verlieren zählen.

In Zeiten zunehmender Vorwärts- und Rückwärtsintegration (z. B. verstärkter Direktvertrieb), der wachsenden Online-Affinität der Verbraucher (z. B. zunehmende Bedeutung des Online-Shoppings) sowie den zu beobachtenden Veränderungen in deren Informations- und Kommunikationsverhalten (z. B. Kaufberatung über Foren, Social-Media-Plattformen, Kundenbewertungen etc.), stellt sich mehr denn je die Frage, welche Wertschätzung Verbraucher dem institutionellen Handel insgesamt und den einzelnen Handelsformaten bzw. den von diesen übernommenen Handelsfunktionen (siehe beispielsweise Buddeberg 1959) zukünftig entgegenbringen werden. Von dieser Wertschätzung hängt es letztlich ab, wie sich die zukünftige Handelslandschaft in Deutschland und die volkswirtschaftliche Bedeutung des institutionellen Handels sowie seiner Handelsformate zukünftig entwickeln werden.

Literaturverzeichnis

Beck, Bernhard (2008), *Volkswirtschaft verstehen*. Zürich: vdf Hochschulverlag AG.

Bittner, Katja (2009), *Wertschöpfungsketten im Handel*. Berlin: BoD – Books on Demand.

Buddeberg, Hans (1959), *Betriebslehre des Binnenhandels*. Wiesbaden: Betriebswirtschaftlicher Verlag Dr. Th. Gabler GmbH.

Bührer, Wilhelm und Ingo Wagner (2010), »150 Jahre Produktionsstatistik im Bergbau und verarbeitenden Gewerbe,« *Statistisches Bundesamt – Wirtschaft und Statistik 02/10*, 109–22.

Finkeißen, Alexander (2000), *Prozess-Wertschöpfung*. Berlin: BoD – Books on Demand.

Haller, Axel (1997), *Wertschöpfungsrechnung*. Stuttgart: Schäffer-Poeschel Verlag.

Kaltenbrunner, Andy (2007), *Der Journalisten-Report: Österreichs Medien und ihre Macher: eine empirische Erhebung*. Wien: facultas.wuv.

Sigel, Joachim (1990), *Die Wertschöpfung in den Volkswirtschaftlichen Gesamtrechnungen: Untersuchungen zu einem Merkmal für die Messung der Unternehmungskonzentration*. Berlin: Duncker & Humblot.

Statistisches Bundesamt (2013), *Jahresstatistik im Handel*, Wiesbaden.

Statistisches Bundesamt (2013), *Monatsstatistik im Einzelhandel*, Wiesbaden.

Weber, Helmut K. (1993), »Wertschöpfungsrechnung,« erschienen in Handwörterbuch der Betriebswirtschaft, Waldemar Wittman et al., (eds.), 5. Auflage. Stuttgart: Schäffer-Poeschel Verlag, 300–12.

Kapitel 2: Wertschöpfung aus betriebswirtschaftlicher Perspektive

von Prof. Dr. Werner Reinartz und Dr. Monika Käuferle

1.　Motivation

Um auf dem Markt erfolgreich zu sein, muss ein Handelsunternehmen einen signifikanten (Mehr-)Wert für den Kunden schaffen, um somit eine zentrale Rolle im Wertschöpfungsprozess einzunehmen. Dabei sind Handelsunternehmen oft dem Image ausgesetzt, in der Wertschöpfungskette lediglich die Rolle des Mittlers zwischen Produzenten und Verbraucher einzunehmen. Diese Perspektive unterschätzt den Stellenwert des Handels allerdings enorm. Die Rolle des Handels ging schon immer über die bloße Mittlerfunktion hinaus und wird wohl gerade in den nächsten Jahren weiter stark an Bedeutung gewinnen. Jedoch muss der Handel durch fortwährende Veränderungen der Handelslandschaft seine Wertschöpfungsaktivitäten stets an neue Voraussetzungen, Möglichkeiten und Kundenerwartungen anpassen. Eine mögliche erfolgsversprechende Reaktion auf die veränderten Rahmenbedingungen ist die *Verschiebung von*

Wertschöpfungsaktivitäten zwischen den Akteuren der Wertschöpfungskette. Während die Rolle des Handels früher strikt von der Rolle des Herstellers und der des Kunden abgegrenzt werden konnte, verschwimmen heutzutage die Grenzen zwischen den verschiedenen Stufen der Wertschöpfungskette. So können Händler heute flexibel auf Veränderungen der Handelslandschaft reagieren und ihre Wertschöpfung vergrößern, indem sie beispielsweise Aufgaben des Herstellers übernehmen und/oder Kunden bzw. spezialisierte dritte Parteien aktiv in den Wertschöpfungsprozess einbinden.

Nicht alle Handelsunternehmen können mit den Rahmenbedingungen der veränderten Handelslandschaft erfolgreich umgehen. Klingende Namen wie Schlecker, Quelle und Neckermann gehören zu den prominentesten Beispielen, die mit ihren Handelsaktivitäten unter den veränderten Rahmenbedingungen keinen ausreichenden Mehrwert mehr erzielen konnten und somit am Markt scheiterten. So lässt sich die Insolvenz von Arcandor unter anderem durch die nicht mehr wettbewerbsfähigen Sortimente (Seidel 2009) bzw. das Klammern an die immer seltener frequentierten Traditionskaufhäuser von Karstadt (Siemens 2009) begründen. Auch der Handelskonzern Schlecker schaffte es nicht, sich in der veränderten Handelslandschaft zu behaupten. Stimmen in der Presse beschrieben im Jahr der Insolvenz 2012 die Pleite des Konzerns als absehbar, da Schlecker sein langjähriges Vertriebskonzept viele Jahrzehnte einsetzte, ohne es den Bedürfnisveränderungen der Kunden anzupassen (Jacobsen 2012).

Das folgende Kapitel behandelt das Thema Wertschöpfung aus betriebswirtschaftlicher Perspektive. Ziel des Kapitels ist es, verschiedene Perspektiven herauszustellen, wie Handelsunternehmen den neuen Herausforderungen begegnen können, um erfolgreich auf dem Markt zu bestehen. Hierfür wird zunächst beschrieben, wie sich die Handelslandschaft in den letzten Jahren verändert hat und mit welchen neuen Herausforderungen der Handel dadurch heute im Rahmen des Wertschöpfungsprozesses konfrontiert wird. Schließlich werden die Entwicklung der Wertschöpfung und die neue Rolle des Handels im Wertschöpfungsprozess diskutiert. Es werden konkrete Aktivitäten herausgestellt, die es dem Handel ermöglichen, in der modernen Handelslandschaft Wert zu schöpfen und damit seine Existenz in der Wertschöpfungskette zu sichern. In diesem Rahmen werden unter anderem Ergebnisse einer internationalen empirischen Untersuchung vorgestellt. Die konzeptionelle Struktur des Kapitels wird in Abbildung 2.1 zusammenfassend illustriert.

2. Der Wandel im Handel

Betrachtet man die Entwicklung der Handelslandschaft, lässt sich, gerade in den letzten Jahren, ein starker Wandel feststellen. Ausgelöst wurde dieser zu beobachtende Wandel mit dem Start des Internets. Es entstand eine Vielzahl neuer Vertriebs- und Kommunikationswege, digitaler Produkte und Services und Vertriebsstrategien. Die Handelswelt wird durch diese Veränderungen zunehmend schnelllebiger und komplexer und die Kundenansprüche an Handelsunternehmen steigen ständig weiter. Diesen neuen Marktgegebenheiten gerecht zu werden, stellt eine große Herausforderung für

Der Wandel im Handel

Neue Vertriebs- und Kommunikationskanäle	Digitale Produkte und Dienstleistungen	Multikanaldistribution

Die Herausforderungen für den Handel

Steigende Kundenansprüche	Steigende Marktkomplexität

Preisfokus	Hohe Produkt-anforder-ungen	Hohe Ansprüche an Kauf-prozess	Intensiver Wettbe-werb	Marktge-schwin-digkeit	Kunden-über-forderung

Implikationen für die Entwicklung der Wertschöpfung im Handel

Kunden-integration	Übernahme von Aufgaben des Herstellers	Übernahme von neuen Aufgaben	Einbeziehung dritter Parteien

Abb. 2.1: Konzeptioneller Rahmen

Handelsunternehmen dar, der sich diese aber stellen müssen, um Wert schaffen zu können und dadurch am Markt zu bestehen.

2.1 Veränderungen der Handelslandschaft

Der Start des Internets brachte eine Reihe struktureller Veränderungen mit sich, die sich auf das Verhalten der Konsumenten im Kaufprozess auswirken und den Handel mit einer neuen Marktsituation konfrontieren. Zu den drei zentralen strukturellen Veränderungen zählen 1) die Entstehung neuer Vertriebskanäle, 2) die Schaffung digitaler Produkte und Dienstleistungen und 3) der Trend zur Multikanaldistribution (▶ Abb. 2.2).

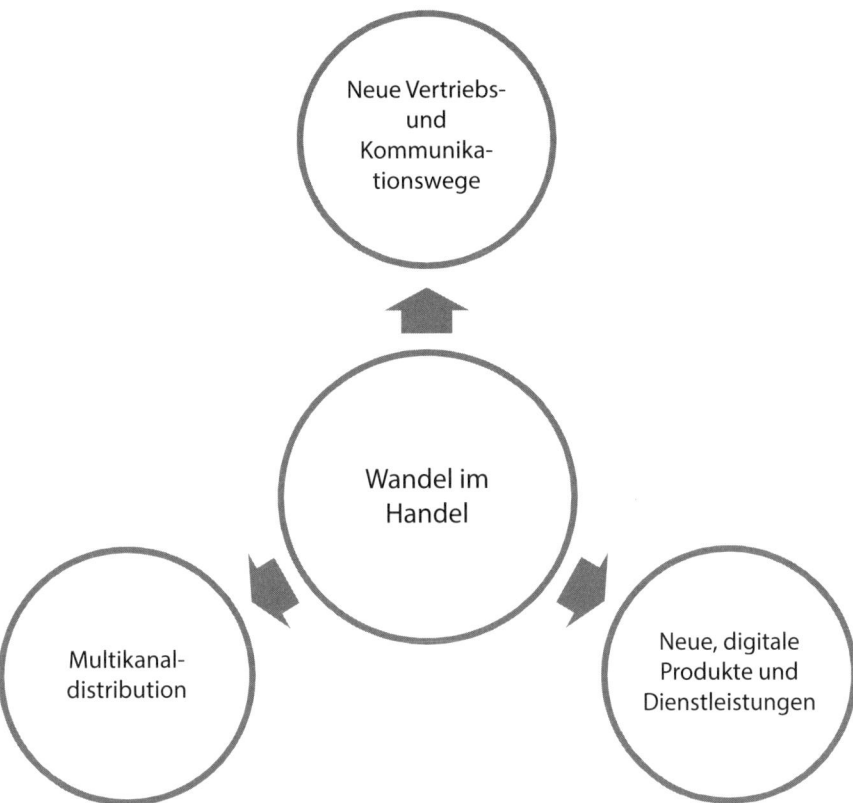

Abb. 2.2: Strukturelle Veränderungen im Handel

2.1.1 Entstehung neuer Vertriebs- und Kommunikationskanäle

Das Internet brachte neben dem Electronic Commerce (E-Commerce), weitere internetbasierte Spezialformen solcher elektronischer Vertriebs- und Kommunikationswege zu Tage, wie den Mobile Commerce (M-Commerce) und den Social-Commerce (S-Commerce). Diese elektronischen Vertriebskanäle zeichnen sich von Unternehmensseite durch vergleichsweise geringe Implementierungs- und Erhaltungskosten aus.

E-Commerce beschreibt den »Kauf und Verkauf von Waren und Leistungen über elektronische Verbindungen« (Gabler Wirtschaftslexikon 2013a). Diese elektronischen Verbindungen und damit auch die angebotenen Produkte und Services sind für den Kunden täglich 24 Stunden erreichbar und führen zu Zeiteinsparungen im Einkaufsprozess, da der Kunde seine Einkäufe seitdem bequem und ohne großen Aufwand von zuhause tätigen kann (Ratchford, Lee und Talukdar 2003). Da das Sortiment verschiedener Anbieter online leicht einsehbar und vergleichbar ist, hat sich zudem eine starke Markttransparenz entwickelt. Kunden können über das Internet unkompliziert und zu geringen Suchkosten Preise und Produktdetails einsehen und vergleichen (Zhu und Zhang 2010) und tun das auch. Der Kunde verfügt daher heutzutage über umfassende

Informationen zu einer Vielzahl von Marktteilnehmern (Lynch und Ariely 2000; Zeng und Reinartz 2003).

Die Vorteile des Internets für den Kunden nahmen mit der Entwicklung des *M-Commerce* weiter zu. Die »elektronisch gestützte Abwicklung von Geschäftstransaktionen auf Basis der Nutzung mobiler, mit dem Internet verbundener Endgeräte« (Gabler Wirtschaftslexikon 2013b) ist eine Spezialform des E-Commerce. Durch die ortsunabhängige Möglichkeit, auf Informationen zuzugreifen und Transaktionen durchzuführen, hat sich die Zeitersparnis für den Kunden im Rahmen des Einkaufsprozesses weiter verbessert. Zudem gibt diese neue Technologie die Möglichkeit, selbst vor Ort am POS Preise über Anbieter hinweg zu vergleichen. So bieten zum Beispiel mobile Apps die Möglichkeit, Barcodes bzw. QR-Codes im Geschäft mit dem Mobiltelefon zu scannen und über das Internet in Sekundenschnelle einen anbieterübergreifenden Preisvergleich durchzuführen. Es entwickelt sich ein zunehmender Preisfokus bei den Kunden (Sinha 2000), der wiederum zu einem intensiven Preiswettbewerb zwischen Anbietern führt (Ratchford, Lee und Talukdar 2003).

Eine weitere Spezialform des E-Commerce, der *S-Commerce*, verbindet E-Commerce mit sozialen Netzwerken. Soziale Netzwerke ermöglichen Kunden die zeit- und ortsungebundene Interaktion mit anderen Kunden und Freunden auch während des Einkaufs (Hoyer et al. 2010). Dieser Effekt sollte nicht unterschätzt werden, da Freunde und andere Kunden laut einer Studie von Senecal und Nantel (2004) einen weit höheren Einfluss auf die Entscheidungsfindung eines Kunden haben als konventionelle Werbung.

Für Unternehmen bietet S-Commerce darüber hinaus die Möglichkeit, Kunden in das Vertriebsgeschehen aktiv miteinzubinden (Stephen und Toubia 2010). So bietet z. B. der deutsche Reiseanbieter TuiFly über das soziale Netzwerk Facebook die Möglichkeit, Flüge direkt über die Applikation SkyFriends zu buchen. Facebook-Nutzer können sich dabei über die Funktion »zusammen verreisen« Angebote für die gemeinsame Reise mit anderen Nutzern zu einem Wunschziel anzeigen lassen. Über die Funktion »gegenseitig besuchen« können sie sich zudem Angebote für Reisen zu anderen Facebook-Nutzern vorschlagen lassen.

2.1.2 Entwicklung digitaler Produkte und Services

Darüber hinaus zeichnet sich der Wandel auch in den angebotenen Produkten und Services ab. Neben physischen Produkten werden immer häufiger auch *digitale Produkte* angeboten. Hiervon sind vor allem die Musikindustrie, der Videomarkt und das Verlagswesen/ der Buchhandel betroffen.

Immer mehr Kunden verzichten auf den Kauf klassischer Tonträger und beziehen Musik in digitaler Form aus dem Internet. Während diese Möglichkeit im Jahr 2004 noch kaum durch Konsumenten in Anspruch genommen wurde, beträgt der digitale Umsatzanteil der Musikindustrie im Jahr 2012 bereits 19,1 Prozent in Deutschland und sogar 58,9 Prozent in den USA (Statista 2013a).

Auch der digitale Videomarkt wird zunehmend stärker von den Kunden angenommen. Während in Deutschland über den digitalen Videomarkt im Jahr 2007 nur €3 Mio.

Umsatz gemacht wurden, stieg das Umsatzvolumen auf €102 Mio. im Jahr 2012 (Statista 2013b).

Stark betroffen vom Zeitalter der Digitalisierung ist auch das Verlagswesen/ der Buchhandel. Nicht nur bei den Tageszeitungen lässt sich ein kontinuierlicher Rückgang der Printversionen verzeichnen, auch Bücher werden immer häufiger in digitaler Form gekauft. Auch wenn der Anteil gekaufter digitaler Bücher im Jahr 2011 nur 1 Prozent des deutschen Buchumsatzes ausmachte, so ist der zu beobachtende Trend dennoch enorm. Das Umsatzvolumen digitaler Bücher von €34,9 Mio. in Deutschland im Jahr 2011 beinhaltet bereits eine fast 70 prozentige Steigerung zum Vorjahresvolumen und wuchs bis 2012 sogar auf €101,7 Mio. an (Statista 2013c).

Neben der Digitalisierung des Produktmarkts, gehören auch *digitale Serviceleistungen* heutzutage zum Standard. Ein viel genutzter Service sind Preissuchmaschinen wie z. B. guenstiger.de oder idealo.de. Solche Internetseiten bieten Kunden die Möglichkeit, anbieterübergreifend Preise für Produkte zu vergleichen und so unkompliziert und schnell das günstigste Angebot ausfindig zu machen.

Ein weiterer beliebter digitaler Service ist der digitale Einkaufsagent (Iyer und Pazgal 2003). Unternehmen wie Amazon bieten diesen Dienst auf ihren Internetseiten an. Der Service spricht Kunden auf Basis des vorangehenden Kundenverhaltens (vorangehendes Kauf- oder Klickverhalten) Kaufempfehlungen für Produkte aus, die andere Kunden mit einem ähnlichen Onlineverhalten auch gekauft haben. Auch Sprach- und Nachhilfekurse können heute unkompliziert im Internet besucht werden. Kunden können sich im Internet entweder zeitunabhängig Lernvideos ansehen oder tatsächlich in Interaktion mit einem (Nachhilfe-)Lehrer treten, ohne dafür das Zuhause verlassen zu müssen.

Im Vergleich zu stationären Unternehmen haben Anbieter digitaler Produkte deutliche Kostenvorteile. So können umfangreiche digitale Sortimente ohne hohe Lager- und Personalkosten zur Verfügung gestellt werden.

2.1.3 Multikanaldistribution als Vertriebsstandard

Auch die Vertriebsstrategien unterliegen einem Wandel in vielfältiger Art. Seit einigen Jahren kann ein Trend zum Multikanalhandel und im Speziellen zur Vertriebskanalintegration beobachtet werden. Der Multikanalhandel hat sich inzwischen schon fast branchenweit zum Vertriebsstandard entwickelt. Anstatt sich auf bestimmte einzelne Vertriebskanaltypen zu fokussieren, nutzen Unternehmen heute Multikanalsysteme. Das bedeutet, dass Unternehmen ihre Produkte dem Konsumenten gleichzeitig über eine Vielzahl von Vertriebskanälen anbieten. Dies stellt einen großen Vorteil für den Kunden dar, da je nach Bedarf und Situation ein passender Vertriebskanal gewählt werden kann. Jeder Vertriebskanal vereint eine Reihe von Eigenschaften, die sich auf den Kaufprozess des Kunden auswirken. Während sich stationäre Geschäfte zum Beispiel durch die Möglichkeit der persönlichen Kommunikation und Beratung sowie der haptischen Begutachtung der Produkte auszeichnen, liegt die Stärke des Internets in der großen Zeitersparnis und dem geringen Aufwand des Onlinekaufs. Ist ein Kunde also unter

Zeitdruck und/oder soll ein Produkt gekauft werden, welches keine haptische Begutachtung erfordert, wie z. B. Bücher, wird der Kunde eher online einkaufen als im Geschäft. Diesen Aufwand würden Kunden allerdings tendenziell in Kauf nehmen, wenn die Haptik eines Produktes ausschlaggebend für die Einschätzung der Produktqualität ist, wie z. B. bei Obst.

Das Handelsunternehmen Tchibo nutzt zum Beispiel eine derartige Multikanalstrategie. Kunden können die Produkte von Tchibo im Geschäft, im Internet und über einen Katalog kaufen. Kunden, die für verschiedene aufeinanderfolgende Transaktionen unterschiedliche Transaktionskanäle wählen werden auch »Multi-Channel Shopper« genannt. Sie passen ihre Vertriebskanalwahl an die jeweilige Situation an und optimieren somit die eigene Kaufentscheidung. Auch für Unternehmen bietet diese Veränderung Vorteile. So kann der Kunde nun über verschiedene Wege erreicht und die Wirkung von Marketingmaßnahmen intensiviert werden. Empirische Studien haben ergeben, dass Multi-Channel Shopper häufiger einkaufen und bei ihren Einkäufen höhere Summen ausgeben (Kumar und Venkatesan 2005; Venkatesan, Kumar und Ravishanker 2007).

Neben der Möglichkeit, Vertriebskanäle für jede Transaktion zu wechseln, können Kunden auch während einer Transaktion auf verschiedene Kanäle zurückgreifen, um zum Beispiel in einem Kanal Informationen zu suchen und in einem anderen Kanal zu kaufen. Diese Kunden, auch »Research Shopper« genannt, machen sich die charakteristischen Eigenschaften der verschiedenen Vertriebskanäle zu Nutze und optimieren so ihren Kaufprozess. Damit schaffen Unternehmen, die ihr Angebot über multiple Kanäle zur Verfügung stellen, aus Kundensicht mehr Wert. Die Herausforderung für Unternehmen ist es jedoch, die Kundeninteraktion möglichst in der eigenen Multikanalstruktur zu halten.

2.2   Zentrale Herausforderungen für Handelsunternehmen

Die Veränderungen der Handelslandschaft bringen nicht nur neue Potenziale mit sich, sondern auch neue Herausforderungen:

1) Die Kundenansprüche an Handelsunternehmen steigen ständig.
2) Das operative Handelsumfeld wird zunehmend komplexer.

Diesen neuen Marktgegebenheiten gerecht zu werden, stellt eine große Herausforderung für Handelsunternehmen dar, der sich Händler stellen müssen, um Wert schaffen zu können und dadurch am Markt zu bestehen. Umfassendes Bewusstsein zu und der richtige Umgang mit diesen beiden Herausforderungen können daher erfolgsentscheidend sein.

2.2.1   Steigende Kundenansprüche

Die Veränderungen im Handelsumfeld haben gravierende Auswirkungen auf den Kauf- und Entscheidungsprozess von Kunden und folglich auch auf deren Anspruchsdenken gegenüber Handelsunternehmen.

1. Zunehmender Preisfokus der Konsumenten

Durch das umfassende Produkt- und Informationsangebot im Internet hat sich das Suchverhalten der Konsumenten stark verändert. Sie greifen immer seltener auf die persönliche Beratungsleistung von Unternehmensmitarbeitern zurück, sondern suchen eigenständig und ohne großen Aufwand nach den benötigten Informationen im Internet. Zudem unterstützen neue digitale Services wie Preissuchmaschinen den einfachen Preisvergleich im Internet. Auf diesem Weg ist es möglich, zeit- und ortsunabhängig auf eine anbieterübergreifende, uneingeschränkte Informationsvielfalt zuzugreifen. Kunden sind so heute damit besser denn je über Preise und Produkteigenschaften informiert und können sehr leicht einen umfassenden Überblick über verschiedene Anbieter gewinnen. Diese Markttransparenz führt zu einem zunehmenden Preisfokus der Kunden, der sich durch die Multikanalstrategien der Kunden nicht nur im Internet, sondern auch in allen anderen Kanälen bemerkbar macht.

Die Herausforderung für Händler besteht darin, sich dem vorherrschenden Preisvergleich zu entziehen, indem sie sich von den Angeboten der Konkurrenten differenzieren. Dies kann zum Beispiel durch eigene Produktlinien, zusätzliche Serviceleistungen oder eine eigene wertstiftende Markenidentität erlangt werden.

2. Konsumenten erwarten ein auf die eigenen Präferenzen abgestimmtes Produkt

Durch das zunehmende Angebot digitaler Produkte und Services, die anbieterübergreifende Zugänglichkeit von Produkten und die vertriebskanalübergreifende Perspektive von Konsumenten ist das insgesamt verfügbare Produktsortiment für Konsumenten stark gewachsen.

Darüber hinaus können sich Konsumenten, wie oben beschrieben, einen sehr einfachen und unkomplizierten Überblick über alternative Produkteigenschaften und Verfügbarkeiten bei den verschiedenen Anbietern verschaffen. Es ist also ohne größeren Aufwand möglich, ein Produkt ausfindig zu machen, welches den eigenen Präferenzen weitestgehend entspricht. Kunden geben sich dadurch immer seltener mit Produkten zufrieden, die den eigenen Anforderungen nicht vollends entsprechen, sondern erwarten von Händlern ein perfekt auf die eigenen Präferenzen abgestimmtes Produkt. Um in diesem neuen Handelsumfeld bestehen zu können, müssen Händler die Reaktionen der Kunden auf die Angebote einfangen und zeitnah verwerten. Das bedeutet, um für den Kunden interessant zu sein, müssen Handelsunternehmen die Sortimente immer zeit- und präferenznäher an diese Kundenwünsche anpassen. Eine Kernherausforderung für stationäre Händler ist, dass in einer Online Umgebung große Sortimente leichter dargestellt werden können.

3. Konsumenten erwarten einen auf die eigenen Präferenzen abgestimmten Kaufprozess

Durch die Entstehung neuer Vertriebskanäle und dem neuen Vertriebsstandard »Multikanaldistribution« sind die Erwartungen des Kunden auch gegenüber der Ausgestaltung des Kaufprozesses deutlich gestiegen. Konsumenten können nun für jeden Einkauf einen beliebigen Vertriebskanal auswählen, dessen Eigenschaften bestmöglich auf die eigenen Ansprüche in der jeweiligen Situation zugeschnitten sind. Dies erleichtert sowohl den Kaufprozess des Kunden als auch die Entscheidungsfindung. Denn der Kunde hat für jeden Schritt im Kaufprozess die Möglichkeit, einen Kanal zu wählen, der zum einen den eigenen, situationsbezogenen Ansprüchen genügt und zum anderen die optimale Begutachtung des jeweiligen Produktes zulässt. Ausgefeilte Multikanalsysteme gehören daher heutzutage zum Standard, um im Wettbewerb zu bestehen.

2.2.2 Zunehmende Marktkomplexität

1. Verstärkung der Wettbewerbsintensität

Durch die Entstehung neuer, digitaler Vertriebskanäle und die vorherrschende Markttransparenz verstärkt sich der Konkurrenzdruck zunehmend. Kunden können nun ohne größere Anstrengung Angebote zwischen Anbietern vergleichen. Zudem hat sich der Radius potenzieller Anbieter deutlich vergrößert, da die Konkurrenz nun nicht mehr regional begrenzt ist. Dadurch, dass Kunden über das Internet auch auf Produkte weit entfernter Anbieter zugreifen können, erhöht sich die Anzahl an Konkurrenten für jeden einzelnen Händler drastisch – aus einem regionalen Wettbewerb wird dadurch ein überregionaler Wettbewerb. Dazu kommt, dass Hersteller wie Hugo Boss, Apple oder Puma durch die Eröffnung eigener stationärer Geschäfte und Online-Shops zunehmend in den direkten Wettbewerb mit Händlern treten. Der herstellereigene Internethandel ist seit 2006 um mehr als 90 Prozent gewachsen (Ludowig und Schlautmann 2013). Der Wettbewerb erweitert sich damit auch über verschiedene Wertschöpfungsstufen hinweg.

2. Zunehmende Schnelllebigkeit des Marktes

Kunden sind heute nicht mehr nur auf die Beratung des Händlers angewiesen, sondern versorgen sich sehr einfach selbst über verschiedenste Kanäle mit umfassenden Informationen zu Produkten, Verfügbarkeiten und Preisen. Der Kunde weiß somit auch schneller über neue Produkte und Dienstleistungen Bescheid und fragt diese entsprechend nach. Der Handel steht dadurch vor der Herausforderung, selbst stets kurzfristig über Neuerungen Bescheid zu wissen, um diese Produkte und Dienstleistungen sofort bereitstellen zu können. Dies ist in der heutigen Zeit besonders kritisch, da sich das gesamte Produktsortiment durch die Digitalisierung von Produkten und die Multikanalperspektive der Konsumenten stark vergrößert hat. Hinzu kommt verstärkend die generelle Verkürzung von Produktlebenszyklen (z. B. Electronics, Gebrauchsgüter, Mode) (Art et al. 2010).

3. Kundenüberforderung

Durch die zunehmende anbieterübergreifende Verfügbarkeit von Produkt- und Preisinformationen sind Kunden heutzutage besser informiert und eigenständiger als früher. Die Masse an zugänglichen Informationen und Produkten kann aber auch gleichzeitig zur Überforderung des Kunden führen. So zeigen eine Reihe empirischer Studien, dass die Überforderung von Kunden durch eine zu große Auswahl an Produkten dazu führen kann, dass die Kaufentscheidung verzögert oder sogar überhaupt kein Kauf getätigt wird (Iyengar und Lepper 2000; Lipowski 1970; Scheibehenne, Greifeneder und Todd 2013). Je größer die Anzahl an Alternativen, umso schwieriger und frustrierender wird die Kaufentscheidung für den Kunden, insbesondere dann, wenn die eigenen Präferenzen nicht etabliert sind. Die Herausforderung für den Handel besteht also darin, den Kunden durch die Flut an Informationen und Alternativen zu lenken und durch Entscheidungshilfen einer Überforderung des Kunden entgegenzuwirken.

3. Der moderne Wertschöpfungsprozess

Der Wertschöpfungsprozess setzt sich aus einer Reihe von Aktivitäten zusammen, deren Durchführung einen Wert für den Kunden und damit auch mittelbar für das Unternehmen schafft. Während die Wertschöpfungsaktivitäten bzw. Verantwortlichkeiten im klassischen institutionellen Wertschöpfungsprozess strikt zwischen Herstellern und Händlern aufgeteilt waren und der Konsument nur passiver Rezipient des geschaffenen Wertes war, verschwimmen die Grenzen inzwischen zunehmend. Statt aus einer Institutionenperspektive wird die Wertschöpfung heute aus einer Funktionenperspektive betrachtet. Das bedeutet, dass die anfallenden sequentiellen Funktionen bzw. Verantwortlichkeiten im Wertschöpfungsprozess nun nicht mehr an ganz spezifische, sequentielle Institutionen geknüpft sind (z.B. Hersteller, Distributor, Großhandel, Einzelhandel). Darüber hinaus wird der Konsument zunehmend als aktives Mitglied in den Wertschöpfungsprozess integriert. Diese sogenannte Funktionenverschiebung kann in der Praxis immer häufiger beobachtet werden. So fokussiert sich zum Beispiel der Hersteller Hugo Boss neben dem ursprünglichen Geschäft mit dem Großhandel zunehmend auf den eigenen Vertrieb im Einzelhandel und übernimmt damit die Vertriebsfunktion. Das Unternehmen generiert schon jetzt knapp 50 Prozent des Umsatzes über die eigenen Geschäfte. Ferner soll das bestehende Ladennetz von 840 Geschäften weltweit noch im Jahr 2013 um weitere 50 Läden erweitert werden (Dörnfelder 2013).

Ein anderes Beispiel der Funktionenverschiebung kann bei Fiat in Brasilien beobachtet werden. Hier wurden Kunden als aktive Teilnehmer in den Designprozess (Produktionsfunktion) miteinbezogen, indem sie über ein Online-Portal eigene Designvorschläge für ein neues Auto abgeben konnten. Es entstand der Fiat Mio, das weltweit erste Crowdsourcing Auto, welches mit mehreren Designpreisen ausgezeichnet wurde (Busch 2011).

Im Folgenden wird zunächst erläutert, wie die Wertschöpfungsleistung bzw. der Wertschöpfungserfolg eines Handelsunternehmens aus betriebswirtschaftlicher Perspektive beziffert werden kann. Anschließend werden verschiedene Wertschöpfungskonzepte diskutiert, die Möglichkeiten für den Handel aufzeigen, wie er in dem veränderten Umfeld bestehen kann. Diese werden anhand konkreter Beispiele illustriert.

3.1 Indikatoren betriebswirtschaftlicher Wertschöpfung

Durch die strategische Auswahl von bestimmten Wertschöpfungsaktivitäten kann der Handel sein Bestehen auf dem Markt sichern. Je mehr Wert durch ein Handelsunternehmen geschaffen wird, umso wichtiger ist die Rolle des Unternehmens für den Kunden.

Die Wertschöpfungsleistung eines Handelsunternehmens stellt damit einen zentralen Treiber des Unternehmenswerts dar.

Zur Messung der Wertschöpfung eines Handelsunternehmens kann zum Beispiel die Q Ratio (bzw. Tobin's Q) und das durchschnittliche jährliche Umsatzwachstum (CAGR) herangezogen werden.

Q Ratio (Tobin's Q). Die Q Ratio ist eine Finanzkennzahl, auch Marktwert-Substanzwert-Verhältnis genannt, die häufig zur Unternehmensbewertung herangezogen wird (Deloitte 2012; Fang, Palmatier und Steenkamp 2008). Sie betrifft die Bewertung öffentlich notierter Unternehmen und wird durch den Quotient des Marktwertes eines Unternehmens in Relation zu den Wiederbeschaffungskosten *aller* Vermögensgegenstände (d.h. tangible und intangible) des Unternehmens berechnet. (Chung und Pruitt 1994). Die Q Ratio repräsentiert dadurch die Erwartungen des Marktes bzgl. des *zukünftigen* Unternehmenserfolgs (Fang, Palmatier und Steenkamp 2008). Ein Wert größer 1 besagt, dass der Markt positive Erwartungen an zukünftige Erträge hat und damit den Marktwert jenseits der Wiederbeschaffungskosten aller Vermögensgegenstände in die Höhe treibt. Dieser kann zum Beispiel in einer starken Marke, Wissenskapital, hoher Kundenloyalität, usw. begründet sein (Deloitte 2012). Liegt der Wert der Q Ratio unter 1, wird das zukünftige Marktpotenzial eines Unternehmens vom Aktienmarkt geringer eingestuft als der Wiederbeschaffungswert aller Vermögensgegenstände.

Eine Studie von Deloitte (2012) ergibt, dass in der Textilbranche beispielsweise das Unternehmen H&M im Jahr 2011 durch eine extrem hohe Q Ratio von 5,67 hervorsticht. Der Branchendurchschnitt im Bereich Fashion liegt in demselben Jahr bei 1,62. Auch die Bewertung des Zukunftspotenzials der amerikanischen Bio-Supermarktkette Whole Foods Markets ist mit einer Q Ratio von 3,00 verglichen mit dem Durchschnitt von 0,76 im Bereich FMCG im Jahr 2011 sehr hoch angesiedelt.

Umsatz CAGR (Compound Annual Growth Rate). Die zweite Kennzahl (Umsatz CAGR) ist vergangenheitsorientiert und misst die durchschnittliche jährliche Umsatzwachstumsrate. Ein *nachhaltiges und überproportionales* Umsatzwachstum ist insbesondere bei großen Unternehmen ein Indiz für eine signifikante Schaffung von Mehrwerten aus Kundensicht.

Das Unternehmensranking von Deloitte (2012) zeigt, dass sowohl Whole Foods Markets als auch H&M in dieser Bewertungsdimension herausstechen. Die beiden Unternehmen gehören zu den 50 am schnellsten wachsenden Handelsunternehmen in den Jahren 2005-2010. Whole Foods Markets weist ein durchschnittliches jährliches Umsatzwachstum von 13,9 Prozent auf und H&M einen Umsatz CAGR-Wert von 12,1 Prozent.

3.2 Wertschöpfung durch Funktionenverschiebung

Durch die veränderten Herausforderungen reicht der klassische Wertschöpfungsansatz des Handels als Mittler zwischen Herstellung und Konsum nicht aus. Um den neuen Herausforderungen zu begegnen, muss der Wertschöpfungsprozess im Handel neu gedacht werden. Eine erfolgsversprechende Möglichkeit ist die sogenannte Funktionen-verschiebung, die in diesem Kapitel diskutiert wird. Der Handel wird heute zunehmend aus einer Funktionen- statt einer Institutionenperspektive betrachtet. Aktivitäten, die im Wertschöpfungsprozess ursprünglich per Definition an bestimmte Institutionen (z. B. Hersteller, Händler) geknüpft waren, können in der neuen Perspektive von jedem Teilnehmer des Wertschöpfungsprozesses durchgeführt werden. Die Entkopplung der Wertschöpfungsaktivität vom Wertschöpfungskettenteilnehmer ist vor allem im Zeitalter des Internets deutlich einfacher umsetzbar. Die Funktionen des Wertschöpfungsprozesses gliedern sich nach Porter (1985) in fünf aufeinanderfolgende Hauptaktivitäten: *Eingangslogistik, Produktion, Marketing und Vertrieb, Ausgangslogistik und Service.* Während z. B. die Produktion in der traditionellen Perspektive fest auf der Herstellerseite verankert war, kann beobachtet werden, dass diese Aufgabe inzwischen auch von Händlern oder sogar vom Kunden übernommen wird. Hersteller sind dafür zunehmend in Vertriebsaktivitäten involviert.

Für den Handel bietet sich mit diesem neuen Ansatz die Möglichkeit, sein Profil neu zu denken, um auf die neuen Kundenanforderungen und Marktgegebenheiten einzugehen und Wert für den Kunden und das Unternehmen zu schaffen. Im Folgenden wird aufgezeigt, wie sich Handelsunternehmen diese sogenannte Funktionenperspektive im Rahmen des Wertschöpfungsprozesses zu Nutze machen können. Dazu werden vier Möglichkeiten der Wertschöpfung durch Funktionenverschiebung aufgegriffen:

1) Der Handel kann Aufgaben an den Kunden ausgliedern.
2) Der Handel kann zusätzliche Funktionen des Herstellers übernehmen.
3) Der Handel kann neue Funktionen schaffen und übernehmen.
4) Der Handel kann neue Teilnehmer in den Wertschöpfungsprozess einbeziehen.

Die Diskussion dieser Erfolgsfaktoren wird zum Teil durch Ergebnisse einer empirischen Untersuchung beispielhaft untermauert. Im Rahmen dieser empirischen Analyse wurde die Wertschöpfungsleistung verschiedener Händler (nach Q Ratio und Umsatz CAGR) aufgezeigt und potenzielle Erfolgstreiber identifiziert. Der Analyse liegt ein internationaler Datensatz zugrunde, der die größten öffentlich notierten Handelsunternehmen aus den Bereichen Lebensmittel (n=27, ▶Abb.2.3) und Textil (n=27, ▶Abb.2.4) umfasst. Die Analyse betrifft ausschließlich reife Märkte (Westeuropa, Nordamerika, Japan, Australien) und durch die begrenzte Stichprobe sind die Aussagen nur bedingt generalisierbar. Die Wertschöpfungsleistung wird sowohl durch die Bewertung des beobachteten vergangenen Unternehmenserfolgs (Umsatz CAGR 2005–2010) beurteilt als auch auf Basis der zukünftigen Einschätzung durch den Aktienmarkt (Q Ratio 2010). Unternehmen, die sowohl eine überdurchschnittliche Q Ratio aufweisen als auch eine überdurchschnittliche Wachstumsleistung in den letzten Jahren erbracht haben, erzielen die größte Wertschöpfung.

Die mittlere Q Ratio (CAGR) in der untersuchten LEH Stichprobe liegt bei 1,36 (0,09) und im Textilhandel bei 2,02 (0,05). Die Unternehmen mit der größten Wertschöpfung im LEH (Textilhandel) konnten demnach zwischen 2005–2010 im Schnitt *mehr* als 9 Prozent (5 Prozent) jährliches Umsatzwachstum erzielen – eine sehr

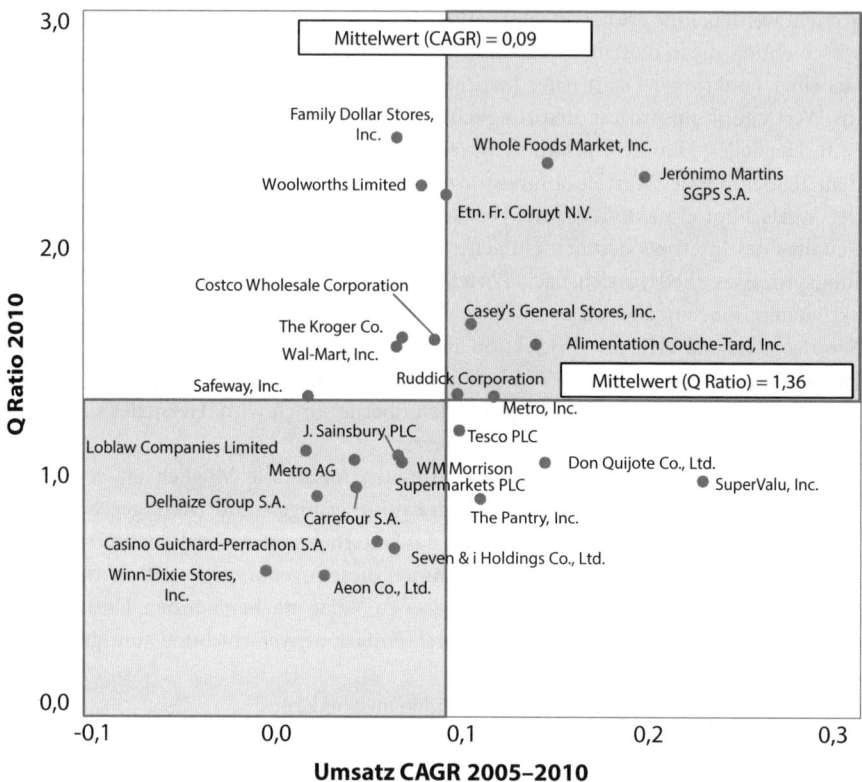

Abb. 2.3: Wertschöpfung im Lebensmittelhandel

beachtliche Leistung für Unternehmen in dieser Umsatzgrößenordnung! Zudem wurde der Unternehmenswert *mehr* als 1,36 (2,02) mal so hoch eingestuft wie die Wiederbeschaffungskosten aller Vermögensgegenstände.

Im Rahmen der untersuchten Firmen lässt sich erkennen, dass Discountstrategien tendenziell erfolgreichere Vertriebskonzepte sind. Beim Lebensmittelhandel zeigt sich (▶ **Abb. 2.3**), dass Unternehmen im internationalen Raum, die mehr als die Hälfte des Umsatzes durch Discounter generieren, wie die amerikanische Einzelhandelskette Family Dollar Store oder die portugiesische Einzelhandelskette Jéronimo Martins, tendenziell erfolgreicher sind als Händler, die nur einen mittleren Anteil (5–50 Prozent) Discountformatumsatz erwirtschaften, wie der Einzelhandelskonzern Wal-Mart oder das Unternehmen SuperValue aus den USA. Handelsunternehmen wie Aeon aus Japan, Tesco aus Großbritannien oder die aus Belgien stammende Delhaize Group weisen dagegen nur einen minimalen Discount-Umsatzanteil (<5 Prozent) auf und können sich im Konkurrenzvergleich weniger gut behaupten.

Auch im Textilhandel zeigt sich (▶ **Abb. 2.4**), dass die besonders erfolgreichen Unternehmen tendenziell eine Niedrigpreisstrategie verfolgen. Die Mehrheit der Unterneh-

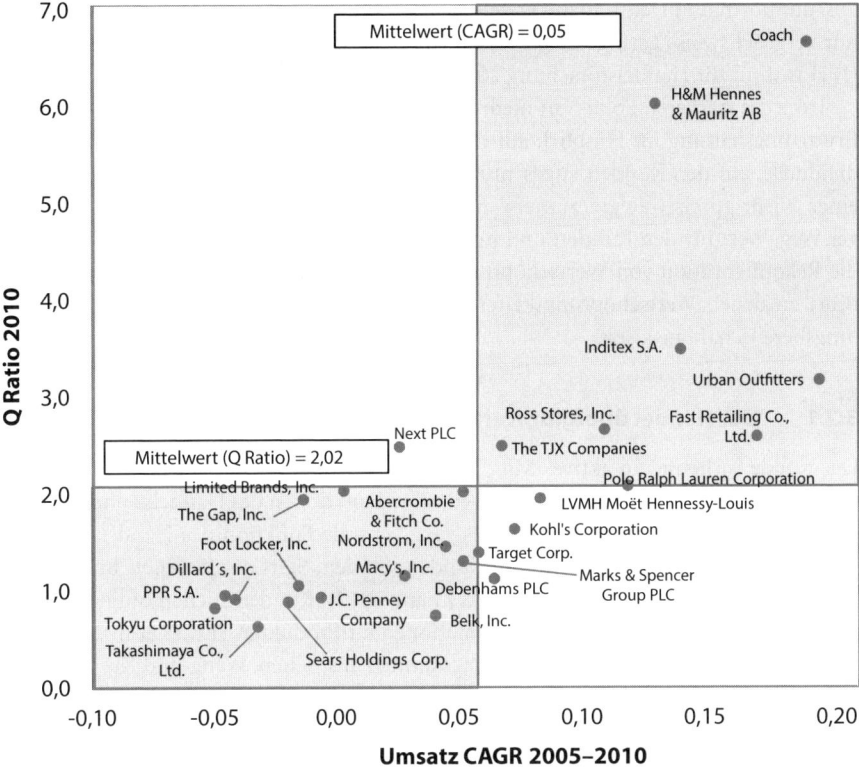

Abb. 2.4: Wertschöpfung im Textilhandel

men mit einer überdurchschnittlichen Marktbewertung und einem starken Umsatzwachstum setzen eine solche Preisstrategie ein. Zu diesen Handelsunternehmen gehören der schwedische Bekleidungshändler H&M, das spanische Textilunternehmen Inditex, der amerikanische Handelskonzern The TJX Companies, der Textil-Einzelhändler Fast Retailing aus Japan und das amerikanische Kaufhaus Ross Stores. Der Anteil an Händlern mit einer Niedrigpreisstrategie, die sowohl eine unterdurchschnittliche Marktbewertung als auch ein unterdurchschnittliches Umsatzwachstum aufweisen (Target Corp., Sears Holdings Corp. und J.C. Penney) ist dagegen sehr gering.

Die Niedrigpreisstrategie kommt dem zunehmenden Preisfokus des Kunden entgegen und schafft damit Kundenzufriedenheit. Allerdings bedeuten niedrige Preise zugleich geringe Margen für den Handel, d. h. dass der Wertschöpfungsanteil am Umsatz verhalten bleibt. Dies zeigt sich vor allem im Lebensmitteleinzelhandel sehr deutlich. Obwohl die Umsatzanteile von Discountformaten im letzten Jahrzehnt deutlich zugenommen haben, ist die anteilige Wertschöpfung am Umsatz bei Discountern im Vergleich zu den anderen Formaten, wie Supermärkten, geringer. Unternehmen können in diesem Fall ihre absoluten Gewinne hauptsächlich über Umsatzsteigerungen vergrößern. Das LEH

Discountformat in Deutschland erzielt aus 41,8 Prozent Anteil am Gesamtumsatz LEH nur vergleichsweise geringe 28,0 Prozent Anteil an der Gesamtwertschöpfung im LEH (IFH Institut für Handelsforschung 2013).

Trotz des stärkeren Fokus auf niedrigere Preise haben Kunden gleichzeitig eine klare Erwartungshaltung im Hinblick auf die Produktbeschaffenheit. Präferiert werden individuelle, auf den Kunden zugeschnittene Produktlösungen, welche sich im Rahmen einer Niedrigpreisstrategie zumeist nicht profitabel umsetzen lassen. Ein alternativer Weg, Wert für den Kunden und für das Handelsunternehmen zu schaffen, ist über die Rekonfiguration von Wertschöpfungsaktivitäten in der Wertschöpfungskette. Dies führt zu neuen Wertschöpfungsketten, die Mehrwert generieren und trotzdem Zahlungsbereitschaft auslösen.

3.2.1 Der Handel übergibt Wertschöpfungsaktivitäten an Kunden

Der Kunde ist heute ein aktives Mitglied des Wertschöpfungsprozesses geworden und übernimmt dabei aus eigenem Antrieb einzelne Funktionen des Handels (und der Herstellung). Die Informationsfunktion als ganz zentrale Funktion des Handels vor dem Produktkauf, wird zum Beispiel vom Kunden seit dem Start des Internets immer häufiger selbstständig ausgeführt (Zhu und Zhang 2010). Kunden suchen online eigeninitiativ und anbieterübergreifend Informationen zu Produkten (Ernst et al. 2011) und tauschen sich in Netzwerken mit Gleichgesinnten aus (Chen, Wang und Xie 2011). Sie werden dadurch zunehmend eigenständiger und unabhängiger von der Kommunikation und Werbung des Handels.

Das Unternehmen kann den Kunden aber auch in andere Wertschöpfungsaktivitäten als die Informations- und Beratungsfunktion einbinden. So lässt der Mobilfunk-Discounter simyo zum Beispiel die Vertragsoptionen durch den Kunden selbst bestimmen. Kunden können sich im Internet ihren Vertrag über einen Modulbaukasten selbst zusammenstellen und haben auf diesem Weg die Möglichkeit, das Produkt weitestgehend an die eigenen Präferenzen anzupassen (*Produktionsfunktion*). Auch der Müslianbieter mymuesli.de verfolgt eine solche Kundenintegrationsstrategie. Kunden können sich im Internet aus einer großen Auswahl an Zutaten ihr präferiertes Müsli zusammenstellen und wirken so bei der Ideengenerierung (*Produktionsfunktion*) und der Sortimentsgestaltung (*Vertriebsfunktion*) mit.

Das schwedische Möbelhaus Ikea ist ein bekannter Vorreiter in der Integration des Kunden in die Wertschöpfung. Kunden des Möbelhändlers scannen ihre Ware selbst an der Kasse (Transaktionsfunktion) und bauen die gekauften Möbel zuhause eigenständig auf (*Produktionsfunktion*).

Wertschöpfungspotenzial für den Kunden:
Der Handel lagert dadurch eigene Aufgaben an den Kunden aus und begegnet gleichzeitig dessen gestiegenen Ansprüchen. Diese Vorgehensweise schafft Kundenzufriedenheit mit dem Produkt und dem Kaufprozess, da der Kunde zum einen ein individuell auf die eigenen Wünsche zugeschnittenes Produkt kaufen kann und zum anderen die Eigenkreation den Kunden mit Stolz erfüllt. Sofern der Co-Kreationsprozess erfolgreich

war, wertschätzen Kunden die entstandenen Produkte oft mehr als vergleichbare standardisierte Produkte (Franke, Schreier und Kaiser 2010; Kahneman, Knetsch und Thaler 1991). Vor allem der emotionale Nutzen des Produktes spielt dabei eine wesentliche Rolle.

Wertschöpfungspotenzial für den Handel:

Auch von Unternehmensseite kann über Kundenintegration Wert geschaffen werden. Zum einen kann der Handel auf diesem Weg vom Kunden lernen. Die aktive Einbindung des Kunden gibt Aufschluss darüber, welche Produkteigenschaften und Kombinationen besonders beliebt sind und welche nicht. Zudem können auf diesem Weg neue Produktideen generiert werden. So ermöglicht zum Beispiel LEGO den Kunden die Kreation eigener LEGO-Welten. Die selbstgeschaffenen Designs können anschließend auch auf die LEGO Website hochgeladen werden und stehen damit anderen Kunden zur Verfügung. Zudem übernimmt LEGO die beliebtesten Designs in das eigene Sortiment und profitiert damit von der Kreativität der Konsumenten.

Unternehmen können durch Kundenintegration die eigenen operativen Kosten reduzieren. Durch die Abgabe einzelner Arbeitsschritte wie z.B. Produktdesign, Produktfertigstellung oder der Transaktion kann der Händler Kosten einsparen. Denn der Kunde führt nun Arbeitsschritte aus, die ansonsten das Unternehmen hätte übernehmen müssen. Darüber hinaus resultiert aus der Kundenintegration eine Abnahme an Produktrückgaben. Erstens erlischt die Rückgabeoption oftmals mit der individuellen Anpassung eines Produktes und zweitens sinkt durch die aktive Teilnahme des Kunden die Wahrscheinlichkeit, dass das Produkt letztlich doch nicht gefällt (Franke, Schreier und Kaiser 2010).

Weiterhin lenkt die Individualisierung vom Preisfokus ab. Die Produkte entsprechen den Wünschen des Kunden und sind zudem aufgrund der Individualisierung oft nur noch schwer am Markt zu vergleichen. Es zeigt sich sogar, dass Kunden bereit sind einen höheren Preis für solche Produkte zu bezahlen (Franke, Schreier und Kaiser 2010).

Händler sollten allerdings verstärkt darauf achten, den Kunden mit der neuen Aufgabe nicht zu überfordern. Denn ein Kunde kann und möchte z.B. nicht jedes Detail eines Produktes bestimmen. Dies passiert beispielsweise wenn dem Kunden das nötige technische Verständnis fehlt oder das Interesse an der Individualisierung einzelner Details schlicht nicht vorhanden ist. Die Modularisierung der Veränderungsmöglichkeiten ist daher ein guter Weg, den Kunden durch die Arbeitsschritte zu lenken und die Kundenzufriedenheit mit Produkt und Kaufprozess zu sichern.

3.2.2 Der Handel übernimmt Wertschöpfungsaktivitäten des Herstellers

Die originäre Aufgabe des Herstellers ist die Entwicklung und Produktion von Gütern (*Produktionsfunktion*). Übernimmt ein Händler ganz- oder teilweise diese vorgelagerten Wertschöpfungsaktivitäten, spricht man von der Rückwärtsintegration dieses Händlers. Rückwärtsintegration ist insbesondere im Textilhandel weit verbreitet, aber auch im Lebensmitteleinzelhandel immer mehr anzutreffen. Sie kann sich auf jegliche Wertschöpfungsaktivität beziehen, die ursprünglich beim Hersteller angesiedelt war. So wird zum Beispiel das Design der Produkte von H&M vom Unternehmen selbst

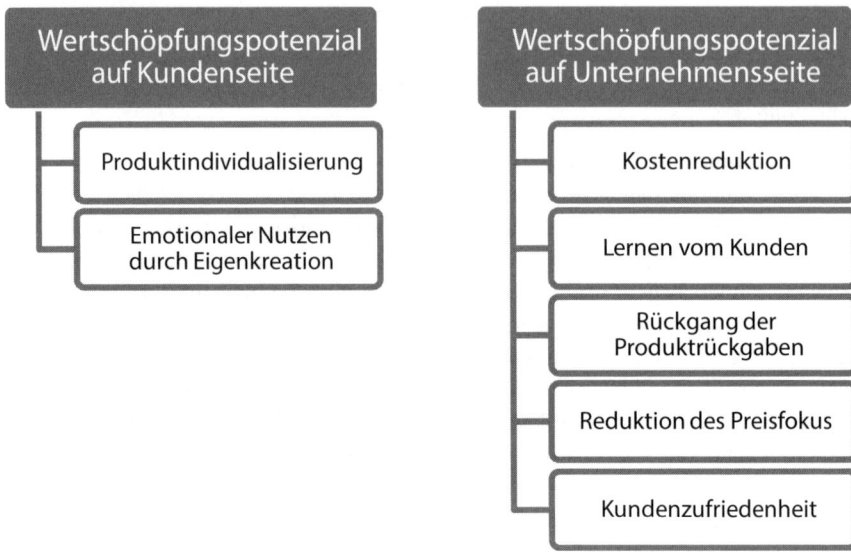

Abb. 2.5: Wertschöpfung durch Kundenintegration

kreiert, während der Bekleidungshändler Zara (Inditex) sogar in die Produktion der eigenen Produkte involviert ist. Im LEH macht sich dieser Trend der Rückwärtsintegration durch eine Vielzahl an Eigenmarken bemerkbar. Auch wenn heute der größte Teil durch Hersteller im Kontrakt produziert wird, so ist die graduelle Ausweitung der Kontrolle bzw. Funktionsübernahme offenbar. Der Harddiscounter Lidl hat z. B. seit einigen Jahren eine eigene Schokoladenproduktion und die Fleisch- und Wurstwarenproduktion bei Rewe und Edeka haben sind schon lange etabliert. Händler wie Tesco, Rewe und Metro bieten seit vielen Jahren ihre eigenen Marken an, welche von den Kunden immer besser angenommen werden. Die Schweiz erzielt im europäischen Vergleich mit 46,3 Prozent in 2011 den größten Umsatzanteil durch Eigenmarken. Aber auch Großbritannien und Deutschland gehören mit 42,2 Prozent und 34,3 Prozent zu den Ländern mit dem größten Umsatzanteil von Eigenmarken im Bereich Lebensmittel (Metro-Gruppe 2012). Die zunehmende Rückwärtsintegration in die Produktherstellung ist dabei immer mehr Teil der gesamten Eigenmarkenstrategie.[1]

Sowohl im Textil- als auch im Lebensmittelhandel zeigt sich, dass rückwärtsintegrierte Händler tendenziell erfolgreicher Wert schöpfen. So fällt auf, dass Händler, die die Produktion (eines Teils) ihrer Produkte selbst übernehmen in beiden Handelsbranchen eine überdurchschnittliche Marktbewertung erzielen.

Im Lebensmittelhandel stechen rückwärtsintegrierte Händler wie Whole Foods Market, Jéronimo Martins, Colruyt, The Kroger, Safeway und Ruddick Corporation durch

---

1 Genauso ist allerdings die zunehmende Vorwärtsintegration der Hersteller in die Distributionsfunktion zu beobachten.

eine überdurchschnittliche Marktbewertung hervor, während keiner der unterdurchschnittlich bewerteten Unternehmen in Abb. 2.3 zugleich als Hersteller fungiert.

Auch im Textilhandel zeigt sich die Strategie der Rückwärtsintegration als erfolgsversprechend. So können fast alle (teilweise) rückwärtsintegrierten Händler (Inditex, Polo Ralph Lauren, Next, Limited Brands, LVMH, PPR S.A.) den oberen beiden Quadranten in Abb. 2.4 zugeordnet werden.

Der Erfolg durch Rückwärtsintegration in die Produktion lässt sich zum einen dadurch erklären, dass durch die zunehmende Kontrolle über die Wertschöpfungskette und die geringere Anzahl an Entscheidungsträgern schneller und flexibler auf Marktveränderungen reagiert werden kann (Corstjens und Lal 2000; Richardson 1996). Der Handel kann auf diesem Weg erfolgreich mit der Herausforderung der zunehmenden Marktgeschwindigkeit umgehen. Händler kennen durch ihre Vertriebsfunktion und den daraus resultierenden direkten Kundenkontakt die Wünsche und Ansprüche ihrer Kunden. Durch die Übernahme der *Produktionsfunktion* kann der Handel die Erkenntnisse auch direkt übertragen und Produkte entsprechend schnell an Kundenwünsche anpassen (Grant 2008).

Dieser Aspekt ist u. a. ein zentraler Erfolgsfaktor von Zara, der Hauptmarke des Bekleidungshändlers Inditex. Zara entwirft, produziert und distribuiert die eigenen Produkte und kann durch die gewählte Wertschöpfungsstrategie sehr schnell auf Marktveränderungen reagieren. Der Prozess vom Produktdesign zum Verkauf im Laden dauert bei dem Bekleidungshändler nur wenige Wochen und die Produkte sind im Durchschnitt nur zwei Wochen in den Geschäften erhältlich (Grant 2008). Auch H&M ist rückwärts integriert und kann sich dadurch sehr gut der Marktgeschwindigkeit anpassen. Der Handelskonzern produziert zwar nicht selbst, die Produkte des Sortiments werden aber eigenständig entworfen. Mit dieser Strategie erzielt H&M sowohl eine überdurchschnittlich hohe Marktbewertung (Q Ratio) als auch ein überdurchschnittliches Umsatzwachstum.

Ein weiterer Grund für den Erfolg rückwärtsintegrierter Unternehmen liegt in der Stärkung der Händlermarke. Mithilfe eigener Produkte hat der Händler bessere Möglichkeiten, eine eigene Identität aufzubauen. Er stärkt dadurch sein Markenimage und hebt sich somit von der Konkurrenz ab (Corstjens und Lal 2000). Der Handel kann durch diese Differenzierungsstrategie zum einen auf die zunehmende Wettbewerbsintensität reagieren, zum anderen erleichtert er dem Kunden den Entscheidungsprozess beim Einkauf. Wenn sich Kunden im Einkaufprozess überfordert fühlen, greifen sie auf einfache Entscheidungsheuristiken zurück, um mit der überfordernden Situation, also mit dem Überfluss an Produkten, Sortimenten und Anbietern, umzugehen (Keller 1993; Olson und Jacoby 1972). Ein Anhaltspunkt kann für den Kunden z. B. ein »bekanntes Gesicht«, also ein Händler mit starker Markenidentität sein.

Wertschöpfungspotenzial für den Kunden:
Für den Kunden wird durch die Rückwärtsintegration des Händlers Wert geschaffen, da dieser nun schneller auf neue Produkte und Sortimente zugreifen kann und eigene Präferenzen beim Händler Gehör finden. Zudem erleichtert die Stärkung der Händlermarke

den Entscheidungsprozess für den Kunden und wirkt der Kundenüberforderung entgegen. Dies führt zu einem Anstieg an Zufriedenheit mit dem Kaufprozess.

Wertschöpfungspotenzial für den Handel:
Neben dem Anstieg an Kundenzufriedenheit und -loyalität bewirkt die Rückwärtsintegration kürzere und schnellere Entscheidungswege für den Handel und operative Flexibilität. Der Handel kann somit schneller auf Marktveränderungen reagieren und sich durch Verbesserung des eigenen Markenwertes besser im Wettbewerb behaupten.

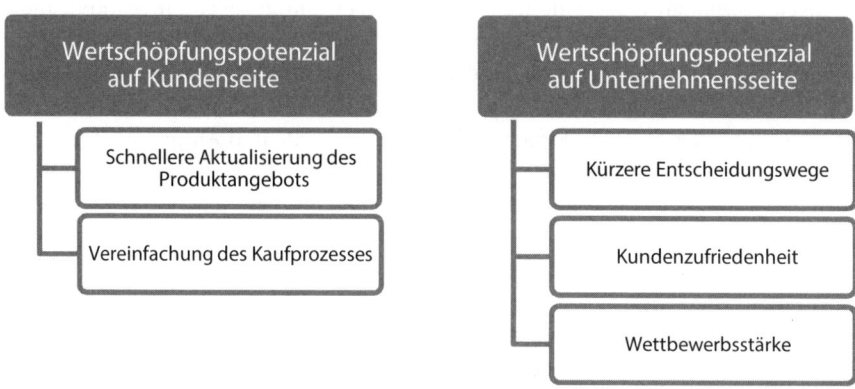

Abb. 2.6: Wertschöpfung durch Übernahme von Aktivitäten des Herstellers

3.2.3   Der Handel übernimmt vollkommen neue Wertschöpfungsaktivitäten

Durch die Etablierung einer differenzierten Marke kann dem Preisfokus entgegengewirkt werden. Eine Marke ist charakterisiert durch die Summe aller Vorstellungen, die ein Markenname oder ein Markenzeichen bei Kunden hervorruft, um die Waren oder Dienstleistungen eines Unternehmens von denjenigen anderer Unternehmen zu unterscheiden. Händler bekommen dadurch ein »Gesicht« und die jeweiligen Angebote können weniger leicht durch Produkte der Konkurrenz ausgetauscht werden. Um diese Markendifferenzierung zu erreichen, können sich Handelsunternehmen neben der Übernahme der Produktionsfunktion des Herstellers zu jedem beliebigen Zeitpunkt im Kaufprozess des Kunden durch zusätzliche Dienstleistungsaktivitäten von der Konkurrenz abheben. Ausschlaggebend für die Markendifferenzierung ist, dass dabei ein Mehrwert für den Kunden erzielt wird, der über den bloßen Wert des austauschbaren Produkts hinausgeht und so die Händlermarke stärkt. Die Aktivitäten des Kunden im Kaufprozess sollten daher den Kaufprozess des Kunden angenehmer bzw. effizienter gestalten.

Amazon zum Beispiel setzt eine Vielzahl zusätzlicher Serviceleistungen erfolgreich zur Markenstärkung ein. Der Online-Händler gestaltet dadurch den Einkaufprozess der Kunden effizienter und schafft großes Vertrauen in die eigene Marke.

In der Vorkaufphase erzielt das Handelsunternehmen unter anderem durch die individuelle Kaufberatung einen signifikanten Mehrwert für Kunden. Letztere erhalten auf Basis des eigenen Suchverhaltens Produkte vorgeschlagen, die Kunden mit einem ähnlichen Verhaltensprofil bereits gekauft haben. In der Kaufphase bietet der 1-Click® Service von Amazon Kunden die Möglichkeit den Kauf mit nur einem Klick abzuschließen ohne bei jeder Transaktion erneut die persönlichen Zahlungsmodalitäten angeben zu müssen. In der Nachkaufphase punktet das Handelsunternehmen schließlich durch die zuverlässige und besonders schnelle Zustellung der gekauften Produkte, weshalb Kunden dem Händler ein außerordentlich ausgeprägtes Vertrauen entgegenbringen.

Das Unternehmen erlangt im internationalen Markenranking von Interbrand 2012 (Interbrand 2012) Platz 20 (Vorjahr Platz 26) weltweit. Im Jahr 2013 gewinnt Amazon sogar den »Best Brands 2013«-Award des Marktforschungsunternehmens GfK (Bialek 2013).

Auch der Einrichtungshändler Butlers wurde in den letzten Jahren mehrfach für sein erfolgreiches Laden- und Managementkonzept ausgezeichnet. Neben den klassischen Wertschöpfungsaktivitäten hat das Handelsunternehmen eine Markenwelt kreiert, die das Unternehmen erfolgreich einsetzt, um sich von der Konkurrenz zu differenzieren. Die Kunden von Butlers sollen nicht nur ein Produkt kaufen, sondern auch einen bwechslungsreichen Einkaufsprozess erleben, indem sie sich im Geschäft von den detailreichen Einrichtungsideen inspirieren lassen (Entertainmentfunktion). Immer mehr Handelsunternehmen schaffen eine solche Markenwelt, die sie von ihren Konkurrenten abhebt, einzigartig macht und damit dem Preisfokus des Konsumenten entgegenwirkt.

Der Hauptverband des Deutschen Einzelhandels (HDE) verleiht dem Handelsunternehmen u. a. für sein »unkonventionell präsentiertes Sortiment« bereits 2004 den Deutschen Handelspreis (Gerzymisch 2004). Darüber hinaus wurde das Unternehmen Butlers im Jahr 2012 im Wettbewerb »Entrepreneur des Jahres« der Wirtschaftsprüfungsgesellschaft Ernst & Young zum zweiten Mal zum Finalisten gekürt.

Der Textilhändler H&M nutzt eine weitere Differenzierungsstrategie, die zum erfolgreichen Umgang mit Kundenansprüchen beiträgt und damit das Unternehmen von der Konkurrenz abhebt. Die sogenannte Strategie der Multikanalintegration ermöglicht es Kunden, ihren Kaufprozess individuell an die eigenen Präferenzen anzupassen. So erlauben integrierte Kanalsysteme dem Kunden den Kanalwechsel sowohl während als auch zwischen den einzelnen Kaufphasen, wie z. B. den Kauf von Produkten in einem Kanal (z. B. Online) und den Umtausch in einem anderen Kanal des Unternehmens (z. B. stationäres Geschäft).

H&M gehört gcmäß dem Interbrand Ranking 2012 in Anbetracht des Markenwerts weltweit zu den Top Unternehmen. Das Unternehmen konnte seinen Markenwert weiter steigern und belegt damit im Jahr 2012 Platz 23 im branchenübergreifenden Vergleich (Interbrand 2012).

Die Bemühungen, sich über die Marke zu differenzieren, zahlen sich auch im Lebensmittelhandel aus. Hier kann beobachtet werden, dass Unternehmen, die einen vergleichsweise hohen Markenwert aufweisen (wie Woolworth Limited, Costco Wholesale Corporation, Wal-Mart, Tesco und Carrefour), tendenziell auch in der Wertschöpfung überdurchschnittlich gut vom Markt bewertet werden (▶ **Abb. 2.3**).

Wertschöpfungspotenzial für den Kunden:
Der Handel übernimmt neue Aufgaben im Wertschöpfungsprozess und begegnet auf diesem Wege den gestiegenen Ansprüchen der Kunden. Die Übernahme neuer Serviceleistungen durch den Handel generiert für den Kunden Wert, da so der Kaufprozess effizienter und unterhaltsamer gestaltet wird und zudem ein individuell auf die eigenen Präferenzen abgestimmter Kaufprozess gewählt werden kann. Das Handelsunternehmen wird dadurch als wenig austauschbar wahrgenommen, was sowohl zu einem Anstieg an Zufriedenheit mit dem Kaufprozess führt als auch zu größerer Loyalität dem Händler gegenüber.

Wertschöpfungspotenzial für den Handel:
Neben dem Anstieg an Kundenzufriedenheit und -loyalität wirkt die Differenzierung eines Handelsunternehmens dem zunehmenden Preisfokus entgegen. Durch ein Alleinstellungsmerkmal entzieht sich der Händler dem anbieterübergreifenden Preisvergleich.

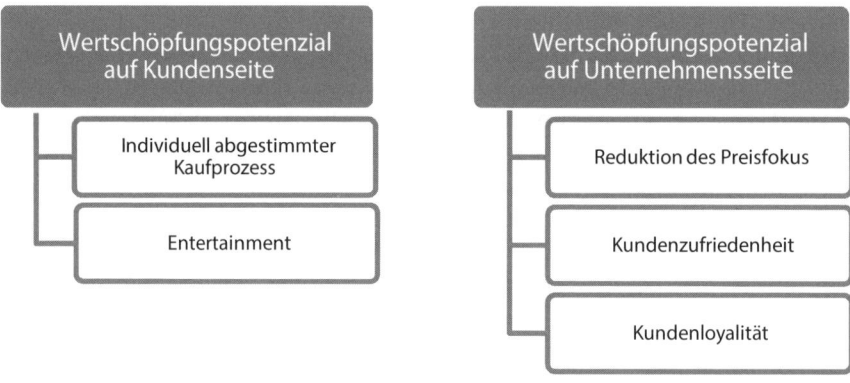

Abb. 2.7: Wertschöpfung durch neue Aktivitäten

3.2.4 Der Handel überträgt Wertschöpfungsaktivitäten an Dritte

Ein weiterer möglicher Weg, den Wertschöpfungsprozess erfolgsorientiert anzupassen, liegt in der Auslagerung einzelner händlerspezifischer Wertschöpfungsaktivitäten an spezialisierte externe Parteien. Durch die Übergabe einzelner Funktionen an kooperierende Dienstleister, kann sich der Händler auf die verbleibenden zentralen Wertschöpfungsaktivitäten konzentrieren und zugleich sicherstellen, dass die ausgesonderten Aktivitäten effizient und effektiv ausgeführt werden. Natürlich muss eine Auslagerung von Wertschöpfungsaktivitäten grundsätzlich kritisch betrachtet werden – verkleinert sie doch die Bedeutung der eigenen Wertschöpfung. Gerade jedoch in Bezug auf gegenwärtige technologische Entwicklungen hilft diese Vorgehensweise dem Händler, in gewissen Aspekten kompetitiv zu bleiben und ist eine Möglichkeit mit der zunehmenden Markt- und technologischen Komplexität umzugehen. Beispielsweise wird dieser Ansatz heute von Händlern häufig zur Abwicklung finanzieller Transaktionen oder Logistikdienstleistungen eingesetzt. So binden Handelsunternehmen immer häufiger Finanz- und Technologiedienstleister wie PayPal, Klarna, Google Wallet etc. in die Transaktionsfunktion ein und übertragen Zustellungen und Retouren (Logistikfunktion) an spezialisierte Logistikanbieter. Vor allem im Bereich des Multikanalansatzes werden komplexe Logistikansätze (order online – pick-up offline, buy online – return offline, etc.) immer notwendiger. Gerade in der Abwicklung von Transaktionen, der Belieferung, des Servicegeschäfts und der Rücknahme wird es zu einer zunehmenden Nutzung von externen Partnern kommen, da das technologische Know-how kaum intern vorhanden ist bzw. die benötigten Skaleneffekte nicht intern aufgebaut werden können. Die Nutzung von Drittparteien bei der Transaktionsfunktion ermöglicht z.B. lokalen Händlern eine internationale Käuferschaft zu bedienen – was ohne die Nutzung eines etablierten Transaktions-/Zahlungspartners mit der damit verbundenen Prozessstandardisierung und dem Vertrauen in den Partner nicht möglich wäre.

Insgesamt macht eine Ausgliederung einzelner Wertschöpfungsaktivitäten dann Sinn, wenn die erwarteten Umsatzvorteile (Vergrößerung des Kundenstamms, Skaleneffekte) und Auswirkungen auf die Marke (Bekanntheit) die Nachteile aufwiegen (geringere absolute Gewinnabschöpfung durch verkleinerte Wertschöpfungskette). Bei der Abgabe von einzelnen Funktionen besteht in der Tat für traditionelle Händler auch eine gewisse Gefahr, da externe große technologische Plattformen mehr und mehr von der klassischen Handelswertschöpfungskette übernehmen und damit dem Händler die Kontrolle über die gesamte Wertschöpfungskette streitig machen (z.B. ebay, Amazon). Auf der anderen Seite erlauben genau diese Plattformen kleinen und kleinsten Händlern durch die hohe Reichweite zu profitieren.

Wertschöpfungspotenzial für den Kunden:
Die Übergabe von Wertschöpfungsaktivitäten an spezialisierte dritte Parteien zielt darauf ab, dem Kunden eine qualitativ hochwertige und professionelle Interaktion mit dem Unternehmen zu bieten. Dies setzt natürlich voraus, dass die Schnittstellen zum anbietenden Händler (z.B. zum Warenwirtschaftssystem, CRM System, Rechnungswesen) nahtlos dargestellt werden, so dass Kunden eine durchweg positive Erfahrung wahrnehmen. Darüber hinaus ermöglicht das Auslagern von bestimmten Funktionen an Spezialisten, dem Kunden einen modernen und aktuellen Interaktionsstandard (z.B. Verkaufsabwicklung, Zahlungswesen, Bonitätsprüfung, Lieferung, Retourenmanagement) zu liefern, gemessen an den best-practice Unternehmen in derselben Branche und darüber hinaus.

Wertschöpfungspotenzial für den Handel:
Durch das Outsourcing einzelner Wertschöpfungsaktivitäten an Spezialisten können unter Umständen signifikante Umsatzpotenziale realisiert werden. Trotz einer de-facto-

Verkleinerung der absoluten Wertschöpfung bleibt in Summe ein größerer Überschuss. Durch die Nutzung etablierter Partner wird darüber hinaus eine professionelle Abwicklung gewährleistet, die nur nach erheblichen Investitionen auch intern bereitgestellt werden könnte. Insofern ist die damit verbundene Kundenzufriedenheit auch nicht zu unterschätzen.

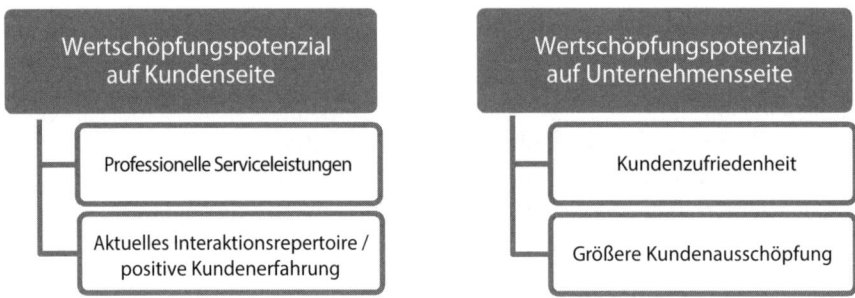

Abb. 2.8: Wertschöpfung durch Übergabe von Aktivitäten an spezialisierte Dritte

4. Zusammenfassung

Die Handelswelt hat sich gerade in den letzten Jahren deutlich verändert. Neben der Entstehung neuer elektronischer Vertriebskanäle wie E-Commerce, M-Commerce und S-Commerce, kamen eine Reihe digitaler Produkte und Services auf den Markt. Darüber hinaus entwickelte sich der Multikanalhandel in den letzten Jahren zum branchenübergreifenden Standard. Diese strukturellen Veränderungen bieten dem Handel zwar neue Möglichkeiten, bringen aber auch neue Herausforderungen mit sich. Zum einen sind Kunden inzwischen äußerst anspruchsvoll im Hinblick auf niedrige Preise, individuelle Produktbeschaffenheit und einen speziell auf die eigenen Präferenzen abgestimmten Kaufprozess. Zum anderen wird der Markt zunehmend komplexer für Handelsunternehmen. Der Wettbewerb wird zunehmend überregional, betrifft immer mehr auch den Wettbewerb mit Herstellern und das operative Geschäft ist sehr schnelllebig geworden. Handelsunternehmen müssen sich diesen strukturellen Veränderungen anpassen und lernen mit den daraus resultierenden Herausforderungen umzugehen.

Wir diskutieren im vorliegenden Kapitel ausgewählte strategische Ansätze, wie der Handel mit diesen Herausforderungen erfolgsversprechend umgehen kann. Der Fokus wurde hierbei auf die Verschiebung von Wertschöpfungsaktivitäten zwischen Herstellern, Handel und dem Kunden gelegt. Dabei werden die Aspekte diskutiert, die der Handel steuern kann, nämlich (1) die Integration von Endkunden in die Wertschöpfungskette, (2) die Übernahme zusätzlicher Wertschöpfungsaktivitäten von Herstellern, (3) die Schaffung vollkommen neuer wertschöpfender Handelsaktivitäten und (4) die Auslagerung eigener Wertschöpfungsaktivitäten an dritte Parteien. Indem wir den Handel durch eine ›Funktionenperspektive‹ sehen, können wir die Wertschöpfungschancen und die damit verbundenen Herausforderungen entsprechend herausarbeiten.

Literaturverzeichnis

Art, Kendall, Patricia Norman, Donald Hatfield und Laura Cardinal (2010), »A longitudinal study of the impact of R&D, patents and product innovation on firm performance,« *Journal of Product Innovation Management*, 27 (5), 725–40.

Bialek, Catrin (2013), »Best Brands 2013. Die Perlen der deutschen Markenwelt,« Handelsblatt, 07.02.2013, [http://www.handelsblatt.com/unternehmen/management/strategie/best-brands-¬2013-die-perlen-der-deutschen-markenwelt/7745558.html].

Busch, Alexander (2011), »Crowd Sourcing im Auto-Design. ›Hört mehr auf die Spinner!‹,« Handelsblatt, 05.09.2011, [http://www.handelsblatt.com/auto/nachrichten/crowd-sourcing-im-¬auto-design-hoert-mehr-auf-die-spinner/4555236.html].

Chen, Yubo, Qi Wang und Jinhong Xie (2011), »Online Social Interactions: A Natural Experiment on Word of Mouth Versus Observational Learning,« *Journal of Marketing Research*, 48 (2), 238–54.

Chung, Kee H. und Stephen W. Pruitt (1994) »A Simple Approximation of Tobin's q« *Financial Management*, 23 (3), 70–4.

Corstjens, Marcel und Rajiv Lal (2000), »Building Store Loyalty Through Store Brands,« *Journal of Marketing Research*, 37 (3), 281–91.

Deloitte (2012), »Switching channels Global Powers of Retailing 2012,« (*Zugriff am 15.08.2013*), [http://www.deloitte.com/assets/Dcom-Gloal/Local%20Assets/Documents/Consumer%20¬Business/dtt_CBT_GPRetailing2012.pdf].

Dörnfelder, Andreas (2013), »Hugo Boss. Vom Schneider zum Händler,« Handelsblatt, 14.03.2013, [http://www.handelsblatt.com/unternehmen/handel-dienstleister/hugo-boss-vom-schneider-¬zum-haendler/7930664.html].

Ernst, H., Wayne D. Hoyer, Manfred Krafft und Karin Krieger (2011), »Customer relationship management and company performance – The mediating role of new product performance,« *Journal of the Academy of Marketing Science*, 39 (2), 290–306.

Fang, Eric, Robert W. Palmatier und Jan-Benedict Steenkamp (2008), »Effect of Service Transition Strategies on Firm Value,« *Journal of Marketing*, 72 (September), 1–14.

Franke, Nikolaus, Martin Schreier und Ulrike Kaiser (2010), »The »I designed it myself« effect in mass customization,« *Management Science*, 56, 125–40.

Gabler Wirtschaftslexikon (2013a), (*Zugriff am 15.08.2013*), [http://wirtschaftslexikon.gabler.de/¬Definition/e-commerce.html].

Gabler Wirtschaftslexikon (2013b), (*Zugriff am 15.08.2013*), [http://wirtschaftslexikon.gabler.de/¬Definition/mobile-commerce.html].

Gerzymisch, Manfred (2004), »Butlers erhält Deutschen Handelspreis,« Textilwirtschaft, 26.10.2004, [http://www.textilwirtschaft.de/business/Butlers-erhaelt-Deutschen-Handelspreis-¬_27039.html].

Grant, Robert M. (2008), »Contemporary Strategy Analysis,« John Wiley & Sons: Oxford.

Hoyer, Wayne D., Rajesh Chandy, Matilda Dorotic, Manfred Krafft und Siddarth S. Singh (2010), »Consumer Cocreation in New Product Development,« *Journal of Service Research*, 13 (3), 283–96.

IFH Institut für Handelsforschung (2013), IFH-Brancheninformationssystem.

Interbrand (2012), »Best Global Brands,« (*Zugriff am 01.10.2013*), [http://www.interbrand.com/¬de/best-global-brands/2012/Best-Global-Brands-2012-Brand-View.aspx].

Iyengar, Sheena S. und Mark R. Lepper (2000), »When Choice Is Demotivating: Can One Desire Too Much of a Good Thing?,« *Journal of Personality and Social Psychology*, 79 (6), 995–1006.

Iyer, Ganesh und Amit Pazgal (2003), »Internet Shopping Agents: Virtual Co-Location and Competition,« *Marketing Science*, 22 (3), 85–106.

Jacobsen, Lenz (2012), »Schlecker-Insolvenz. Masse ohne Klasse.,« Zeit Online, 20.01.2012, [http://www.zeit.de/wirtschaft/unternehmen/2012-01/schlecker-pleite-kommentar].

Kahneman, Daniel, Jack L. Knetsch und Richard H. Thaler (1991), »Anomalies: The endowment effect, loss aversion, and status quo bias,« *The Journal of Economic Perspectives*, 5 (1), 193–206.

Keller, Kevin Lane (1993), »Conceptualizing, Measuring, and Managing Customer-Based Brand Equity,« *Journal of Marketing*, 57 (1), 1–22.

Kumar, V. und R. Venkatesan (2005), »Who Are the Multichannel Shoppers and How Do They Perform? Correlates of Multichannel Shopping Behavior,« *Journal of Interactive Marketing, 19* (2), 44–62.

Lipowski, Zbigniew (1970), »The Conflict of Buridan's Ass or Some Dilemmas of Affluence: The Theory of Attractive Stimulus Overload,« *American Journal of Psychatry*, 127 (3), 49–55.

Ludowig, Kirsten und Christoph Schlautmann (2013), »Der neue Handelskrieg,« Handelsblatt, 17 (1), 4.

Lynch, John G. Jr. und Dan Ariely (2000), »Wine online: Search Costs affect Competition on Price, Quality and Distribution,« *Marketing Science*, 19 (1), 83–103.

Metro-Gruppe (2012), Metro Handelslexikon 2012/2013.

Olson, Jerry C. und Jacob Jacoby (1972), »Cue Utilization in the Quality Perception Process,« erschienen in The Proceedings of the Third Annual Conference of the Association for Consumer Research, M. Venkatesan, (ed.). Iowa City, IA: Association for Consumer Research, 167–79.

Porter, Michael E. (1985), *Competitive Advantage*. New York: Free Press.

Ratchford, Brian T., Myung-Soo Lee und Debabrata Talukdar (2003), »The Impact of the Internet on Information Search for Automobiles,« *Journal of Marketing Research*, 40 (2), 193–209.

Richardson, James (1996), »Vertical Integration and Rapid Response in Fashion Apparel,« *Organization Science*, 7 (4), 400–12.

Scheibehenne, Benjamin, Rainer Greifeneder und Peter M. Todd (2013), »Can There Ever be Too Many Options? A Meta-Analytic Review of Choice Overload,« *Journal of Consumer Research*, 37 (3), 409–25.

Seidel, Hagen (2009), »Karstadt schließt sechs Häuser – elf auf der Kippe,« Die Welt, 10.11.2009, [http://www.welt.de/wirtschaft/article5154375/Karstadt-schliesst-sechs-Haeuser-elf-auf-der-¬ Kippe.html].

Senecal, Sylvain und Jacques Nantel (2004), »The influence of online product recommendations on consumers' online choices,« *Journal of Retailing*, 80 (2), 159–69.

Sinha, Indrajit (2000), »Cost transparency: The Net's real threat to prices and brands,« *Harvard Business Review*, 78 (2), 43–50.

Siemens, Ansgar (2009), »Karstadt-Krise. Muss Arcandor jetzt sterben?,« Focus Online, 08.06.2009, [http://www.focus.de/finanzen/news/tid-14516/karstadt-krise-muss-arcandor-jetzt-sterben_¬ aid_406393.html].

Statista (2013a), »Digitaler Anteil am Gesamtumsatz der Musikindustrie im Ländervergleich von 2004 bis 2012«, (*Zugriff am 15.08.2013*), [http://de.statista.com/statistik/daten/studie/215324/¬ umfrage/Digitaler-Anteil-am-Umsatz-der-Musikindustrie-(Ländervergleich)/].

Statista (2013b), »Umsätze im digitalen Videomarkt in Deutschland von 2007 bis 2012 (in Millionen Euro)«, (*Zugriff am 15.08.2013*), [http://de.statista.com/statistik/daten/studie/183268/um¬ frage/Umsätze-im-digitalen-Videomarkt-in-Deutschland-seit-2007/].

Statista (2013c), »Umsätze im E-Book-Markt in Deutschland von 2010 bis 2012 (in Millionen Euro)«, (*Zugriff am 15.08.2013*), [http://de.statista.com/statistik/daten/studie/253815/um¬ frage/umsaetze-im-e-book-markt-in-deutschland/].

Stephen, Andrew T. und Olivier Toubia (2010), »Deriving Value from Social Commerce Networks,« *Journal of Marketing Research*, 47 (2), 215–28.

Venkatesan, R., V. Kumar und N. Ravishanker (2007), »Multichannel Shopping: Causes and Consequences,« *Journal of Marketing, 71* (2), 114–32.

Zeng, Ming und Werner Reinartz (2003), »Beyond Online Search: The Road to Profitability,« *California Management Review*, 45 (2), 107–30.

Zhu, Feng und Xiaoquan (Michael) Zhang (2010), »Impact of Online Consumer Reviews on Sales: The Moderating Role of Product and Consumer Characteristics,« *Journal of Marketing*, 74 (2), 133–48.

Kapitel 3: Wertschöpfung im Handel durch Preismanagement

von Prof. Dr. Martin Fassnacht und Jerome Alexander Königsfeld

1. Motivation

Niedrige Profitabilität hat sich in den letzten Jahren zu einem der größten Probleme im Handel entwickelt, wodurch das Thema Wertschöpfung gleichermaßen in den Fokus von Händlern und Herstellern gerückt ist. Kaum eine andere Branche verzeichnet eine so niedrige Profitabilität wie der Handel. Viele Händler, insbesondere im Lebensmitteleinzelhandel, operieren mit Umsatzrenditen unter 1 Prozent (Bolton, Shankar und Montoya 2010).

Die meisten Handelsunternehmen sind starkem Wettbewerbsdruck ausgesetzt. Im Kampf um Marktanteile und Umsatz bei gesättigter Nachfrage sehen Händler häufig die einzige Wachstumschance darin, die Konkurrenz im Preis zu unterbieten. Zusätzlich hat die weite Verbreitung des Internets, insbesondere die Vielzahl von Such- und Preisvergleichsmaschinen, dazu geführt, dass die Preistransparenz im Handel drastisch gestiegen ist. Kunden sind heute besser über Preise informiert und dadurch preissensitiver geworden.

Für viele Handelsunternehmen stellt der Preis heute das dominierende Marketinginstrument im Wettbewerb dar (Müller-Hagedorn und Natter 2011; Simon und Fassnacht 2009). Trotz der strategischen Relevanz des Preises als Wettbewerbsfaktor und als Gewinntreiber treffen viele Handelsunternehmen in der Praxis preisbezogene Entscheidungen immer noch primär auf Basis von Intuition, Erfahrung, Preisempfehlungen von Lieferanten und Faustregeln oder orientieren sich ganz einfach an Preisen relevanter Wettbewerber (Diller 2008; Simon und Fassnacht 2009).

Eine Hauptursache für einfache Preisentscheidungsregeln und die starke Orientierung an den Preisen der Konkurrenz ist in der Komplexität des Preismanagements im Handel zu sehen (Simon und Fassnacht 2009). Viele Händler besitzen Sortimentsumfänge von mehreren Tausend Artikeln. Für all diese Artikel müssen regelmäßig Preisentscheidungen getroffen werden, im Lebensmitteleinzelhandel sogar wöchentlich. Zudem müssen in vielen Handelsbranchen Verbundbeziehungen bei der Preisbildung beachtet werden (Diller 2008). Beispielsweise wird der durchschnittliche Kunde im Supermarkt mehr als nur ein Produkt kaufen. In diesen Fällen müssen systematische Verbundbeziehungen im Sortiment in die Preisbildung miteinbezogen werden.

Vor dem Hintergrund der enormen und direkten Hebelwirkung des Preises auf den Gewinn und somit auf die Wertschöpfung sowie der hohen Komplexität des Preismanagements im Handel ist es Ziel dieses Beitrags, die zentralen Aufgaben und Herausforderungen des Preismanagements im Handel anhand eines systematischen Preismanagement-Prozesses aufzuzeigen. Die folgenden Ausführungen sind daher wie folgt strukturiert: Abschnitt 2 illustriert die Beziehung zwischen Wertschöpfung und Preismanagement und stellt den Preismanagement-Prozess für den Handel vor. In Abschnitt 3 zeigen wir die zentralen Aufgaben und Herausforderungen des Preismanagements im Handel in allen vier Phasen des Preismanagement-Prozesses auf. Der Beitrag schließt mit einer Zusammenfassung der wichtigsten Aspekte des Preismanagements im Handel.

2.   Bedeutung und Verständnis des Preismanagements

2.1   Wertschöpfung und Preismanagement

Wertschöpfung ist ein grundlegendes Erfolgsmaß wirtschaftlicher Tätigkeiten (Delfmann 2007). Aus betriebswirtschaftlicher Sicht beschreibt der Begriff Wertschöpfung die wertschaffenden Prozesse innerhalb eines Betriebs und quantifiziert diese in Geldeinheiten (Arentzen 1997; Weber 1993). Er drückt somit die Eigenleistung eines Betriebes aus und kann folglich als das innerbetrieblich erzeugte Gütereinkommen definiert werden (Statistisches Bundesamt 2013). Die Bruttowertschöpfung eines Betriebes setzt sich daher aus seinen Gewinnen, Abschreibungen, Personalkosten und dem Zinsaufwand zusammen.

Aus der Definition des Begriffes Wertschöpfung wird deutlich, dass der Preis hauptsächlich über den Gewinn auf die Wertschöpfung wirkt. Folglich wird in den folgenden Ausführungen der Einfluss des Preismanagements auf den Gewinn im Vordergrund stehen, wobei stets davon ausgegangen wird, dass der Preis über den Gewinn auf die Wertschöpfung wirkt.

Der Preis besitzt im Handel die effektivste Hebelwirkung auf die Profitabilität des Händlers, welches sich gut anhand der grundlegenden Gewinnformel zeigen lässt:

Gewinn = Preis × Menge − Kosten

Wie die Gewinnformel verdeutlicht, gibt es letztlich nur drei Gewinntreiber: Preis, Absatzmenge und Kosten. Um die besondere Bedeutung des Preises in Bezug auf den Gewinn und die Wertschöpfung des Händlers aufzuzeigen, wird im Folgenden entsprechend Simon, von der Gathen und Daus (2010) kurz auf die Wirkung der drei Gewinntreiber eingegangen:

Gewinntreiber Absatzmenge: In Deutschland wie in den meisten westlichen Industrienationen sehen sich Händler mit einem sich stetig verlangsamenden Mengenwachstum konfrontiert. In diesen gesättigten Märkten ist eine Erhöhung des Absatzes häufig nur auf Kosten des Marktanteils eines Konkurrenten möglich (Simon 2004). Viele Handelsbranchen in Deutschland sind stark konzentriert und werden durch wenige große Handelskonzerne dominiert (Fassnacht und Breitschwerdt 2009). Viele dieser großen Handelskonzerne können auf größere finanzielle Rücklagen zurückgreifen, um einem Verdrängungswettbewerb durch Wettbewerber längere Zeit standzuhalten, welches der erfolglose Markteintritt von Walmart in Deutschland eindrucksvoll belegt. Da Konkurrenten bei Preisreduktionen meist direkt mit eigenen Preissenkungen nachziehen, scheint der Versuch, den Absatz durch aggressive Preisreduktionen zu erhöhen, für die meisten Händler zumindest mittel- bis langfristig wenig erfolgsversprechend.

Gewinntreiber Kosten: Der Handel hat in der Vergangenheit viele Maßnahmen zur Kostensenkung erfolgreich durchgeführt. Insbesondere im Einkauf konnten Kosten durch den Zusammenschluss zu Einkaufsgemeinschaften, globale Beschaffung sowie auch indirekt über Listungsgebühren und Werbekostenzuschüsse der Industrie deutlich reduziert werden. Aber auch in anderen Bereichen, wie der Logistik, konnten durch technische Fortschritte Kosten erheblich gesenkt werden. Trotz dieser erfolgreichen Kostensenkung konnten nur wenige Händler ihre Profitabilität steigern; Kostensenkungen wurden vielmehr ohne Abschlag an den Kunden weitergegeben. Auch wenn es im Handel ohne Zweifel nach wie vor Potenziale zur Kostensenkung gibt, müssen diese aufgrund der hohen Anzahl an Kostensenkungsprogrammen in der Vergangenheit jedoch als limitiert eingestuft werden.

Gewinntreiber Preis: Der Preis hat die effektivste Hebelwirkung auf den Gewinn und die Wertschöpfung des Händlers. Eine Erhöhung der Menge ist meistens mit einer Steigerung der marginalen Kosten verbunden, beispielsweise durch eine höhere Anzahl an Transaktionen, die getätigt werden müssen. Während der Preis eine direkte Wirkung auf den Gewinn des Händlers hat, steigert eine Erhöhung des Absatzes den Gewinn nur um den Mehrumsatz minus der marginalen Kosten. Zudem haben Preisänderungen einen direkten Effekt (Herrmann 2003), während Ansätze zur Kostensenkung in den meisten Fällen Investitionen, beispielsweise in Technologie, erfordern und somit nur mit einiger Zeitverzögerung auf den Gewinn wirken.

Zusammenfassend lässt sich daher sagen, dass das Preismanagement höchste Priorität für jeden Händler haben muss. Professionelles Preismanagement erhöht den Gewinn und somit letztlich auch die Wertschöpfung des Händlers stärker und schneller als dies mit Maßnahmen zur Erhöhung der Absatzmenge oder Reduktion der Kosten möglich ist.

2.2 Preismanagement als Prozess

Die betriebswirtschaftliche Forschung zur Preispolitik hat sich traditionell auf Preisentscheidungen und insbesondere auf den Bereich der Preisoptimierung beschränkt (Simon und Fassnacht 2009). Implizite Annahme bei dem Preisoptimierungs-Paradigma ist, dass es für Unternehmen möglich ist, auf Basis der gemessenen Preiselastizitäten zu einer optimalen Preisentscheidung zu kommen (Simon 2004).

Dieser Ansatz ist für die meisten Händler jedoch nicht umsetzbar. Das Sortiment von Kaufhäusern wie Breuninger oder Großhändlern wie METRO Cash & Carry besteht aus mehreren zehntausend Artikeln. Für diese Händler ist es wenig zielführend, für jeden Artikel im Sortiment eine Messung der Preiselastizität durchzuführen und so zu einer Preisentscheidung zu kommen (Diller 2008). Zudem berücksichtigen die klassischen Preisoptimierungsmodelle nicht die besondere Bedeutung, die einzelne Produkte für das Preisimage des Händlers haben. In diesen Fällen ist eine isolierte Optimierung von Preisen wenig sinnvoll, weshalb der Nutzen von klassischen Preisoptimierungsmodellen im Handel als begrenzt anzusehen ist (Simon und Fassnacht 2009). Stattdessen bedarf es eines systematischen und kontinuierlichen Preismanagement-Prozesses, der die Besonderheiten des Handels berücksichtigt.

In der Pricing-Forschung wird die prozessuale Sichtweise des Preismanagements unseres Wissens erstmalig von Wiltinger (1998) aufgegriffen. Sie berücksichtigt besonders die Annahme, dass Preismanagement Planung, Entscheidung und Durchführung sämtlicher preisleistungs bezogener Aktivitäten umfasst (Diller 2003; Fassnacht und Königsfeld 2012a). Die Preisentscheidung bzw. -optimierung ist dabei lediglich als eine der vier Phasen innerhalb des umfassenden Preismanagement-Prozesses für den Handel zu sehen (Simon und Fassnacht 2009).

Der in Abbildung 3.1 vorgestellte Preismanagement-Prozess strukturiert die zentralen Aufgaben des Preismanagements im Handel, welche von der Festlegung der

Preispositionierung (Strategiephase) bis hin zur Überwachung der realisierten Preise (Implementierungsphase) reichen. Er hilft somit, die preisbezogene Komplexität im Handel zu reduzieren und ermöglicht es, Handelsmanagern, Schwachstellen im Pricing aufzudecken und somit erste Ansatzpunkte zur Steigerung der Wertschöpfung zu identifizieren.

Strategie-phase	Analyse-phase	Entscheidungs-phase	Implementierungs-phase
• Preispositionierung • Preisstrategie • Preisimage	• Unternehmens-informationen • Kunden-informationen • Wettbewerbs-informationen	• Preislagen • Preisentscheidungen für Artikel • Preispromotions	• Preisentscheidungs-kompetenzen • Preiskommunikation • Preiscontrolling

Abb. 3.1: Die Phasen des Preismanagement-Prozesses für den Handel

3. Der Preismanagement-Prozess für den Handel

3.1 Strategiephase

Ausgangspunkt im Preismanagement-Prozess ist die Strategiephase. In dieser Phase legt der Händler die Preisstrategie und Preis-Leistungs-Positionierung fest und schafft somit die Basis für das Preisimage, das er beim Verbraucher erzeugen möchte. Beispielsweise ist die Möbelkette POCO preislich deutlich niedriger positioniert als Möbelhäuser von porta. Das Preisimage des Bekleidungshändlers Peek & Cloppenburg ist um ein Vielfaches höher als das des Bekleidungsdiscounters KiK und spricht deshalb ein anderes Kundensegment an.

3.1.1 Preispositionierung

Eine grundlegende Entscheidung im Preismanagement von Händlern ist die Preispositionierung. Da der Preis in einem professionellen Preismanagement immer in Relation zur Leistung gesehen werden muss, spricht man auch von der Preis-Leistungs-Positionierung. Sie schafft den grundlegenden Orientierungsrahmen für preisstrategische Unternehmensentscheidungen in Handelsunternehmen (Sebastian und Maessen 2003).

Grundsätzlich lassen sich drei idealtypische Preis-Leistungs-Positionierungen im Handel unterscheiden: Niedrigpreis-, Mittelpreis- und Premiumpreispositionierung. Abbildung 3.2 verdeutlicht die verschiedenen Preis-Leistungs-Positionierungen am Beispiel des deutschen Textileinzelhandels.

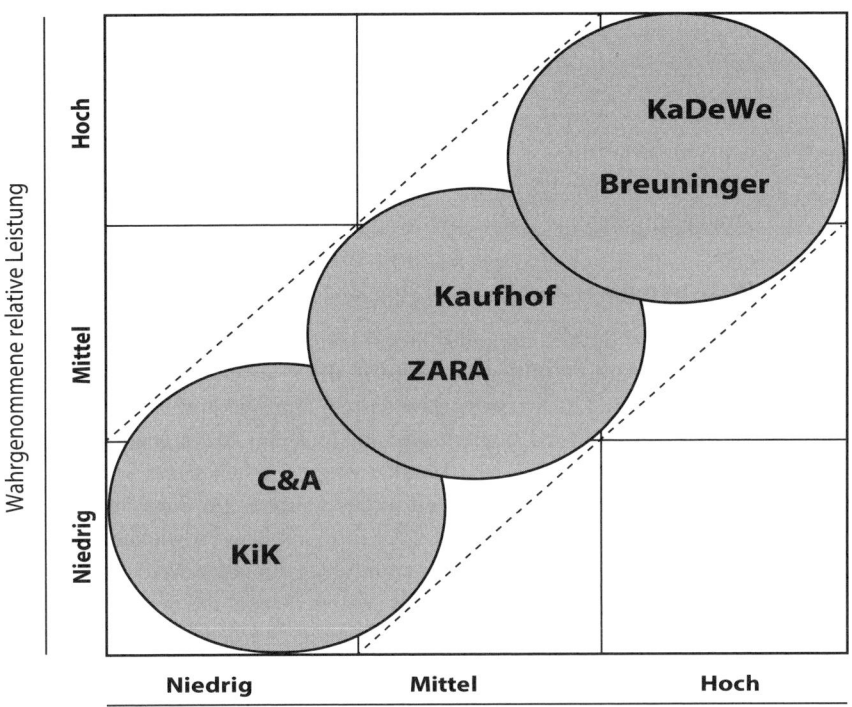

Abb. 3.2: Preis-Leistungs-Positionierungen am Beispiel des Textileinzelhandels

In der Praxis sind die idealtypischen Preis-Leistungs-Positionierungen allerdings selten in Reinform zu finden. Auch Händler mit einer Premiumpreispositionierung nutzen häufig Sonderangebote auf Eckartikel (Produkte, die häufig gekauft werden und bei denen der Kunde ein gewisses Preiswissen besitzt), um den Kunden in die Geschäfte zu locken (Simon und Fassnacht 2009). Beispielsweise bieten Lebensmitteleinzelhändler mit einer höheren Preispositionierung wie EDEKA und REWE Artikel in Produktkategorien wie Milch und Kaffee häufig zu sehr niedrigen Preisen an, um ein positives Preisimage beim Verbraucher zu erzeugen. Für Handelsunternehmen ist es daher wichtig, die Preis-Leistungs-Positionierung auf der Ebene des Gesamtunternehmens, der Warengruppe sowie der einzelnen Produktkategorie zu definieren (Simon und Fassnacht 2009).

Die Preis-Leistungs-Positionierung ist jedoch eine langfristige Entscheidung. Sie hat Auswirkungen auf den gesamten Marketing-Mix des Unternehmens und ist daher kurzfristig nicht veränderbar. Trotzdem ist in der Praxis häufig zu beobachten, dass traditionelle Händler mit einer Mittel- bis Premiumpreispositionierung auf Preissenkungen seitens der Discounter kompromisslos mit eigenen Preissenkungen reagieren (Fassnacht und Königsfeld 2012b). Da traditionelle Händler aufgrund des größeren Sortimentsumfangs und umfassenderen Service häufig eine höhere Kostenposition als Discounter besitzen, muss ein solches Verhalten jedoch als kritisch angesehen werden. Ziel des traditionellen Händlers muss es vielmehr sein, entsprechend seiner Preispositionierung einen Mehrwert für den Kunden gegenüber dem Discounter zu schaffen, beispielsweise durch eine besondere Shoppingatmosphäre (bspw. »Beach Atmosphäre« bei Hollister), durch bessere Standorte (bspw. zentrale Lagen in Innenstädten bei Peek & Cloppenburg), speziellen Service (bspw. Setup Service für Elektronikartikel in Apple Stores) oder exklusive Loyalitätsprogramme (bspw. exklusive Events für Kunden von Breuninger).

3.1.2 Preisstrategie

Eng verknüpft mit der Entscheidung der Preis-Leistungs-Positionierung ist die Festlegung einer Preisstrategie. Traditionell werden in der Pricing-Forschung Preisstrategien im Handel in die EDLP (Every Day Low Prices) Strategie und Hi-Lo (High Low Prices) Strategie unterschieden (Fassnacht und El Housseini 2013). Die EDLP-Strategie zeichnet sich dadurch aus, dass der Händler einen Großteil seines Sortiments zu konstant niedrigen Preisen anbietet. Exemplarische Beispiele für diese Strategie sind beispielsweise der Lebensmitteldiscounter ALDI in Deutschland sowie die SB-Warenhauskette Walmart in den USA. Bei der Hi-Lo-Strategie hingegen werden regelmäßig Preispromotions mit hohen Discounts auf ausgewählte Artikel des Sortiments durchgeführt. Preise für reguläre Produkte, die nicht beworben werden, sind dagegen in der Regel etwas höher als bei der EDLP-Strategie. Klassische Vertreter der Hi-Lo-Strategie sind die SB-Warenhauskette real,- in Deutschland und die Supermarktkette Safeway in den USA.

In der Praxis existieren jedoch viele Mischformen von EDLP- und Hi-Lo-Preisstrategien. Beispielsweise gilt die Drogeriemarktkette dm grundsätzlich als klassischer Vertreter der EDLP-Preisstrategie, vereinzelt setzt aber auch dm auf Preispromotions, um Kunden in seine Filialen zu locken. Die EDLP- und Hi-Lo-Preisstrategien können daher am besten als Kontinuum verstanden werden (Bell und Lattin 1998). Neben den idealtypischen Preisstrategien EDLP und Hi-Lo identifizieren Bolton und Shankar (2003) in einer empirischen Studie über praktizierte Preisstrategien im Handel zudem die aggressive Niedrigpreisstrategie, die Premiumpreisstrategie und die Luxuspreisstrategie. Es ist zu beobachten, dass die Extremformen der Preisstrategie (aggressive Niedrigpreisstrategie und Luxuspreisstrategie) im Handel in den letzten Jahren ein starkes Wachstum aufweisen (Bain & Company 2012; Hecking 2012). Viele Billiganbieter wie der Lebensmitteldiscounter Lidl, die Kleiderkette H&M oder das Möbelhaus Ikea erzielen eine stark marktüberdurchschnittliche Wertschöpfung. Gleichzeitig verzeichnet aber auch das Luxussegment mit Luxusmodeboutiquen von Louis Vuitton und Hermés ein enormes Wachstum.

3.1.3 Preisimage

Wie bereits in der Einleitung angesprochen stellen die enormen Sortimentsumfänge, die nicht selten mehrere Tausend Artikel umfassen, eine Besonderheit des Handels dar. Da hier ein Preisvergleich für den Kunden mit einem gewissen Aufwand verbunden ist, verzichten die meisten Verbraucher, insbesondere bei preisgünstigen Produkten, darauf, Preise bei unterschiedlichen Händlern umfassend zu vergleichen (Diller 2008). Stattdessen schließen sie vom Preisimage des Händlers auf die Preisgünstigkeit des einzelnen Artikels (Simon und Fassnacht 2009). Die Entscheidung des Verbrauchers für eine Einkaufsstätte wird daher in vielen Fällen nicht von den objektiven Preisen des Händlers, sondern vielmehr vom Preisimage des Händlers beeinflusst (Rudolph und Wagner 2003; Zielke 2007).

Für Händler ist es daher möglich, durch beispielsweise intensive preisbezogene Kommunikation oder häufige Preispromotions ein Preisimage zu erzeugen, das von der objektiven Realität abweicht. Für Handelsmanager ist es daher von großer Bedeutung, die Stellhebel des Preisimages zu kennen, um das Preisimage der Einkaufsstätte gezielt steuern zu können (Rudolph und Wagner 2003; Simon und Fassnacht 2009).

Dank intensiver Kommunikation mit Kampagnen wie »Geiz ist geil« ist es beispielsweise Media Markt in der Vergangenheit gelungen, ein günstiges Preisimage zu erzeugen, obwohl vergleichbare Produkte bei der Konkurrenz oftmals keinesfalls teurer waren. Aufgrund der zunehmenden Preistransparenz durch das Internet sowie der weiten Verbreitung von Smartphones haben sich die Möglichkeiten für Händler, ein preisgünstiges Image trotz objektiv höherer Preise zu erzeugen, in den letzten Jahren deutlich reduziert. Auch beim Kauf im stationären Handel, insbesondere bei relativ teuren Artikeln wie Elektronikprodukten, nutzen inzwischen viele Verbraucher ihr Smartphone, um Preise im Internet zu vergleichen.

Artikel und Produktkategorien unterscheiden sich hinsichtlich ihres Potenzials, das Preisimage des Verbrauchers zu beeinflussen. In der Praxis gibt es bestimmte Artikel und Produktkategorien, die einen höheren Einfluss auf das Preisimage des Händlers haben als andere (Schindler 1998). Dazu zählen beispielsweise bekannte Herstellermarken wie Coca-Cola und Produktkategorien mit hoher Kauffrequenz wie beispielsweise Milch (Müller 2003). Aus den unterschiedlichen Bedeutungen von Artikeln und Produktkategorien für das Preisimage ergeben sich Implikationen für das Preismanagement des Händlers. Abbildung 3.3 illustriert die drei grundsätzlichen Arten von Artikeln im Handel, zentrale Charakteristika dieser Artikel sowie Beispielartikel und erläutert, welche Implikationen sich daraus für das Preismanagement des Händlers ergeben (vgl. Simon und Fassnacht 2009).

3.2 Analysephase

Ziel der Analysephase ist die Erhebung und Zusammenstellung preisbezogener Informationen für die Preisentscheidungsphase. Die Verfügbarkeit von Daten im Handel ist in den letzten Jahren kontinuierlich gestiegen. Über Scannerkassen und Kundenkarten werden im Handel täglich Milliarden von Daten erhoben. Handelsunternehmen wie Walmart und METRO zählen heute zu den größten Warehouse-Betreibern der Welt. Grundsätzlich lassen sich im Handel drei zentrale Informationsquellen für das Preismanagement identifizieren: Unternehmens-, Kunden- und Wettbewerbsinformationen.

Artikelart	Artikel Charakteristika	Beispielartikel	Implikationen für das Preismanagement
Eckartikel	• Häufig Gegenstand von Preisvergleichen • Standardisiertes Produkt • Hoher Einfluss auf die Preiswahrnehmung	• Milch • Bekannte Biermarken	• Starke Orientierung am Wettbewerb • Relativ niedrige Preise • Gegenstand von Preispromotions
Abschöpfungs-artikel	• Preisvergleich ist für den Kunden nicht bzw. nur approximativ möglich • Geringer Einfluss auf die Preiswahrnehmung	• Handels-marken • Exklusive Produkte des Händlers	• Zahlungs-bereitschaften werden systematisch abgeschöpft
Festpreisartikel	• Standardisierter Preis über Händler hinweg	• Zigaretten • Zeitungen • Bücher	• Preisentscheidung ist faktisch bereits getroffen • Händler übernimmt verbindliche oder unverbindliche Preisempfehlung des Herstellers

Abb. 3.3: Preismanagement für unterschiedliche Artikelarten im Handel

3.2.1 Unternehmensinformationen

Eine umfassende Analyse der Kosten- und Gewinnsituation ist Grundvoraussetzung für erfolgreiches Preismanagement. Der Händler muss wissen, wie viel er in einzelnen Warengruppen und an einzelnen Produkten verdient, um seine Wertschöpfung maximieren zu können (Simon und Fassnacht 2009).

Aufgrund der Sortimentsumfänge ist eine verursachungsgerechte Zuteilung aller Kosten, etwa Beratungs- oder Lagerkosten, im Handel nicht möglich (Diller 2008; Simon und Fassnacht 2009). In der Praxis dominiert daher häufig noch die Kosten-Plus-Preisbildung auf Basis der Einstandspreise, wodurch die Einstandspreise im Preismanagement des Händlers eine enorme Bedeutung erhalten (Diller und Anselstetter 2006). Wenn die Kostenbelastung eines Händlers aber durch Serviceleistungen, wie z. B. der Anlieferung von Produkten zum Kunden, stark vom Einstandspreis abweicht, ist die Einbeziehung der durch die Serviceleistung entstandenen Kosten anzuraten (Simon und Fassnacht 2009).

Viele Händler in Deutschland scheuen davor zurück, Dienstleistungen zu bepreisen. Angesichts der geringen Gewinnspannen im Handel ist Händlern generell zu raten, diese Option zu prüfen. 2005 führte der Onlinehändler Amazon »Amazon Prime« ein. Für eine jährliche Servicegebühr von 29 Euro werden Nutzern von Amazon Prime

Produkte ohne Versandkosten innerhalb des nächsten Werktags nach der Bestellung zugestellt (Premiumversand). Amazon Prime fand schnell viele Fans bei den Amazon-Kunden weltweit und wird von vielen Experten als einer der Gründe gesehen, warum Amazon es geschafft hat, seinen Umsatz trotz Finanzkrise zwischen 2008 und 2010 um 30 Prozent zu steigern (Bertini und Gourville 2012). Das Beispiel legt nahe, dass Kunden grundsätzlich bereit sind, für Dienstleistungen zu bezahlen, wenn sie dadurch einen klaren Mehrwert erhalten.

3.2.2 Kundeninformationen

Wie in der Einleitung dieses Beitrags angesprochen, steht im Mittelpunkt eines professionellen Preismanagements der Mehrwert für den Kunden bzw. die Zahlungsbereitschaft des Kunden. Der Analyse von Kundeninformationen kommt daher eine zentrale Bedeutung im Preismanagement zu.

Scannerkassen

Seit den 1980er Jahren sind Scannerkassen im Handel weit verbreitet und stellen auch heute noch die Basis für die Analyse des Kaufverhaltens der Kunden für die meisten Händler dar. Scannerkassen erfassen kontinuierlich alle Abverkäufe und ermöglichen somit eine umfassende Analyse des Kundenverhaltens in Bezug auf Preisvariation und zeitliche Verhaltensmuster (Simon und Fassnacht 2009).

Zusätzlich ermöglichen Scannerkassen die Analyse des elektronischen Bons und somit die Identifizierung von systematischen Verbundbeziehungen in einem Einkaufsakt. Häufig birgt die Analyse von Verbundbeziehungen erhebliches Potenzial für die Zusammenstellung von Bündelangeboten (Diller und Anselstetter 2006) und Cross-Selling Aktionen des Händlers. Bezawada et al. (2009) zeigen beispielsweise, dass systematische Verbundbeziehungen zwischen Chips und Cola bestehen und dass durch Änderung in der Platzierung der Produkte und Displays innerhalb des Geschäfts Verbundkäufe zwischen diesen beiden Produktkategorien signifikant gesteigert werden können.

Kundenkarten

Kundenkarten sind heute im Handel allgegenwärtig. Ein Großteil der Händler bietet heute entweder sein eigenes Kundenkartenprogramm an oder ist Mitglied in einem händlerübergreifenden Kundenkartenprogramm wie Payback. Handelsunternehmen nutzen Kundenkarten insbesondere als Instrument zur Kundenbindung. Eine zentrale Bedeutung haben Kundenkarten jedoch auch dadurch, dass Sie kundenspezifische Kaufdaten über die Zeit sammeln. Kundenkarten-Daten ermöglichen daher im Gegensatz zu Scanner-Daten umfassendere Analysen über die Wirkung von Treueboni oder Preispromotions sowie Erkenntnisse über Kundentreue und Kundenwert (Simon und Fassnacht 2009).

Mobile Payment Systeme

Diverse Anbieter traditioneller Kreditkartenunternehmen wie Mastercard, Kundenkartenunternehmen wie Payback sowie Händler selbst testen zurzeit Systeme des bargeldlosen Bezahlens und es ist davon auszugehen, dass das Thema im Handel in Zukunft an Bedeutung gewinnen wird. Ähnlich wie bei Kundenkarten wird mobiles Zahlen nicht nur einen zusätzlichen Service für den Kunden, sondern auch eine wertvolle Quelle für kundenspezifisches Kaufverhalten darstellen. Es ist daher davon auszugehen, dass die Qualität der gesammelten Kundendaten im Handel durch Mobile Payment Systeme weiter steigen wird, was es Händlern ermöglichen wird, den Wertschöpfungsbeitrag einzelner Kundensegmente und Kunden besser zu analysieren.

3.2.3 Wettbewerbsinformationen

Wettbewerbspreise genießen im Handel eine besondere Aufmerksamkeit. Insbesondere bei der Bestimmung von Preisen für Eckartikel kommt es nicht selten vor, dass nicht der Wert des Artikels für den Kunden im Vordergrund steht, sondern Händler sich fast ausschließlich an den Preisen der Konkurrenz orientieren (Diller und Anselstetter 2006).

Ein zentraler Grund für die starke Orientierung am Preis der Wettbewerber liegt an der hohen Preistransparenz im Handel, welche auch die Informationsbeschaffung von Preisen der Wettbewerber vergleichsweise einfach macht (Simon und Fassnacht 2009). Ähnlich wie Verbraucher können sich Händler Informationen zu Preisen, Preispromotions oder weiteren Sonderaktionen über Handzettel der Konkurrenten, Preisvergleichsmaschinen im Internet oder durch einen direkten Besuch in der Filiale eines Konkurrenten beschaffen.

Zudem können umfassende preisrelevante Wettbewerbsinformation über Marktforschungsagenturen bezogen werden. Beispielsweise betreiben die Marktforschungsunternehmen GfK und IRI beide Panel, in denen regelmäßig Absatz, Umsatz und somit auch die Preise der größten deutschen Lebensmitteleinzelhändler erhoben werden.

3.3 Entscheidungsphase

Die Entscheidungsphase betrifft die Festlegung der Preislagen, der Preise für die einzelnen Artikel sowie Preispromotions. Aufgrund des großen Sortimentsumfangs sowie der Verbundbeziehungen innerhalb des Sortiments ist die Entscheidungsphase die komplexeste und folglich schwierigste Aufgabe für den Händler.

3.3.1 Festlegung der Preislagen

Der erste Schritt in der Entscheidungsphase ist die Bestimmung von Preislagen. Dabei werden die Artikel in einer Produktkategorie entsprechend ihres Preises und ihrer Qualität in unterschiedliche Gruppen bzw. Lagen eingeteilt (Fassnacht, Köttschau und Wriedt 2012). Preislagen strukturieren das Sortiment und helfen dadurch, die preisbezogene Komplexität im Handel zu reduzieren. Zum einen schaffen sie Orientierungshilfe und bessere Übersichtlichkeit für den Verbraucher (Jedrowiak 2008) und zum anderen ermöglichen sie ein besseres Sortimentscontrolling für den Händler (Simon und Fassnacht 2009).

In der Fachliteratur zu Preislagen finden sich unterschiedliche Ansätze zur Bestimmung der Preislagen, die von einer einfachen Einteilung in »teuer« und »billig« (Gierl 1991) bis hin zu sechs unterschiedlichen Preislagen (Aaker 1992) reichen. Im Handel am weitesten verbreitet ist jedoch die Dreiteilung in eine untere, mittlere und obere Preislage (Blattberg und Wisniewski 1989). Abbildung 3.4 illustriert diese Dreiteilung der Preislagen anhand der Produktkategorie Tafelschokolade im deutschen Lebensmitteleinzelhandel.

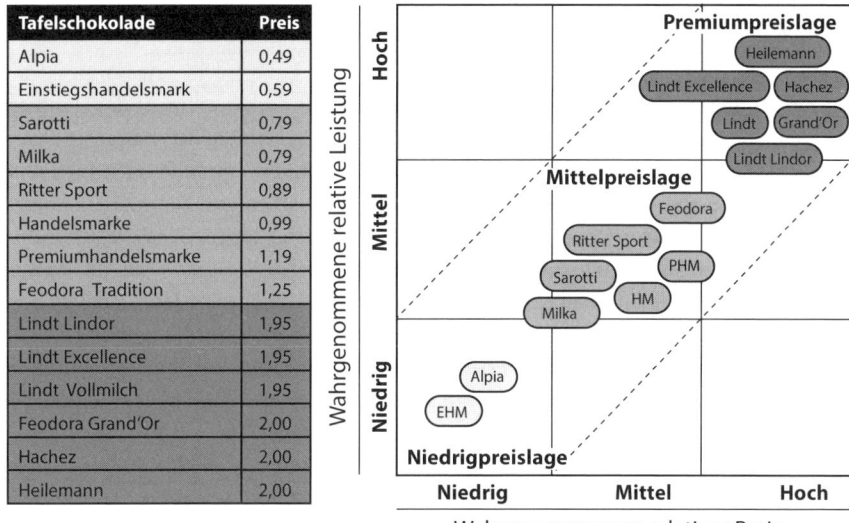

Tafelschokolade	Preis
Alpia	0,49
Einstiegshandelsmark	0,59
Sarotti	0,79
Milka	0,79
Ritter Sport	0,89
Handelsmarke	0,99
Premiumhandelsmarke	1,19
Feodora Tradition	1,25
Lindt Lindor	1,95
Lindt Excellence	1,95
Lindt Vollmilch	1,95
Feodora Grand'Or	2,00
Hachez	2,00
Heilemann	2,00

(Fassnacht, Köttschau und Wriedt 2012, S. 572)

Abb. 3.4: Preislagenbesetzung am Beispiel Tafelschokolade (100 g Vollmilch)

Grundsätzlich gibt es für die Einteilung von Preislagen keine offizielle Ober- und Untergrenze und sie kann abhängig von Handelsbranche, der Anzahl der Artikel sowie vom Ausmaß der Preisspreizung innerhalb der Produktkategorie sehr unterschiedlich sein (Simon und Dolan 1997). Stattdessen muss sich die Festlegung von Preislagen an der Zahlungsbereitschaft des Kunden orientieren. Sind für den Verbraucher keine klaren Qualitäts- und Leistungsunterschiede zwischen den einzelnen Preislagen erkennbar, besteht die Gefahr, dass einzelne Preislagen beim Kunden kaum Beachtung finden (Diller 2008).

3.3.2 Preisentscheidungen für Artikel

Wie in Abschnitt 1 angesprochen, treffen Händler Preisentscheidungen primär auf Basis von Faustregeln und Intuition. Auch wenn Händler bei der Preisentscheidung häufig implizites Wissen über Preis-Mengen-Beziehungen in Produktkategorien einfließen lassen, findet eine Quantifizierung von Preiselastizitäten und Gewinnspannen in den meisten Fällen nicht statt (Simon und Fassnacht 2009). Ein professionelles Preismanagement im Handel setzt jedoch voraus, dass bei Preisentscheidungen Preiselastizitäten, die Gewinnspanne sowie Verbundbeziehungen zumindest auf Warengruppenebene bekannt sind und in die Preisentscheidung miteinbezogen werden.

Ein erster Ansatz zur Messung von Preiselastizitäten bieten Scannerdaten. Sie erfassen präzise Datum, Artikel und Preis jeder Transaktion und stellen daher einen guten Ausgangspunkt dar, um den Effekt von Preisvariationen auf den Absatz zu messen und somit Preiselastizitäten zu schätzen (Simon, von der Gathen und Daus 2010).

Wie bereits in Abschnitt 3.2 angesprochen, ist es für das Preismanagement des Händlers essentiell, die Gewinnspanne einzelner Warengruppen zu kennen. Auf Basis von Preiselastizitäten und Informationen zu Gewinnspannen können Empfehlungen für Preisentscheidungen abgeleitet werden (vgl. Simon, von der Gathen und Daus 2010). Hierzu werden Preiselastizitäten und Gewinnspannen auf Warengruppenebene erfasst und in Relation zueinander gesetzt werden (▶ **Abb. 3.5**). Preise für Produkte, die auf Warengruppenebene eine niedrige Elastizität aufweisen, sollten erhöht werden, da davon auszugehen ist, dass der zusätzliche Gewinn, der durch die Preiserhöhung entsteht, den Absatzrückgang für das Produkt überkompensiert. Entsprechend sollte bei Produkten, die auf Warengruppenebene eine hohe Preiselastizität aufweisen und über eine hohe bis mittlere Gewinnspanne verfügen, der Preis gesenkt werden.

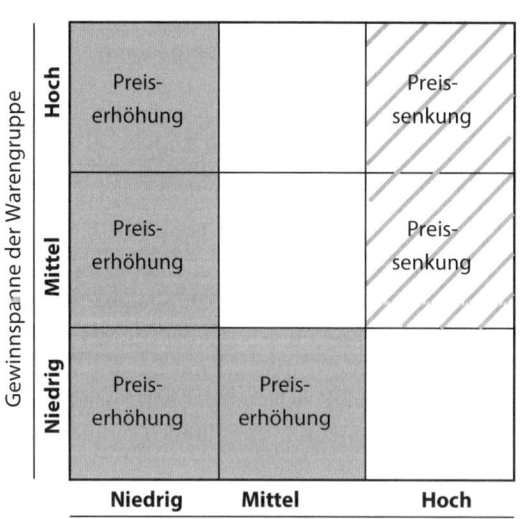

(in Anlehnung an Simon, von der Gathen und Daus 2010, S. 332)

Abb. 3.5: Preisempfehlungen in Abhängigkeit von der Preiselastizität und der Gewinnspanne

Darüber hinaus müssen die Beziehungen der Artikel untereinander (Komplementärgüter vs. Substitutionsgüter) im Sortiment des Händlers analysiert und in die Preisentscheidung einbezogen werden. Im Sinne des »One-stop-shoppings« sind Verbraucher bemüht, ihre Beschaffungskosten zu minimieren und sie versuchen daher, ihre Einkäufe zeitlich und örtlich zu bündeln (Diller 2008; Simon und Fassnacht 2009). Sortimentsverbunde im Handel sind daher in der Regel komplementär und die Kreuzpreiselastizitäten zwischen Artikeln daher oft negativ.

Aufgrund der komplementären Sortimentsverbunde muss es daher Maxime des Händlers sein, nicht den Deckungsbeitrag des einzelnen Artikels zu maximieren, sondern vielmehr unter Beachtung der Verbundbeziehungen einen produktübergreifenden Preis zu finden, der den Deckungsbeitrag und somit die Wertschöpfung des gesamten Sortiments maximiert (Simon und Fassnacht 2009). Beispielsweise wird bei Tankstellen eine Erhöhung des Benzinpreises über das Wettbewerbsniveau in der Regel einen negativen Einfluss auf den Umsatz von Getränken und Snacks haben. Da Tankstellen eine hohe Marge auf diese Artikel erzielen, könnte eine isolierte Optimierung des Benzinpreises sogar zu Wertschöpfungseinbußen auf Geschäftsebene führen.

Im Vergleich zum Preis ohne Berücksichtigung des Sortimentverbundes liegt der produktübergreifend optimale Preis p_j ceteris paribus umso niedriger (vgl. Simon und Fassnacht 2009),

- je mehr Produkte einbezogen werden,
- je (absolut) größer die Kreuzpreiselastizitäten der komplementären Artikel sind,
- je größer die Stückdeckungsbeiträge der übrigen Artikel sind,
- je näher die direkte Preiselastizität von j an 1 liegt und
- je größer das Verhältnis der Absatzmengen der komplementären Artikel i und j ist.

3.3.3 Entscheidungen zu Preispromotions

Preispromotions besitzen im Handel eine herausragende Bedeutung. Handelsmanager verwenden nicht selten 80 Prozent ihrer Zeit auf das Management von Promotions (Bolton, Shankar und Montoya 2010).

Seit dem Wegfall des Rabattgesetztes im Sommer 2001 ist die Frequenz und Intensität von Preispromotions in den meisten Handelsbranchen drastisch gestiegen. Beispielsweise wird heute im Lebensmitteleinzelhandel fast jeder fünfte Euro (19 Prozent) durch Preispromotions erwirtschaftet (GfK ConsumerScan 2012). Der Umsatz der Händler von Markenbieren ist bereits durch Preispromotions dominiert; hier werden fast 70 Prozent des Umsatzes über Preispromotions erzielt (GfK ConsumerScan 2011).

Die Ziele der Händler, die mit Preispromotions verbunden sind, sind oft sehr vielfältig und reichen von Käuferfrequenz- und Imagezielen bis hin zu Umsatz- und Gewinnzielen. Die Häufigkeit von Preispromotions im Handel legt nahe, dass Preispromotions sich als effektives Instrument für den Händler bewährt haben, um diese Ziele zu erreichen. Studien zur Effektivität von Promotions zeigen jedoch, das Preispromotions häufig nicht profitabel für den Händler sind (Ailawadi et al. 2006).

Zudem besteht die Gefahr, dass Verbraucher zu Aktionskäufern erzogen werden, was dazu führt, dass auch Verbraucher, die eigentlich bereit wären, höhere Preise zu bezahlen, hauptsächlich preisreduzierte Promotionartikel kaufen (Wagner, Jamsawang und Seher 2012). Für den Händler wird es daher schwer, die Preise wieder zu erhöhen, wenn Kunden sich durch häufige Preispromotions an die günstigen Preise gewöhnt haben.

Aufgrund der herausragenden Bedeutung, die Preispromotions inzwischen im Handel haben, gehen wir im Folgenden kurz auf die wichtigsten Erkenntnisse der Forschung zu kurz- und langfristigen Effekten von Preispromotions ein.

Kurzfristige Effekte von Preispromotions

Der kurzfristige Effekt von Preispromotions auf den Absatz ist oft enorm. In ihrer Meta-Analyse finden Bijmolt, van Heerde und Pieters (2005) eine kurzfristige Preispromotionelastizität von −2,62. Vergleicht man diese mit der kurzfristigen Werbeelastizität von 0,12 (Sethuraman, Tellis und Briesch 2011), wird die besondere Wirkung von Preispromotions auf den Absatz deutlich und es wird nachvollziehbar, warum Preispromotions bei ergebnisorientierten Managern so beliebt sind.

Im Gegensatz zur Industrie ist es für die Wertschöpfung des Händlers jedoch nicht von primärer Bedeutung, dass der Umsatz des Promotionartikels steigt, sondern dass sich der Umsatz der Warengruppen und der gesamten Filiale erhöht. Für den Händler ist es daher nicht nur wichtig, den Effekt von Preispromotions auf den Absatz des Promotionartikels zu analysieren, sondern es muss auch geprüft werden, welche Effekte Preispromotions insbesondere auf Produktwechsel, Geschäftswechsel, Neukunden, Kaufakzeleration und die Wertschöpfung des Händlers haben (Ailawadi et al. 2009; Gedenk, Neslin und Ailawadi 2010).

Nur wenige Studien haben bei der Analyse der kurzfristigen Absatzwirkungen von Promotions bisher die Perspektive des Händlers eingenommen. Als positive Ausnahme ist die Studie von Ailawadi et al. (2006) zu nennen. Anhand von Daten der amerikanischen Drogeriemarktkette CVS zeigen sie, dass 45 Prozent der durch die Preispromotion verursachten Absatzsteigerung auf einen Produktwechsel innerhalb des Geschäfts zurückzuführen sind und 10 Prozent des zusätzlichen Absatzes aus Bevorratungskäufen stammen. Somit sind letztendlich nur 45 Prozent der von der Preispromotion verursachten Absatzsteigerung auf Mehrkonsum oder Geschäftswechsel zurückzuführen und damit wirklich zusätzlich für den Händler.

Diese Ergebnisse machen deutlich, dass es für die Wertschöpfung des Händlers von zentraler Bedeutung ist, Kannibalisierungseffekte innerhalb der Filiale bei Preispromotions zu vermeiden. Hierzu sind insbesondere Substitutionsbeziehungen von Artikeln untereinander zu analysieren sowie Preisabstände zu Alternativprodukten zu beachten.

Langfristige Effekte von Preispromotions

Die Forschung zu den langfristigen Effekten von Preispromotions ist hauptsächlich durch die Sichtweise der Hersteller geprägt. Ergebnisse dieser Studien legen nahe, dass häufige Preispromotions einen negativen Einfluss auf den Referenzpreis haben, die Preissensitivität des Konsumenten erhöhen, Wiederkaufsraten senken und somit langfristig einen negativen Effekt auf die Markenloyalität haben können (DelVecchio, Henard und Freling 2006).

Für den Händler sind die langfristigen Effekte von Preispromotion auf Markenebene jedoch nicht von zentraler Relevanz. Aus seiner Perspektive ist es wichtig zu analysieren, welche langfristigen Effekte Preispromotions auf den Umsatz und die Wertschöpfung der Produktkategorien und Filialen haben. Die wenigen empirischen Studien zu diesem Thema legen jedoch nahe, dass Preispromotions keine langfristigen Wirkungen weder auf den Absatz von Produktkategorien (Nijs et al. 2001) noch auf den Umsatz oder die Marge des Händlers haben (Srinivasan et al. 2004).

3.4 Implementierungsphase

Nachdem die Preise für die Artikel in der Entscheidungsphase festgelegt wurden, gilt es in der Implementierungsphase, diese erfolgreich gegenüber dem Verbraucher zu kommunizieren und durchzusetzen sowie die realisierten Preise und Gewinnspannen zu überwachen.

3.4.1 Ansiedlung der Preisentscheidungskompetenz

Die Organisationsstrukturen im Handel sind in der Regel nach dem Top-Down Ansatz organisiert. Der Geschäftsführer setzt zusammen mit den Leitern der Einkaufsabteilungen die Richtlinien für die Preisbildung fest und definiert darauf aufbauend Umsatz- und Gewinnziele (Simon und Fassnacht 2009). Nach dem Geschäftsführer sind verantwortliche Einkäufer bzw. Category Manager, die bestimmte Produktkategorien betreuen, angesiedelt (▶ Abb. 3.6). Sie tragen die Verantwortung für ihre Produktkategorien bzw. Produktgruppen und somit auch für die Preisgestaltung.

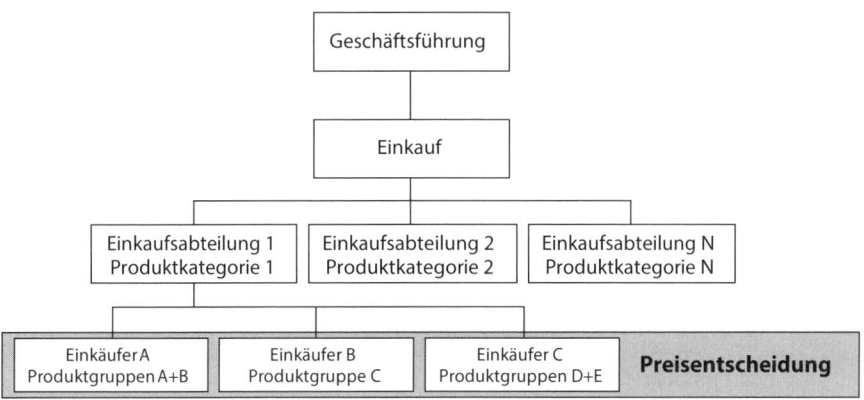

(in Anlehnung an Simon, von der Gathen und Daus 2010, S. 325)

Abb. 3.6: Typische Organisationsstruktur und Preisverantwortlichkeiten in Handelsunternehmen

Es muss jedoch beachtet werden, dass die Aufteilung in Produktkategorien die interne Sichtweise des Händlers reflektiert (Simon, von der Gathen und Daus 2010). Kunden kaufen selten nur in einer Produktkategorie ein. Bei einem durchschnittlichen Wocheneinkauf im Supermarkt ist vielmehr davon auszugehen, dass der Kunde in einer zweistelligen Zahl von Produktkategorien einkauft.

Ein lediglich auf eine Produktkategorie bezogenes Preismanagement kann sich daher erfolgreich auf die einzelne Produktkategorie, aber nachteilig auf die Filiale des Händlers auswirken. Preispromotions mit einem hohen Preisnachlass für Eckartikel wie Kaffee können sich zwar nachteilig auf die Wertschöpfung der Produktkategorie Kaffee auswirken, jedoch kann trotzdem eine erhöhte Wertschöpfung auf Geschäftsebene erreicht werden, wenn die Preispromotions viele neue Kunden in die Filiale locken, die neben Kaffee auch weitere Produkte im Geschäft kaufen.

Unter Beachtung der Verbundbeziehungen zwischen Warengruppen muss daher eine ausreichende Kommunikation zwischen den einzelnen Einkaufsabteilungen sichergestellt werden (Simon, von der Gathen und Daus 2010) und Leistungskennzahlen, die die Verbundbeziehung zwischen den Warengruppen berücksichtigen, in die Incentivierungssysteme und Zielvorgaben für die Einkaufsleiter bzw. Category Manager integriert werden.

3.4.2 Preiskommunikation

Viele Händler rücken den Preis in den Mittelpunkt ihrer Werbekampagnen. Bekannte Beispiele sind der Slogan »20 Prozent auf alles« der Baumarktkette Praktiker sowie die zahlreichen preisfokussierten Slogans wie »Geiz ist geil« oder »Wir hassen teuer« von Media Markt.

Ziel dieser Kampagnen ist es, beim Kunden ein günstiges Preisimage zu erzeugen. Wie das Beispiel Media Markt zeigt, können solche Kampagnen kurzfristig sehr erfolgreich sein. Langfristig sind rein preisbezogene Botschaften – ohne Bezug zur Leistung – aber eher kritisch anzusehen, da sie sich im Laufe der Zeit abreiben (Simon und Fassnacht 2009) und bestenfalls eine rein preisliche Differenzierung vom Wettbewerb darstellen. 2013 meldete Praktiker Insolvenz an. Bei Media Markt hat die steigende Preistransparenz durch das Internet dazu geführt, dass Kunden eine stärkere Diskrepanz zwischen dem preisgünstigen Image und den tatsächlichen Preisen wahrnehmen und vermehrt bei konkurrierenden Onlinehändlern kaufen.

Aber auch am Point-of-Sale werden verschiedene Maßnahmen zur Preiskommunikation vom Händler eingesetzt. Dabei reichen die Instrumente der Preiskommunikation von meterhohen Preisauszeichnungen bei Tankstellen bis zu kleinen Sonderangebots-Schildern an Regalen in Supermärkten (für einen Überblick siehe Gedenk 2002).

Durch die zunehmende Nutzung des Internets wird es für Händler immer wichtiger, ihre Preispolitik transparenter zu gestalten (Bertini und Gourville 2012). Eine offene

Preiskommunikation seitens der Händler wird nicht nur bei Preisreduktionen, sondern auch bei Preiserhöhungen immer relevanter.

Dabei ist es wichtig, dass der Händler die Preiserhöhung nicht nur offen kommuniziert, sondern dem Kunden auch einen klaren Mehrwert für den höheren Preis bietet. Im Gegenzug kann eine Preiserhöhung, die für den Kunden keinen Mehrwert bietet und daher für den Verbraucher unverständlich erscheint, fatale Folgen für den Händler haben. Als die britische Bekleidungskette Marks & Spencer 2008 den Preis für BHs mit Übergröße um 2 Pfund erhöhte, war die Entrüstung bei den Kunden groß. Aus Sicht der Verbraucher bestand kein Grund für die Preiserhöhung. Weder die Qualität der Übergrößen BHs wurde gesteigert, noch hatten sich die Kosten für Marks & Spencer erhöht. Letztendlich lenkte Marks & Spencer ein, nahm die Preiserhöhung zurück und offerierte einen Monat lang eine 25 Prozent Preisreduktion auf alle BHs.

3.4.3   Preiscontrolling

Preiscontrolling bildet den letzten Schritt im Preismanagement-Prozess. Für die Überwachung der Erfüllung preisbezogener Ziele ist es essentiell, zuerst die richtigen Leistungskennzahlen zu definieren. Abbildung 3.7 gibt einen grundsätzlichen Überblick über die Leistungskennzahlen im Handel.

Artikel	Produktkategorie	Geschäft	Kunde
• Absatz (Gesamt, Absatz / m²)	• Frequenz	• Frequenz	• Absatz
• Umsatz (Gesamt, Umsatz / m²)	• Absatz (Gesamt, Absatz / m²)	• Absatz (Gesamt, Absatz / m²)	• Umsatz
• Wachstum	• Umsatz (Gesamt, Umsatz / m²)	• Umsatz (Gesamt, Umsatz / m²)	• Share of Wallet
• Marge	• Marktanteil	• Marktanteil	• Profitabilität
	• Wachstum	• Wachstum	
	• Marge	• Gewinn	

(in Anlehnung an Ailawadi et al. 2009, S. 43)

Abb. 3.7: Leistungskennzahlen im Handel (kurz- und langfristig)

Eine kontinuierliche Überwachung der Zielerreichung in allen vier Phasen des Preismanagement-Prozesses ist unabdingbar für die Aufdeckung von Schwächen im Preismanagement des Händlers und ist daher Ausgangspunkt für Maßnahmen zur Steigerung der Wertschöpfung durch die Professionalisierung des Preismanagements (Simon, von der Gathen und Daus 2010). In der Praxis ist jedoch zu beobachten, dass preisbezogene Leistungskennzahlen im Controlling des Händlers nur wenig Anwendung finden und sich häufig auf die Analyse des Rohertrags und des Preisindexes der Wettbewerber (Universität Essen und Mercer Management Consulting 2003) beschränken. Bedenkt man die in Abschnitt 2 illustrierte besondere Hebelwirkung, die der Preis auf den

Gewinn und die Wertschöpfung des Händlers hat, ist davon auszugehen, dass in Bezug auf das Preiscontrolling für die meisten Händler noch ein großes Optimierungspotenzial besteht.

4. Zusammenfassung und Ausblick

Angesichts geringer Profitabilität und schrumpfender Wachstumsraten im deutschen Handel ist das Thema Wertschöpfung gleichermaßen in den Fokus von Händlern und Herstellern gerückt. Ausgangspunkt unseres Artikels war die Feststellung, dass der Preis hauptsächlich über den Gewinn auf die Wertschöpfung wirkt. Es wurde gezeigt, dass der Preis der effektivste Treiber unter den drei Gewinntreibern Absatz, Kosten und Preis ist, welches die besondere Bedeutung des Preismanagements in Bezug auf die Wertschöpfung verdeutlicht.

Klassische Preisoptimierungsmodelle sind im Handel aufgrund der großen Sortimentsumfänge, der häufigen Preisänderungen sowie der besonderen Bedeutung, die bestimmte Artikel für das Preisimage der Händler haben, nicht anwendbar. Professionelles Preismanagement im Handel bedarf eines systematischen und umfassenden Preismanagement-Prozesses, der die vielfältigen Aufgaben und Herausforderungen im Handel strukturiert.

Im Zentrum eines professionellen Preismanagements steht der »Wert für den Kunden«. In der Praxis beobachten wir jedoch häufig, dass Preisentscheidungen auf Basis von Wettbewerbspreisen getroffen werden anstatt im Verhältnis zur erbrachten Leistung. Beispielsweise senken traditionelle Händler häufig drastisch ihre Preise, wenn Discounter auf den Markt drängen, anstatt die höheren Preise durch eine höhere Leistung gegenüber dem Kunden zu rechtfertigen.

Gleiches gilt für stationäre Händler in Deutschland. Viele sehen im steigenden E-Commerce eine zentrale Bedrohung für ihre Ladenlokale und senken häufig ihre stationären Preise im Wettbewerb mit Onlinehändlern. Da jedoch insbesondere »reine« Onlinehändler wie Amazon in den meisten Fällen über eine günstigere Kostenstruktur verfügen, ist ein solches Verhalten langfristig eher kritisch zu sehen. Auch hier muss es vielmehr Aufgabe des stationären Händlers sein, die höheren Preise im stationären Geschäft durch höhere Leistung wie persönliche Beratung und einem besonderen Einkaufserlebnis zu rechtfertigen und diese Vorteile an den Verbraucher zu kommunizieren.

Zusammenfassend lässt sich daher festhalten, dass der Preis der herausragende Gewinntreiber im Handel ist. Anhand der Ausführungen wurde deutlich, dass im Handel noch erhebliches Optimierungspotenzial in Bezug auf das Preismanagement von Händlern besteht. Angesichts der geringen Profitabilität im Handel ist daher davon auszugehen, dass die Professionalisierung des Preismanagements ein zentraler Erfolgsfaktor zur Steigerung der Wertschöpfung in der Zukunft sein wird.

Literaturverzeichnis

Aaker, David A. (1992), *Management des Markenwerts*. Frankfurt a. M.: Campus.

Ailawadi, Kusum L., Bari A. Harlam, Jacques César und David Trounce (2006), »Promotion Profitability for a Retailer: The Role of Promotion, Brand, Category, and Store Characteristics, *Journal of Marketing Research,* 43 (November), 518–35.

—, Jonathan P. Beauchamp, Naveen Donthu, Dinesh K. Gauri und Venkatesh Shankar (2009), »Communication and Promotion Decisions in Retailing: A Review and Directions for Future Research,« *Journal of Retailing*, 85 (1), 42–55.

Arentzen, Ute H. (1997), *Gabler Wirtschaftslexikon*. Wiesbaden: Gabler.

Bain & Company (2012), »2012 Luxury Goods Worldwide Market Study,« (11th ed.), Milan.

Bell David R. und James M. Lattin (1998), »Shopping Behavior and Consumer Preference for Store Price Format: Why ›Large Basket‹ Shoppers Prefer EDLP,« *Marketing Science,* 17 (1), 66–88.

Bertini, Marco und John T. Gourville (2012), »Pricing To Create Shared Value,« *Harvard Business Review*, 90 (June), 96–104.

Bezawada, Ram, Subramanian Balachander, P.K. Kannan und Venkatesh Shankar (2009), »Cross-Category Effects of Aisle and Display Placements: A Spatial Modeling Approach and Insights,« *Journal of Marketing*, 73 (May), 99–117.

Bijmolt, Tammo H.A., Harald J. Van Heerde und Rik G.M. Pieters (2005), »New Empirical Generalizations on the Determinants of Price Elasticity,« *Journal of Marketing Research*, 42 (May), 141–56.

Blattberg, Robert C. und Kenneth J. Wisniewski (1989), »Price-Induced Patterns of Competition,« *Marketing Science*, 8 (4), 291–309.

Bolton Ruth N. und Venkatesh Shankar (2003), »An empirically derived taxonomy of retailer pricing and promotion strategies,« *Journal of Retailing*, 79 (4), 213–24.

—, — und Detra Y. Montoya (2010), »Recent Trends and Emerging Practices in Retailer Pricing,« erschienen in Retailing in the 21st Century, Manfred Krafft und Murali K. Mantrala, (eds.), 2. Auflage. Heidelberg: Springer, 301–18.

Delfmann, Werner (2007), »Wertschöpfungskette,« erschienen in Handwörterbuch der Betriebswirtschaft (6. Aufl.), Richard Köhler, Hans-Ulrich Küpper und Andreas Pfingsten, (eds.). Stuttgart: Schäffer-Poeschel, 1965–76.

DelVecchio, Devon, David H. Henard und Traci H. Freling (2006), »The effect of sales promotion on post-promotion brand preference: A meta-analysis,« *Journal of Retailing,* 82 (3), 203–13.

Diller, Herrmann (2003), »Aufgabenfelder, Ziele und Entwicklungstrends der Preispolitik,« erschienen in Handbuch Preispolitik, Diller, Hermann und Andreas Herrmann (eds.). Wiesbaden: Gabler, 3–32.

— (2008), *Preispolitik,* 4. Auflage. Stuttgart: Kohlhammer.

— und Sabine Anselstetter (2006), »Preis- und Sonderangebotspolitik – Formen und Erfolgsfaktoren,« erschienen in Handbuch Handel, Joachim Zentes et al., (eds.), 1. Auflage. Wiesbaden: Gabler, 597–630.

Fassnacht, Martin und Frank Breitschwerdt (2009), »Preismanagement im Konsumgüterbereich – Lernen von den Besten,« *Managementorientierte Schriftenreihe des Zentrums für Marktorientierte Unternehmensführung*, Nr. 5.

— und Sabine El Husseini (2013), »EDLP versus Hi-Lo pricing strategies in retailing – a state of the art article,« *Journal of Business Economics,* 83 (April), 259–89.

— und Jerome A. Königsfeld (2012a), »Die Rolle des internationalen Vertriebs im Preismanagement,« erschienen in Internationaler Vertrieb, Lars Binckebanck und Christian Belz, (eds.). Wiesbaden: Gabler, 515–30.

— und --- (2012b), »Coca-Cola bei Aldi: Die süße Versuchung von Markenprodukten,« Wirtschaftswoche, 14.11.2012, [http://www.wiwo.de/unternehmen/handel/coca-cola-bei-aldi-¬die-suesse-versuchung-von-markenprodukten/7378856.html].

—, Eva Köttschau und Stefanie Wriedt (2012), »Preisstrukturpolitik im Lebensmitteleinzelhandel,« erschienen in Handbuch Handel, Joachim Zentes et al., (eds.), 2. Auflage. Wiesbaden: Gabler, 565–83.

Gedenk, Karen (2002), *Verkaufsförderung*. München: Vahlen.

—, Scott A. Neslin und Kusum L. Ailawadi (2010), »Sales Promotion,« erschienen in Retailing in the 21st Century, Manfred Krafft und Murali K. Mantrala, (eds.), 2. Auflage. Heidelberg: Springer, 393–407.

GfK ConsumerScan (2011), »Consumer Index,« (*Zugriff am 03.05.2012*), [http://www.gfkps.com¬/imperia/md/content/ps_de/consumerindex/ci_04-2011_extern.pdf].

— (2012), »TRENDWENDE BEI DEN PREISPROMOTIONS?,« (*Zugriff am 03.05.2013*), [http:¬//www.gfk.com/de/Documents/News%20Deutschland/GfK_Consumerindex_09_2012.pdf].

Gierl, Heribert (1991), »Marktsegmentierung auf der Basis der Preislagenwahl,« *Jahrbuch der Absatz- und Verbrauchsforschung*, 37. Jg. (1/1991), 48–70.

Hecking, Mirjam (2012), »FAST-FASHION-BOOM: Angriff der Billigheimer,« Manager-Magazin, 29.11.2012, [http://www.manager-magazin.de/unternehmen/handel/0,2828,869796,00.¬html].

Herrmann, Andreas (2003), »Relevanz des Preismanagements für den Unternehmenserfolg,« erschienen in Handbuch Preispolitik, Diller, Hermann und Andreas Herrmann, (eds.). Wiesbaden: Gabler, 33–45.

Jedrowiak, Julia (2008), *Die Wahl der Preislagen durch Konsumenten*. Stuttgart: Kohlhammer.

Müller, Iris (2003), *Die Entstehung von Preisimages im Handel*. Nürnberg: GIM Verlag.

Müller-Hagedorn, Lothar und Martin Natter (2011), *Handelsmarketing*, 5. Auflage. Stuttgart: Kohlhammer.

Nijs, Vincent, Marnik G. Dekimpe, Jan-Benedict E.M. Steenkamp und Dominique M. Hanssens (2001), »The Category-Demand Effects of Price Promotions,« *Marketing Science*, 20 (1), 1–22.

Rudolph, Thomas und Tillmann Wagner (2003), »Preisimage-Politik im Handel,« erschienen in Handbuch Preispolitik, Diller, Hermann und Andreas Herrmann, (eds.). Wiesbaden: Gabler, 177–98.

Schindler, Hermann (1998), *Marktorientiertes Preismanagement*. St. Gallen: Schindler Verlag.

Sebastian, Karl-Heinz und Andrea Maessen (2003), »Optionen des strategischen Preismanagements,« erschienen in Handbuch Preispolitik, Hermann Diller und Andreas Herrmann, (eds.). Wiesbaden: Gabler, 49–68.

Sethuraman, Raj, Gerard J. Tellis und Richard A. Briesch (2011), »How Well Does Advertising Work? Generalizations from Meta-Analysis of Brand Advertising Elasticities,« *Journal of Marketing Research, 48 (June)*, 457–71.

Simon, Herrmann (2004), »Ertragssteigerung durch effektivere Pricing-Prozesse,« *Zeitschrift für Betriebswirtschaft*, 74. Jg. (11), 1083–1102.

— und Robert J. Dolan (1997), *Profit durch Power Pricing: Strategien aktiver Preispolitik*. Frankfurt a. M.: Campus.

— und Martin Fassnacht (2009), *Preismanagement*, 3. Auflage. Wiesbaden: Gabler.

—, Andreas von der Gathen und Philip W. Daus (2010), »Retail Pricing – Higher Profits Through Improved Pricing Processes,« erschienen in Retailing in the 21st Century, Manfred Krafft und Murali K. Mantrala, (eds.), 2. Auflage. Heidelberg: Springer, 319–36.

Srinivasan, Shuba, Koen Pauwels, Dominique M. Hanssens und Marnik G. Dekimpe (2004), »Do Promotions Benefit Manufacturers, Retailers, or Both?,« *Management Science*, 50 (5), 617–29.

Statistisches Bundesamt (2013), »Begriffserläuterungen für den Bereich Volkswirtschaftliche Gesamtrechnungen,« (*Zugriff am 12.05.2013*), [https://www.destatis.de/DE/ZahlenFakten/¬GesamtwirtschaftUmwelt/VGR/Begriffserlaeuterungen/Bruttowertschoepfung.html].

Universität Essen und Mercer Management Consulting (2003), »Retail-Studie – Preis- und Sortimentsmanagement als Erfolgshebel im Einzelhandel,« (*Zugriff am 12.05.2013*), [http://www.cm-¬

net.wiwi.uni-due.de/fileadmin/fileupload/BWL-MARKETING/Management_Summary_¬
Retail_Studie_1_.pdf].

Wagner, Udo, Jutatip Jamsawang und Friedrich Seher (2012), »Preisorientierte Aktionspolitik,« erschienen in Handbuch Handel, Joachim Zentes et al., (eds.), 2. Auflage. Wiesbaden: Gabler, 585–607.

Weber, Helmut K. (1993), »Wertschöpfungsrechnung,« erschienen in Handwörterbuch der Betriebswirtschaft, Teilband 3, Waldemar Wittmann et al., (eds.), 5. Auflage. Stuttgart: Schäffer-Poeschel, 4659–71.

Wiltinger, Kai (1998), *Preismanagement in der unternehmerischen Praxis: Probleme der organisatorischen Implementierung*. Wiesbaden: Gabler.

Zielke, Stephan (2007), »Verhaltenswissenschaftliche Preisforschung im Handel,« erschienen in Jahrbuch Vertriebs- und Handelsmanagement, Dieter Ahlert, Rainer Olbrich und Hendrik Schröder, (eds.). Frankfurt a. M.: Deutscher Fachverlag, 249–64.

Kapitel 4: Wertschöpfung durch Handelsmarken

von Dr. Jan-Michael Becker, Prof. Dr. Oliver Schnittka und Prof. Dr. Franziska Völckner

1. Einleitung

Die Führung von Marken ist für Handelsunternehmen insbesondere auf zwei Ebenen von grundlegender Relevanz. Zum einen bieten Handelsunternehmen Eigenmarken (synonym Handelsmarken) an. Zum anderen führen Handelsunternehmen ihre Einkaufsstätten als Marken (siehe hierzu Kapitel 5 in diesem Sammelband). Der vorliegende Beitrag beschäftigt sich mit dem Wertschöpfungspotenzial von Handelsmarken.

Unter dem Begriff der Handelsmarke werden Waren- beziehungsweise Firmenzeichen verstanden, die Handelsunternehmen zur Markierung von Waren einsetzen. Der Markeneigner ist somit das Handelsunternehmen, wodurch sich Handelsmarken von Herstellermarken abgrenzen lassen (Bruhn 2006). Darüber hinaus werden Handelsmarken nur innerhalb des jeweiligen Handelsunternehmens distribuiert und typischerweise zu im Zeitverlauf konstanten Preisen angeboten (Völckner und Sattler 2013).

Die Verbreitung von Handelsmarken hat in den vergangenen Jahren stetig zugenommen. So verzeichneten gemäß einer Studie der GfK insbesondere Mehrwert- bzw. Premium-Handelsmarken ein starkes Wachstum – vermutlich weil hier die größten Wertschöpfungsmöglichkeiten gesehen werden. Ihr wertmäßiger Marktanteil ist von 2007 bis 2012 um fast vier Prozentpunkte gestiegen (GfK 2012). Betrachtet man die Handelsmarkenentwicklung in verschiedenen europäischen Ländern, so zeigt sich auch hier eine stetig zunehmende Bedeutung. Das Marktanteilsniveau unterscheidet sich allerdings noch deutlich zwischen den Ländern und schwankt zwischen ca. 49 Prozent (wertmäßiger Marktanteil) in Großbritannien und ca. 16 Prozent in Italien (SymphonyIRI Group 2011). Betrachtet man schließlich verschiedene Produktkategorien kurzlebiger Konsumgüter, lässt sich ebenfalls in nahezu allen Kategorien ein stetiges Wachstum beobachten (Bavagnoli und Köster 2013).

Verschiedene Studien untersuchen die Erfolgswirkungen von Handelsmarken für den Händler. Handelsmarken wirken sich positiv auf die Verhandlungsmacht des Händlers aus und können so beispielsweise die Durchsetzung niedrigerer Einkaufspreise für Herstellermarken ermöglichen (z. B. Meza und Sudhir 2010; Pauwels und Srinivasan 2004). Auch zeigen Studien, dass Handelsmarken im Vergleich zu Herstellermarken mit höheren Margen verbunden sind (z. B. Pauwels und Srinivasan 2004; Sayman, Hoch und Raju 2002). Eine Analyse der prozentualen und absoluten Margen deutet darauf hin, dass Handelsmarken im Vergleich zu Herstellermarken typischerweise mit einer höheren prozentualen Marge, aber oftmals geringeren absoluten Marge einhergehen. Händler mit starken Handelsmarken realisieren zudem höhere Margen bei den Herstellermarken, was ebenfalls auf eine erhöhte Verhandlungsmacht des Händlers infolge des Angebots von Handelsmarken hinweist. Insgesamt erscheint insofern ein Sortiment erfolgversprechend, das auf einen ausgewogenen Mix von Handels- und Herstellermarken abstellt (Ailawadi und Harlam 2004; Kumar und Steenkamp 2007). Jenseits einer direkten Profitabilitätswirkung bieten Handelsmarken zudem die Chance, die Loyalität der Konsumenten gegenüber dem Händler zu steigern, was eine indirekte positive Profitabilitätswirkung auf den gesamten Händler zur Folge haben kann (z. B. Ailawadi, Pauwels und Steenkamp 2008; Corstjens und Lal 2000; González-Benito und Martos-Partal 2012; Steenkamp und Dekimpe 1997). Handelsmarken verfügen somit über ein nicht unerhebliches Wertschöpfungspotenzial, sodass einem wertorientierten Handelsmarkenmanagement eine hohe Bedeutung zukommt.

Vor dem Hintergrund des Wertschöpfungspotenzials von Handelsmarken sind insbesondere im kurzlebigen Konsumgüterbereich Händler zunehmend dazu übergegangen, eine dreistufige Strategie hinsichtlich der Preis- und Qualitätspositionierung des Handelsmarkensortiments zu verfolgen (d. h. ein Angebot von Discount-Handelsmarken (Gattungsmarken), klassischen Handelsmarken und Premium-Handelsmarken; siehe dazu auch Abschnitt 3 des vorliegenden Beitrags). Potenzielle Kannibalisierungseffekte können sich hierbei jedoch negativ auf die Händlerprofitabilität auswirken. Insbesondere scheint die Gefahr gegeben zu sein, dass sich Gattungsmarken negativ auf den Absatz klassischer Handelsmarken und Premium-Handelsmarken sich negativ auf den Absatz sowohl von klassischen Handelsmarken als auch Gattungsmarken auswirken (Geyskens, Gielens und Gijsbrechts 2010).

Der vorliegende Beitrag beschäftigt sich mit der Frage der wertorientierten Gestaltung von Handelsmarkenstrategien. Zu diesem Zwecke werden in dem folgenden Abschnitt 2 ausgewählte Erfolgsfaktoren von Handelsmarken vorgestellt. Abschnitt 3 beschäftigt sich mit verschiedenen Handelsmarkentypen und diskutiert die zunehmend zu beobachtende Dreistufigkeit des Handelsmarkenangebots. Abschnitt 4 erörtert darauf aufbauend unterschiedliche Labeling-Strategien für Handelsmarken. Der Beitrag schließt mit einem kurzen Fazit.

2. Erfolgsfaktoren von Handelsmarken

Zahlreiche Studien haben sich bislang mit verschiedenen Einflussfaktoren des Handelsmarkenerfolges beschäftigt. Der Handelsmarkenerfolg wurde dabei sowohl durch Wahrnehmungsgrößen auf Basis von Konsumentenbefragungen wie der Einstellung zu Handelsmarken (z. B. Burton et al. 1998) oder der Kaufpräferenz für Handelsmarken (z. B. Batra und Sinha 2000) als auch durch ökonomische Verhaltensdaten wie dem Marktanteil von Handelsmarken (z. B. Dhar und Hoch 1997) gemessen. Im Rahmen dieses Kapitels werden diese verschiedenen Operationalisierungen einheitlich unter dem Begriff Handelsmarkenerfolg zusammengefasst, da der Fokus dieses Abschnittes auf der Darstellung der Faktoren liegt, die den (auf verschiedene Arten operationalisierbaren) Handelsmarkenerfolg und das damit verbundene Wertschöpfungspotenzial von Handelsmarken beeinflussen.

Die bisher in der Literatur analysierten Erfolgsfaktoren lassen sich in folgende vier Kategorien unterteilen:

- Handelsmarkenspezifische Erfolgsfaktoren (▶ **Kap. 2.1**)
- Händlerspezifische Erfolgsfaktoren (▶ **Kap. 2.2**)
- Produktkategoriespezifische Erfolgsfaktoren (▶ **Kap. 2.3**)
- Konsumentenspezifische Erfolgsfaktoren (▶ **Kap. 2.4**)

Abbildung 4.1 gibt einen Überblick über ausgewählte Erfolgsfaktoren in den jeweiligen Kategorien. Ein (+) zeigt dabei einen erwarteten positiven Effekt auf den Handelsmarkenerfolg an, ein (−) steht für einen erwarteten negativen Effekt. Im Folgenden werden die bisher in der Literatur vorliegenden Ergebnisse zu diesen Erfolgsfaktoren jeweils anhand von ausgewählten Studien kurz dargestellt. Die Auswahl der einzelnen Erfolgsfaktoren erfolgte auf Basis von zwei Kriterien: Zum einen wurden nur Erfolgsfaktoren aus doppelt-blind begutachteten Zeitschriftenbeiträgen berücksichtigt. Zum anderen wurden Erfolgsfaktoren, die eine lediglich geringe unmittelbare Managementrelevanz besitzen (z. B. Einkommen, Geschlecht und Alter von Konsumenten), nicht mit in die

Erfolgsfaktoren von Handelsmarken

Handelsmarken-spezifisch	Händler-spezifisch	Produktkategorie-spezifisch	Konsumenten-spezifisch
• Preisniveau (-)	• Loyalität zum Händler (+)	• Kaufrisiko (-)	• Markenloyalität (-)
• Qualitätsniveau (+)	• Image des Händlers (+)	• Produkttyp (Such- vs. Erfahrungsgut) (+)	• Einkaufshäufigkeit (+)
• Attraktive Verpackung (+)	• Größe der Regalplatzfläche (+)	• Qualitätsvarianz (-)	• Smart-Shopper-Bewusstsein (+)
• Markenvertrautheit (+)	• Sortimentstiefe (-)	• Anzahl Herstellermarken (-)	• Qualitätsbewusstsein (-)

Abb. 4.1: Erfolgsfaktoren von Handelsmarken und deren erwartete Wirkungsrichtung

Analyse einbezogen. Alle hier vorgestellten Erfolgsfaktoren (mit Ausnahme der Größe der Regalplatzfläche und der Sortimentstiefe) wurden in zwei oder mehr empirischen Zeitschriftenbeiträgen untersucht.

2.1 Handelsmarkenspezifische Erfolgsfaktoren

Das Preisniveau der Handelsmarke wurde bereits früh in der Literatur als Erfolgsfaktor identifiziert. In der Regel sollte das Preisniveau einen negativen Effekt auf den Handelsmarkenerfolg haben, auch wenn Konsumenten in gewissen Situationen den Preis als Qualitätsindikator verwenden und dies einen positiven Zusammenhang zwischen dem Preisniveau der Handelsmarke und dem Handelsmarkenerfolg hervorrufen kann.[2] Baltas (1997), Baltas und Doyle (1998), McEnally und Hawes (1984) sowie Zielke und Dobbelstein (2007) können empirisch den erwarteten negativen Effekt des Preisniveaus der Handelsmarke auf den Handelsmarkenerfolg bestätigen. Vor dem Hintergrund der empirischen Erkenntnisse zur zunehmend zu beobachtenden Dreistufigkeit des Handelsmarkenangebots ist der Einfluss des Preisniveaus allerdings differenzierter zu betrachten (▶ Abschn. 3).

Weiterhin ist davon auszugehen, dass das Qualitätsniveau der Handelsmarke einen positiven Einfluss auf den Handelsmarkenerfolg haben sollte, da nach Aaker (1991) die wahrgenommene Qualität einer Marke einen zentralen Einfluss auf den Markenwert und somit die Vorziehenswürdigkeit einer Marke im Vergleich zur Konkurrenz hat. Bao, Bao und Sheng (2011), Dick, Jain und Richardson (1995) sowie Dursun et al. (2011) können empirisch den positiven Einfluss des Qualitätsniveaus der Handelsmarke bestätigen.

Der Einfluss der Verpackungsgestaltung von Handelsmarken wurde ebenfalls in der bisherigen Literatur untersucht. Eine attraktive Gestaltung der Verpackung kann einen extrinsischen Hinweisreiz im Rahmen der Markenbeurteilung liefern und so zu einer positiven Beurteilung der Handelsmarke führen, insbesondere wenn die Verpackungsgestaltung deutlich an diejenige von Herstellermarken angelehnt ist. Während Wilkes und Valencia (1985) einen positiven Effekt einer attraktiven Verpackungsgestaltung auf den Handelsmarkenerfolg aufzeigen, können Veloutsou, Gioulistanis und Moutinho (2004) empirisch keinen derartigen Einfluss nachweisen. Diese widersprüchlichen empirischen Befunde legen nahe, dass der Effekt der Verpackungsgestaltung auf den Handelsmarkenerfolg von weiteren, in der bisherigen empirischen Forschung noch nicht berücksichtigten Variablen (Moderatoren) beeinflusst wird.

Eine hohe Markenvertrautheit mit einer Handelsmarke sollte neben einer gesteigerten Identifikation mit der Marke insbesondere die Wahrscheinlichkeit erhöhen, dass die Handelsmarke in das Consideration Set aufgenommen und schlussendlich tatsächlich gekauft wird. Zudem führt eine entsprechende Kauf- und Konsumerfahrung mit

---

2 Eine ausführliche theoretische Herleitung der in den Kapiteln 2.1 bis 2.4 dargestellten Erfolgsfaktoren findet sich in den zum jeweiligen Erfolgsfaktor angegebenen empirischen Studien.

der Handelsmarke und die daraus resultierende Markenvertrautheit zu einem besseren Verständnis über das tatsächliche, oftmals hohe Qualitätsniveau der Handelsmarke, wodurch der wahrgenommene Abstand zur Qualität der Herstellermarke reduziert wird. Baltas und Doyle (1998), Dursun et al. (2011) und Richardson, Jain und Dick (1996) können empirisch den vermuteten Einfluss einer hohen Markenvertrautheit auf den Handelsmarkenerfolg bestätigen.

2.2 Händlerspezifische Erfolgsfaktoren

Die Loyalität zum Händler als erster händlerspezifischer Erfolgsfaktor sollte einen positiven Einfluss auf den Handelsmarkenerfolg haben, da angenommen werden kann, dass händlerloyale Konsumenten häufiger die Geschäftsstätte aufsuchen und dadurch eher mit den in der Geschäftsstätte angebotenen Handelsmarken in Kontakt kommen. Dies steigert die Vertrautheit der Konsumenten mit den Handelsmarken des Händlers und beeinflusst so positiv die Kaufwahrscheinlichkeit. Ailawadi, Neslin und Gedenk (2001), Baltas (2003), Dick, Jain und Richardson (1995), Martinez und Montaner (2008) sowie Richardson, Jain und Dick (1996) haben empirisch einen entsprechenden positiven Einfluss der Loyalität der Konsumenten zu einem Händler auf den Handelsmarkenerfolg nachweisen können.

Das Image des Händlers repräsentiert die Wahrnehmung des Händlers aus Konsumentensicht hinsichtlich verschiedener zentraler Dimensionen wie etwa dem Preis- und Qualitätsniveau der angebotenen Produkte. Die Bewertungen dieser Dimensionen wiederum dienen oftmals als extrinsische Hinweisreize für die Bewertung der in der Einkaufsstätte angebotenen Handelsmarken. Liu und Wang (2008) sowie Semeijn, van Riel und Ambrosini (2004) können empirisch den positiven Effekt des Images des Händlers auf den Handelsmarkenerfolg bestätigen.

Der Umfang der Regalplatzfläche im Handelsgeschäft, der für Handelsmarken vorgesehen ist, sollte einen positiven Effekt auf den Handelsmarkenerfolg haben. Eine größere Regalplatzfläche für Handelsmarken verstärkt die generelle Sichtbarkeit von Handelsmarken im Geschäft und sollte somit die Bekanntheit der Handelsmarken und deren Kaufwahrscheinlichkeit steigern. Dursun et al. (2011) können diesen vermuteten Zusammenhang empirisch jedoch nicht bestätigen.

Schließlich erwarten Dhar und Hoch (1997) einen negativen Effekt der Sortimentstiefe des Händlers auf den Handelsmarkenerfolg. Eine hohe Sortimentstiefe sollte mit einer geringeren Sichtbarkeit von Handelsmarken im Regal einhergehen und sich entsprechend negativ auf deren Kaufwahrscheinlichkeit auswirken. Umgekehrt sollte eine niedrige Sortimentstiefe positiv auf die Sichtbarkeit von Handelsmarken und infolgedessen auf ihre Kaufwahrscheinlichkeit wirken. Die Autoren begründen dies unter anderem darüber, dass langsam drehende, von Herstellermarken angebotene Spezialprodukte weniger profitabel sind, als die gegenüber führenden Herstellermarken positionierten Handelsmarken. Es ist daher zu erwarten, dass Händler mit einer niedrigen Sortimentstiefe entsprechende Spezialprodukte nur eingeschränkt listen. Dies fördert wiederum den relativen Anteil von Handelsmarken im Regal und somit deren Sichtbarkeit und Kaufwahrscheinlichkeit. Der vermutete negative Zusammenhang zwischen Sortimentstiefe und Handelsmarkenerfolg wird durch die Befunde von Dhar und Hoch (1997) empirisch bestätigt.

2.3　Produktkategoriespezifische Erfolgsfaktoren

Eine große Anzahl von Studien hat sich mit dem Einfluss unterschiedlicher Risikoarten, die bei einem Produktkauf auftreten können, auf den Handelsmarkenerfolg beschäftigt. Generell wird vermutet, dass Konsumenten bei Produktkäufen mit einem hohen finanziellen, funktionalen oder sozialen Kaufrisiko eher Herstellermarken als Handelsmarken bevorzugen aufgrund der teilweise immer noch als niedrig empfundenen Qualität sowie der geringen sozialen Akzeptanz von Handelsmarken. Mieres, Martin und Gutiérrez (2006), Semeijn, van Riel und Ambrosini (2004) sowie Zielke und Dobbelstein (2007) können empirisch sowohl einen negativen Einfluss des empfundenen finanziellen Kaufrisikos als auch einen negativen Effekt des empfundenen funktionalen Risikos auf den Handelsmarkenerfolg nachweisen. Uneinheitliche Befunde zeigen sich hingegen beim Einfluss des sozialen Risikos. Während Zielke und Dobbelstein (2007) den erwarteten negativen Effekt bestätigen können, zeigen Mieres, Martin und Gutiérrez (2006) hingegen, dass Konsumenten bei Produkten mit einem hohen sozialen Risiko stärker auf Handelsmarken zurückgreifen als bei Produkten mit einem niedrigen sozialen Risiko. Die Autoren begründen den überraschenden Befund damit, dass Konsumenten aufgrund der teilweise sehr günstigen Handelsmarkenpreise von anderen Personen als Smart-Shopper identifiziert werden, wenn sie in Kategorien mit einer hohen sozialen Sichtbarkeit Handelsmarken kaufen.

Der Erfolg von Handelsmarken kann zudem nach Produkttyp variieren. So sollte der Handelsmarkenerfolg bei Suchgütern (d. h. Produkte, deren Eigenschaften mehrheitlich vor dem Kauf mit Sicherheit beurteilt werden können) höher sein als bei Erfahrungsgütern (d. h. Produkte, deren Eigenschaften erst nach dem Kauf bzw. Konsum auf Basis der beim Konsum gemachten Erfahrungen beurteilt werden können). Dies liegt darin begründet, dass Suchgüter allgemein durch ein geringeres wahrgenommenes Risiko beim Produktkauf gekennzeichnet sind und Konsumenten Handelsmarken, wie bereits erläutert, insbesondere in Kategorien mit geringem Kaufrisiko präferieren. Dieser vermutete Zusammenhang kann vom überwiegenden Teil der vorliegenden Studien bestätigt werden. So weisen z. B. Batra und Sinha (2000) sowie Kwon, Lee und Kwon (2008) den erwarteten Unterschied zwischen Such- und Erfahrungsgütern empirisch nach. Glynn und Chen (2009) finden hingegen keinen Unterschied des Handelsmarkenerfolges zwischen Such- und Erfahrungsgütern. Die Autoren vermuten, dass eine sehr hohe Vertrautheit der befragten Konsumenten mit den untersuchten Produktkategorien aufgrund einer intensiven vorherigen Nutzung die Ursache für die nicht-signifikanten Befunde sein könnte.

Weiterhin ist davon auszugehen, dass eine hohe Qualitätsvarianz zwischen den Marken in einer Produktkategorie einen negativen Einfluss auf den Handelsmarkenerfolg hat, da eine hohe Qualitätsvarianz die Unsicherheit bei der Beurteilung der angebotenen

Produkte erhöht. Hieraus resultiert ein hohes empfundenes Kaufrisiko, das sich wiederum negativ auf die Präferenz für Handelsmarken auswirkt. Während DelVecchio (2001) den erwarteten negativen Effekt einer hohen Qualitätsvarianz auf den Handelsmarkenerfolg empirisch nachweist, können Batra und Sinha (2000) keinen direkten signifikanten Effekt ermitteln. Letztere können jedoch, wie in der theoretischen Herleitung angedeutet, empirisch einen indirekten Effekt der wahrgenommenen Qualitätsvarianz auf den Handelsmarkenerfolg über das gesteigerte Kaufrisiko bzw. die wahrgenommenen Konsequenzen eines Fehlkaufes nachweisen.

Der Handelsmarkenerfolg sollte zudem mit steigender Anzahl der Herstellermarken, die in der Kategorie angeboten werden, aufgrund eines zu erwartenden Crowding-out-Effektes in der Produktkategorie sinken. Durch die eintretenden Kannibalisierungs- bzw. Verdrängungseffekte sollte sich der Marktanteil aller angebotenen Marken im Sortiment und somit auch der Handelsmarken reduzieren. Dhar und Hoch (1997) sowie Hoch (1996) können diesen erwarteten negativen Effekt der Anzahl der Herstellermarken in der Produktkategorie auf den Handelsmarkenerfolg empirisch bestätigen.

2.4 Konsumentenspezifische Erfolgsfaktoren

Als konsumentenspezifischer Erfolgsfaktor wurde die Markenloyalität von Konsumenten in mehreren Studien betrachtet. Da markenloyale Kunden in der Regel weniger preisbewusst sind und infolgedessen weniger stark Handelsmarken nachfragen, sollte ein negativer Zusammenhang zwischen Markenloyalität und Handelsmarkenerfolg bestehen. Die zugehörigen empirischen Ergebnisse in der Literatur sind jedoch nicht eindeutig. Während Garretson, Fisher und Burton (2002) sowie Glynn und Chen (2009) einen negativen Einfluss der Markenloyalität auf den Handelsmarkenerfolg beobachten, können Ailawadi, Neslin und Gedenk (2001), Martinez und Montaner (2008) sowie Wilkes und Valencia (1985) keinen signifikanten Effekt nachweisen. Diese widersprüchlichen empirischen Befunde legen wie schon im Falle der Verpackungsgestaltung nahe, dass bislang nicht berücksichtigte Variablen (Moderatoren) existieren, die den Effekt der Markenloyalität auf den Handelsmarkenerfolg beeinflussen.

Hinsichtlich der Einkaufshäufigkeit von Konsumenten (z. B. Anzahl der Besuche in Lebensmitteleinzelhandelsgeschäften pro Woche) wird ein positiver Effekt auf den Handelsmarkenerfolg erwartet. Konsumenten mit einer hohen Einkaufsintensität sollten aufgrund ihrer größeren Erfahrung mit den einzelnen Handelsgeschäften häufiger in Kontakt mit Handelsmarken kommen und diese entsprechend mit einer höheren Wahrscheinlichkeit konsumieren. Baltas und Argouslidis (2007), McEnally und Hawes (1984) sowie Veloutsou, Gioulistanis und Moutinho (2004) können diese Vermutung empirisch bestätigen.

Auch das subjektive Smart Shopper-Bewusstsein sollte einen positiven Effekt auf den Handelsmarkenerfolg haben, da Smart Shopper primär durch ein hohes Preisbewusstsein charakterisiert sind und folglich eine höhere Wahrscheinlichkeit für einen Handelsmarkenkauf besitzen. Burton et al. (1998) sowie Garretson, Fisher und Burton (2002) bestätigen empirisch den positiven Einfluss des subjektiven Smart-Shopper-Bewusstseins auf den Handelsmarkenerfolg.

Da Handelsmarken zumeist eine niedrigere wahrgenommene Qualität aufweisen als Herstellermarken, ist schließlich davon auszugehen, dass das Qualitätsbewusstsein der Konsumenten einen negativen Effekt auf den Handelsmarkenerfolg hat. Ailawadi, Neslin und Gedenk (2001) sowie Martinez und Montaner (2008) können empirisch bestätigen, dass Konsumenten mit einem höheren Qualitätsbewusstsein weniger stark Handelsmarken präferieren.

3. Handelsmarkentypen

Die im vorangehenden Kapitel angeführten handelsmarkenspezifischen Erfolgsfaktoren Preisniveau und Qualitätsniveau erfordern vor dem Hintergrund der Entwicklung verschiedener Handelsmarkentypen eine differenziertere Bewertung hinsichtlich ihres Wertschöpfungspotenzials. Die meisten Händler verfolgen heutzutage eine Positionierung ihrer Handelsmarken in drei Stufen (Kumar und Steenkamp 2007; Schenk 2004). Diese drei Stufen unterscheiden sich insbesondere hinsichtlich der Preislage und der Qualität (▶ **Abb. 4.2**). Daraus leiten sich letztlich drei grundsätzliche Positionierungs-

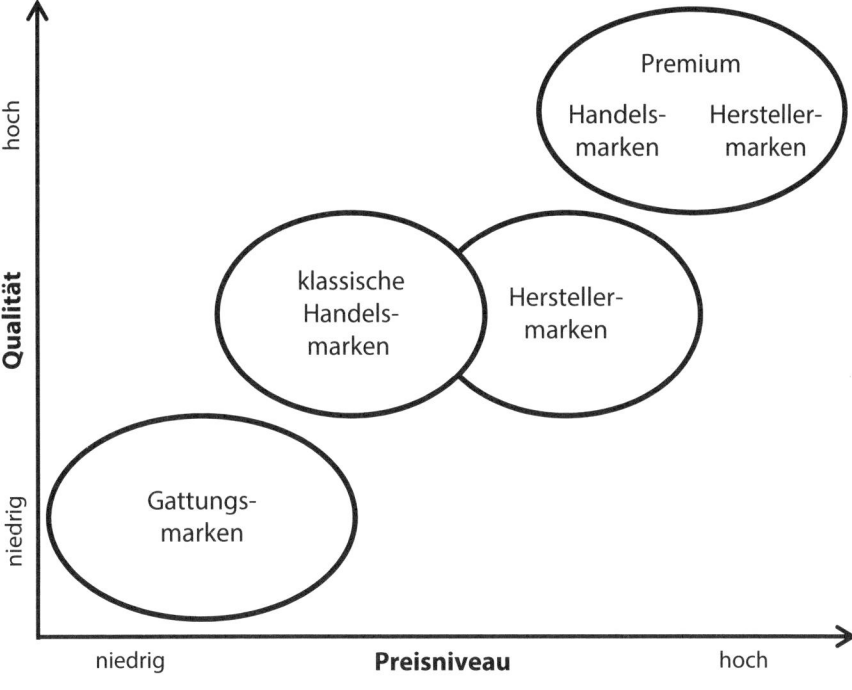

(in Anlehnung an Bruhn 2001)

Abb. 4.2: Preis-/Qualitätspositionierung von Handelsmarken

strategien für klassische Vollsortimenter ab: 1) In der unteren Preislage eine Niedrigpreisstrategie mit Gattungsmarken, 2) in der mittleren Preislage eine Mittelpreisstrate-
gie mit klassischen Handelsmarken, 3) in der oberen Preislage eine Hochpreisstrategie
mit Premium-Handelsmarken (Ahlert, Kenning und Schneider 2001; Kumar und
Steenkamp 2007; Schenk 2004). In der Praxis finden sich zudem noch weitere Posi-
tionierungsmöglichkeiten und Mischformen. Vor allem im Bereich von Nischen- oder
Mehrwert-Handelsmarken wie z. B. Bio, Laktosefrei, Fairtrade oder regionalen Produkten bieten sich große Wertschöpfungsmöglichkeiten für Händler, die bisher allerdings
kaum Gegenstand wissenschaftlicher Untersuchungen waren. Zudem sind diese Handelsmarken im Preis-/ Qualitätsspektrum oftmals ähnlich wie Premium-Handelsmarken positioniert.

Gattungsmarken sind sowohl bezüglich des Preises als auch bezüglich der Qualität am
unteren Ende des Spektrums positioniert. Sie dienen als (Preis-)Einstiegsmarken und
werden meist 20–50 Prozent günstiger als die führenden Herstellermarken angeboten.
Die Preise richten sich zudem oft klar an den günstigsten Marken der Konkurrenz (vor
allem Discountern) aus. Auf differenzierungsfähige Produktmerkmale wird sowohl im
Hinblick auf die Produkteigenschaften als auch auf die Verpackung und Markierung
zumeist verzichtet. Die Profilierung von Gattungsmarken erfolgt somit ausschließlich
über den niedrigen Preis (Ahlert, Kenning und Schneider 2001; Ter Braak, Dekimpe
und Geyskens 2013).

Die klassische Handelsmarke ist vom Qualitätsniveau oft mit der Qualität der führenden Herstellermarken vergleichbar und liegt vom Preis knapp darunter. Es
wird ein minimaler Aufwand in den Markenaufbau investiert und die Preisstrategie beinhaltet ein relativ konstantes Mittelpreisniveau und nur vereinzelt eingesetzte
Preis-Promotions. Insgesamt ist die Positionierung stark auf die führenden Herstellermarken ausgerichtet mit dem Ziel, die Handelsmarke aus Konsumentensicht als erste
Alternative zu Herstellermarken zu platzieren. In der englischen Literatur werden diese
Handelsmarken daher zum Teil auch als Copy-Cat oder Mee-Too Brands bezeichnet
(Kumar und Steenkamp 2007).

Premium-Handelsmarken hingegen sollen höchste Qualitätsansprüche erfüllen, mit
Premium-Herstellermarken konkurrieren und dabei einzigartige Eigenschaften bei-
spielsweise hinsichtlich Geschmack, Herkunft oder Zutaten anbieten (Bazoche, Giraud-
Héraud und Soler 2005). Dabei bewegen sich Premium-Handelsmarken üblicherweise
sogar über dem Niveau der führenden Herstellermarken. In dieser Kategorie wird der
Markencharakter der Handelsmarken bewusst betont, um vom Kunden als Konkur-
renzprodukt zu Premium-Herstellermarken wahrgenommen zu werden (Geyskens,
Gielens und Gijsbrechts 2010; Schenk 2004).

Unter den drei Handelsmarkentypen stellen Premium-Handelsmarken die am schnellsten wachsende Gruppe dar (Dobson und Chakraborty 2009). Zudem bieten Premium-
Handelsmarken eine interessante Perspektive hinsichtlich der Profitabilität und der

Profilierung des Händlers. Während sie wie klassische Handelsmarken (und Gattungs-marken) nur geringe Investitionen in Marketing und Vertrieb erfordern (im Gegen-satz zu vergleichbaren Premium-Herstellermarken), liegen die Preise trotzdem auf dem Niveau vergleichbarer Herstellermarken oder sogar darüber. Durch den Wegfall hoher (Marketing-)Kosten kann eine potenziell sehr hohe Marge erzielt werden (Kumar und Steenkamp 2007; Ter Braak, Dekimpe und Geyskens 2013). Zudem kann die Premium-Positionierung der Handelsmarken auch zu einer besonderen Profilierung des Händlers beitragen, was bei entsprechenden Gattungs- und klassischen Handelsmarken oftmals nicht der Fall ist. Insgesamt bieten sie daher auch die größten Wertschöpfungspoten-ziale für den Händler.

Obwohl Premium-Handelsmarken auf den ersten Blick eine Reihe an Vorteilen bieten und einen klaren Trend im Einzelhandel darstellen, führen Händler Premium-Handelsmarken oftmals nur zögerlich ein und decken hierbei bei weitem nicht alle Kategorien ab. Zum einen bergen Premium-Handelsmarken Risiken hinsichtlich der Qualitätsanforderungen. Konsumenten von Premium-Produkten erwarten ent-sprechend hohe Qualität und sind schneller verärgert, sollten diese Anforderungen nicht erfüllt werden. Dies kann sich negativ auf den gesamten Händler auswirken. Zum anderen sind Händler in erster Linie daran interessiert, die Effizienz des gesamten Sortiments in der Kategorie zu verbessern und nicht nur die einzelner Eigenmarken (Sayman und Raju 2004). Entsprechend muss der Händler entscheiden, ob es tatsäch-lich von Vorteil ist, in allen drei Qualitätsstufen vertreten zu sein. Wie die folgen-den Studien zeigen, sollten dabei nicht nur Premium-Handelsmarken, sondern auch Gattungsmarken hinsichtlich ihrer Wertschöpfungspotenziale kritisch hinterfragt werden.

Geyskens, Gielens und Gijsbrechts (2010) kommen zu dem Ergebnis, dass die Einfüh-rung von zusätzlichen Qualitätsstufen im Handelsmarkensortiment (Gattungsmarken oder Premium-Handelsmarken) die Markenwahl beeinflusst, sodass die Marktanteile bestehender Handelsmarken sinken und sich die Handelsmarken somit untereinan-der kannibalisieren. Insbesondere die Einführung von Gattungsmarken kann dabei ein Problem für den Händler darstellen, da Ter Braak, Dekimpe und Geyskens (2013) zeigen, dass Gattungsmarken eine deutlich geringere absolute und prozentuale Marge haben als klassische Handelsmarken. Die Einführung von Gattungsmarken kann so-mit für den Händler eine geringere Profitabilität in der betreffenden Produktkate-gorie zur Folge haben, da höhere Margen durch geringere Margen kannibalisiert werden. Im Gegensatz dazu haben Premium-Handelsmarken zumeist eine genauso hohe prozentuale Marge wie klassische Handelsmarken. In Kombination mit ihrem höheren Preis erzielen sie dadurch eine höhere absolute Marge, wodurch eine Kan-nibalisierung nicht negativ, sondern sogar positiv für die Profitabilität des Händlers in der betreffenden Produktkategorie sein kann (Ter Braak, Dekimpe und Geyskens 2013). Die Einführung von Gattungsmarken hingegen führt nicht nur zu einer Kan-nibalisierung von Marktanteilen anderer Handelsmarkentypen, sondern kann auch dazu führen, dass führende Herstellermarken profitieren. Dies ist darauf zurückzuführen, dass Konsumenten zum einen der Handelsmarkenqualität aufgrund der gestiegenen Preis-/Qualitätsbandbreite des Handelsmarkensortiments weniger vertrauen und zum anderen die Herstellermarken als »Qualitätskompromiss« eine bessere Position im Preis-Qualitätsspektrum einnehmen (Geyskens, Gielens und Gijsbrechts 2010). Schließlich zeigt Gielens (2012), dass Produktneueinführungen in einer Kategorie den Absatz der ganzen Kategorie positiv beeinflussen, wenn diese unter bestehenden klassischen und Premium-Handelsmarken getätigt werden. Produktneueinführungen bei Gattungsmarken hingegen verbessern nur den Absatz der Gattungsmarke, während der Absatz in der gesamten Kategorie gleich bleibt, wodurch sich nur der Marktanteil der Gattungsmarke verbessert. Aufgrund der geringeren Profitabilität solcher Handelsmarken schadet dies der Profitabilität der Kategorie insgesamt. Die Ergebnisse zeigen des Weiteren, dass nur klassische Handelsmarken eine besondere Robustheit gegenüber Produktneueinführungen von bestehenden Herstellermarken aufweisen. Während die Marktanteile der Premium-Handelsmarken und Gattungsmarken bei Einführung von neuen Herstellermarkenprodukten sinken, bleibt der Marktanteil klassischer Handelsmarken konstant.

Neben diesen direkten Profitabilitätswirkungen sind die Wirkungen der unterschiedlichen Handelsmarkentypen auf die Loyalität zum Händler zu berücksichtigen. Während grundsätzlich angenommen wird, dass Handelsmarken die Loyalität zum Händler erhöhen (Corstjens und Lal 2000), zeigt sich oft ein umgekehrt u-förmiger Verlauf, bei dem die Händlertreue zunächst mit steigendem Handelsmarkenkonsum zunimmt, bis sie ein Optimum erreicht und danach wieder abnimmt (Ailawadi, Pauwels und Steenkamp 2008). Dieser allgemeine Effekt ist allerdings differenzierter zu bewerten, wenn unterschiedlich positionierte Handelsmarken betrachtet werden. Martos-Partal und González-Benito (2011) zeigen, dass für qualitativ höherwertig positionierte Handelsmarken (klassische Handelsmarken) ein stärkerer Loyalitätseffekt existiert als für preisgünstig positionierte Handelsmarken (Gattungsmarken). Zudem ist der Scheitelpunkt, nach dem ein höherer Handelsmarkenkonsum eine geringere Loyalität zum Händler erzeugt, bei Gattungsmarken deutlich früher erreicht. Dies liegt daran, dass Intensivkäufer von Gattungsmarken in erster Linie sehr preissensibel sind und daher schnell dazu neigen, den Händler zu wechseln.

Vor dem Hintergrund dieser Ergebnisse ist es kritisch zu beurteilen, ob ein Händler tatsächlich in allen drei Stufen mit Handelsmarken vertreten sein sollte. Insbesondere Gattungsmarken erscheinen auf den ersten Blick als nicht profitabel und es stellt sich die Frage, ob ein Händler sich nicht auf hochwertige Handelsmarken fokussieren sollte. Dagegen sprechen allerdings die Befunde von Palmeira und Thomas (2011), die zeigen, dass Premium-Handelsmarken nur dann als qualitativ höherwertig vom Kunden wahrgenommen werden, wenn es eine entsprechend niedriger positionierte Handelsmarke in der gleichen Kategorie im Sortiment gibt. Ist dies nicht der Fall, erwarten die Kunden zumeist auch von der Premium-Handelsmarke günstige Preise und eine geringere Qualität. Eine Fokussierung auf klassische und Premium-Handelsmarken erscheint aber möglich.

Für Deutschland gilt zudem, dass Gattungsmarken eine lange Tradition haben und zumeist fester Bestandteil im Sortiment der Händler sind – stärker als in anderen Ländern. Dies liegt unter anderem an der besonders starken Konkurrenz von Discountern im deutschen Einzelhandel und der dadurch bedingten deutlichen Fokussierung auf den Preis. Entsprechend wird der Preis von Gattungsmarken oftmals auch so gewählt, dass dieser genau mit dem entsprechenden Produkt im Discounter übereinstimmt, um eine Abwanderung der Kunden zu Discountern zu verhindern (Dekimpe et al. 2011). Ihr Wertschöpfungspotenzial sollte also nicht vorschnell aufgrund einer reinen Margenanalyse bewertet werden.

4. Labeling-Strategien für Handelsmarken

Ein weiterer Erfolgsfaktor, der in der Praxis deutlich an Bedeutung gewinnt, ist die Labeling-Strategie der Handelsmarken. In der Vergangenheit wurden Handelsmarken oftmals entweder mit einem sehr »spartanischen« Namen versehen (Gattungsmarken; z. B. ja! oder Tip) oder bei klassischen Handelsmarken als eigene Marken entwickelt (z. B. Tandil (Aldi) oder Wilhelm Brandenburg (REWE)). Diese Marken waren zumeist auf ein Produkt (z. B. Waschmittel) oder eine Kategorie (z. B. Frischfleisch) begrenzt. Sowohl die Namensgebung als auch die Positionierung der Handelsmarke waren möglichst ähnlich zu vergleichbaren Herstellermarken in der Kategorie.

In den letzten Jahren zeichnet sich in Deutschland eine Entwicklung ab, die zuvor insbesondere in Großbritannien und den USA zu beobachten war: Die Handelsmarke wird mit dem Namen der Händlermarke versehen. Insbesondere Premium-Handelsmarken (z. B. REWE Feine Welt, Edeka Selection) aber auch klassische Handelsmarken (z. B. REWE Beste Wahl, real,- Quality) werden von den Händlern zunehmend mit den eigenen Markennamen versehen. Zum Teil werden sogar die sehr preisgünstigen Gattungsmarken mit dem Händlermarkennamen versehen. Beispiele für den letzteres gibt es allerdings bisher nur außerhalb von Deutschland, z. B. in Großbritannien oder den USA (Tesco Everyday Value oder Kroger Value). Tabelle 4.1 zeigt differenziert nach

Tab. 4.1 Beispiele von Lebensmitteleinzelhändlern mit unterschiedlicher Strategie hinsichtlich des Labelings der eigenen Handelsmarken

Handelsmarkentypen, die mit dem Händlernamen versehen sind	Händler
Keine	Aldi, Lidl, Kaisers, Walmart (US)
Gattungsmarke + klassische Handelsmarke + Premium-Handelsmarke	Carrefour (F), Tesco (UK), Sainsbury (UK), Asda (UK)
Gattungsmarke + klassische Handelsmarke	Kroger (US)
Klassische Handelsmarke + Premium-Handelsmarke	REWE, real,-, Edeka
Premium-Handelsmarke	Casino (F)

verschiedenen Handelsmarkentypen einige Händler in verschiedenen Ländern, die ein entsprechendes Labeling mit dem Händlermarkennamen eingeführt haben.

Vor allem für klassische Vollsortimenter, welche zumeist eine hochwertige Positionierung ihrer Händlermarke anstreben (im Gegensatz zu einer preisfokussierten Positionierung der Discounter) scheint der Trend deutlich in Richtung eines Labelings zu gehen, welches den Händlermarkennamen zumindest für die höherwertigen Handelsmarken beinhaltet. Die Auswirkungen dieser Labeling-Entscheidung sowohl auf den Erfolg der Handelsmarken als auch den Erfolg der gesamten Produktkategorie bzw. des gesamten Händlers und somit das sich hieraus ergebende Wertschöpfungspotenzial sind dabei noch kaum erforscht.

Der Vorteil einer Labeling-Strategie, welche den Händlernamen beinhaltet, liegt in erster Linie in einer erleichterten Zuordnung der Handelsmarken zu einem speziellen Händler durch den Konsumenten (Schnittka et al. 2013). Damit verbunden ist die Hoffnung einer stärkeren Profilierung des Händlers durch Handelsmarken, beispielsweise durch positive Loyalitätseffekte und einen positiven Imagetransfer von der Handelsmarke auf die Händlermarke. Zudem kann auch die Handelsmarke von einem positiven Imagetransfer durch die Händlermarke profitieren.

Dhar und Hoch (1997) finden einen positiven Effekt auf den Handelsmarkenmarktanteil bei einer Labeling-Strategie, welche den Händlernamen in der Handelsmarke mit einschließt, im Vergleich zu einer Labeling-Strategie, die auf den Händlernamen verzichtet. Dies spricht für die Vorteilhaftigkeit eines Labelings mit dem Händlermarkennamen. Ebenso zeigen Schnittka et al. (2013), dass Handelsmarken von einem Labeling mit dem Händlernamen profitieren können. Ein Labeling mit dem Händlernamen führt zu einer besseren Einstellung der Konsumenten gegenüber der Handelsmarke (relativ zur Einstellung gegenüber einer entsprechenden Herstellermarke). Allerdings finden die Autoren einen positiven Effekt nur für klassische Handelsmarken (und nicht für Gattungsmarken) und für Kategorien mit einer geringen Markenrelevanz. Genauere Analysen der Rahmenbedingungen, unter denen das Labeling mit dem Händlernamen vorteilhaft ist, erscheinen somit erforderlich.

Auch der Einfluss der Labeling-Strategie auf die Profilierung des Händlers wurde bislang kaum untersucht. Einzig Szymanowski und Gijsbrechts (2012) unterscheiden explizit zwischen den beiden Labeling-Strategien und erlauben Rückschlüsse auf etwaige Profilierungspotenziale durch die eingesetzte Labeling-Strategie. Sie finden keinen Einfluss der Labeling-Strategie auf die Tatsache, ob Konsumenten Erfahrungen mit einer Handelsmarke auf andere Handelsmarken in der Kategorie übertragen. Diese Übertragung von Erfahrungen (Lerneffekte) zwischen verschiedenen Handelsmarken unterschiedlicher Händler existiert unabhängig davon, ob die Handelsmarke den Händlernamen beinhaltet oder nicht. Konsumenten, die mit der Qualität von Handelsmarken bei einem Händler zufrieden sind, übertragen diese Erfahrungen vielmehr unabhängig vom Handelsmarkennamen auch auf andere Handelsmarken bei unterschiedlichen Händlern (Szymanowski und Gijsbrechts 2012). Dieses Ergebnis spricht insgesamt eher gegen Profilierungspotenziale durch die Labeling-Strategie, da sich positive Erfahrungen, die mit einer Handelsmarke gesammelt wurden, offensichtlich nicht auf einen Händler beschränken.

Zudem existieren sowohl Studien, die Handelsmarken mit Händlernamen betrachten und einen positiven Imagetransfer vom Händler auf die Handelsmarken finden (Liljander, Polsa und van Riel 2009; Semeijn, van Riel und Ambrosini 2004), als auch Studien, welche Handelsmarken ohne Händlernamen betrachten und ebenso einen positiven Imagetransfer des Händlers auf die Handelsmarken finden (Collins-Dodd und Lindley 2003; Martenson 2007; Vahie und Paswan 2006). Die beiden Labeling-Strategien werden jedoch in keinem Fall gegeneinander getestet, sodass Aussagen zur relativen Vorteilhaftigkeit der beiden Strategien nicht möglich sind.

Eine zentrale Gefahr der Verwendung des Händlernamens besteht sicherlich in der Verwässerung des Markenbildes. Insbesondere wenn Handelsmarken aus verschiedenen Preis-/Qualitätsstufen mit demselben Händlernamen versehen werden, kann dies dazu führen, dass die Klarheit des Markenbildes leidet, weil nicht eindeutig festzustellen ist, ob die Marke für hohe Qualität oder günstige Preise steht. Dies kann zu einer Kannibalisierung der Handelsmarken untereinander führen (Geyskens, Gielens und Gijsbrechts 2010), aber auch zu negativen Konsequenzen für die Händlermarke.

Geyskens, Gielens und Gijsbrechts (2010) empfehlen, eine möglichst differenzierte Positionierung der verschiedenen Handelsmarkentypen zu realisieren, um Kannibalisierungseffekte zwischen den Handelsmarken zu verringern. Um dies zu erreichen, schlagen die Autoren unter anderem vor, auf ein Labeling der Handelsmarken mit dem Händlernamen (weitgehend) zu verzichten. Die Effekte eines solchen Verzichts werden allerdings nicht empirisch untersucht. Ein Labeling von nur wenigen hochqualitativen Handelsmarken mit dem eigenen Händlernamen wäre der Gegenentwurf zum aktuellen Trend, möglichst viele Handelsmarken unter dem eigenen Händlermarkennamendach zu vereinen (▸ Tab. 4.1).

Um die Wertschöpfungspotenziale der verschiedenen Labeling-Strategien beurteilen zu können, erscheinen somit weitere Studien notwendig, welche die Effekte der Labeling-Strategie sowohl auf die Beurteilung der Handelsmarken als auch auf die Beurteilung des Händlers betrachten sollten.

5. Fazit

Der vorliegende Beitrag beschäftigt sich vor dem Hintergrund der stetig zunehmenden Bedeutung von Handelsmarken mit den Erkenntnissen der bisherigen Literatur zum Wertschöpfungspotenzial von Handelsmarken. Hierzu werden verschiedene Erfolgsfaktoren von Handelsmarken vorgestellt, Befunde zur Positionierung von Handelsmarken im Preis-Qualitätsspektrum und der in diesem Zusammenhang zu beobachtende Trend in Richtung einer Dreistufigkeit diskutiert und die Vorteilhaftigkeit unterschiedlicher

Labeling-Strategien erörtert. Grundsätzlich anzumerken und bei der Interpretation der vorgestellten Befunde zu berücksichtigen ist, dass die dargestellten Studien nicht in Deutschland durchgeführt wurden, weshalb sich die Erkenntnisse gegebenenfalls nur mit Einschränkungen auf den deutschen Markt übertragen lassen.

Auch wenn in diesem Beitrag auf Basis der bislang existierenden Forschung zentrale Erfolgsfaktoren von Handelsmarken inklusive verschiedener Handelsmarkentypen und Labeling-Strategien diskutiert wurden, so lassen sich eine Reihe weiterer, praxisrelevanter Erfolgsfaktoren identifizieren, welche bislang noch nicht empirisch untersucht wurden und somit Ansätze für zukünftige Forschungsarbeiten darstellen. So ist beispielsweise ein positiver Einfluss der Händlermarkenstärke auf den Handelsmarkenerfolg zu vermuten, insbesondere wenn der Händlername zur Markierung der Handelsmarke genutzt wird. Weiterhin wäre interessant zu untersuchen, inwieweit die Marketingressourcen des Händlers (Know-how und finanzielle Ressourcen) den Handelsmarkenerfolg beeinflussen können. Die Frage nach dem Einfluss der Marketingressourcen wird sich zudem kaum losgelöst von der Frage nach den vom Händler (versus Hersteller) übernommenen Handelsmarkenfunktionen und damit nach dem Grad der Rückwärtsintegration des Händlers beantworten lassen. Je mehr Aufgaben innerhalb des Entwicklungs-, Produktions- und Vermarktungsprozesses vom Händler selber übernommen werden, desto umfangreicheres Know-how und entsprechende finanzielle Ressourcen sind erforderlich. Auf der anderen Seite steigen hierdurch aber auch die Kontroll- und Einflussmöglichkeiten des Händlers. Zur relevanten Frage, welche positiven und negativen Effekte vom Grad der Rückwärtsintegration auf den Handelsmarkenerfolg unter welchen Bedingungen ausgehen, existieren bislang keinerlei empirische Untersuchungen.

Literaturverzeichnis

Aaker, David A. (1991), *Managing Brand Equity: Capitalizing on the Value of a Brand Name*. New York: The Free Press.

Ahlert, Dieter, Peter Kenning und Dirk Schneider (2001), »Das Wachstum der Handelsmarken – Untersuchungen und Zukunftsperspektiven im Gebrauchsgüterbereich,« erschienen in Handelsmarken – Entwicklungstendenzen und Perspektiven der Handelsmarkenpolitik, Manfred Bruhn, (ed.), 3. Auflage. Stuttgart: Schäffer-Poeschel, 243–62.

Ailawadi, Kusum L. und Bari Harlam (2004), »An Empirical Analysis of the Determinants of Retail Margins: The Role of Store-Brand Share,« *Journal of Marketing*, 68 (1), 147–65.

—, Koen Pauwels und Jan-Benedict E. M. Steenkamp (2008), »Private-Label Use and Store Loyalty,« *Journal of Marketing*, 72 (6), 19–30.

—, Scott A. Neslin und Karen Gedenk (2001), »Pursuing the Value-Conscious Consumer: Store Brands Versus National Brand Promotions,« *Journal of Marketing*, 65 (1), 71–89.

Baltas, George (1997), »Determinants of Store Brand Choice: A Behavioral Analysis,« *Journal of Product & Brand Management*, 6 (5), 315–24.

— (2003), »A Combined Segmentation and Demand Model for Store Brands,« *European Journal of Marketing*, 37 (10), 1499–513.

— und Paraskevas C. Argouslidis (2007), »Consumer Characteristics and Demand for Store Brands,« *International Journal of Retail & Distribution Management*, 35 (5), 328–41.

— und Peter Doyle (1998), »An Empirical Analysis of Private Brand Demand Recognising Heterogeneous Preferences and Choice Dynamics,« *Journal of the Operational Research Society*, 49 (8), 790–98.

Bao, Yongchuan, Yeqing Bao und Shibin Sheng (2011), »Motivating Purchase of Private Brands: Effects of Store Image, Product Signatureness, and Quality Variation,« *Journal of Business Research*, 64 (2), 220–26.

Batra, Rajeev und Indrajt Sinha (2000), »Consumer-Level Factors Moderating the Success of Private Label Brands,« *Journal of Retailing*, 76 (2), 175–91.

Bavagnoli, Gabriele und Lars Köster (2013), »Private Label Branding,« erschienen in Retail Marketing and Branding: A Definitive Guide to Maximizing ROI, Jesko Perrey und Dennis Spillecke, (eds.). Chichester: Wiley, 89–104.

Bazoche, Pascale, Eric Giraud-Héraud und Louis-Georges Soler (2005), »Premium Private Labels, Supply Contracts, Market Segmentation, and Spot Prices,« *Journal of Agricultural & Food Industrial Organization*, 3 (1), 1–28.

Bruhn, Manfred (2001), »Bedeutung der Handelsmarke im Markenwettbewerb – eine Einführung,« erschienen in Handelsmarken – Entwicklungstendenzen und Perspektiven der Handelsmarkenpolitik, Manfred Bruhn, (ed.), 3. Auflage. Stuttgart: Schäffer-Poeschel, 3–48.

— (2006), »Handelsmarken – Erscheinungsformen, Potenziale und strategische Stoßrichtungen,« erschienen in Handbuch Handel – Strategien, Perspektiven, Internationaler Wettbewerb, Joachim Zentes, (ed.). Wiesbaden: Gabler, 631–56.

Burton, Scot, Donald R. Lichtenstein, Richard G. Netemeyer und Judith A. Garretson (1998), »A Scale for Measuring Attitude toward Private Label Products and an Examination of its Psychological and Behavioral Correlates,« *Journal of the Academy of Marketing Science*, 26 (4), 293–306.

Collins-Dodd, Colleen und Tara Lindley (2003), »Store Brands and Retail Differentiation: The Influence of Store Image and Store Brand Attitude on Store Own Brand Perceptions,« *Journal of Retailing & Consumer Services*, 10 (6), 345–52.

Corstjens, Marcel und Rajiv Lal (2000), »Building Store Loyalty Through Store Brands,« *Journal of Marketing Research*, 37 (3), 281–91.

DelVecchio, Devon (2001), »Consumer Perceptions of Private Label Quality: The Role of Product Category Characteristics and Consumer Use of Heuristics,« *Journal of Retailing and Consumer Services*, 8 (5), 239–49.

Dekimpe, Marnik G., Katrijn Gielens, Jagmohan Raju und Jacquelyn S. Thomas (2011), »Strategic Assortment Decisions in Information-Intensive and Turbulent Environments,« *Journal of Retailing*, 87 (1), 17–28.

Dhar, Sanjay K. und Stephen J. Hoch (1997), »Why Store Brand Penetration Varies by Retailer,« *Marketing Science*, 16 (3), 208–27.

Dick, Alan, Arun Jain und Paul Richardson (1995), »Correlates of Store Brand Proneness: Some Empirical Observations,« *The Journal of Product and Brand Management*, 4 (4), 8–15.

Dobson, Paul und Ratula Chakraborty (2009), »Private Labels and Branded Goods: ›Consumers‹ ›Horrors‹ and ›Heroes‹,« erschienen in Labels, Brands and Competition Policy: The Changing Landscape of Retail Competition, Ariel Ezrachi und Ulf Bernitz, (eds.). New York: Oxford University Press, 99–124.

Dursun, Inci, Ebru T. Kabadayi, Alev K. Alanc und Bülent Sezend (2011), »Store Brand Purchase Intention: Effects of Risk, Quality, Familiarity and Store Brand Shelf Space,« *Procedia Social and Behavioral Sciences*, 24, 1190–200.

Garretson, Judith A., Dan Fisher und Scot Burton (2002), »Antecedents of Private Label Attitude and National Brand Promotion: Similarities and Differences,« *Journal of Retailing*, 78 (2), 91–9.

Geyskens, Inge, Katrijn Gielens und Els Gijsbrechts (2010), »Proliferating Private-Label Portfolios: How Introducing Economy and Premium Private Labels Influences Brand Choice,« *Journal of Marketing Research*, 47 (5), 791–807.

GfK (2012), *Consumer Index Total Grocery 12/2012.*

Gielens, Katrijn (2012), »New Products: The Antidote to Private Label Growth?,« *Journal of Marketing Research*, 49 (3), 408–23.

Glynn, Mark S. und Shaoshan Chen (2009), »Consumer-Factors Moderating Private Label Brand Success: Further Empirical Results,« *International Journal of Retail & Distribution Management*, 37 (11), 896–914.

González-Benito, Óscar und Mercedes Martos-Partal (2012), »Role of Retailer Positioning and Product Category on the Relationship Between Store Brand Consumption and Store Loyalty,« *Journal of Retailing*, 88 (2), 236–49.

Hoch, Stephen J. (1996), »How Should National Brands Think about Private Labels,« *Sloan Management Review*, 37 (2), 89–102.

Kumar, Nirmalya und Jan-Benedict E. M. Steenkamp (2007), *Private Label Strategy: How to Meet the Store Brand Challenge.* Boston (Mass.): Harvard Business School Press.

Kwon, Kyoung-Nan, Mi-Hee Lee und Yoo J. Kwon (2008), »The Effect of Perceived Product Characteristics on Private Brand Purchases,« *Journal of Consumer Marketing*, 25 (2), 105–14.

Liljander, Veronica, Pia Polsa und Allard van Riel (2009), »Modelling Consumer Responses to an Apparel Store Brand: Store Image as a Risk Reducer,« *Journal of Retailing and Consumer Services*, 16 (4), 281–90.

Liu, Tsung-Chi und Chung-Yu Wang (2008), »Factors Affecting Attitudes Toward Private Labels and Promoted Brands,« *Journal of Marketing Management*, 24 (3–4), 283–98.

Martenson, Rita (2007), »Corporate Brand Image, Satisfaction and Store Loyalty: A Study of the Store as a Brand, Store Brands and Manufacturer Brands,« *International Journal of Retail & Distribution Management*, 35 (7), 544–55.

Martinez, Eva und Teresa Montaner (2008), »Characterisation of Spanish Store Brand Consumers,« *Journal of Retail and Distribution Management*, 36 (6), 477–93.

Martos-Partal, Mercedes und Óscar González-Benito (2011), »Store Brand and Store Loyalty: The Moderating Role of Store Brand Positioning,« *Marketing Letters*, 22 (3), 297–313.

McEnally, Martha R. und Jon M. Hawes (1984), »The Market for Generic Brand Grocery Products: A Review and Extension,« *Journal of Marketing*, 48 (1), 75–83.

Meza, Sergio und K. Sudhir (2010), »Do Private Labels Increase Retailer Bargaining Power?,« *Quantitative Marketing & Economics*, 8 (3), 333–63.

Mieres, Celina G., Ana María D. Martin und Juan A. T. Gutiérrez (2006), »Influence of Perceived Risk on Store Brand Proneness,« *Journal of Retail and Distribution Management*, 34 (10), 761–72.

Palmeira, Mauricio M. und Dominic Thomas (2011), »Two-Tier Store Brands: The Benefic Impact of a Value Brand on Perceptions of a Premium Brand,« *Journal of Retailing*, 87 (4), 540–48.

Pauwels, Koen und Shuba Srinivasan (2004), »Who Benefits from Store Brand Entry?,« *Marketing Science*, 23 (3), 364–90.

Richardson, Paul S., Arun K. Jain und Alan S. Dick (1996), »Household Store Brand Proneness: A framework,« *Journal of Retailing*, 72 (2), 159–85.

Sayman, Serdar und Jagmohan S. Raju (2004), »How Category Characteristics Affect the Number of Store Brands Offered by the Retailer: A Model and Empirical Analysis,« *Journal of Retailing*, 80 (4), 279–87.

—, Stephen J. Hoch und Jagmohan S. Raju (2002), »Positioning of Store Brands,« *Marketing Science*, 21 (4), 378–97.

Schenk, Hans-Otto (2004), »Handels-, Gattungs- und Premiummarken des Handels,« erschienen in Handbuch Markenführung. Kompendium zum erfolgreichen Markenmanagement: Strategien, Instrumente, Erfahrungen, Manfred Bruhn, (ed.), 2. Auflage. Wiesbaden: Gabler, 119–50.

Schnittka, Oliver, Jan-Michael Becker, Karen Gedenk, Henrik Sattler, Isabel Victoria Villeda und Franziska Völckner (2013), »Does Chain-Labeling Make Private Labels More Successful?,« Working Paper, University of Hamburg / University of Cologne.

Semeijn, Janjaap, Allard C. R. van Riel und A. Beatriz Ambrosini (2004), »Consumer Evaluations of Store Brands: Effects of Store Image and Product Attributes,« *Journal of Retailing and Consumer Services*, 11 (4), 247–58.

Steenkamp, Jan-Benedict E. M. und Marnik G. Dekimpe (1997), »The Increasing Power of Store Brands: Building Loyalty and Market Share,« *Long Range Planning*, 30 (6), 917–30.

SymphonyIRI Group (2011), »Retail Private Label Brands in Europe – Current and Emerging Trends,« Special Report, Chicago.

Szymanowski, Maciej und Els Gijsbrechts (2012), »Consumption-Based Cross-Brand Learning: Are Private Labels Really Private?,« *Journal of Marketing Research*, 49 (2), 231–46.

Ter Braak, Anne, Marnik G. Dekimpe und Inge Geyskens (2013), »Retailer Private-Label Margins: The Role of Supplier and Quality-Tier Differentiation,« *Journal of Marketing*, 77 (4), 86–103.

Vahie, Archna und Audhesh Paswan (2006), »Private Label Brand Image: Its Relationship with Store Image and National Brand,« *International Journal of Retail & Distribution Management*, 34 (1), 67–84.

Veloutsou, Cleopatra, Evangelos Gioulistanis und Luiz Moutinho (2004), »Own Labels Choice Criteria and Perceived Characteristics in Greece and Scotland: Factors Influencing the Willingness to Buy,« *Journal of Product & Brand Management*, 13 (4), 228–41.

Völckner, Franziska und Henrik Sattler (2013), *Markenpolitik*. 3. Aufl.. Stuttgart et al.: Kohlhammer.

Wilkes, Robert E. und Humberto Valencia (1985), »A Note on Generic Purchaser Generalizations and Subcultural Variations,« *Journal of Marketing*, 49 (3), 114–20.

Zielke, Stephan und Thomas Dobbelstein (2007), »Customers' Willingness to Purchase New Store Brands,« *Journal of Product & Brand Management*, 16 (2), 112–21.

Kapitel 5: Händlermarkenpositionierung und vertikale Wertschöpfung

von Josef Sanktjohanser

1. Veränderungen des klassischen Handels und die Auswirkungen auf die Vertikalisierung

Die klassischen Branchengrenzen im Handel verlieren an Bedeutung, da immer mehr Nicht-Händler aus anderen Wirtschaftsbereichen Ware an die Endverbraucher verkaufen. Ein Beispiel für die fundamentale Veränderung im Handelsumfeld ist Amazon, aus gesamtwirtschaftlicher Sicht eher ein Technologieunternehmen, das mit den Möglichkeiten der Digitalisierung und dem Internet weltweit die klassischen Handelsfunktionen in einer anderen Ordnung und in neuen Prozessen ausübt. Zunehmend beschränken sich Teilnehmer der Wertschöpfungskette in ihrer Geschäftstätigkeit nicht mehr allein auf ihre angestammten Funktionen. Vor allem Hersteller gehen den Weg der Vorwärtsintegration zum Endverbraucher mittels eigener Stores oder E-Commerce und Logistikunternehmen suchen mit ihrer Distributions-Expertise den unmittelbaren Weg zum Kunden.

Neben der Vorwärtsintegration der Vorstufenakteure, wie z.B. Erzeuger, Hersteller und Logistiker gibt es auf der Händlerseite gleichermaßen den Trend vielfältiger Formen von Rückwärtsintegration. Es findet eine beachtliche Vertikalisierung statt, in der der Handel Vorstufenleistungen aus Logistik, Produktmarketing und Produktion bis hin zur Erzeugung steuert und kontrolliert. Es entstehen innovative Kooperationsformen und teilweise oder vollständige Eigenproduktionen der Handelsunternehmen. Neben der zunehmenden Unschärfe der klassischen Branchengrenzen und der Endbündelung der Handelsfunktionen hat der Handel als Marke einen starken Bedeutungszuwachs als strategischer Erfolgsfaktor gewonnen. Diese Entwicklung nahm bereits in den 1960er Jahren spürbar mit den Erfolgen von Aldi und C&A sowie im Zeitablauf mit weiteren marktbedeutenden Retail Brands wie Ikea, H&M und Obi ihren Anfang. Mit der hohen Wettbewerbsintensität, den gesättigten Märkten, der vermehrten Austauschbarkeit von Sortimenten und dem sinkenden Wettbewerbspotenzial erhielt die Händlermarke als Differenzierungsmerkmal entscheidendes Gewicht. Dieses Buchkapitel widmet sich den Ursache-Wirkungs-Zusammenhängen und soll Antworten auf die Frage geben, wie sich Händlermarkenpositionierung und vertikale Wertschöpfung wechselseitig bedingen.

1.1   Der Handel als Marke

Der Grundgedanke des Handels als Marke oder Retail Branding basiert auf der Theorie der klassischen Markenführung, die bislang meist ihre Anwendung in der Konsumgüterindustrie fand. Bestes Beispiel ist Coca Cola, die 2012 mit geschätzten 77,84 Mrd. US-Dollar die wertvollste globale Marke war (Interbrand 2012). Durch die Dienstleistungscharakteristika der Handelsleistung zeichnet sich die Markenführung einer Vertriebsmarke im Vergleich zur Produktmarke durch deutlich höhere Komplexität aus. Diese beruht auf der hohen Zahl von Verkaufsstellen mit oft unterschiedlichen Sortimenten und Ladendesigns sowie der enormen Interaktion zwischen vielen Mitarbeitern und heterogenen Kundencharakteren (Zentes und Morschett 2005). Vor dem Hintergrund der gesättigten Marktsituation im Einzelhandel wurde die Händlermarke zu einem herausragenden Differenzierungsmerkmal im Wettbewerb. Die stärkere Hinwendung der Handelsunternehmen zum Kunden hat die Markenführung, das Retail Brand Management, zu einem festen Bestandteil der Unternehmensführung werden lassen.

Die Marke im klassischen Sinne, ist ein physisches Kennzeichen für die Herkunft eines Produktes oder einer Dienstleistung. Sie ist das Ergebnis einer Vielzahl von langfristigen Marketingmaßnahmen und der sich daraus ergebenden Erfahrungen für den Kunden. Die vorgenommene Markierung führt zur Unterscheidung von Wettbewerbsangeboten und wird durch tangible Elemente wie Name, Logo und Design sowie einen aussagekräftigen Claim unterstützt. Neben der grundlegenden Funktion als Differenzierungsmerkmal gegenüber Wettbewerbern besteht die Marke zusätzlich aus intangiblen Elementen. Aus Konsumentensicht zeichnet sich eine starke Marke als Orientierungshilfe aus und signalisiert Qualität. Ein emotionaler Zusatzreiz wird durch die Selbstdarstellungsmöglichkeit des Konsumenten geschaffen (Meffert, Burmann und Koers 2005).

Aus Sicht des Markenführers differenziert die Marke im Wettbewerb von nahezu homogenen Produkten, Sortimenten und Dienstleistungen. Die Signalisierung der Güte des Angebotes führt zur Reduzierung der Qualitätsunsicherheit beim Kunden und dadurch zur Profilierung gegenüber Wettbewerbern. Die erzielte Kundenloyalität erhöht den Preis- und damit den Wertschöpfungsspielraum und bildet die Basis zur Erweiterung der Angebotspalette unter der gleichen Marke. Basierend auf dem Markenartikelkonzept wird die Markierung eines Produktes auf Einzelhandelsunternehmen übertragen. »Dabei sind die Verkaufsstellen die Produkte des Handels« (Morschett 2012, S. 442).

»Eine Retail Brand bezeichnet eine Verkaufsstelle eines Handelsunternehmens, die mit Markenzeichen versehen ist, oder eine Gruppe von Verkaufsstellen eines Handelsunternehmens, die mit einem einheitlichen Markenzeichen versehen sind. Ein wesensmäßiger Bestandteil ist im Erfolg – im Sinne der Anerkennung durch den Konsumenten – zu sehen.« (Zentes und Morschett 2005, S. 1141–1155).

Als Synonyme zur Retail Brand werden auch die Begriffe Händlermarke, Vertriebsmarke und Betriebstypenmarke verwendet. Davon streng zu unterscheiden sind Handels- oder Eigenmarken, auch Private Label genannt, die die Produkte oder Sortimente bezeichnen, deren Marken sich im Eigentum der Handelsunternehmen befinden.

Das Konzept des Retail Branding, die Markenpolitik eines Einzelhandelsunternehmens, ist auf den Kunden ausgerichtet und zielt dabei auf die Markierung der Verkaufsstellen ab. Die Betriebstypenmarke wird dabei in ein vielschichtiges Markensystem eingebettet. Dieses unterteilt man in zwei Grundtypen der Markenstrategie. Bei einer Dachmarkenstrategie werden alle strategischen Geschäftseinheiten einheitlich benannt oder zumindest ihre Verbindung zueinander deutlich gemacht. Das Einzelhandelsunternehmen Coop Schweiz ist ein Beispiel für eine Dachmarkenstrategie, da es in enger Verbundenheit zu seinen Retail Brands Coop Supermarkt, Coop City, Coop Pronto, Coop@home, Coop Vitality Apotheke, Coop Bau + Hobby und als Multilabel ITS Coop Travel steht. Bei einer Einzelmarkenstrategie, die entweder innerhalb einer Markenfamilie oder unter einer Mono-Unternehmensmarke (z. B. Fressnapf, dm drogeriemarkt) geführt wird, tritt jede Marke ohne oder nur in geringer Verbindung zur Dachmarke auf. Jede Händlermarke ist dabei markentechnisch klar von den anderen getrennt. Die Rewe Group mit den Marken Rewe, Penny, toom, ProMarkt, Billa und Bipa ist ein Beispiel für die Einzelmarkenstrategie der Retail Brands, bei der die Dachmarke in den Hintergrund rückt. Dennoch erfolgt eine Verknüpfung von Leistungen, mit denen allgemeine Imagetransfers als Ziel von Dachmarkenstrategien erzeugt werden (Morschett 2012, S. 447–50). Alle Markenebenen werden jedoch in einem konsistenten und konstanten Zielsystem vereint, mit dem der Markenwert zum Unternehmenserfolg bewirkt wird. Dieser wurde in der Vergangenheit häufig in Marktanteilen gemessen. Heute sind langfristige Ertragsfähigkeit, Qualitätsführerschaft oder Kundenwahrnehmung als Ergebnis des Instore- und Outstore-Marketings anerkannte Kriterien als Beitrag zum Gesamtunternehmenserfolg und damit zur Wertschöpfung. Neue Ansätze von intelligenten Sortiments- und Preisstrategien, Kundensegmentierung oder sinnvolle Kundenbindungsmaßnahmen dienen dem Handel dazu als geeignete Einzelziele. Das Alleinstellungsmerkmal manifestiert sich im Handel dabei in einer eigenständigen Warengruppenpolitik und Sortimentsarchitektur, bestehend aus Hersteller- und Handelsmarken sowie in unterschiedlichen Einkaufsstätteneigenschaften, die zu einer Einkaufsstättenidentität der Retail Brand führen (Morschett 2002, S. 193–196). Im Sinne der Markentheorie soll diese Identität symbolhaft für das einzigartige Leistungsversprechen stehen und auf diese Weise zu einer Profilierung beim Konsumenten und zur Distanz gegenüber der Konkurrenz beitragen. Mit der daraus entwickelten Positionierung werden in der Psyche der Konsumenten fest verankerte Assoziationen und somit eine Konstanz bezüglich wahrgenommener Sortimentsleistung und Einkaufsstättenmerkmale erreicht (Schmid 1996, S. 30). Anlehnend an die klassische Markenstrategie sind die Entscheidungsfelder des Retail Branding grundsätzlich identisch und beinhalten die folgenden Fragen:

- *Was wollen wir als Unternehmen vermitteln?*
- *Wen wollen wir mit unserer Marke erreichen?*
- *Wie viel wollen wir in welcher Zeit erreichen?*
- *Wer soll es umsetzen?*

Die Beantwortung dieser Fragen findet insbesondere im Category Management (CM) statt. Mit dem Instrumentenmix von Tiefe, Breite und Preisstellung des Warenangebotes, Personal, Service, Instore- und Outstore-Marketing sowie der klassischen Kommunikationspolitik werden die Markenbekanntheit und -identität, das Markenimage und schließlich der Markenwert geschaffen (Sanktjohanser 2011).

1.2 Markeneigene Wertschöpfung durch Vertikalisierung

Die markeneigene Wertschöpfung ist Treiber der Vertikalisierung. Es ist Ziel aller Aktivitäten das Vertrauen in die Händlermarke aufzubauen, sie zu stärken, Markenidentität zu schaffen und die Kundenloyalität zu steigern. Je mehr Handelsunternehmen die Strukturen und Prozesse in den Vorstufen beherrschen, umso stärker kontrollieren und erweitern sie die markeneigene Wertschöpfung.

Vertikalisierungsentscheidungen finden grundsätzlich zwischen den beiden Polen der vollständigen Integration *(Make)* versus Nutzung von Markttransaktionen *(Buy)* statt (Porter 1999, S. 380). Laut Koch (2006, S. 8) liegt eine vertikale Integration vor, »wenn zwei oder mehrere Wertschöpfungsstufen, oder Teilfunktionen davon, gemeinsam gemanagt werden und insofern eine unternehmerische Einheit bilden«.

Aus dem Verständnis moderner Vertriebsmarkenführung ergeben sich unmittelbare Auswirkungen auf die Strukturen und Prozesse im Category Management (CM). Das CM ist der entscheidende Bereich in der Marketingorganisation und daher im Zusammenhang mit der Vertikalisierungsdiskussion von besonderem Interesse (Schröder 2012, S. 527–41; von Thaden und Holzberg 2013). Traditionell sind Handelsunternehmen sowohl absatzgetrieben als auch einkaufsgetrieben. Im Ursprung sind zahlreiche Verbundgruppen als Einkaufskooperationen gegründet worden. In Deutschland und Europa haben beispielhaft die Genossenschaftsorganisationen Rewe, Edeka, Intersport, Coop und Migros in der Schweiz sowie Leclerc und Intermarché in Frankreich Marktbedeutung erlangt.

Aufgrund der Dominanz der Markenartikelindustrie entwickelten sich das heutige Verständnis von CM und die Bedeutung des Retail Branding erst in den letzten 20 Jahren. Das Wesen des CM im Verhältnis zum früheren Unternehmensbereich Einkauf besteht darin, dass die Entscheidungen über die Sortiments- und Preispolitik, die Werbung und Verkaufsförderung sowie Regalplatzierung im Sinne des strategischen

Gesamtkonzeptes in einem ganzheitlichen Prozess abgestimmt werden. Die Marketing- und Beschaffungsstrategien sind dabei ein elementarer Kern dieses Managementprozesses und schließen die Aufgaben und Maßnahmen der Vertikalisierung ein. Alle unternehmenseigenen Aktivitäten im Rahmen der Rückwärtsintegration sind feste Bestandteile des CM und somit auch der Marketingpolitik. Beispiele liefern große Lebensmittelhandelsunternehmen, die bei den generischen Warengruppen Fleisch und Wurst sowie Brot und Backwaren, mehrheitlich eigene Produktionsstätten unterhalten. Weitere strategische Investitionen werden derzeit in Schokoladenfabriken und eigene Mineralbrunnen getätigt. Die Motive liegen sowohl in der Markenführung als auch im Streben nach autonomer Versorgungssicherheit und der Ausschöpfung der Lieferanten- oder Vorstufenrenten (▶ Abschn. 2). Die eigenen Produktionsstätten ermöglichen die eigenständige Ausweitung der Handelsmarkensortimente im Fast Moving Consumer Goods (FMCG)-Bereich. Sowohl Rewe mit der Namensgleichheit von Vertriebs- und Eigenmarke als auch die Handelsmarke Balea von dm drogeriemarkt zeigen die Wertschöpfungskraft und Treiberfunktion auf die Marke.

Bei Agrarprodukten findet ebenfalls eine starke Vertikalisierung statt. Durch zunehmend exklusive Vereinbarungen in der gesamten Wertschöpfungskette bis zum Erzeuger und Saatguthersteller werden Spezifikationen der Produkte, Liefermengen und Lieferzeitpunkte sowie Preiskonditionen festgelegt. Neben dem Aspekt der Liefersicherheit zielen diese sogenannten Vertragsanbauverfahren auf die Einhaltung von Qualitätsstandards wie z.B. Beschaffenheit, Reifegrad und Kalibrierung. Zusätzlich regeln diese verbindlich den Einsatz von Gentechnik und Pflanzenschutzmitteln auf der landwirtschaftlichen Erzeugerstufe und enthalten Vorschriften zur Erfüllung ökologischer und sozialverträglicher Anforderungen. Dabei wird der Aspekt des moralisch-ethischen Konsums ebenfalls wichtiger. Aktuelle Beispiele zeigen, dass nicht nur bei Lebensmitteln, sondern auch bei der Herstellung und dem Vertrieb von Textilien und Baumarktsortimenten die Arbeits- und Entgeltbedingungen in Fabriken sowie die ökologischen Vorgaben in der Agrarwirtschaft (u.a. Baumwollanbau, Palmölgewinnung, Tierwohl) aus Kundensicht immer mehr Beachtung finden. Unter diesen Nachhaltigkeits- und Compliance-Aspekten treiben Handelsunternehmen die Vertikalisierung deutlich voran, um Imageschäden auf ihre Retail Brand zu vermeiden.

Industrie- und Erzeugervorstufen betrachten die Vertikalisierungspolitik des Handels aus zwei Gründen kritisch. Zum einen führte die hohe Konzentration auf der Beschaffungsseite zu einer behaupteten oligopolistischen Nachfragemacht des Handels, zum anderen wird die Herstellerseite zusätzlich durch die fortschreitende Ausweitung der Eigenmarkensortimente bedrängt. Beide Wirkungen auf die Kräfteverhältnisse innerhalb der Wertschöpfungskette und Marktstrukturen werden im nationalen und europäischen politischen Raum öffentlich diskutiert. Es ist erklärte Zielsetzung von Teilen der Politik und des Lobbyings der Industrie und Erzeuger, der vermeintlichen Nachfragemacht durch Änderungen im Wettbewerbsrecht entgegenzutreten und Eingriffe in die Wettbewerbs- und Vertragsfreiheit z.B. in Form von Eigenmarkenverboten und Konditionsvorschriften per Gesetz zu ermöglichen. In diesem Zusammenhang finden Diskussionen über die Regeln der Preisfindung in Vertikalkooperationen mit den nationalen und europäischen Kartellbehörden statt (▶ Abschn. 2.2).

2.   Die Herausforderungen der vertikalen Integration

Trifft ein Handelsunternehmen Vertikalisierungsentscheidungen, entstehen zusätzliche Herausforderungen an das Management, die Organisation und die Ressourcen. Es gilt, den optimalen Grad der vertikalen Integration, also die Integrationstiefe und -intensität und die Ausgestaltung von Übergangszuständen bzw. Formen der Zusammenarbeit in der Wertschöpfungskette zu finden.

Abbildung 5.1 zeigt die am häufigsten auftretenden Formen von Rückwärtsintegration je nach Grad der Vertikalisierung (Integrationstiefe) und Kontrolle über die Wertschöpfung (Integrationsintensität). Die Produktionsstätten im 100-prozentigen Eigenbesitz stellen die höchste Stufe von Vertikalisierung dar, während Kapitalbeteiligungen je nach Beteiligungshöhe sowie Umfang und Qualität gesellschaftsvertraglicher Mitwirkungsrechte nur eine eingeschränkte Einflussnahme auf die Produktion ermöglichen.

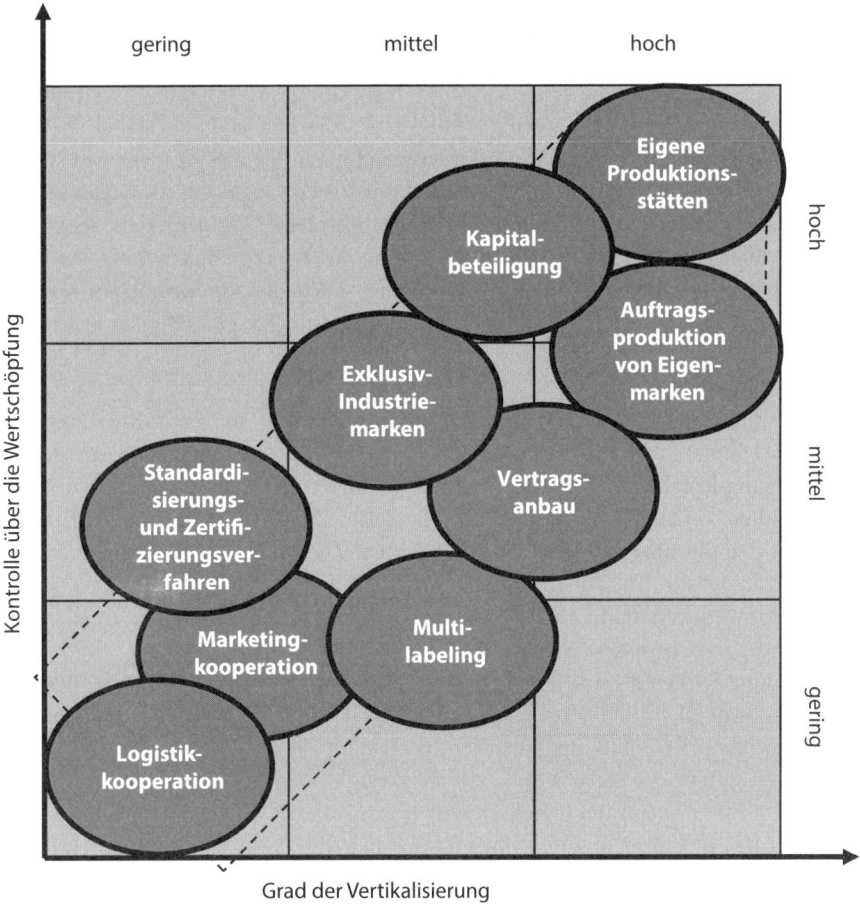

Abb. 5.1: Grad der Vertikalisierung

Auf den unteren Stufen stehen Logistikkooperationen, z. B. mit gemeinsamen Supply-Chain-Projekten oder Marketingkooperationen, z. B. mit Multilabeling, bei dem die Produkte sowohl mit der Markierung des Herstellers als auch der des Händlers versehen sind. Vertragsanbau, Exklusiv-Industriemarken und Auftragsproduktion für Eigenmarken ermöglichen den Handelsunternehmen deutlich größere Gestaltungsspielräume im Hinblick auf die Spezifikation ihres Warenangebotes. Standardisierungs- und Zertifizierungsverfahren sind i. d. R. kollektive auf einzelne Handelsbranchen bezogene Vertikalisierungsinstrumente (▶ Abschn. 2.2).

Eine vertikale Integration liegt vor, wenn der gemeinsame Gewinn der Stufen Ansatzpunkt von unternehmerisch strategischem Handeln ist. Dabei ist entscheidend, dass zwei oder mehrere Wertschöpfungsstufen – oder Teile davon – gemeinsam gemanagt werden. Diese erfordert eine einheitliche Prozess-Eigentümerstruktur, setzt jedoch keine gesellschaftsrechtliche Integration voraus (Koch 2006, S. 8–11). Porter identifiziert grundsätzlich zwei Treiber bzw. Aspekte für vertikale Integrationsentscheidungen. In erster Linie lassen sich Unternehmen von der »finanziellen Kalkulation« (Porter 1999, S. 380) leiten. Bei dieser unmittelbaren ökonomischen Betrachtung wird die zu erwartende Kosteneinsparung geschätzt und mit den Investitionen verglichen. Die grundsätzliche Frage zwischen Integration *(Make)* und Markttransaktion *(Buy)* liefert das zweite Motiv für die Vertikalisierung und geht dabei über die Analyse der Kosten und Investitionserfordernisse hinaus. Sie betrifft mehr den strategischen Entscheidungsrahmen mit den indirekten Auswirkungen auf die Organisation, die Porter wegen der »äußerst komplizierten administrativen Probleme« als vielschichtig bezeichnet (Porter 1999, S. 380). Zur Findung des zweckmäßigen vertikalen Integrationsgrades müssen neben den ökonomischen auch die administrativen Kosten-Nutzen-Abwägungen getroffen werden. Diese wiederum hängen sehr stark von der Branche sowie der strategischen Ausrichtung und aktuellen Marktposition des jeweiligen Handelsunternehmens ab.

Im Rahmen der Diskussion über Rückwärtsintegration als Vertikalisierungsstrategie des Handels tritt mit den Anforderungen an die Markenführung ein drittes Entscheidungskriterium hinzu. Die Differenzierungsstrategie als Bestandteil des Retail Branding verlangt den Ausbau der Handelsmarkensortimente und erklärt die Dynamik der Eigenmarken. Dies bestätigt Porters These, dass ein Unternehmen mit Rückwärtsintegration die Differenzierung vertiefen kann und sich mit wichtigen Inputs Voraussetzungen verschafft, um das Produkt wirklich besser zu differenzieren oder dies glaubwürdig zu behaupten (Porter 1999, S. 400).

Abbildung 5.1 liefert keine festen Formeln, eher eine Orientierungshilfe zur Bestimmung des optimalen Vertikalisierungsgrades. Porter nennt in diesem Zusammenhang die Möglichkeit der Politik der partiellen Integration (Porter 1999, S. 402, »Eigenherstellung eines Teils des Bedarfs und externer Bezug des restlichen Sortiments«). Auch könnten darüber hinaus bei teilweiser Kostenvermeidung Vorteile der Integration genutzt werden, indem man »Quasi-Integration« betreibt. Diese kann z. B. durch Kapitalbeteiligungen oder durch sonstige Kooperationen mit vertikal angelagerten Unternehmen erfolgen, ohne volles Eigentum an ihnen zu erwerben (Porter 1999, S. 380–381, S. 401–404).

2.1   Markenpolitische und betriebswirtschaftliche Aspekte

Durch die Ausweitung von Eigenmarken und die Einbettung in die Sortimentsarchitektur hat das CM für die Händlerpositionierung einen erheblichen Bedeutungszuwachs erlangt (Müller-Hagedorn, Toporowski und Zielke 2012, S.581; Biehl 2013; Meffert 2013). Hierin liegen die Kernherausforderungen der Markenführung, indem die interne Leistung in Zukunft immer wichtiger wird. Als Gründe nennen die Best-Practice Unternehmen das größere Wissen über Customer-Insights auf Händlerseite, die Uniformierungstendenzen der Einzelhandelssortimente und die Tatsache, dass Hersteller zunehmend gleiche Technologien verwenden und damit an Differenzierung verlieren. Im Sinne von Category Leadership treffen Händler vermehrt langfristige Vereinbarungen zur Liefersicherheit und über exklusive Garantien für Produktspezifikationen wie Funktionalität, Qualität und Ausstattung. Gerade das Kundenwissen, übersetzt in die Eigenmarkenpolitik, führt zu einer Kontrolle und Steuerung von großen Teilen des Warenangebotes, die dadurch auf die Händlermarke einzahlen und Markenvertrauen, Markenidentität und Markenwert schaffen. Die Herausforderung, die optimale Balance zwischen Handels- und Herstellermarken unter Positionierungsgesichtspunkten zu finden, unterliegt der Abwägung von Chancen und Risiken folgender Gegensatzpaare:

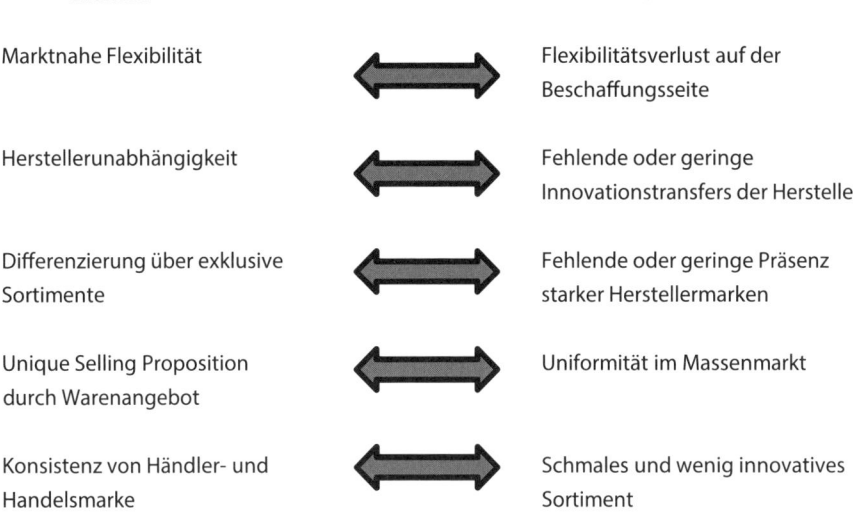

Chancen	Risiken
Marktnahe Flexibilität	Flexibilitätsverlust auf der Beschaffungsseite
Herstellerunabhängigkeit	Fehlende oder geringe Innovationstransfers der Hersteller
Differenzierung über exklusive Sortimente	Fehlende oder geringe Präsenz starker Herstellermarken
Unique Selling Proposition durch Warenangebot	Uniformität im Massenmarkt
Konsistenz von Händler- und Handelsmarke	Schmales und wenig innovatives Sortiment

Abb. 5.2: Chancen-Risiken Abwägung unter Markenführungsaspekten

Abbildung 5.2 vermittelt das Spannungsfeld, in dem sich Make or Buy bewegen. Flexibilitätsaspekte sind dabei genauso bedeutend wie Exklusivität (USP) des Warenangebotes und die Differenzierungsmöglichkeiten im Wettbewerb. Multilabelhändler z.B. sehen die Innovationskraft von Markenartiklern als unabdingbar, halten es sogar für vermessen, dass Händler selbst die Produktleistung erbringen können und setzen daher vermehrt auf die Expertise der Herstellerseite. Unter diesem Aspekt tritt das Streben nach Herstellerunabhängigkeit eindeutig in den Hintergrund.

Generell treffen Unternehmen ihre Vertikalisierungsentscheidungen nach Intensität, Tiefe und Umfang zwischen den oben genannten Polen. Sie lassen sich dabei von ihrer aktuellen Händlermarkenpositionierung, zukünftigen Ausrichtung, ihren vorhandenen Ressourcen und ihrer Expertise über die vorgelagerten Wertschöpfungsstufen sowie der Tradition, Führungskultur und Unternehmensphilosophie leiten.

Die in Abschnitt 3 beschriebenen Best-Practice Unternehmen und Einzelbeispiele verdeutlichen auf unterschiedliche Weise, dass der Handel Vertikalkooperationen und die Rückwärtsintegration forciert und dabei methodisch und praktisch zahlreiche Kombinationen und Varianten anwendet. Auffällig ist dabei deren Bekenntnis und die Überzeugung, durch Vertikalisierung die eigene Vertriebsmarke stärker zu differenzieren und die Positionierung im Wettbewerbsumfeld zu verbessern. Dabei gilt es gleichzeitig, Gewinnmargen der Produzenten und Erzeuger für die eigene Erfolgsbilanz zu realisieren.

Die kardinale Fragestellung lautet: Welche finanziellen Vorteile kann man als Einzelhändler durch teilweise oder vollständige Integration im Sinne der Abschöpfung der Lieferantenrente erzielen?

Chancen	Risiken
1. Steigerung der Prozesseffizienz	**1. Administrative Komplexität**
▪ Time-to-Market (Schnittstellen, Informationsfluss)	**2. Investitionsbedarf**
▪ Kosteneffizienz (Sortimentsplanung, Bestandsmanagement, Qualitätssicherung)	▪ Aufbau von Produktions-Know-how (HR, Systeme, Prozesse)
▪ Kosteneinsparung durch Funktionsbündelung von Kreation und Logistik	▪ Fabriken und Ausstattung
2. Verbesserung der Preisrealisierung	**3. Operative Risiken**
▪ Vereinnahmung der Vorstufenmargen	▪ Standortauswahl
▪ Preispositionierung in der Sortimentsarchitektur	▪ Facilitymanagement und Bewirtschaftung
	▪ Produktionsmanagement
3. Bessere Koordination am Point of Sale	**4. Strategische Risiken**
▪ Regalplatzoptimierung	▪ Interner Anpassungsbedarf (Prozesse, Systeme)
▪ Kontrolle und Steuerung von Verkauf und Service (Restanten, Promotion)	▪ Existenzgefährdung bei Nichterreichen oder Wegfall der kritischen Masse (Remanenzkosten)
	▪ Klumpenrisiko der gesamten Wertschöpfungskette

Abb. 5.3: Chancen-Risiko-Abwägung unter betriebswirtschaftlichen Aspekten

Abbildung 5.3 zeigt im Einzelnen das Chance-Risiko-Potenzial im Rahmen von Verti-kalisierungsentscheidungen. Insbesondere durch Prozesskostenoptimierung bei Infor-mationstransfers, Kundenkommunikation, Sortimentsplanung, Bestandsmanagement und Qualitätssicherung wird unmittelbar Nutzen generiert. Ebenso werden Kos-teneinsparungen durch Funktionsbündelung von Kreation und Logistik erzielt. Die Vereinnahmung von Vorstufenmargen ist für Händler i. d. R. eine sichere und transpa-rent errechenbare Größe. Auf der Risikoseite sehen viele Händler einen Verlust von Fle-xibilität durch eine wachsende und nicht beherrschbare Komplexität. Dagegen sind der Investitionsbedarf und die operativen Risiken mit geeigneten Instrumenten des Con-trollings und Rechnungswesens vergleichsweise einfacher zu kalkulieren. Existentielle Bedeutung können strategische Risiken aus erheblichen Marktveränderungen erlangen. So drohen u. U. hohe Remanenzkosten aus der Stilllegung von nicht mehr notwendi-gen Produktionskapazitäten. Desweiteren können insbesondere bei einer vollständigen Rückwärtsintegration Klumpenrisiken entstehen, indem durch den Wegfall der jewei-ligen Verantwortung auf der Erzeuger-, Lieferanten- und Herstellerstufe alle Gefahren der Wertschöpfungskette ausschließlich beim Händler kumulieren (▶ Abschn. 2.2).

Anhand der Praxisbeispiele wird in Abschnitt 3 veranschaulicht, zu welchen Lösungen die Handelsunternehmen unter der Vielzahl von Bestimmungsfaktoren und Motiven bei Vertikalisierungsentscheidungen kommen oder gekommen sind. Konsequente Ver-triebsmarkenführung, Nutzung von Marktopportunitäten, Anwendung betriebswirt-schaftlicher Instrumente und gründliches kaufmännisches Rechnen dienen dabei als Voraussetzungen.

2.2 Wirtschaftspolitische und wettbewerbsrechtliche Implikationen

Das Thema der Nachfragemacht des Handels ist in der öffentlichen und politischen Diskussion hochaktuell. Damit verbunden sind die wettbewerbspolitisch bedenkli-chen Konzentrationen sowohl auf der Absatz- wie auf der Beschaffungsseite und der wettbewerbsrechtlich verbotene Machtmissbrauch (Müller-Hagedorn, Toporowski und Zielke, S. 216–221). In diesem Zusammenhang werden staatliche Eingriffe oder Selbstverpflichtungen gefordert, die tendenziell die Vertragsfreiheit der Akteure regle-mentieren. In 2010 fanden Kartellamtsinterventionen bei zahlreichen großen Händ-lern und Herstellern des FMCG-Bereiches statt, die eine breite öffentliche Auseinan-dersetzung zwischen der Spitzenbehörde, der beteiligten Wirtschaft, ihren Verbänden, der Politik und Wissenschaft sowie der Fach- und Wirtschaftspresse über das Verbot der vertikalen Preisabsprachen auslöste (Bünder 2010). Im Kern geht es in dieser Dis-kussion um die behördliche Verfolgung von Rechtsgrundsätzen nach den nationalen und europäischen Kartellgesetzen einerseits sowie andererseits wegen der Effizienzge-winne um die ökonomisch gebotenen Handlungsspielräume bei Vertikalkooperationen zur Marken- und Preispflege (Ahlert et al. 2012; Haucap 2012; Sanktjohanser 2012; Zentes 2012, S. 735–746). Beide Themenkomplexe stellen die Marktteilnehmer, wie auch die nationale und europäische Politik einschließlich ihrer Wettbewerbsbehörden vor großen Herausforderungen. Während das Thema Nachfragemacht insbesondere dem Handel restriktiv begegnet, betrifft die Frage der vertikalen Preiskommunikation alle Teilnehmer der Wertschöpfungskette in einer weitgehend gleichen Interessensausrichtung. Die Preisbildung ist damit ein elementarer Bestandteil der Vertikalkooperation. Aus den Gründen der restriktiven Kartellamtspraxis, dokumentiert in der Handreichung vom April 2010, und der Risikoprävention ist bei allen Marktteilnehmern eine größere Zurückhaltung und eingeschränktere Bereitschaft zu Kooperationen spürbar (Bundeskartellamt 2010). Dies beschleunigt die Vertikal-Konzentrationen sowohl die der Vorwärtsintegration bei Herstellern, wie auch der Rückwärtsintegration bei Händlern. Darüber hinaus werden horizontale Konzentrationstendenzen auf Herstellerseite schon längst als Folge vermeintlicher Nachfragemacht des Handels festgestellt (Bundeskartellamt 2011). Es wird die empirisch nicht belegte These vertreten, dass Zusammenschlüsse oder Übernahmen von Herstellerunternehmen ursächlich aus der oligopolistischen Nachfragestruktur der Handelsseite resultieren. Tatsächlich ist anzunehmen, dass der Wettbewerbsdruck der Hersteller untereinander Haupttreiber für Horizontal-Konzentrationen sein dürfte.

Es ist zu beobachten, dass die beiden Themenkomplexe, Nachfragemacht und vertikale Preisabsprachen zunehmend ineinander fließen. Im Zuge der Diskussion um unzulässige Ausnutzung von Marktmacht, die traditionell von der Industrie und den Erzeugern angeführt wird, wird v. a. auf europäischer Ebene sogar ein Eigenmarkenverbot verfolgt (Handelsverband Deutschland 2011; Europäische Kommission 2012). Der offensichtliche Verstoß eines solchen gesetzgeberischen Vorhabens gegen die Gebote der Wettbewerbs- und Vertragsfreiheit hält jedoch die europäischen Institutionen Rat, Parlament und Kommission nicht davon ab, gesetzgeberisch äußerst aktiv zu bleiben. Zusätzlich unterstützen namhafte Nicht-Regierungsorganisationen (NGOs) die öffentliche handelskritische Debatte, in der der Handel weltweit wegen scharfer Preisverhandlungen für ökologische Zerstörung und unmenschliche Arbeitsverhältnisse hauptverantwortlich gemacht wird (Oxfam 2008). Aktuell beschäftigt sich die europäische Kommission mit der Durchsetzung einer freiwilligen Selbstverpflichtung für faire Handelspraktiken (Europäische Kommission 2012; Leoprechting 2012; LZ 20/2013); ein Projekt, das in seiner Stoßrichtung Erzeuger und Hersteller vor vermeintlich unlauteren zu harten Konditionsverhandlungen schützen soll. Die großen nationalen und internationalen Handelsverbände stehen diesen Bestrebungen distanziert bis ablehnend gegenüber, solange keine Ausgewogenheit zwischen allen Marktteilnehmern gewährleistet wird und damit keine zusätzlichen reglementierenden bürokratischen Eingriffe in die Wirtschaftsprozesse verbunden sind. In diese Richtung gehen auch die Erlasse von Konditionengesetzen und protektionistischen Fiskalgesetzen in einigen Staaten Osteuropas wie Ungarn, Rumänien und Bulgarien. Darin sind Begrenzungen, u. a. von Rabatten, die seitens des Handels gefordert werden, festgelegt. Diese insgesamt handelskritische Politik von offizieller Regierungsseite und zahlreichen NGOs führt zum einen zu den beschriebenen konzentrationsfördernden vertikalen und horizontalen Marktstrukturveränderungen auf allen Stufen; zum anderen zu einem generellen Marktverhalten, das eine Steuerung und Kontrolle in der Wertschöpfungskette von der Erzeugung bis zum Verbraucher als klare Zielsetzung verfolgt. Dies resultiert aus der öffentlichen Meinung, dass der Handel als stufenübergreifender Inverkehrbringer und letzte Instanz zum Kunden immer mehr in die Verantwortung gezogen werden müsste. Im Kontext dieser Entwicklung hat der Handel in den letzten Jahren außerordentlich große Investitionen in Nachhaltigkeitsstrategien getätigt, deren Maßnahmen und Projekte u. a. von Otto, Coop Schweiz, Rewe und Metro in gesonderten Jahresberichten veröffentlicht werden.

Rechtlich besteht eine national und europäisch gültige Stufenverantwortung nach der EU-Basis-Verordnung Nr. 178/2002, d. h. Hersteller, Erzeuger und Händler als Eigenmarkenproduzenten haften für ihre Produkte (Grube 2013). Faktisch und unter Compliance-Gesichtspunkten begegnet der Handel dieser Entwicklung aus dem Bewusstsein, dass zum Schutz der Vertriebsmarke alles unternommen werden muss, nicht Verursacher von Lebensmittelskandalen, Urheber von inhumanen Arbeitsbedingungen und Tierquälerei oder ökologischer Zerstörung zu sein. Im Gegensatz zu diesem eher defensiven oder reaktiven Verhalten führen die Handelsunternehmen ihre Vertriebsmarken unter Nachhaltigkeitsgesichtspunkten, indem sie mit zunehmender Dynamik ihre Warenangebote ausbauen, die den moralisch-ethischen Konsumtrend bedienen. Unbestritten richten die erfolgreichen Handelsunternehmen ihre Vertikalisierungsstrategie nicht zuletzt wegen dieser sich verändernden politischen und gesellschaftlichen Sichtweisen auf das sich daraus entwickelnde neue Kundenverhalten aus. Dazu werden zahlreiche Vertikalisierungsformen angewendet: *Kooperationen in Standardisierungs- und Zertifizierungsverfahren wie International Food Standard (IFS), QS als stufenübergreifendes Qualitätssicherungssystem bei landwirtschaftlichen Produkten in Deutschland und Europa, Business Social Compliance Initiative (BSCI) im internationalen Non-Food-Beschaffungsmarkt Global Reporting Initiative (GRI) zur Dokumentation weltweit anerkannter Standards in der Nachhaltigkeitsberichterstattung, Kapitalbeteiligungen bei Herstellern und Erzeugern, Vertragsanbau, Eigenimport, Auftragsfertigung für Eigenmarken und eigene Fabriken (▶ Abb. 5.1)*.

3.   Best-Practice Beispiele

Es stellt sich die Frage, ob Vertikalisierung eine Verlockung, ein Allheilmittel zur Steigerung der eigenen Wertschöpfung oder gar ein erfolgversprechender Trend ist, dem Unternehmen sich nicht entziehen können? Auffällig überwiegen Publikationen über erfolgreiche Vertikalisierungsstrategien von Herstellern gegenüber denen von Händlern. Überwiegend getrieben wird diese Vorwärtsintegration der Hersteller durch die Krise der klassischen Vertriebsformate, wie den Fachhandel oder der Kaufhäuser, die unbefriedigende POS-Präsenz und durch den steigenden Druck von Handel und Kundenerwartungen (BCG 2005, S. 6–7). Die Möglichkeiten der Digitalisierung und damit der direkte Zugang zum Konsumenten über die Internet-Markenkommunikation und die direkte Distribution sowie das Multi-Channelling haben zahlreiche Herstellerunternehmen veranlasst, in vertikale Strukturen zu investieren. Beispielhaft sind dies im Mode- und Sportbereich Inditex, H&M, Esprit, s.Oliver, Boss, Adidas, Hilfiger, Hermès und LVMH. Bei Herstellern mit besonders erklärungsbedürftigen oder höherwertigen Produkten findet man *u. a.* Marken wie Miele, Apple und Steinway.

Auf Händlerseite stechen die Unternehmen Aldi, C&A, Ikea und Migros als besonders vertikalisiert hervor: Mit Auftragsproduktion, Kapitalbeteiligungen bei Lieferanten, eigenen Produktionsstätten sowie umfangreichem eigenem Know-how entlang der gesamten Wertschöpfungskette von der Produktentwicklung, Produktmarketing bis zum Design. Diese agierten bereits von ihrem Ursprung her mehr kunden- als beschaffungsorientiert, d.h. die Produkte der etablierten Markenartikler in den jeweils relevanten Kategorien dienten mehr als Benchmark für Ausstattung, Qualität und Preispositionierung im Markt.

In diesem Best-Practice Teil sind Unternehmens- und Einzelbeispiele von besonderem Interesse, die die originäre Rückwärtsintegration illustrieren. Mit der Coop Schweiz und Fressnapf werden Handelsunternehmen vorgestellt, die mit höchst unterschiedlicher Herkunft, Alter, Marktumfeld, Führungskultur und Philosophie jeweils eigene Vertikalisierungsstrategien verfolgen.

3.1 Trends der Vertikalisierung

Generell gibt es einen klaren Trend zu mehr Eigenmarken. Die Anteilsentwicklung in den Einzelhandelssortimenten in Europa mit den führenden Ländern Schweiz (53 Prozent), Spanien (49 Prozent), Großbritannien (47 Prozent) und Belgien (39 Prozent) stellt dies unter Beweis (Bruhns 2012, S.550). Die Steigerungszahlen von 2012 mit 4 Prozent im Verhältnis zu 1,4 Prozent bei den Markenartiklern auf einen Anteil von inzwischen 38,8 Prozent bei den Food- und Nearfood-Umsätzen verdeutlichen dies ebenso für Deutschland (Müller-Hagedorn, Toporowski und Zielke 2012, S.581; Metrixlab 2013). Neben der Eigenmarke als Eigenkreation ohne Bezug zur Vertriebsmarke gehen Handelsunternehmen zunehmend zur »Absender-Markierung« über. Aktuelles Beispiel ist das Vertriebsformat Penny der Rewe Group, das analog zum Rewe Supermarkt einen großen Teil des Eigenmarkensortiments als Penny-Produktmarke führt. In gleicher Weise verfahren Edeka und real,- mit ihren Leistungsmarken im mittleren und gehobenen Preissegment.

Gerade in der Mittelpreislage verstärken die großen deutschen Unternehmen nahezu in allen Handelsbranchen ihre Eigenmarkenaktivitäten. Die Differenzierung im Wettbewerb aber auch die in der Mitte zu wenig profilierten und innovativen Hersteller fördern diese Entwicklung. Die Möglichkeiten zur Margensteigerung, also der Abschöpfung der Lieferantenrente, wie auch die direkte Einflussnahme auf die Produktspezifikationen unter Compliance- und Nachhaltigkeits-Gesichtspunkten sind nach Unternehmensangaben die zusätzlichen Treiber. Zu nennen sind vor allem Edeka, Rewe, Kaufland, Tengelmann und real,-, aber auch Bau- und Drogeriemarkt-Unternehmen sowie Textil- und Sportartikel-Multilabel-Händler wie Obi, Bauhaus, Hagebau, toom oder dm und Rossmann, P&C, Intersport und SportScheck. Besondere Phänomene stellen beispielsweise dm mit seinem zeitweiligen Versuch einer Großhandelspartnerschaft für Balea-Eigenmarken und SportScheck mit seiner Allianz für seine Topseller mit Amazon dar. An diesen wird deutlich, wie Handelsunternehmen vermehrt über eine Quasi-Vorwärtsintegration mit einem prominenten E-Commerce-Händler neben der Verfolgung von Absatzzielen, ihre Vertriebsmarken gegenüber dem Kunden stärken wollen.

Die Ausweitungen der Eigenproduktionen bei generischen Produkten wie Fleisch- und Wurst- sowie Brot- und Backwaren wurde bereits erwähnt. Als Ziele der Vertikalisierung durch eigene Fleisch- und Wurstbetriebe werden von den großen Lebensmittelhändlern wie Edeka, Rewe, Coop und Kaufland angeführt: *Sicherstellung der Warenversorgung von Eigenmarken, Sicherstellung der Eigenmarkenqualitäten, Kalkulationstransparenz für den strategischen Einkauf von Fleisch- und Wurstwaren und als strategisches Ziel: ca. 40 Prozent Eigenproduktion mit Blick auf die Erhaltung des Wettbewerbs innerhalb aller Anbieter.*

Im Bereich von Agrarerzeugnissen nennt *Rewe* im Rahmen von Vertragsanbauprojekten und eigenen Beschaffungsgesellschaften in den Ursprungsländern folgende Motive für vermehrte Einflussnahme in die Lieferkette: *Sicherstellung der Warenbeschaffung, Sicherstellung von hohen Bio-Vorgaben, Einhaltung der QS-Standards, Einhaltung von Rückstandshöchstmengen sowie bei Pro Planet Produkten die Gewährleistung definierter Sozialstandards und ökologischer Vorgaben (z. B. Mindestlöhne, Bio-Diversität und Tierschutz).*

Immer mehr Handelsunternehmen sehen Chancen der Vertikalisierung, neben dem unteren Preiseinstiegs- und mittleren Leistungsmarkenbereich, auch im Luxussegment. Das Beispiel von *REWE Feine Welt* verdeutlicht, dass damit sowohl ein Beitrag zur finanziellen Wertschöpfung wie auch die Stärkung der Retail Brand geleistet wird. Die Ausrichtung von *REWE Feine Welt* besteht aus folgenden Pfeilern: *Besondere Herkunft, Manufakturcharakter mit der Bevorzugung kleinerer Herstellerbetriebe mit handwerklicher Produktion, herausragende Qualität im Premium-Segment und Storytelling, d. h. zur besonderen Herkunft erzählt ein Libretto die Produkt-Geschichte, die die Einmaligkeit des Artikels ausmacht.*

Verantwortlich für die Wahrung der Leitplanken und Umsetzungstreue der Grundsatzstrategie ist der CM-Bereichsleiter im Falle von *REWE Feine Welt* zusätzlich in der Funktion als Brandmanager tätig. Über den Bereich Marketing wird die Unterstützung einer Werbeagentur für den Außenauftritt, das Produkt-Layout und die werblichen Details, wie Plakate, Handzettel, TV etc. organisiert. Beim Zuschlag an den jeweiligen Produzenten ist nicht der beste Preis, sondern die Qualität und Liefersicherheit ausschlaggebend. Sobald der Lieferant feststeht, wird dieser sowohl nach eigenen Vorgaben als auch nach Standardisierungssystemen, wie dem Internationalen Food Standard (IFS) auditiert, um eine gleichbleibende Qualität zu gewährleisten. In regelmäßigen Abständen wird das Sortiment, bestehend aus Hersteller- und Eigenmarke durch Category Manager in einer Kategorie-Basis-Analyse (KBA) überprüft. Auch *REWE Feine Welt* wird laufend bearbeitet; weniger verkaufte Artikel werden ausgelistet und neue Produkte eingeführt.

Diese generelle Ausrichtung zusätzlich zur Vertriebsmarkenstärkung höhere Margen in den selbst kreierten Premium-Sortimenten zu erzielen, folgt dem Ziel gerade mit den High-End-Produkten aus der Preis-Vergleichbarkeit zu rücken. Dies zeigen auch die ausgewählten Best-Practice Unternehmen Coop Schweiz und Fressnapf.

3.2 Coop Schweiz

Die Coop Schweiz hat sich in den beiden letzten Jahrzehnten mit einem Umsatz von über 23 Mrd. Euro und 75 309 Mitarbeitern zu einem bedeutenden europäischen

Handelsunternehmen entwickelt (Coop 2012). Wie der Konkurrent *Migros* steht die *Coop* als Schweizer Genossenschaft in der Tradition, schon frühzeitig durch eigene Produktionsstätten und vielfältige Kooperationen Vertikalisierung zu betreiben. Die eigene Produktion repräsentiert bereits über 10 Prozent des Gesamtumsatzes und umfasst folgende Warenbereiche: *Fleisch- und Wurstwaren mit eigenem Schlachtbetrieb, Brot- und Backwaren, Torten und Patisserie, Getreide (mit der größten Mühle in der Schweiz), Schokolade, Confiserie und Festtagssortimente, Frisch-Convenience-Sortimente, Teigwaren, Fertigmenüs und Suppen, Kosmetika, Naturkosmetika, Körperpflegeprodukte, ökologische Reinigungsmittel, Reissorten aus aller Welt, Reismischungen und Fertigmenüs, Essig und Essig-Spezialitäten, Gewürze, Kräuter, Nusskerne, Trockenfrüchte, Speiseöle und Zucker, Mineralwässer und Softdrinks, Pflege, Ausbau und Abfüllen von Weinen aus der ganzen Welt und Bananenreiferei inkl. Exotenfrüchte.*

Neben der stetigen Ausweitung der Eigenproduktionen mit teilweisen oder vollständigen Kapitalbeteiligungen setzt die Coop zusätzlich auf Kooperationen mit Partnern in den Vorstufen. Beispiele dazu sind: *Weight Watchers exklusiv für die Schweiz, Multilabeling Coop-Unilever/Knorr, Marke Schär für glutenfreie Produkte, Marketingkooperationen CremAmore und Starbucks, Gütesiegel-Kooperationen: Fairtrade, Presidio Slow Food, Marine Stewardship Council (MSC), Forest Stewardship Council (FSC).*

Die einhergehende Vertikalisierung dient dem Aufbau von Markenvertrauen, Markenidentität und Kundenloyalität und fördert damit durch Differenzierung die markeneigene Wertschöpfung. Weitere Chancen und Vorteile sieht Coop in der langfristigen Verfügbarkeit von Rohstoffen, der besseren Umsetzung und Kontrolle sozialer und ökologischer Anforderungen sowie der Integration von Know-how aus den vorgelagerten Wertschöpfungsstufen. Darüber hinaus führt die umfassende Begleitung und Überwachung des Herstellungsprozesses zur lückenlosen Rückverfolgbarkeit und Qualitätsverbesserung der Produkte, die zusätzlich durch mehr als 425 000 Prüfungen in eigenen Labors (Coop Geschäftsbericht 2012) abgesichert werden. Risiken sieht Coop in der Einschränkung der Unabhängigkeit in der Beschaffung und der Nichterreichung erfolgskritischer Größen in den vorgelagerten Stufen.

Bereits 1993 lieferte Coop als Pionierprojekt mit der nachhaltigen Eigenmarke Naturaline für sozial- und umweltverträglich hergestellte Textilien aus Bio-Baumwolle ein erstes Beispiel.

Neben vielen weiteren Vertikalisierungsmaßnahmen zeigt das jüngste Beispiel »Honduras« des Coop Produktionsbetriebs *Chocolats Halba* die Mehrdimensionalität einer Vertikalisierungsmaßnahme von der Produktpositionierung, dem Stellenwert in der Nachhaltigkeitsstrategie, der Herstellung, der Erzeugung bis zum gesellschafts- und wirtschaftspolitischen Engagement im Ursprungsland. Mit diesem Kakao-Projekt kontrolliert Coop die Wertschöpfungskette von der Kakaopflanze bis ins Regal und geht die sozialen, ökologischen und ökonomischen Herausforderungen im Kakaosektor ganzheitlich an. In den letzten Jahren traten im Kakaosektor neben den bekannten sozialen Risiken wie Kinderarbeit oder Zwangsarbeit vermehrt ökologische und ökonomische Schwierigkeiten auf. Diese reichen von der Abholzung des Tropenwaldes und dem Verlust der Bio-Diversität bis zur sinkenden Rentabilität der Kakaoplantagen aufgrund der zahlreichen Zwischenhändler. Gemeinsam mit Helvetas, einer

Entwicklungsorganisation in der Schweiz, analysierte *Chocolats Halba* 2008 die Herausforderungen bezüglich Nachhaltigkeit im Kakaosektor. Mit dem Wirbelsturm Mitch 1998 drohte die über 3 000 Jahre alte Kakaotradition zerstört zu werden. Coop und *Chocolats Halba* wollten diese historisch bedeutende Kakaokultur erhalten und starteten gemeinsam mit Helvetas das Projekt »Honduras«. Finanziell unterstützt wird dieses Projekt durch den *Coop* Fonds für Nachhaltigkeit und das Schweizerische Staatssekretariat für Wirtschaft *SECO*. Ziel ist der Aufbau einer transparenten, langfristigen und direkten Zusammenarbeit zwischen *Chocolats Halba* und Bauernkooperativen in drei verschiedenen Zonen in Honduras. Durch die Etablierung einer langfristigen Supply Chain von Fairtrade- und Bio Suisse-zertifiziertem Edelkakao werden zum einen die Lebensbedingungen der Kakaobauern vor Ort verbessert. Zum anderen sichert sich *Chocolats Halba* langfristig qualitativ hochwertige Rohstoffe aus nachhaltigem Anbau. Das umfassend konzipierte Projekt beinhaltet auch die Aufforstung von wasserschonenden Produktionsmethoden und leistet so einen Beitrag zum Erhalt der Bio-Diversität. Früher waren die Kakaobauern in Honduras kaum organisiert und verkauften den Kakao ohne große Qualitätskontrollen an Zwischenhändler. 2010 formierten sich die Kleinbauern im Rahmen des Honduras-Projekts zu Kooperativen, bei denen sie ihren biologisch produzierten Kakao abliefern. Dort wird er unter permanenter Qualitätskontrolle fermentiert und getrocknet. Anschließend geht der Kakao direkt an die Exportorganisation *Chocolats Halba* Honduras S.A., an der Coop zu 75 Prozent beteiligt ist. Zur laufenden Qualitätsverbesserung arbeitet Chocolats Halba eng mit dem Honduranischen Forschungsinstitut für Landwirtschaft (FHIA) zusammen. Das FHIA verfügt über langjähriges Know-how im Kakaoanbau in Agroforstsystemen und erforscht beispielsweise die Nachernteprozesse wie obengenannte Fermentierung und Trocknung der Kakaobohnen. Durch die Umgehung eines Zwischenhandels und die direkte Zusammenarbeit profitieren die ansässigen Bauern von fairen Preisen und Chocolats Halba von langfristigen Handelsbeziehungen. Zusätzlich erhalten die Bauern Kleinkredite für die Aufforstungen, werden geschult und beim Aufbau von Infrastrukturen unterstützt. Die Bauern pflanzen Misch- statt Monokultur auf ihren Kakaoplantagen und können zusätzlich Obst- und wertvolle Edelholzbäume anbauen. Es ermöglicht, das Einkommen der Kleinbauern langfristig zu verbessern und zu sichern. Zudem erodieren die Böden weniger stark und werfen nachhaltig höhere Ernten ab. Um die gesamte Bevölkerung miteinzubeziehen, wurde mit der auf Mikrobewässerung spezialisierten Non-Profit-Organisation International Development Enterprises (IDE) ein Pilotprojekt lanciert. Dadurch erhalten bis 2015 rund 240 Familien ein hocheffizientes Bewässerungssystem für ihre Gärten. Diese Art der Wasserversorgung ermöglicht es den Kakaobauern-Familien, Früchte und Gemüse zu produzieren und einen Teil davon auf dem lokalen Markt zu verkaufen. Mit dem Gewinn können sie ein Stück Land erwerben und in ein Aufforstungsprojekt einsteigen. Gleichzeitig helfen diese sogenannten Familiengärten den Einwohnern dabei, sich ausreichend und ausgewogener zu ernähren.

Mit diesem Projekt hat Coop durch die Kontrolle des Rohstoffes, den Miteinbezug des unternehmenseigenen Produktionsbetriebes und den Aufbau einer eigenen Exportorganisation eine vollständige vertikale Integration geschaffen. Auch hat dieses weitreichende Engagement den Bauern mit dem Kakaoanbau in Honduras wieder eine Existenzgrundlage gegeben. Somit sichert sich Coop einen wichtigen Rohstoff nachhaltig. Die gewonnenen Erfahrungen können später auf weitere Provenienzen und andere Produktbereiche angewendet werden. Im Februar 2010 produzierte *Chocolats Halba* eine erste Testschokolade und im Frühjahr 2013 wurde schließlich die weltweit erste Bio-Fairtrade Schokolade aus honduranischem Edelkakao eingeführt. *Chocolats Halba* erschließt sich mit der nachhaltig produzierten und fair gehandelten Schokolade zahlreiche neue Märkte im In- und Ausland und Coop kann sich über die Vertriebsmarken im Wettbewerb nachhaltig differenzieren.

3.3 Fressnapf

Fressnapf ist mit dem Gründungsjahr 1990 ein vergleichsweise junges überwiegend im Franchising geführtes Inhaber-Unternehmen und bewegt sich mit 1240 Märkten, 1,46 Mrd. Euro Umsatz in 12 Ländern Europas und den Vertriebsmarken *Fressnapf* und *Fressnapf XXL* außerordentlich dynamisch mit 23 Prozent Anteil (Unternehmensangaben) im relevanten Massenmarkt. Im Zoofach-Einzelhandel führt das Unternehmen die Vertriebsmarken *Mega Zoo* und *Kölle Zoo*. Im eigenen Verständnis sieht sich Fressnapf als Händlermarke mit mehr als 80 Prozent gestützter Bekanntheit beim Kunden für Heimtierbedarf »top of mind«. Den Markenkern beschreibt Fressnapf mit den Kompetenzen: *(rational) Preis, Fachkompetenz, Kulanz, Nähe, Auswahl; (emotional) Tierliebe, Spaß, Freundlichkeit, Hilfsbereitschaft, Sympathie.*

Fressnapf zeigt ein durchgängiges, prägnantes Markenbild, das einheitlich über alle Kanäle wie *Storedesign, TV, Print, Internet, Handzettel, POS-Werbung, Corporate Publishing, Corporate Social Responsibility, Customer Relation Management und Social Media* kommuniziert wird.

Mit dem Projekt »*Cross-Channel*« und einem Budget von 50 Mio. Euro startete das Unternehmen 2012 eine Initiative, um eine Vernetzung aller relevanten Kanäle für den Kunden zu ermöglichen. Zur Unterstützung der Marke bietet Fressnapf zusätzliche Serviceleistungen rund um das Tier an: *Tierversicherungen und Tier- oder Hundefriedhof mit Kooperationspartnern, Tierarztpraxen in der Nachbarschaft, Tierpensionen als »Pfötchen Hotels«.*

Als Problemlöser verstärkt Fressnapf mit diesen Zusatzleistungen das Markenimage und die Markenidentität und entzieht sich gleichzeitig dem Preisvergleich mit den Wettbewerbern. Mit den 11 exklusiven Eigenmarken-Sortimenten vom Discount- bis zum Super-Premium Segment werden alle Preislagen abgebildet. Mit *Select Gold, Real Nature und Moments* werden Eigenkreationen für besonders gesunde, biologische und diätische Tierernährung angeboten. Damit sind die teuersten Produkte Eigenmarken, die sowohl hohe Margen als auch Exklusivität sicherstellen sollen. Die Eigenmarken sieht der Unternehmer Torsten Töller bei 40 Prozent Zielanteil. Organisatorisch ist die Eigenmarkenentwicklung dem CM angegliedert. Dort befindet sich die innovative Kraft und dort entsteht Kreativität. Fressnapf ist der Überzeugung, dass diese interne Leistung für die Zukunft immer wichtiger wird, weil das Kundenwissen deutlich mehr beim Händler liegt und dieser somit besser in der Lage ist, Produkte, Funktionalitäten und Qualität zu definieren. Überdies stellt das Unternehmen fest, dass Hersteller zunehmend gleiche Technologien verwenden und daher an Differenzierung verlieren.

Fressnapf investiert nicht in eigene Produktionsbetriebe, sondern bevorzugt die Auftragsproduktion. Als Gründe werden v. a. der Erhalt von Flexibilität auf den Beschaffungsmärkten, die geringere Kapitalbindung und die Überzeugung genannt, dass trotz der Abschöpfungsmöglichkeiten verlockend hoher Herstellermargen, der Handel durch sein Verhandlungsgeschick im offenen Wettbewerb diese Vorstufengewinne letztendlich dem eigenen Ergebnis zuführen kann. Daher ist es essentiell, dass ein freier und ergebnisorientierter Umgang mit Lieferanten und Herstellern die Innovationskraft und Erneuerungsenergie im CM eher gewährleistet und eigene Produktionsbetriebe oder langfristige Lieferverpflichtungen zu starke Abhängigkeiten schaffen. Eine klare Strategie besteht jedoch darin, Groß- und Zwischenhändler auszuschalten, die keinen Mehrwert in der Wertschöpfungskette liefern. Auch schließt das Unternehmen Investitionen z. B. in die Pet-Nonfood Beschaffung nicht aus, wenn die Marktstrukturen sowohl auf der Sortimentsseite als auch bei der Liefersicherheit unzureichend sind.

Als für den Unternehmenserfolg unabdingbar betrachtet Fressnapf die Einhaltung von Compliance- und Nachhaltigkeitsgrundsätzen. Die zunehmend ethisch-moralische Konsumorientierung prägt die CM-Arbeit bei den hochemotional besetzten Themen Tiernahrung und Heimtierhaltung stetig mehr und wird vor allem von jungen Teams bei der Eigenmarkenpositionierung, durch Vorgaben an die Hersteller und generell in der Markenkommunikation umgesetzt.

4. Fazit

Die Best-Practice Beispiele zeigen, dass Vertikalisierung eine notwendige strategische Ausrichtung zur Führung der Händlermarke darstellt. Die erfolgreichen Handelsunternehmen wenden differenziert und dynamisch die vielfältigen Formen der vertikalen Integration an. Porters Annahme, dass sich durch Rückwärtsintegration die Differenzierung im Wettbewerb vertieft, wird bestätigt: Die Händlermarke gewinnt in ihrer Markenidentität, das Vertrauen in die Marke wird gestärkt und die Kundenloyalität erhöht. Handelsunternehmen, die die betriebswirtschaftlichen und kulturellen Herausforderungen der Vertikalisierung gut meistern und damit die richtige Balance zwischen *Make or Buy* finden, steigern die eigene Ertragskraft und stärken ihre Position im gesamten Marktumfeld. Unter volkswirtschaftlichen Aspekten bringt die Erweiterung der Wertschöpfungsbasis durch Vertikalisierung dem Handel zusätzliche Vorteile im Wettbewerb zwischen den einzelnen Wirtschaftszweigen und macht ihn in wettbewerbsrechtlicher Hinsicht weniger angreifbar. Es ist in diesem Zusammenhang anzunehmen, dass die Penetration von Händlermarken als Gegengewicht zur Vorwärtsintegration von bedeutenden Konsumgütermarken dauerhaft vorangetrieben wird.

Schließlich lassen die Internationalisierung auf den Beschaffungsmärkten, der Export erfolgreicher Handelsformate und nicht zuletzt das E-Commerce mit den Möglichkeiten der Direkt-Kommunikation, dem Multi- und Cross-Channelling das weitere Fortschreiten der Vertikalisierung in beide Richtungen erwarten.

Literaturverzeichnis

Ahlert, Dieter, Peter Kenning, Rainer Olbrich und Hendrik Schröder (2012), *Vielfalt durch Gestaltungsfreiheit im Wettbewerb.* München: C.H.Beck.

Ahlert, Dieter, Peter Kenning, Rainer Olbrich und Hendrik Schröder (2012), *Vertikale Preis- und Markenpflege im Kreuzfeuer des Kartellamtes.* Wiesbaden: Springer Gabler.

Boston Consulting Group (2005), Studie:»Die vertikale Verlockung,« München.

Biehl, Bernd (2013), »Die Wahrheit liegt im Regal,« *Lebensmittelzeitung,* 19.04.2013.

Bruhns, Manfred (2012), »Handelsmarken – Erscheinungsformen, Potenziale und strategische Stoßrichtungen«, erschienen in Handbuch Handel, Joachim Zentes, Bernhard Swoboda, Dirk Morschett und Hanna Schramm-Klein, (eds.), 2. Auflage. Wiesbaden: Springer Gabler, 543–61.

Bünder, Helmut (2010), *Verband sieht Sonderangebote in Gefahr,* Frankfurter Allgemeine Zeitung, 26.10.2010.

Bundeskartellamt (2011), »*Pressemeldung Bundeskartellamt – Lebensmitteleinzelhandel,*«, 14.02.2011.

Coop (2012), »Zahlen und Fakten,« (*Zugriff am 13.08.2013*), [http://www.coop.ch/pb/site/ueber¬coop/node/64457800/Lde/index.html].

Europäische Kommission (2012), »Europa-Press Relaeses: Wettbewerb: Kommission gibt neue Studie zu Angebot und Innovation der Lebensmittelbranche in Auftrag,« (*Zugriff am 11.12.2012*), [http://ec.europa.eu/rapid/press-release_IP-12–1356_de.htm];[http://ec.europa.eu/rapid/¬press-release_IP-12–1314_de.htm].

Grube, Markus (2013), »Da irrt die Bundesministerin – Haftet der Handel für die gesamte Kette oder nur auf der eigenen Stufe?«, *Lebensmittelzeitung,* 20.05.2013.

Hasse Susan (2010), »Kartellamt stellt Position klar,« *Lebensmittelzeitung,* 9.12.2010.

Haucap, Justus und Gordon J. Klein (2012), »*Einschränkungen in der Preisgestaltungim Einzelhandel aus wettbewerbsökonomischer Sicht,*« erschienen in Vertikale Preis- und Markenpflege im Kreuzfeuer des Kartellamtes, Dieter Ahlert, Peter Kenning, Rainer Olbrich und Hendrik Schröder, (eds.). Wiesbaden: Springer Gabler.

Haucap Justus (2012), »*Freiheit und Verantwortung,*« erschienen in Die kommenden Tage, Dieter Timur und Andreas Schlüter, (eds.). Essen: Edition Stifterverband, 105–9.

Handelsverband Deutschland (HDE) (2011), »EU-Eigenmarken-Studie April 2011,« (*Zugriff am 13.08.2013*), [http://www.einzelhandel.de/index.php/publikationen-hde/thematischebro¬schueren/item/108380-eu-eigenmarkenstudiehtml?tmpl-componl].

Interbrand (2012), »Best Global Brands 2012,« (*Zugriff am 13.08.2013*), [http://www.interbrand.¬com/de/news-room/press-releases/2012-10-02-dae4a6e.aspx].

Koch, Walter J. (2006), »*Zur Wertschöpfungstiefe von Unternehmen, Wiesbaden*: Universitätsverlag.

Leoprechting, Reinhard (2012), »Verhandlungspraxis: Vereinbarung drängt«, *Lebensmittelzeitung,* 16.3.2012.

Meffert, Heribert, Christoph Burmann und Martin Koers (2005), *Markenmanagement,* 2.Auflage, Wiesbaden: Gabler.

Meffert, Heribert (2013), »*Das Ende der Markenphilosophen*«, erschienen in Insights 17, Batten & Company, (eds.). Düsseldorf, 59.

Metrixlab (2013), »Eigengewächse drängen weiter voran«, *Lebensmittelzeitung,* 3.05.2013.

Morschett, Dirk (2002), »Aufbau einer Händlermarke«, erschienen in Retail Branding und integriertes Retail Branding, Dirk Morschett, (ed.). Wiesbaden: Gabler, 193–96.

Morschett, Dirk (2012), »Retail Branding – Strategischer Rahmen für das Handelsmarketing,« erschienen in Handbuch Handel, Joachim Zentes, Bernhard Swoboda, Dirk Morschett und Hanna Schramm-Klein, (eds.), 2. Auflage. Wiesbaden: Springer Gabler, 441–62.

Müller-Hagedorn, Lothar, Waldemar Toporowski, Stephan Zielke (2012), *Der Handel,* 2. Auflage. Stuttgart: W. Kohlhammer.

Porter, Michael E. (1999), *Wettbewerbsstrategie,* 10.Auflage. Frankfurt/Main: Campus.

Oxfam (2008), Studie: *Endstation Ladentheke,* Berlin.

Rode, Jörg (2013), »Brüssel droht mit Fairness-Gesetz«, *Lebensmittelzeitung,* 20.05.2013.

Sanktjohanser, Josef (2011), »Der Handel als Marke – Retail Branding am Beispiel der REWE Supermärkte«, erschienen in Der europäische Facheinzelhandel – Herausforderungen und Perspektiven, Rainer Kirchdörfer und Daniel C. Schmid, (eds.), 1. Auflage. Baden-Baden: Nomos.

Sanktjohanser, Josef (2012), »Kooperation zwischen Handel und Industrie – Eine Stellungnahme des HDE zur Handreichung des Bundeskartellamtes«, erschienen in Vertikale Preis- und Markenpflege im Kreuzfeuer des Kartellamtes, Dieter Ahlert, Peter Kenning, Rainer Olbrich und Hendrik Schröder, (eds.). Wiesbaden: Springer Gabler, 205–10.

Schmid, Florian (1996), *Positionierungsstrategien im Einzelhandel.* Frankfurt/Main: Deutscher Fachverlag.

Schröder, Hendrik (2012), »Category Management,« erschienen in Handbuch Handel, Joachim Zentes, Bernhard Swoboda, Dirk Morschett, Hanna Schramm-Klein, (eds.), 2. Auflage. Wiesbaden: Springer Gabler, 527–42.

Von Thaden, Christian und Martin Holzberg, (2013) »Das Ende der Marketingphilosophen – zur Zukunft von Marketing und Marketeers,« erschienen in Insights 17, Batten & Company, (eds.). Düsseldorf, 55–8.

Zentes, Joachim und Dirk Morschett (2005), »Retail Branding als strategische Markenpolitik des Handels,« erschienen in Moderne Markenführung, Rudolf Esch, (ed.), 4. Auflage. Wiesbaden: Gabler, 1141–55.

Zentes, Joachim (2012), »Beschaffungs- und Wertschöpfungsarchitekturen,« erschienen in Handbuch Handel, Joachim Zentes, Bernhard Swoboda, Dirk Morschett und Hanna Schramm-Klein (eds.), 2. Auflage. Wiesbaden: Springer Gabler, 735–46.

Kapitel 6: Wertschöpfung im Handel durch Shopper Marketing

von Vanessa Gartmeier und Dr. Gunnar Mau

1. Die zunehmende Bedeutung des Shopper Marketings

Seit einigen Jahren rückt das Thema Shopper Marketing zunehmend in den Fokus des Handels. So verstärken Markenartikelhersteller, wie z. B. Nestlé und Procter & Gamble, ihr Engagement in diesem Bereich (Czech-Winkelmann 2011). Dabei wurden die Ausgaben für Shopper Marketingaktivitäten zwischen 2004 und 2007 verdoppelt (GMA und Deloitte 2007). Diese Entwicklung drückt die zunehmende Bedeutung aus, die dem Shopper Marketing durch das Management beigemessen wird. Gründe dafür stellen, unter anderem, schnelllebige Veränderungen hinsichtlich Technologien, Wirtschaft, Wettbewerb und Globalisierung dar. So haben Shopper durch Smartphone und Internet mehr Zugang zu Informationen als je zuvor. Darüber hinaus bieten neue Kommunikationsmedien wie soziale Netzwerke, neuartige Möglichkeiten, Shopper entlang des gesamten »Path to Purchase« zu erreichen. Eine verstärkte Wettbewerbssituation mit einem hohen Preisdruck führt dazu, dass Hersteller und Händler neue Wege finden müssen, um Shopper zu erreichen. Die zunehmende Globalisierung ermöglicht Händlern die Entwicklung zu einflussreichen Playern und zwingt kleinere Hersteller und Händler dazu, mit neuen Strategien eine ausreichende Wertschöpfung sicherzustellen (Shankar et al. 2011). Insgesamt führen diese technologischen und wirtschaftlichen Veränderungen zu einer veränderten Betrachtungsweise und einem erhöhten Stellenwert des Shopper Marketings. Durch Veränderungen getreu dem Motto »Turning Shoppers into Buyers« kann im Handel durch gezieltes Shopper Marketing Wert geschaffen werden.

Aber was ist konkret unter dem vielschichtigen Begriff Shopper Marketing zu verstehen, welche Bedeutung hat dieser hinsichtlich der Wertschöpfung im Handel und wie können Hersteller und Händler Einfluss auf ein effektives, wertschaffendes Shopper Marketing nehmen? Diese zentralen Fragestellungen werden im Folgenden beantwortet. Zunächst wird eine Arbeitsdefinition zum Konzept Shopper Marketing abgeleitet. Im Hauptteil dieses Kapitels wird dann der Bezug zur Wertschöpfung hergestellt, einschließlich der grundlegenden Wertschöpfungskette und wertschaffender Ansatzpunkte im Shopper Marketing. Das entsprechende konzeptionelle Rahmenwerk findet sich am Ende von Abschnitt 2. Der Beitrag schließt mit einer kurzen Zusammenfassung.

2.   Was ist Shopper Marketing?

Shopper Marketing ist ein relativ junges Konzept, für das sich bisher keine einheitliche Begriffsdefinition etabliert hat (Czech-Winkelmann 2011). I.d.R. wird Shopper Marketing durch die Abgrenzung zu klassischen Marketingkonzepten gekennzeichnet: Im Gegensatz zum Konsumenten- bzw. Handelsmarketing wird beim Shopper Marketing nicht das Produkt bzw. dessen Marke hervorgehoben, sondern das Entscheidungsverhalten des Shoppers am Point of Sale (POS) in den Vordergrund gerückt. Grundlage hierfür ist die Beobachtung, dass über einen Großteil der gekauften Produkte erst am POS entschieden wird (GS1 Germany 2011). In diesem Zusammenhang prägte Procter & Gamble den Begriff »First Moment of Truth«, der jenen entscheidenden Moment bezeichnet, in dem ein Kunde in das Regal greift und sich für ein Produkt entscheidet (Nelson und Ellison 2005). Der Shopper wird in seiner Kaufentscheidung von zahlreichen situativen Variablen am POS beeinflusst, wie z.B. von Informationen aus der Umwelt oder eigenen Gedanken und Gefühlen, die sich erst während des Einkaufsvorgangs ergeben. Somit können Kaufentscheidungen als dynamische Prozesse verstanden werden, die von situativen Variablen bestimmt werden. Diese Perspektive ist vor allem dann nützlich, wenn konkrete Handlungsempfehlungen für Hersteller und Händler abgeleitet werden sollen. Traditionelle Marketingkonzepte, in denen das Konsumentenverhalten statisch betrachtet wurde, können den Prozess der Entscheidungsfindung nicht vollständig abbilden (Büttner und Mau 2004). Darüber hinaus ist nicht jeder Konsument auch Shopper und umgekehrt, bspw. wenn eine Mutter einen Joghurt für ihr Kind kauft; eine Tatsache, die im Rahmen traditioneller Marketingkonzepte selten Berücksichtigung findet (Shankar et al. 2011).

Shopper Marketing wird daher im weiteren Verlauf dieses Beitrags als eine Marketingstrategie von Herstellern und Händlern bezeichnet, die auf einem ganzheitlichen Verständnis des Shoppers beruht, wodurch effektive Marketingmaßnahmen und -aktivitäten etabliert werden können, die letztlich in ihrer Gesamtheit zu einer »triple-win« Situation für Hersteller, Händler und Kunden führen sollen. Im Rahmen dieser Marketingmaßnahmen beziehen wir uns ausschließlich auf POS-Marketing, da ein Großteil der die Kaufentscheidung beeinflussenden situativen Variablen am POS anzutreffen ist.

Shopper Marketing soll durch die Beeinflussung der Entscheidung des Kunden anhand von Marketingaktivitäten und -maßnahmen Shoppern einen Nutzen stiften, um

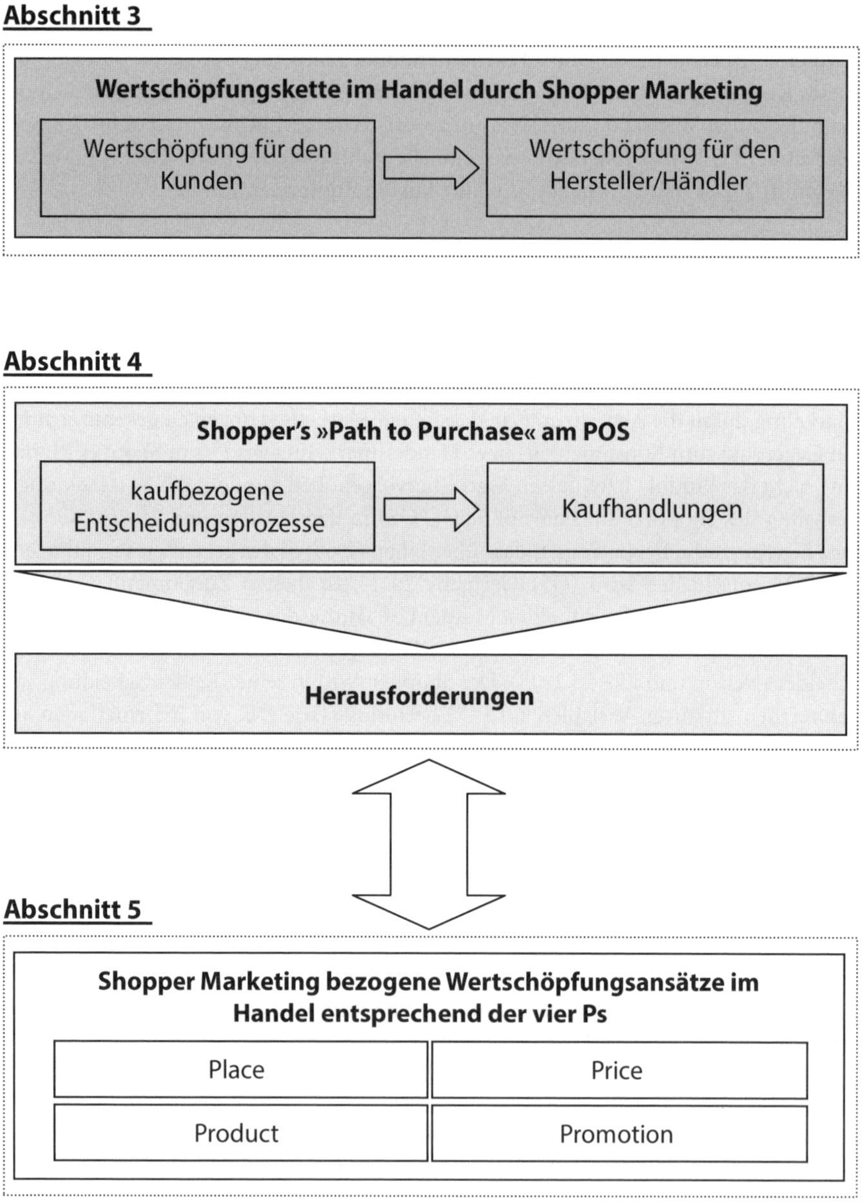

Abschnitt 3

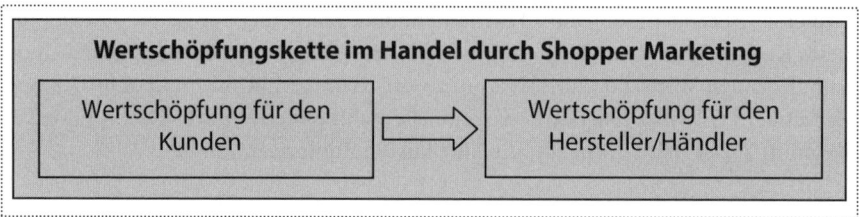

Wertschöpfungskette im Handel durch Shopper Marketing	
Wertschöpfung für den Kunden	Wertschöpfung für den Hersteller/Händler

Abschnitt 4

Shopper's »Path to Purchase« am POS	
kaufbezogene Entscheidungsprozesse	Kaufhandlungen

Herausforderungen

Abschnitt 5

Shopper Marketing bezogene Wertschöpfungsansätze im Handel entsprechend der vier Ps	
Place	Price
Product	Promotion

Abb. 6.1: Konzeptionelles Rahmenwerk dieses Kapitels

letztlich eine Wertsteigerung für Hersteller und Händler zu generieren. Nur wenn ein Wert für den Kunden geschaffen wird, können Hersteller und Händler nachhaltig erfolgreich sein. Wichtige Grundlage für dieses effektive, wertschaffende Shopper Marketing sind daher Shopper Insights, also Wissen über die Bedürfnisse, Motive und Verhaltensweisen der Shopper. In Abschnitt 3 wird gezeigt, wie sich der Zusammenhang zwischen der Wertschöpfung für den Kunden und für den Hersteller und Händler durch Shopper Marketing grundsätzlich gestalten kann. Bevor eine Realisierung dieser Wertschöpfung mittels konkreter Ansatzpunkte jedoch möglich ist, muss dargestellt werden, mit welcher Situation und welchen Herausforderungen Hersteller und Händler am POS konfrontiert sind. Aufgrund der besonderen Stellung des Shoppers im Shopper Marketing wird in Abschnitt 4 der Fokus auf den Shopper gelegt und sein »Path to Purchase« sowie die sich daraus ergebenden Herausforderung für Hersteller und Händler im Rahmen der Wertschöpfung herausgestellt. In Abschnitt 5 werden dann Ansatzpunkte für Hersteller und Händler abgeleitet, die diesen besonderen Herausforderungen am POS Rechnung tragen und zu einem effektiven Shopper Marketing und somit zur Wertschöpfung aller beteiligten Parteien beitragen können. Die Ansatzpunkte werden dabei entsprechend der vier Ps – Verkaufsraumgestaltung (Place), Preisgestaltung (Price), Produkt- und Leistungsangebot (Product) sowie Kommunikation (Promotion) – systematisiert (▶ **Abb. 6.1**).

3. »Triple-win« Situation im Handel durch Shopper Marketing

Wertschöpfung ist eine notwendige Bedingung für den Erfolg des Shopper Marketings. Wertschöpfung im Handel beschreibt einen Nutzenanstieg für mindestens einen der beteiligten Marktpartner (Kunde, Hersteller, Händler). Im Rahmen des Shopper Marketings steht der Shopper im Fokus. Primäres Ziel ist es, durch eine Wertsteigerung für den Shopper bzw. den Kunden Werte für Hersteller und Händler zu schaffen – eine »triple-win« Situation.

Eine zentrale Zielgröße im Rahmen der Wertschöpfung für den Kunden stellt die Schaffung eines positiven Einkaufserlebnisses dar. Erreicht wird dieses Ziel durch eine Ausrichtung aller Maßnahmen von Händlern und Herstellern an den Kundenbedürfnissen entlang des gesamten »Path to Purchase« am POS, der alle Phasen im Geschäft die bis zur Kaufhandlung durchlaufen werden, beinhaltet. Damit sind z.B. auch die Vereinfachung seiner Entscheidungsfindung, die Unterstützung im Rahmen seiner Entscheidungsprozesse und letztlich seiner Kaufhandlung gemeint. So kann eine hohe Orientierungsfreundlichkeit im Geschäft den Kunden beim Auffinden der gewünschten Produkte und schließlich auch beim Kauf unterstützen. Durch das positive Einkaufserlebnis kann die Zufriedenheit mit dem Angebot und dem Service einer Einkaufsstätte positiv beeinflusst und somit ein Differenzierungsvorteil realisiert werden. Bspw. wird in den Edeka Frischecentern Zurheide sowohl über das außergewöhnliche Sortimentsangebot und die besondere Warenpräsentation als auch über innovative Services, von Gourmet-Bistro, Grillpoint und Pâtisserie über eine hauseigene Kaffeerösterei mit integriertem Café-Betrieb ein außergewöhnliches Einkaufserlebnis geschaffen, welches die Kunden begeistern und somit zur Zufriedenheit mit dem Angebot und dem Service beitragen kann. Diese Zufriedenheit kann wiederum die Kundenloyalität positiv beeinflussen. Die Kundenloyalität stellt dabei einen signifikanten Beitrag zur Wertschöpfung für Hersteller und Händler dar, da sie sich in dem Wiederkaufverhalten, Zusatzkaufverhalten oder Weiterempfehlungsverhalten bzw. deren Absichten widerspiegeln kann (Giering 2000) und somit die Profitabilität eines Unternehmens direkt beeinflusst (Hallowell 1996).

Auch ein durch Shopper Marketingmaßnahmen ausgelöster ungeplanter Kauf kann direkt die Profitabilität in Form von erhöhten Umsätzen beeinflussen. Zudem ist es denkbar, dass die Profitabilität indirekt durch ungeplantes Kaufverhalten beeinflusst wird, indem sich dieses auf die Kundenzufriedenheit oder wiederum auf das Einkaufserlebnis auswirkt, bspw. indem der Kunde bei einem ungeplanten Kauf das Gefühl hat, sich zu belohnen oder etwas Neues zu entdecken. Für Hersteller und Händler kann daher mittels Shopper Marketing sowohl die Marken- als auch die Einkaufsstättenequity, der Wert der Marke und der Einkaufsstätte, verbessert werden. Die Wertschöpfung für den Shopper ist ein essentieller Zwischenschritt zur Realisierung der Wertschöpfung für Hersteller und Händler. Zentrale Größen sind zum einen die Verbesserung des Kauferlebnisses und ungeplantes Kaufverhalten; zwei Zielgrößen, die sich gegenseitig bedingen und wiederum zu einer gesteigerten Kundenzufriedenheit führen können. Erst wenn ein Nutzen für den Kunden entsteht, kann nachhaltig Wert für

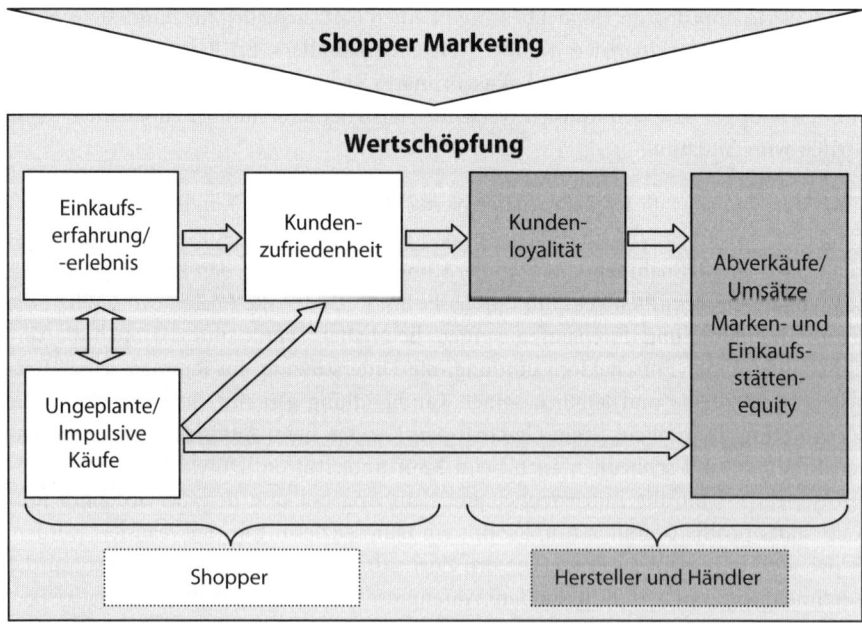

Abb. 6.2: Wertschöpfung im Handel durch Shopper Marketing

Hersteller und Händler in Form von Kundenloyalität, Umsätzen sowie Marken- und Einkaufsstättenequity geschaffen werden. Abbildung 6.2 verdeutlicht den Zusammenhang zwischen den verschiedenen Wertschöpfungsgrößen im Handel durch Shopper Marketing.

Ein Verständnis des Shoppers und seines Verhaltens ist Bedingung für die Realisierung dieser Wertschöpfungskette: Nur wenn der Kunde, sein Verhalten und die sich für Hersteller und Händler daraus ergebenden Herausforderungen umfassend verstanden werden, können Konzepte, die für Kunden und somit letztlich auch für Hersteller und Händler einen Wert schaffen, entwickelt werden. Dafür ist eine Analyse der Kaufsituation im Handel unabdingbar. Ansatzpunkte zur Wertschöpfung müssen auf die Kaufsituation und Herausforderungen zugeschnitten sein. Daher wird im folgenden Abschnitt der »Path to Purchase« erläutert und die sich daraus ergebenden Herausforderungen für Hersteller und Händler skizziert.

4.   Shopper's »Path to Purchase« am POS und sich daraus ergebende Herausforderungen an das Shopper Marketing

4.1   Shopper's »Path to Purchase« am POS

Was macht den Shopper's »Path to Purchase« am POS bedeutend für die Wertschöpfung im Handel? Eine Antwort ergibt sich aus dem »in-store slack«: Damit ist der Anteil des mentalen Budgets gemeint, den Shopper bereits vor Betreten des Geschäfts für ungeplante Kaufentscheidungen am POS reservieren. Kunden antizipieren sowohl Bedürfnisse, an die sie im Geschäft erinnert werden als auch Bedürfnisse, die impulsiv entstehen (Stilley, Inman und Wakefield 2010). Sie sind demnach bereit, sich am POS inspirieren zu lassen und Geld für ungeplante Käufe auszugeben. Wie kann jedoch Wert für den Shopper geschaffen werden, so dass er letztlich zum Käufer wird und den »in-store slack« für ungeplante Käufe im Geschäft oder für eine bestimmte Marke einsetzt und damit zur Wertschöpfung für Hersteller und Händler beiträgt? Um diese Frage beantworten zu können, muss zunächst geklärt werden, wie Kunden ihre Kaufentscheidungen am POS und damit auch die Entscheidung über die Verteilung des mentalen Budgets treffen.

1) *Vorentscheidungsphase:* Der Einkaufsprozess eines Kunden beginnt mit seiner Prädisposition (Dobler, Häusel und Rotthowe 2010). Diese beschreibt alle Faktoren, die den Shopper vor Betreten des Ladens beeinflussen, bspw. demographische Charakteristika, situative Shoppercharakteristika oder Out-of-Store Marketing (Bell, Corsten und Knox 2011). In ihrer Gesamtheit führen diese Faktoren zu einer bestimmten Einstellung des Shoppers, die die Ausgangslage seines »Path to Purchase« darstellt. Dabei durchläuft der Kunde vor der eigentlichen Kaufhandlung eine Vorentscheidungsphase, in der er sich mit Informationen aus seiner Umwelt auseinandersetzt. Die Komplexität kann variieren und in elaborierten und reaktiven Kaufhandlungen resultieren (Dijksterhuis et al. 2005).

2) *Kaufentscheidungsphase:* Elaborierte Kaufentscheidungen, bei denen die Vor- und Nachteile eines Kaufs auf Basis umfassender Informationen abgewogen werden, werden zumeist in Situationen getroffen, in denen die Kosten und das Risiko einer falschen Entscheidung sehr hoch sind, bspw. beim Kauf teurer Kleidung oder einem Autokauf (Blackwell, Miniard und Engel 2006). Reaktive Kaufentscheidungen werden hingegen zumeist in Situationen getroffen, in denen die Kosten und das Risiko einer falschen Entscheidung weniger hoch sind, wie z. B. beim Lebensmittelkauf. Diese Kaufentscheidungen laufen oft habitualisiert oder impulsiv ab (Dijksterhuis et al. 2005). Bei habitualisierten Kaufentscheidungen werden vergangene Entscheidungen hinsichtlich eines Produktkaufs routinemäßig ausgeführt und in Kaufgewohnheiten überführt. Dies ist der Fall, wenn ein Kunde immer zur gleichen Zahnpastamarke greift. Durch die damit verbundene kognitive Entlastung des Entscheidungsaufwands und Vereinfachung des Entscheidungsprozesses kann der Kunde für sich am POS einen zusätzlichen Nutzen schaffen. Bei impulsiven Kaufentscheidungen spielt im Gegensatz zu den habitualisierten Kaufentscheidungen das hohe Ausmaß an emotionaler Aktivierung eine Rolle, die durch intensive Reize in der Kaufsituation ausgelöst wird. Eine nennenswerte Informationssuche und Produktbeurteilung bleiben aus (Baun 2003).

Reaktive Käufe stellen somit einen wesentlichen Ansatzpunkt des Shopper Marketings dar: Durch Maßnahmen am POS können Kaufimpulse gesetzt oder Gewohnheiten angestoßen werden. So kann z. B. eine französische Hintergrundmusik im Laden beim Kunden positive Gedanken und Vorstellungen hervorrufen und dadurch den Kauf französischen Weins positiv beeinflussen (Dijksterhuis et al. 2005). Aber auch eigentlich elaborierte Kaufentscheidungen werden – in einem geringeren Ausmaß als reaktive – durch Impulse und Gewohnheiten beeinflusst.

4.2 Herausforderungen an das Shopper Marketing

Aus der Situation am POS ergeben sich spezielle Herausforderungen, die bei der Ableitung operativer Ansatzpunkten des Shopper Marketings Berücksichtigung finden sollten (▶ Abb. 6.3):

1) *Prädispositionen:* Jeder Geschäftsbesuch basiert auf den Prädispositionen der Shopper, die bereits zuvor angesprochen wurden. Diese Eigenschaften der Shopper können i. d. R. nicht direkt durch das Shopper Marketing beeinflusst werden, spielen dennoch eine erhebliche Rolle für die Wirkung entsprechender Maßnahmen und sollten dementsprechend Berücksichtigung bei Herstellern und Händlern finden. So können Shopper anhand der ihrer Entscheidung zugrundeliegenden Motivation (dem regulatorischen Fokus) unterschieden werden (Arnold und Reynolds 2009): Während in manchen Entscheidungssituationen das Bedürfnis nach Selbstverwirklichung und die Maximierung positiver Ergebnisse überwiegen (Promotion-Fokus), werden in anderen Situationen Entscheidungen auf Basis eines Bedürfnisses nach Sicherheit und Schutz sowie dem Streben nach Vermeidung von Verlusten dominiert (Prevention-Fokus). Ein anderes Beispiel ist der Anlass für den Geschäftsbesuch,

der mitentscheidend für die Bedürfnisse und Erwartungen der Shopper ist. Eine wesentliche Herausforderung stellt somit die Berücksichtigung der unterschiedlichen Motivationen bzw. des regulatorischen Fokus der Kunden dar.

2) *Reaktives Verhalten:* Wie erläutert, werden viele Kaufentscheidungen am POS habitualisiert gefällt. Das einmal ausgewählte Produkt wird bei jedem Kaufvorgang gewohnheitsmäßig wieder gewählt und Entscheidungen werden dementsprechend weitestgehend automatisch, ohne größere Anstrengung und Aufmerksamkeit getroffen. Eine kognitive Auseinandersetzung und Durchdringung mit (Marketing-)Botschaften findet am POS nur selten statt. Andere Produktalternativen werden somit in der Kaufentscheidung kaum berücksichtigt. In diesen Fällen kommt es nur selten zu ungeplanten Käufen, neue Produkte haben eine geringere Chance gekauft zu werden

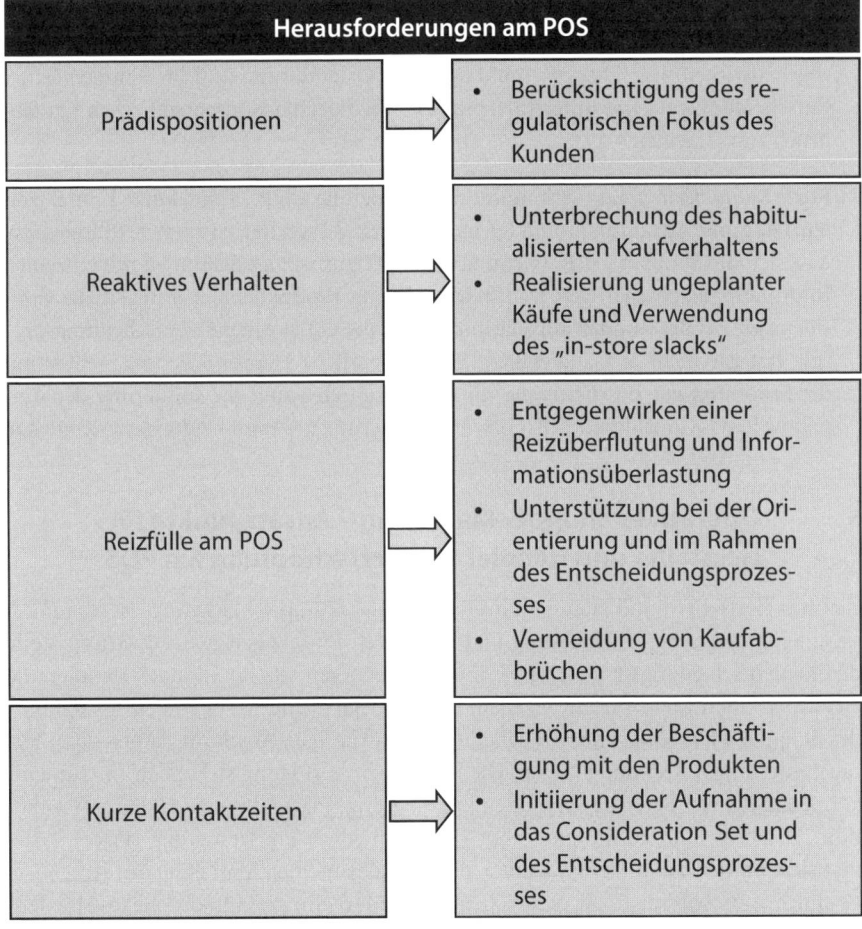

Abb. 6.3: Herausforderungen am POS

(Inman, Winer und Ferraro 2009). Eine Herausforderung stellt damit die Unterbrechung des habitualisierten Kaufverhaltens dar, so dass sich der Kunde zunehmend mit seiner Umgebung auseinandersetzt und die Kaufentscheidung auf eine andere, neue Produktalternative lenkt damit nicht nur automatisiert geplante Produkte eingekauft, sondern zudem ungeplante Käufe getätigt werden und der »in-store slack« aufgebraucht wird.

3) *Reizfülle am POS:* Der Einkauf findet i.d.R. in einem Umfeld statt, das sich durch eine Vielzahl unterschiedlicher Informationen kennzeichnet. Verpackungen, Produktinformationen, Ladenfunk und andere Shopper sind nur einige der Reizquellen, die um die (ohnehin beschränkte) Aufmerksamkeit der Shopper kämpfen und die in ihrer Gesamtheit zu einer Reizüberflutung und Informationsüberlastung führen können. Die Reizfülle am POS kann eine Orientierungslosigkeit seitens des Kunden entstehen lassen, die letztlich zu einem Abbruch des Entscheidungsprozesses und damit auch zu einem Kaufabbruch führen kann. Somit liegt eine wesentliche Herausforderung am POS darin, dieser Reizüberflutung und Informationsüberlastung entgegenzuwirken. Der Shopper muss in seiner Orientierung und im Rahmen seiner Entscheidungsprozesse unterstützt werden, um in letzter Konsequenz einen Kaufabbruch zu vermeiden.

4) *Kurze Kontaktzeiten:* Eng verknüpft mit der Reizfülle am POS sind kurze Kontaktzeiten: Die große Anzahl an Produkten und die Vielzahl von Reizen am POS führen dazu, dass sich die Shopper i.d.R. (wenn überhaupt) nur wenige Sekunden mit einzelnen Informationen beschäftigen. Dadurch werden die Produkte nicht einmal in das Consideration Set des Kunden aufgenommen und der entsprechende Entscheidungsprozess erst gar nicht in Gang gesetzt. Eine wesentliche Herausforderung stellt somit die Erhöhung der Beschäftigung mit den Produkten und die Initiierung der Aufnahme in das Consideration Set bzw. die Initiierung des Entscheidungsprozesses dar.

5. Operatives Shopper Marketing – Ansatzpunkte für Hersteller und Händler zur Wertschöpfung am POS

Ziel von Herstellern und Händlern im Rahmen des Shopper Marketings ist es, auf Basis einer strategischen Ausrichtung und durch den Einsatz geeigneter Instrumente in den Kaufentscheidungsprozess der Shopper einzuwirken, um für Shopper, Händler und Hersteller einen Mehrwert zu erzielen. Die Strategien und Maßnahmen im Rahmen des Shopper Marketings müssen dabei den im vorherigen Abschnitt dargestellten Herausforderungen Rechnung tragen. Die hierfür zur Verfügung stehenden Instrumente können in die vier Bereiche Verkaufsraumgestaltung (Place), Kommunikation (Promotion), Produkt- und Leistungsangebot (Product) sowie Preisgestaltung (Price), systematisiert werden. An dieser Einteilung, die dem allgemeinen Marketing mit seinen vier Ps entlehnt ist, wird deutlich, dass sich Shopper Marketing und traditionelles Handelsmarketing weniger in den ihnen zur Verfügung stehenden Instrumenten als vielmehr in deren Ausrichtung unterscheiden.

Im weiteren Verlauf stellen wir für jeden Bereich Ansatzpunkte des Shopper Marketings vor, die vor dem Hintergrund der skizzierten Herausforderungen am POS dazu beitragen können, einen Mehrwert für Shopper und letztlich für Händler und Hersteller zu generieren. Dabei beziehen wir uns auf in der Literatur gängige Maßnahmen, die in Verbindung mit der Beeinflussung des Shoppers innerhalb des Geschäfts stehen. Um unterschiedliche Blickwinkel zu beleuchten, gehen wir auf innerhalb der vier Bereiche unterschiedliche Ansatzpunkte ein. Diese erheben keinen Anspruch auf Vollständigkeit, sondern veranschaulichen vielmehr die Breite der Möglichkeiten des Shopper Marketings. Obwohl Shopper Marketing nicht nur auf Aktivitäten am POS begrenzt ist – auch vor und nach dem Geschäftsbesuch kann der Shopper durch geeignete Maßnahmen adressiert werden – fokussieren wir im Folgenden auf Handlungsfelder am POS.

5.1   Verkaufsraumgestaltung

Ein wesentliches Entscheidungsfeld des Shopper Marketings umfasst die Gestaltung des Verkaufsraums. Hierunter fallen sowohl *atmosphärische Elemente* des Ladenlayouts und -designs (z. B. Musik, Duft, Licht) als auch Aspekte, die die *Struktur eines Geschäfts* vorgeben, wie z. B. die Anordnung der Regale, die Platzierung und Gruppierung der Produkte sowie die Wegeführung innerhalb des Geschäfts. Vor allem durch die Vermittlung positiver Gefühle, die Sicherstellung der Orientierung und die Erhöhung von Kontaktchancen mit den Produkten, hier durch den Erlebniswert des Stöberns, kann die Verkaufsraumgestaltung Mehrwert für Shopper schaffen. Gleichzeitig steigt auf diese Weise auch die Wertschöpfung für Händler und Hersteller: Shopper, die sich wohl fühlen, bleiben länger im Geschäft, stöbern mehr, haben höhere Preisbereitschaften, geben mehr Geld aus und treffen mehr impulsive Kaufentscheidungen. So kann mittels atmosphärischer Instrumente vor allem den Herausforderungen der Reizfülle und der kurzen Kontaktzeiten begegnet werden. Eine gute Orientierung steigert nicht nur die Chance, dass die Shopper alle Produkte finden, die sie suchen, und inspiriert werden, auf weitere Produkte zu stoßen, die sie ebenfalls kaufen wollen, sondern kann auch positive Emotionen hervorrufen sowie die Anzahl der Kaufabbrüche reduzieren. Die Erhöhung von Kontaktchancen mit Produkten steigert vor allem die Anzahl ungeplanter Käufe. Die hierfür eingesetzten Instrumente der Wegeführung und Sortimentsstruktur sollen durch geeignete Maßnahmen sowohl der Reizfülle am POS als auch dem reaktiven Verhalten der Shopper Rechnung tragen. Nicht zuletzt ist es das Ziel, Shoppern mit unterschiedlichen Prädispositionen die geeignete Einkaufsumgebung zu bieten.

Häufig wird zur Schaffung einer Wohlfühlatmosphäre *Musik* verwendet. Sie wird i. d. R. von den Shoppern nur beiläufig wahrgenommen, kann aber Einfluss auf deren Stimmung und Verhalten nehmen. So hat sich gezeigt, dass Hintergrundmusik das Wohlbefinden der Shopper steigert und somit Wert für die Shopper schaffen kann, wenn sie sich mit den Erwartungen der Zielgruppe an die Atmosphäre der Einkaufsstätte und mit ihren Vorlieben deckt. Eindrucksvoll kann der so abgestimmte Einsatz der Hintergrundmusik bspw. im Textilhandel beobachtet werden, wo Geschäfte, die eher ein jugendliches und trendiges Publikum erreichen wollen, mit schneller, lauter Musik beschallt werden, während andere Händler, die sich eher an ein älteres Publikum wenden, langsamere und weniger aufdringliche Musik spielen. Auch in der Gastronomie wird Musik entsprechend der erwarteten Kundschaft eingesetzt. Freynschlag (2012) berichtet von einem Soundkonzept für das Wiener Restaurant Yamm, das entsprechend der Tageszeit unterschiedliche Klangfarben enthält, »von beschwingten Klängen zum Frühstück über flippige Musik am Nachmittag für Studenten bis zu ruhigerer Musik beim Abendessen«. In Supermärkten wird i. d. R. eine abgestimmte Mischung aus Musik und werbenden Inhalten gespielt, die zusätzlich zur positiven Atmosphäre auch verbale Kaufanreize geben soll. Auch hier wird die Musik an die Besucher angepasst, um eine möglichst positive Wirkung zu erzielen: So wird in bestimmten Bioläden Musik eingesetzt, die natürlich wirken soll (Freynschlag 2012).

Musik beeinflusst neben der Stimmungslage auch direkt das Kundenverhalten. Die Geschwindigkeit der Hintergrundmusik kann z. B. die Laufgeschwindigkeit der Shopper im Geschäft verändern. Bei langsamer Musik gehen Ladenbesucher langsamer als bei schneller Musik. Dies kann zur Folge haben, dass sich Shopper intensiver mit den Umgebungsstimuli auseinandersetzen und sich die Kontaktzeiten erhöhen. Daneben kann Musik auch direkt das Kaufverhalten lenken. Bei mit einer Marke assoziierten Musikstücken steigt die Wahrscheinlichkeit, dass die entsprechende Marke gewählt wird (Gröppel-Klein 2012): Ein Beitrag zur Erhöhung der Absatzzahlen und der Markenequity für den Hersteller.

Neben Musik setzen Händler aktuell vermehrt auf *Düfte*, um eine einzigartige, positive Wohlfühlatmosphäre zu schaffen. Hier zeigt sich, dass Frischedüfte die Kompetenzwahrnehmung des Geschäfts erhöhen. Zudem verbessern angenehm erlebte Düfte die Bewertung des Angebots durch die Kunden. Auch so kann die Kaufentscheidung positiv beeinflusst und ein Beitrag zur Erhöhung der Einkaufsstättenequity geleistet werden. Duftkongruente Inhalte werden besser erinnert und entsprechende Bedürfnisse werden beim Shopper geweckt. Bekanntes Beispiel für den Einsatz von Duft am POS sind die Geschäfte der Marke Abercrombie & Fitch.

Auch durch den gezielten Einsatz von *Licht* kann das Einkaufserlebnis des Shoppers und seine Kaufentscheidungen positiv beeinflusst werden. Hier wird in Hintergrund- oder atmosphärische Beleuchtung, die für eine Grundhelligkeit und Stimmung für den gesamten Verkaufsraum sorgt, in Direktbeleuchtung, die eine zielgerichtete Ausleuchtung bestimmter Bereiche sicherstellt und so die Aufmerksamkeit der Shopper lenkt, sowie eine Akzentbeleuchtung, die einzelne Produkte, Regale oder Formen besonders hervorhebt, unterschieden. So können einzelne (Anker-)Produktbereiche oder besonders impulsgetriebene Produkte hervorgehoben werden. Durch die so gelenkte Aufmerksamkeit kann das oftmals habitualisierte Verhalten der Shopper am POS unterbrochen werden. Gleichzeitig wird durch unterschiedliche Beleuchtung die Schaffung von abgegrenzten Produktwelten unterstützt und so der Herausforderung der Reizfülle am POS Rechnung getragen. Nicht zuletzt soll die Beleuchtung dazu beitragen, dass Produkte möglichst optimal wahrgenommen und Kaufimpulse gesetzt werden. So hat sich z. B.

gezeigt, dass warmweißes Licht das Rot von Burgundern, Riojas und Merlots betont, während Pinot Grigio und Sauvignon Blanc unter neutralweißem Licht besonders klar und erfrischend erscheinen (Philips 2011).

Ein wichtiges Entscheidungsfeld im Zusammenhang mit der Struktur und der Wegeführung ist die *Verteilung der Kategorien* innerhalb des Geschäfts. Grundlage ist das »Shopping Momentum«: Die Wahrscheinlichkeit für einen weiteren Kauf steigt, sobald der Kunde das erste Produkt in den Warenkorb gelegt hat (Dhar, Huber und Khan 2007). Um die Wertschöpfung für Hersteller und Händler im Sinne zusätzlicher Abverkäufe zu steigern, sollte zu Beginn des Kundenlaufs eine Kategorie platziert werden, die viele Kunden kaufen: Im Lebensmittelhandel ist das bspw. Obst und Gemüse. Im Elektrofachmarkt erfüllen DVDs oder CDs diesen Zweck.

Die Anzahl ungeplanter Käufe hängt eng mit der *Länge der Wegstrecke*, die ein Shopper im Geschäft zurücklegt, zusammen. Für Händler liegt es nahe, häufig aufgesuchte Kategorien möglichst gleichmäßig über die Fläche zu verteilen. Da Shopper so längere Strecken zurücklegen und mehr Produkte passieren, steigt die Wahrscheinlichkeit für Impulskäufe, mit denen kurzfristig eine Wertschöpfung für Händler gelingt (Inman, Winer und Ferraro 2009). Langfristig ist allerdings davon auszugehen, dass Shopper diejenigen Geschäfte bevorzugen, in denen sie ihre Einkäufe effizient erledigen können. Vor allem Shopper, die nur ein begrenztes Zeitbudget im Rahmen ihrer Prädisposition zur Verfügung haben und gezielt einzelne Produkte kaufen wollen, sollten durch die Anordnung der Kategorien und die Wegeführung unterstützt werden, um eine nachhaltige Wertschöpfung sicherzustellen (Food Product Design 2013).

Bedingung für eine effiziente Erledigung der Einkäufe ist die Vertrautheit eines Shoppers mit dem Geschäft. Auf der einen Seite werden mit dem Geschäft vertraute Shopper aufgrund einer effizienteren Wegstrecke durch das Geschäft automatisch mit weniger In-Store Stimuli konfrontiert (Huang et al. 2012). Zudem kann Vertrautheit dazu führen, dass sich der Shopper in geringerem Maße mit seiner Umgebung beschäftigt und dadurch weniger Marketingstimuli wahrnimmt und weniger ungeplante Käufe tätigt (Park, Iyer und Smith 1989). Auf der anderen Seite kann es im Interesse der Händler sein, die Vertrautheit mit dem Geschäft zu erhöhen: In vertrauten Geschäften ist die Orientierung und Zufriedenheit der Shopper höher, die Wahrscheinlichkeit für Kaufabbrüche sinkt und die Shopper geben insgesamt mehr Geld aus (Gröppel-Klein und Bartmann 2008). Nicht zuletzt wegen dieser positiven Auswirkungen auf die Wertschöpfung versuchen Händler durch geeignete *Beschilderungen* und technische Hilfsmittel, wie Digital Signage, die Orientierungsfreundlichkeit zu erhöhen. Außerdem setzen manche Händler darauf, die angebotenen Produkte einheitlich nach Bedarf zu bündeln und so eine vertraute Abfolge von Erlebnissen im Geschäft zu schaffen. Im Lebensmitteleinzelhandel kann dieses bei *Anordnung der Waren* in eine Frühstücks-, Mittags- und Abendbrot-Welt beobachtet werden, die sich im Kundenlauf aneinander anschließen. Die räumliche Nähe von Produkten, die ergänzende Bedürfnisse befriedigen, kann Mehrwert für alle Beteiligten bieten (Dünnebacke 2013): Kunden wird so die

Suche nach Produkten und die Auswahl erleichtert, Händler können über den Mehrwert für die Kunden deren Loyalität sichern sowie die Anzahl gekaufter Produkte erhöhen und Hersteller können gezielt den Absatz ihrer Produkte steigern. So konnte Rewe zur Erdbeersaison durch eine gemeinsame Platzierung von Produkten rund um die rote Frucht, eine Sonderplatzierung mit Waffelgebäck, Guss, Tortenböden, Sprühsahne, Backformen und Eierlikör den Absatz des Eierlikörs um 400 Prozent gegenüber dem Vorjahr steigern (Dünnebacke 2013). Dieses Ziel kann nur erreicht werden, wenn bei der Anordnung der Waren die Bedürfnisse und Kaufanlässe der Shopper Berücksichtigung finden.

5.2 Kommunikation

Ein weiteres Feld des Shopper Marketings umfasst die Kommunikation am POS, also aller an die Shopper gerichteten Botschaften im Verkaufsraum. Diese können für Kunden vor allem durch die Vermittlung von Informationen (z. B. zur Erleichterung der Kaufentscheidung oder Lenkung der Aufmerksamkeit auf ein Produkt), die Möglichkeit zur Interaktion mit dem Händler oder Hersteller (und damit der Gelegenheit, Einfluss auf das Angebot zu nehmen) oder durch die Schaffung positiver Erlebniswelten einen Mehrwert bedeuten. Im Idealfall resultiert hieraus auch ein Mehrwert für Händler und Hersteller: Eine Erleichterung der Kaufentscheidung kann die Wahrscheinlichkeit eines Kaufabbruchs verringern, die Interaktion mit den Kunden kann Hinweise für die Gestaltung des Leistungsangebots geben und die Schaffung positiver Erlebniswelten hilft, Kaufanreize zu setzen und das eigene Angebot von den Wettbewerbern abzugrenzen und somit Einkaufsstättenequity zu schaffen. Im Folgenden werden dazu das Personal, digitale Preisschilder und Guerilla Marketing als unterschiedliche Ansatzpunkte im Rahmen der persönlichen, neuartigen und überraschenden Kommunikation angeführt.

Je nach Branche und Vertriebstyp nehmen die *Mitarbeiter* des Händlers eine bedeutende Rolle bei der Kommunikation mit den Kunden ein. Mitarbeiter können einen positiven Einfluss auf die Stimmung der Shopper nehmen, was letztlich auch zu ungeplanten Käufen führen kann (Chang, Eckman und Yan 2011). Zudem spielt für viele Kunden das Personal bei der Kaufentscheidung für erklärungsbedürftige Produkte oder Leistungen eine wesentliche Rolle. Obwohl sich alle Kundengruppen zunehmend vorab im Internet informieren, ist es einer Studie des Unternehmens Commerz Finanz (2011) zufolge über 40 Prozent der Europäer wichtig, sich am POS für Fragen und Entscheidungshilfen an das Personal wenden zu können. Insbesondere vor dem Hintergrund komplexerer Sortimente (Reizfülle am POS) und austauschbarer Leistungen, die sich als Treiber von Kaufabbrüchen herausgestellt haben (Markus und Schwartz 2010), kann das Verkaufspersonal durch die Lieferung von Kaufgründen zu einem Abbau von Kaufbarrieren und somit zur Wertschöpfung beitragen.

Eine weitere Form der Kommunikation sind Preisauszeichnungen am Regal. Hier bieten *digitale Preisschilder* neue Möglichkeiten. Diese gibt es in einfacher Form, die lediglich den Preis und gegebenenfalls das Produkt digital darstellen. In den aufwändigeren

Varianten werden die Preisschilder am Regal zu kleinen Monitoren, in denen auch Filme abgespielt oder aufwändige Animationen präsentiert werden können. Neben einer positiven Wirkung auf die Atmosphäre (und somit auch auf die Stimmung der Shopper), können so direkt am Regal komplexere Informationen zu erklärungsbedürftigen Produkten angeboten werden oder markenbildende Inhalte mit den Produkten verbunden werden. Auf diese Weise wird der Bezug zu anderen Kommunikationsinhalten, wie bspw. zu Fernsehspots, im Rahmen der integrierten Kommunikation leichter möglich. In diesem Zusammenhang werden zudem Technologien diskutiert, die es ermöglichen, die Inhalte der digitalen Preisschilder auf den Shopper anzupassen und dadurch seine Aufmerksamkeit bzw. die Kontaktzeiten zu erhöhen. So könnte das Regal den Shopper anhand eines auf der Kundenkarte angebrachten RFID-Tags erkennen und auf den Shopper zugeschnittene Botschaften anzeigen.

Ein effektiver Weg, das gewohnte Verhalten zu ändern und die Kaufentscheidung auf neue Produktalternativen zu lenken, können Überraschungen sein, also die Schaffung einer Situation, die von den Erwartungen der Shopper abweicht. Überraschte Shopper unterbrechen ihre ansonsten habitualisierten Kaufentscheidungen und beziehen andere Produktalternativen in die Kaufentscheidung ein (Hutter und Hoffmann 2011). Das entsprechende Instrumentarium kann unter dem Begriff *Guerilla Marketing* zusammengefasst werden. Kern dieser Maßnahmen sind ungewohnte Stimuli am POS. Häufig werden hier ungewöhnlich geformte Displays oder Floorgraphics eingesetzt. Es gibt aber auch außergewöhnlichere Stimuli: Procter & Gamble testete für die Vermarktung von Pampers am POS grüne Gelpads (die entsprechenden Pamperspackungen sind grün), die an die Griffe von Einkaufswagen angebracht werden sollten. Die Pads waren mit dem Spruch »This is how it feels when your nappy needs changing« versehen. In entsprechenden Tests wurde diese Idee wieder verworfen: Sie war zwar aufmerksamkeitsstark und unterbrach das habitualisierte Kaufverhalten, führte aber dazu, dass sich Kunden bei der weiteren Beschäftigung mit dem Produkt unwohl fühlten und dieses Gefühl auch auf die Marke transferierten (Nelson und Ellison 2005). Außerdem zeigte der Handel Bedenken. Überraschung kann zwar zur Unterbrechung habitualisierten Verhaltens und zu einer kognitiven Auseinandersetzung mit der Botschaft führen. Wichtig ist dann aber auch der Inhalt der Botschaft, der durch die Aktion ausgelöst wird. Einen wichtigen Beitrag können zudem die Verpackung und das Produkt selbst leisten. So zeigte sich in bestimmten Kategorien bereits die Kennzeichnung eines Produkts als »NEU« oder »Mit neuer Rezeptur« als geeignet, die Aufmerksamkeit der Shopper darauf zu lenken und die habitualisierte Entscheidung zu unterbrechen und damit die Wahrscheinlichkeit eines ungeplanten Kaufs zu erhöhen.

Statt Argumente abzuwägen und Informationen zu durchdenken, verlassen sich Shopper häufig – ohne es zu merken – auf Umwelteinflüsse und treffen ihre Kaufentscheidungen am POS reaktiv. Die Kommunikation am POS kann solche kaufbeeinflussenden Umweltstimuli gezielt setzen. Erfolgversprechend ist das vor allem dann, wenn die Kommunikation am POS zuvor mit der Marke verbundene Inhalte aktiviert, die bspw. durch klassische Marketingkommunikation vermittelt wurden. Ein Beispiel hierfür ist der Ferrero Kinder Tag Truck, der im Jahr 2012 auf Parkplätzen vor Verbrauchermärkten Halt machte und Aktivitäten für Kinder bot. Ein zentrales Element war eine Figur eines Schokobons, die als Moderator und Fotomodell agierte und so die Verbindung zwischen Produkt und Werbung herstellte. Auch direkt am Regal – und somit während der Kaufentscheidung – wurden diese Elemente im Aktionszeitraum kommunikativ umgesetzt.

5.3   Produkt- und Leistungsangebot

Ein weiteres Entscheidungsfeld des Shopper Marketings betrifft die Gestaltung des Produkt- und Leistungsangebots. Neben der Abstimmung des Angebots auf die Kundenbedürfnisse empfiehlt es sich, die Entscheidungskomplexität zu beachten: Je komplexer eine Entscheidung für den Shopper ist, desto unwahrscheinlicher werden Impulskäufe und desto wahrscheinlicher Kaufabbrüche. Die Komplexität wird bspw. durch die *Anzahl der Produktalternativen oder durch ihre Austauschbarkeit* bestimmt. So zeigte sich, dass Shopper bei einer ansteigenden Menge austauschbarer Entscheidungsalternativen am POS eher den Kauf abbrechen oder, wenn trotzdem eine Entscheidung gefällt wird, mit der Entscheidung unzufriedener sind (Markus und Schwartz 2010). Hierauf können Händler reagieren, indem die angebotene Auswahl innerhalb einer Kategorie reduziert wird, was aber wiederum einen negativen Effekt auf Shopper haben kann, die entweder eine große Auswahl wünschen oder aber ein spezifisches Produkt suchen. Als wirksam hat sich seitens des Herstellers erwiesen, den Shopper in der Entscheidungsfindung bei großer Auswahl zu unterstützen, bspw. indem die Unterschiede zwischen den Alternativen auf der Verpackung oder am Regal verdeutlicht werden. Auf diese Weise kann vor allem der Herausforderung der Reizfülle am POS begegnet werden. Die so für die Kunden abnehmende Entscheidungskomplexität stellt für sie einen Mehrwert dar. Im Idealfall können Händler und Hersteller Wert durch zusätzliche, ungeplante Käufe und eine Reduktion von Kaufabbrüchen schaffen.

Daneben kann Mehrwert durch die Zusammenstellung der *Produktkategorien* geschaffen werden. Die Art der Produktkategorie beschreibt, ob es sich bei einem Produkt eher um ein hedonisches, mit Genuss verbundenes (z. B. Schokolade) oder um ein utilitaristisches, nützliches (z. B. Mehl) Produkt handelt. Hedonische Produkte rufen mehr positive Gefühle hervor als utilitaristische Produkte (Shiv und Fedorikhin 1999) und werden daher öfter impulsiv gekauft (Inman, Winer und Ferraro 2009). Die Kennzeichnung von Produkten als hedonisch und utilitaristisch wird häufig im Zusammenhang mit den Begriffen »vice« (Produkte, die vor allem dem Genuss dienen) und »virtue« (nützliche Produkte) in Zusammenhang gebracht. Hier hat sich gezeigt, dass als »vice« wahrgenommene Produkte eher gekauft werden, wenn bereits »virtue« Produkte gekauft wurden und umgekehrt. Oder anders ausgedrückt: Die Kaufwahrscheinlichkeit für die Packung Chips (»vice«) steigt, wenn der Kunde zuvor den Beutel Äpfel (»virtue«) gekauft hat. Dieser Effekt tritt vor allem dann auf, wenn Shopper eine Balance zwischen »vice« und »virtue« suchen (Khan und Dhar 2006). Hersteller und Händler können hierauf reagieren, indem sie gezielt für eine (von den Shoppern wahrgenommene) Balance aus »vice« und »virtue« Sorge tragen. Hier bieten sich Produktbestandteile (der Salat zum Hamburger oder gesunde Milch in der Schokolade) oder Abbildungen auf der Verpackung (gesunder Apfel auf Fruchtgummis) an. Auch durch eine entsprechende Platzierung der Kategorien kann eine Balance zwischen »vice« und »virtue« hergestellt und die Kaufwahrscheinlichkeit erhöht werden.

5.4   Preis

Schließlich sind Preise ein wesentliches Betätigungsfeld des Shopper Marketings. Dabei lassen sich vor allem kurzfristige Preis- oder Leistungsvorteile als wesentliches Gestaltungselement charakterisieren, um den Herausforderungen am POS zu begegnen und Wert zu schaffen. Exemplarisch wird hier auf Sonderangebote und In-Store Coupons als zwei unterschiedliche Ansatzpunkte zurückgegriffen.

Händler können durch *Sonderangebote*, die eine vorübergehende Preisreduktion darstellen, Einfluss auf die Beschäftigung mit dem reduzierten Produkt nehmen bzw. kurzen Kontaktzeiten und ggf. einer fehlenden Aufnahme in das Consideration Set des Shoppers entgegenwirken. Sonderangebote beeinflussen somit die Auswahl aus verschiedenen Produktalternativen und bestimmen, was konkret gekauft wird. Dabei können das habitualisierte Kaufverhalten unterbrochen und ungeplante Käufe forciert werden und letztlich für alle Beteiligten Wert geschaffen werden.

Gleiches gilt für *In-Store Coupons*, die als Waren- oder Wertgutscheine direkt am POS distribuiert werden und somit augenblicklich beim Einkauf eingelöst werden können. Sie bieten einen Preis- oder Leistungsvorteil. Oft handelt es sich um On-Pack Coupons, die an der Verpackung eines Produkts angebracht sind, oder um Coupons, die am Regal an die Kunden ausgegeben werden (Köhler et al. 2005). Ein solcher Coupon kann die Aufmerksamkeit auf ein Produkt lenken und somit kurzen Kontaktzeiten entgegenwirken. Gleichzeitig wird so dem oftmals reaktiven Verhalten der Shopper Rechnung getragen. In letzter Konsequenz können zusätzliche Käufe generiert (Heilman, Nakamoto und Rao 2002) und somit zur Wertschöpfung für den Händler in Form gesteigerter Absatzzahlen beigetragen werden.

6.   Zusammenfassung

Im Rahmen dieses Buchbeitrags wurde zunächst die Frage beantwortet, was konkret unter dem vielschichtigen Begriff des Shopper Marketings zu verstehen ist und in diesem Zusammenhang das Konzept des Shopper Marketings von klassischen Marketingkonzepten anhand der Fokussierung des dynamischen Entscheidungsverhaltens eines Shoppers am POS abgegrenzt. In diesem Kontext wurde Shopper Marketing als eine Marketingstrategie von Händlern und Herstellern bezeichnet, die auf Basis von Shopper Insights effektive Marketingmaßnahmen und -aktivitäten am POS etablieren kann, wodurch letztlich eine »triple-win« Situation für alle beteiligten Marktpartner geschaffen werden soll. Dabei konnte der grundlegende Zusammenhang zwischen der

Wertschöpfung für Shopper und der Wertschöpfung für Hersteller und Händler aufgezeigt werden. Erst wenn ein signifikanter Wert für den Kunden geschaffen werden kann, bspw. durch eine Verbesserung des Einkaufserlebnisses, sind Hersteller und Händler in der Lage nachhaltig erfolgreich zu sein und Wert zu schaffen. Notwendige Bedingung dafür ist das Wissen über das Kauf- und Informationsverhalten des Shoppers. Daher wurde in Abschnitt 4 der Shopper in den Mittelpunkt der Betrachtung gerückt und sein »Path to Purchase« am POS beleuchtet und sich daraus ergebende Herausforderungen an das Shopper Marketing skizziert. Auf Basis dessen wurden in Abschnitt 5 Ansatzpunkte für Hersteller und Händler im Rahmen eines operativen Shopper Marketings aufgezeigt, die den Prädispositionen der Shopper, ihrem reaktiven Verhalten, der Reizfülle und kurzen Kontaktzeiten am POS Rechnung tragen können und dadurch Shoppern am POS einen Nutzen bieten. Insgesamt kann festgehalten werden, dass sich dem Handel durch gezieltes Shopper Marketing eine neuartige Möglichkeit eröffnet, getreu dem Motto »Turning Shoppers into Buyers« Wert zu schaffen.

Literaturverzeichnis

Arnold, Mark J. und Kristy E. Reynolds (2009), »Affect and Retail Shopping Behavior: Understanding the Role of Mood Regulation and Regulatory Focus,« *Journal of Retailing,* 85 (3), 308–20.

Baun, Dorothea (2003), *Impulsives Kaufverhalten am Point of Sale.* Wiesbaden: Deutscher Universitäts-Verlag.

Bell, David R., Daniel Corsten und George Knox (2011), »From Point of Purchase to Path to Purchase: How Preshopping Factors Drive Unplanned Buying,« *Journal of Marketing,* 75 (1), 31–45.

Blackwell, Roger D., Paul W. Miniard und James F. Engel (2006), *Consumer Behavior.* Mason: Thomson South-Western.

Büttner, Oliver B. und Gunnar Mau (2004), »Kognitive und emotionale Regulation von Kaufhandlungen: Theoretische Impulse für eine prozessorientierte Betrachtung des Konsumentenverhaltens,« in *Fundierung des Marketing – Verhaltenswissenschaftliche Erkenntnisse als Grundlage einer angewandten Marketingforschung,* Klaus-Peter Wiedmann, Hrsg. Wiesbaden: Deutscher Universitäts-Verlag, 341–61.

Chang, Hyo-Jung, Molly Eckman und Ruoh-Nan Yan (2011), »Application of the Stimulus-Organism-Response Model to the Retail Environment: The Role of Hedonic Motivation in Impulse Buying Behavior,« *International Review of Retail, Distribution and Consumer Research,* 21 (3), 233–49.

Commerz Finanz (2011), »Europa Konsumbarometer 2011 – Konsum und Handel am Anfang des 21. Jahrhunderts,« Report.

Czech-Winkelmann, Susanne (2011), *Der neue Weg zum Kunden – Vom Trade-Marketing zum Shopper-Marketing.* Frankfurt am Main: Deutscher Fachverlag.

Dhar, Ravi, Joel Huber und Uzma Khan (2007), »The Shopping Momentum Effect,« *Journal of Marketing Research,* 44 (3), 370–78.

Dijksterhuis, Ap, Pamela K. Smith, Rick B. van Baaren und Daniël H. J. Wigboldus (2005), »The Unconscious Consumer: Effects of Environment on Consumer Behavior,« *Journal of Consumer Psychology,* 15 (3), 193–202.

Dobler, Volker, Hans-Georg Häusel und Thomas Rotthowe (2010), *Das Verbrauchervertrauen in Handelsunternehmen – Eine internationale Studie der Ebeltoft Group und der Gruppe Nymphenburg.* Freiburg: Haufe-Lexware.

Dünnebacke, Tobias (2013), »Verkaufsförderung – Die absatzfördernde Kunst des Querverkaufs,« *Lebensmittelpraxis* (28. Februar 2013).

Food Product Design (2013), »Consumers Favor Convenience Stores for On-The-Go Snacks,« (*Zugriff am 03.08.2013*), [http://www.foodproductdesign.com/news/2013/07/consumers-fa¬ vor-convenience-stores-for-on-the-go.aspx].

Freynschlag, Sophia (2012), »Wie Musik die Kunden beeinflusst,« *Wiener Zeitung* (1. Februar 2012).

Giering, Annette (2000), *Der Zusammenhang zwischen Kundenzufriedenheit und Kundenloyalität – Eine Untersuchung moderierender Effekte*. Wiesbaden: Deutscher Universitäts-Verlag.

GMA und Deloitte (2007), »Shopper Marketing: Capturing a Shopper's Mind, Heart and Wallet,« Report.

Gröppel-Klein, Andrea (2012), »Point-of-Sale-Marketing,« in *Handbuch Handel*, Joachim Zentes, Bernhard Swoboda, Dirk Morschett und Hanna Schramm-Klein, Hrsg. Wiesbaden: Springer Gabler, 645–69.

Gröppel-Klein, Andrea und Benedikt Bartmann (2008), »Anti-Clockwise or Clockwise? The Impact of Store Layout on the Process of Orientation in a Discount Store,« *European Advances in Consumer Research*, 8, 415–16.

GS1 Germany (2011), »(Un)geplantes Kaufverhalten – Erklären und Managen. Eine Studie der Universität zu Köln und der GfK Marktforschung in Zusammenarbeit mit der GS1 Germany,« Report.

Hallowell, Roger (1996), »The Relationships of Customer Satisfaction, Customer Loyalty, and Profitability: An Empirical Study,« *International Journal of Service Industry Management*, 7 (4), 27–42.

Heilman, Carrie M., Kent Nakamoto und Ambar G. Rao (2002), »Pleasant Surprises: Consumer Response to Unexpected In-Store Coupons,« *Journal of Marketing Research*, 39 (2), 242–52.

Huang, Yanliu, Sam K. Hui, J. Jeffrey Inman und Jacob A. Suher (2012), »Capturing the »First Moment of Truth«: Understanding Point-of-Purchase Drivers of Unplanned Consideration and Purchase,« Arbeitspapier.

Hutter, Katharina und Stefan Hoffmann (2011), »Guerrilla Marketing: The Nature of the Concept and Propositions for Further Research,« *Asian Journal of Marketing*, 5 (2), 39–54.

Inman, J. Jeffrey, Russell S. Winer und Rosellina Ferraro (2009), »The Interplay Among Category Characteristics, Customer Characteristics, and Customer Activities on In-Store Decision Making,« *Journal of Marketing*, 73 (5), 19–29.

Khan, Uzma und Ravi Dhar (2006), »Licensing Effect in Consumer Choice,« *Journal of Marketing Research*, 43 (2), 259–66.

Köhler, Sven, Torsten Tomczak, Andrea Rumler und Sven Reinecke (2005), *Kundenbeziehungsmanagement und der Einsatz von Coupons im stationären Einzelhandel – Eine länderübergreifende Studie in Deutschland, Österreich und der Schweiz*. St. Gallen: Thexis.

Markus, Hazel Rose und Barry Schwartz (2010), »Does Choice Mean Freedom and Well-Being?,« *Journal of Consumer Research*, 37 (2), 344–55.

Nelson, Emily und Sarah Ellison (2005), »Shelf Promotion: In a Shift, Marketers Beef Up Ad Spending Inside Stores,« *Wall Street Journal*, (21. September 2005), A1.

Park, C. Whan, Easwar Iyer und Daniel C. Smith (1989), »The Effects of Situational Factors on In-Store Grocery Shopping Behavior: The Role of Store Environment and Time Available for Shopping,« *Journal of Consumer Research*, 15 (4), 422–33.

Philips (2011), »Supermärkte – See What Light Can Do For Your Shop,« Report.

Shankar, Venkatesh, J. Jeffrey Inman, Murali Mantrala, Eileen Kelley und Ross Rizley (2011), »Innovations in Shopper Marketing: Current Insights and Future Research Issues,« *Journal of Retailing*, 87S (1), 29–42.

Shiv, Baba und Alexander Fedorikhin (1999), »Heart and Mind in Conflict: The Interplay of Affect and Cognition in Consumer Decision Making,« *Journal of Consumer Research*, 26 (3), 278–92.

Stilley, Karen M., J. Jeffrey Inman und Kirk L. Wakefield (2010), »Planning to Make Unplanned Purchases? The Role of In-Store Slack in Budget Deviation,« *Journal of Consumer Research*, 37 (2), 264–78.

Kapitel 7:   Wertschöpfung durch Kundenintegration

von Dr. Monika Käuferle, Annette Ptok und Prof. Dr. Werner Reinartz

1.   Überblick

Der Kunde ist heutzutage nicht mehr ausschließlich passives Mitglied des Wertschöpfungsprozesses, sondern wird zunehmend aktiv in die Wertschöpfungsaktivitäten des Unternehmens eingebunden. Die einzelnen Aktivitäten, die der Handel ursprünglich vollständig für den Kunden ausgeführt hat, werden immer häufiger entweder in Kooperation mit dem Kunden vollzogen (Co-Kreation) oder vollständig an den Kunden ausgelagert (Self-Service). So ist der heutige Kunde bereits mit verschiedensten Ansätzen dieser sogenannten »Kundenintegration«, wie beispielsweise dem Self-Checkout bei Ikea oder der eigenständigen Online-Zusammenstellung eines Nike Sportschuhs, vertraut.

Der beschriebene Trend eröffnet neue Möglichkeiten, vielfältigen Mehrwert für das Unternehmen und zugleich auch für den Kunden zu generieren. Aus Unternehmensperspektive liegt dieses Wertschöpfungspotenzial unter anderem in der Möglichkeit, (1) Kundenloyalität, (2) Umsatzmengen und/oder (3) Ergebnisverbesserung (Gewinne als Differenz aus Gesamterlösen und Kosten) zu steigern. Dabei handelt es sich bei der Umsatzsteigerung um den Anstieg im mengenmäßigen Abverkauf von Waren und bei der Ergebnisverbesserung wird Wert durch eine Erhöhung des Gewinns zum einen durch Kostenreduktionen oder zum anderen durch Preissteigerungen geschaffen. Aus Kundenperspektive stellen vor allem (1) eine qualitativ bessere Kaufentscheidung, (2) Zeitersparnis und/oder (3) Kosteneinsparungen im Kaufprozess einen großen Mehrwert dar. Das vorliegende Kapitel befasst sich mit diesen zahlreichen Wertschöpfungspotenzialen, die durch die Integration des Kunden in den Wertschöpfungsprozess entstehen.

Nach einer kurzen Beschreibung der relevanten Veränderungen in der Handelslandschaft, die die Integration des Kunden begünstigen, werden die begrifflichen Grundlagen von Kundenintegration erläutert. Im Anschluss daran werden verschiedene Möglichkeiten der Kundenintegration entlang des Wertschöpfungsprozesses aufgezeigt. In diesem Rahmen wird diskutiert, wie durch Kundenintegration sowohl auf Unternehmens- als auch auf Kundenseite Wert geschaffen werden kann und mit welchen Herausforderungen sich der Handel heute durch den Trend zur Kundenintegration konfrontiert sieht (▶ Abb. 7.1).

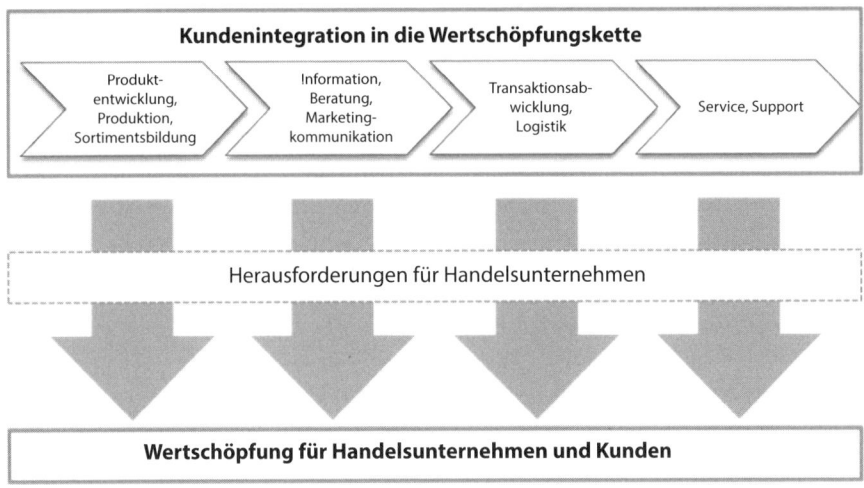

Abb. 7.1: Kapitelüberblick

2. Veränderungen in der Handelslandschaft

Die Integration des Kunden in die Wertschöpfung wird durch zwei zentrale Veränderungen in der Handelslandschaft begünstigt: Den technologischen Fortschritt, insbesondere in der Informationstechnologie, und die daraus entstehenden neuen Vertriebskanäle.

Der rapide technologische Fortschritt bietet dem Handel eine Vielzahl neuer Möglichkeiten, sowohl im stationären Geschäft (offline) als auch im Internet (online) mit dem Kunden in Kontakt zu treten und ihn in den Wertschöpfungsprozess einzubinden. Im Offline-Bereich wurden dadurch verschiedene neue Möglichkeiten der Integration geschaffen, mit denen Kunden heutzutage bereits vertraut sind und die sie zunehmend bereitwillig nutzen. Kunden des Händlers real,- scannen z. B. ihre Produkte inzwischen selbstständig an der Kasse, aber auch Lufthansa nutzt den technologischen Fortschritt zur Kundenintegration, indem der Kunde beispielsweise sein Ticket als QR-Code auf das Smartphone geschickt bekommt und dieses beim Boarding an den Sensor des Schalters hält. Ein weiteres Beispiel der Integration des Kunden stellt der sogenannte »dm-Service-Punkt« des Drogeriehändlers dm dar. Hier kann der Kunde eigenständig Auskünfte zu Produktpreisen und Inhaltsstoffen einholen, indem die Ware über den Monitor des Selbstbedienungsautomats gescannt wird.

Derartige technologische Neuerungen in den Geschäften ermöglichen die Einbindung des Kunden in den Wertschöpfungsprozess. Kunden übernehmen auf diesem Weg Arbeitsschritte des Händlers und tragen damit einen eigenen signifikanten Anteil zur Wertschöpfung bei. Auf diese Weise reduzieren sich nicht nur die Personalkosten des Unternehmens (geringere Kosten und/oder höhere Gewinne); auch Kunden profitieren von ihrer Eigenbeteiligung z. B. durch kürzere Wartezeiten im Servicebereich und an der Kasse (Zeitersparnis).

Die stetige Entwicklung von Informations- und Kommunikationstechnologien führt auch zu einer zunehmenden Verbesserung der Online-Schnittstelle zwischen Unternehmen und Kunden und begünstigt dadurch ebenfalls die Integration des Kunden in den Wertschöpfungsprozess. Das Internet ermöglicht Konsumenten den unkomplizierten und zeitlich ungebundenen Zugriff auf anbieterübergreifende Informationen und Produkte und ermöglicht Kunden somit die eigenständige und unternehmensunabhängige Informationssuche (Grewal, Iyer und Levy 2004). Diese Entwicklung bildet die Grundlage für die Einbindung des Kunden in die Wertschöpfung über das Internet.

Die Entstehung neuer mobiler Kanäle gestaltet diesen Zugriff sogar noch komfortabler. Kunden können heutzutage mittels mobiler Endgeräte wie Smartphones oder Tablet-Computer zeit- und ortsungebunden über Internetseiten oder Applikationen auf die Informations- und Produktangebote unzähliger Händler zugreifen. Dieser neue mobile Vertriebs- und Informationskanal erfreut sich zunehmender Beliebtheit. Das mobile Internet über Smartphones wird mittlerweile von ca. 20 Mio. Deutschen genutzt (AGOF 2012).

Aber auch die Interaktivität der Online-Schnittstelle hat sich durch die technologischen Fortschritte stark weiterentwickelt. Es hat sich eine Netzwerkstruktur entwickelt, über die Kunden nicht nur mit Unternehmen, sondern auch mit anderen Konsumenten und Freunden im Rahmen des Kaufprozesses kommunizieren können. So können sich Kunden heute über soziale Netzwerke oder Onlineforen vor dem Kauf über Produkteigenschaften oder die jeweilige Produkteignung austauschen und somit die Beratungsfunktion des Händlers übernehmen. Aber auch nach dem Kauf werden solche interaktiven Plattformen gerne genutzt, um zum Beispiel Anwendungsprobleme zu diskutieren und zu lösen. Auf diesem Wege übernimmt der Kunde nun auch zum Teil die Serviceleistung des Händlers in der Nachkaufphase.

3. Integration des Kunden entlang der Wertschöpfungskette: Indikatoren betriebswirtschaftlicher Wertschöpfung

Die Integration des Kunden durch Handelsunternehmen wird im Folgenden entlang des Wertschöpfungsprozesses betrachtet. Dabei wird der Wertschöpfungsprozess, wie in Abbildung 7.2 dargestellt, in vier zentrale Bereiche unterteilt: (1) Produktentwicklung, Produktion und Sortimentsgestaltung (2) Informationsbereitstellung, Beratung und Marketingkommunikation, (3) Transaktionsabwicklung und Logistik und (4) Service und Support.

Kunden können grundsätzlich in jeden dieser vier Bereiche integriert werden (Kundenintegration). Der Grad an Integration kann allerdings von einem sehr niedrigen bis zu einem sehr hohen Grad variieren (Bendapudi und Leone 2003; Blazevic und Lievens 2008; Dong, Evans und Zou 2007; Meuter und Bitner 1998). Wird der Kunde nicht oder kaum integriert (Kundensegregation), bedeutet dies im Umkehrschluss, dass der Händler selbst noch stark in die Ausführung der jeweiligen Wertschöpfungsaktivität involviert ist. Je höher der Grad an Kundenintegration, desto geringer wird der Wertschöpfungsbeitrag des Händlers bei der jeweiligen Aktivität. Wie in Abbildung 7.3 veranschaulicht, wird im Folgenden der Grad an Kundenintegration in drei Stufen betrachtet:

1. Kundensegregation. Der Grad an Kundenintegration ist sehr niedrig, da diese Form die traditionelle Rollenverteilung zwischen Kunde und Unternehmen beschreibt und somit nur die minimalsten Anforderungen an Kundenaktivität stellt. Der Kunde wird, wenn überhaupt, in die üblichen Aktivitäten der Transaktionsabwicklung eingebunden. Dies bedeutet, dass das Unternehmen den kompletten Wertschöpfungsprozess ohne aktives Mitwirken des Kunden durchführt. Er ist somit passiver Leistungsempfänger (Sawhney, Verona und Prandelli 2005).

2. Co-Kreation. In Kooperation mit dem Kunden wird Wert für das Unternehmen und den Kunden geschaffen (Payne, Storbacka und Frow 2008). Entgegen der traditionellen Interaktion zwischen Kunde und Unternehmen, wird der Kunde in der Form der Co-Kreation zu einem gewissen Level in eine Wertschöpfungsaktivität integriert und interagiert in diesem Rahmen mit dem Unternehmen (Unternehmen ⇔ Kunde). Co-Kreation bedeutet also, dass der Kunde den Händler in seinen Aufgaben unterstützt und damit den Aufwand des Handelsunternehmens reduziert. Der Händler bleibt weiterhin aktiv und trägt die Hauptverantwortung für die jeweilige Wertschöpfungsaktivität.

3. Self-Service. Die eigenständige Übernahme von Wertschöpfungsaktivtäten durch den Kunden und der gleichzeitige Verzicht auf Unterstützung durch das Handelsunternehmen während der entsprechenden Aktivität wird als Self-Service bezeichnet (Meuter et al. 2000, S. 60). Dies ist die stärkste Form der Kundenintegration, da der Händler seine Wertschöpfungsaktivität (fast) vollständig an den Kunden auslagert. Es gibt zweierlei Möglichkeiten, den Kunden in dieser extremen Form zu integrieren: Entweder wird die entsprechende Wertschöpfungsaktivität vollständig durch den Kunden selbst ausgeführt oder sie wird in Zusammenarbeit/Interaktion von mehreren Kunden (in beiden Fällen ohne Interaktion mit dem Unternehmen) ausgeübt (Kunde ⇔ Kunde).

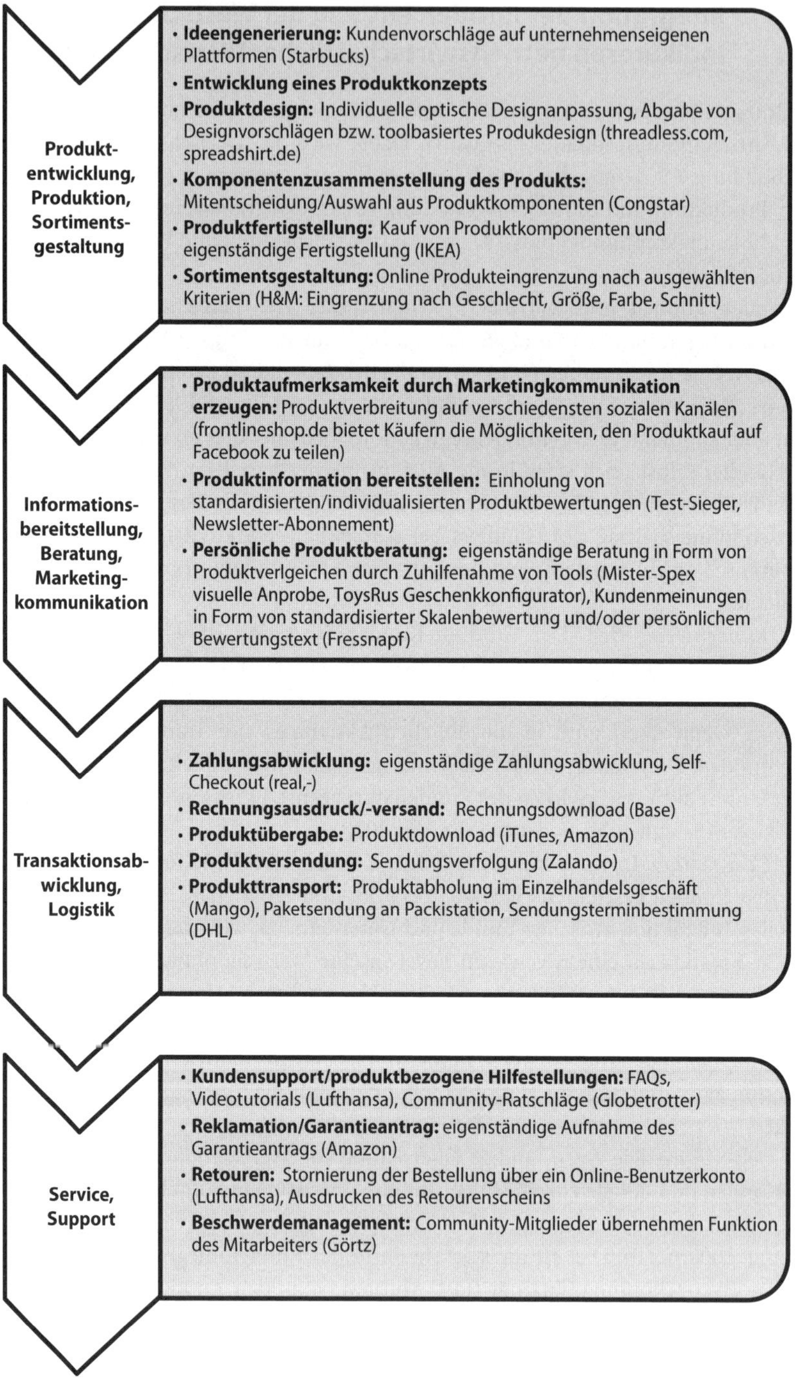

**Produkt-
entwicklung,
Produktion,
Sortiments-
gestaltung**

- **Ideengenerierung:** Kundenvorschläge auf unternehmenseigenen Plattformen (Starbucks)
- **Entwicklung eines Produktkonzepts**
- **Produktdesign:** Individuelle optische Designanpassung, Abgabe von Designvorschlägen bzw. toolbasiertes Produkdesign (threadless.com, spreadshirt.de)
- **Komponentenzusammenstellung des Produkts:** Mitentscheidung/Auswahl aus Produktkomponenten (Congstar)
- **Produktfertigstellung:** Kauf von Produktkomponenten und eigenständige Fertigstellung (IKEA)
- **Sortimentsgestaltung:** Online Produkteingrenzung nach ausgewählten Kriterien (H&M: Eingrenzung nach Geschlecht, Größe, Farbe, Schnitt)

**Informations-
bereitstellung,
Beratung,
Marketing-
kommunikation**

- **Produktaufmerksamkeit durch Marketingkommunikation erzeugen:** Produktverbreitung auf verschiedensten sozialen Kanälen (frontlineshop.de bietet Käufern die Möglichkeiten, den Produktkauf auf Facebook zu teilen)
- **Produktinformation bereitstellen:** Einholung von standardisierten/individualisierten Produktbewertungen (Test-Sieger, Newsletter-Abonnement)
- **Persönliche Produktberatung:** eigenständige Beratung in Form von Produktverlgeichen durch Zuhilfenahme von Tools (Mister-Spex visuelle Anprobe, ToysRus Geschenkkonfigurator), Kundenmeinungen in Form von standardisierter Skalenbewertung und/oder persönlichem Bewertungstext (Fressnapf)

**Transaktionsab-
wicklung,
Logistik**

- **Zahlungsabwicklung:** eigenständige Zahlungsabwicklung, Self-Checkout (real,-)
- **Rechnungsausdruck/-versand:** Rechnungsdownload (Base)
- **Produktübergabe:** Produktdownload (iTunes, Amazon)
- **Produktversendung:** Sendungsverfolgung (Zalando)
- **Produkttransport:** Produktabholung im Einzelhandelsgeschäft (Mango), Paketsendung an Packistation, Sendungsterminbestimmung (DHL)

**Service,
Support**

- **Kundensupport/produktbezogene Hilfestellungen:** FAQs, Videotutorials (Lufthansa), Community-Ratschläge (Globetrotter)
- **Reklamation/Garantieantrag:** eigenständige Aufnahme des Garantieantrags (Amazon)
- **Retouren:** Stornierung der Bestellung über ein Online-Benutzerkonto (Lufthansa), Ausdrucken des Retourenscheins
- **Beschwerdemanagement:** Community-Mitglieder übernehmen Funktion des Mitarbeiters (Görtz)

Abb. 7.2: Der Wertschöpfungsprozess von Handelsunternehmen

Self-Service bedeutet also, dass der Kunde Aufgaben des Händlers (nahezu) vollständig übernimmt und damit den Arbeitsaufwand des Händlers minimiert. Der Händler wird zum passiven Wertschöpfungspartner in der jeweiligen Wertschöpfungsaktivität; die Hauptverantwortung liegt somit beim Kunden.

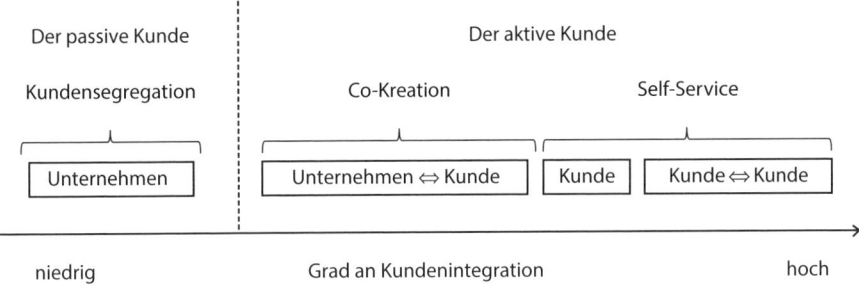

Abb. 7.3: Formen der Kundenintegration

Im Folgenden wird veranschaulicht, welche Möglichkeiten Unternehmen besitzen, den Kunden entlang des Wertschöpfungsprozesses durch Co-Kreation oder Self-Service online und offline zu integrieren und welche Rolle der Kunde damit in der Wertschöpfung einnimmt. Außerdem wird herausgestellt, inwiefern die eingangs genannten Wertschöpfungspotenziale für Handelsunternehmen (Kundenloyalität, Umsatzmenge, Ergebnisverbesserung) und Kunden (qualitativ bessere Kaufentscheidung, Zeitersparnis, Kosteneinsparung) durch Integrationsmaßnahmen erreichbar sind.

3.1 Wertschöpfung durch Integration des Kunden in: Produktentwicklung, Produktion und Sortimentsgestaltung

Dieser erste Teil des Wertschöpfungsprozesses umfasst die Wertschöpfungsaktivitäten Produktentwicklung (Ideengenerierung, Konzeptentwicklung, Designkreation), Produktion (Komponentenzusammenstellung, Fertigung) und Sortimentsgestaltung.

Neben Herstellerunternehmen betreffen die Wertschöpfungsaktivitäten Produktentwicklung und Produktion zunehmend auch Handelsunternehmen, da diese verstärkt vertikal rückwärtsintegrieren und ihre eigenen Produkte (Eigenmarken) auf den Markt bringen (AC Nielsen 2005). In verschiedensten Handelskategorien haben sich Händler auf solche sogenannte Eigenmarken fokussiert. Der Lebensmittelhändler Rewe zum Beispiel bietet Eigenmarken sowohl in niedrig- als auch in hochpreisigen Produktsegmenten mit den Marken »ja!« im Discountsegment, der Handelsmarke »Rewe Beste Wahl«, der Ökomarke »Rewe Bio« und der Premium-Handelsmarke »Rewe feine Welt« an. Rossmann und dm als Drogeriehändler folgen diesem Trend ebenfalls mit einer Vielzahl an Eigenmarken.

Handelsunternehmen übernehmen im Rahmen der Rückwärtsintegration aber nicht immer den kompletten Schritt der Produktentwicklung und Produktion, sondern fokussieren sich zum Teil auf einzelne der oben genannten Wertschöpfungsaktivitäten.

So stellt H&M zwar keine eigenen Produkte her, erstellt die Produktdesigns aber vollkommen eigenständig.

Zudem stellt der Händler in seiner klassischen Sortimentsfunktion ein adäquates Produktsortiment für seine Kunden zusammen, das die Kundenansprüche bestmöglich erfüllt.

Je nachdem, welche Wertschöpfungsaktivitäten durch den Handel ausgeführt werden, besteht die Möglichkeit, den Kunden in den Wertschöpfungsprozess zu integrieren. Dieser übernimmt dabei je nach Integrationsgrad die Rolle des (Co-)Entwicklers und/oder des (Co-)Produzenten.

Der Kunde als (Co-)Entwickler. Der Kunde trägt als (Co-)Entwickler zur Wertschöpfung bei, indem er in die Produktentwicklung und Sortimentsgestaltung eingebunden wird. Dies geschieht zumeist über das Internet. So integriert Starbucks zum Beispiel Kunden durch Co-Kreation in den Generierungsprozess von neuen Produktideen. Dabei werden diese aufgefordert auf einer unternehmenseigenen Internetplattform Ideenbeiträge zu liefern, welche anschließend vom Unternehmen weiterverarbeitet werden (Produktentwicklung). Das Handelsunternehmen spreadshirt.de bindet seine Kunden vergleichsweise noch stärker in den Designprozess der verkauften T-Shirts ein. Kunden können ihre eigenen T-Shirt Designs hochladen und so ohne Einwirkung des Händlers (Self-Service) selbstständig als Entwickler über das Design der Shirts bestimmen (Produktentwicklung). Da die selbstkreierten Designs sowohl von dem integrierten Kunden als auch von anderen Kunden gekauft werden können, gestaltet der Kunde somit auch das Produktsortiment aktiv mit.

Der Kunde als (Co-)Produzent. Der Wertschöpfungsbeitrag des Kunden als (Co-) Produzent liegt in der Zusammenstellung und/oder Fertigstellung des Produkts (Produktion). Im Internet wird der Kunde über entsprechende Webseiten-Tools in die Produktzusammenstellung integriert. Bekannte Beispiele für diese Art der Kundenintegration liefern die Online-Händler mymuesli oder chocri meine Schokolade. Der Kunde kann hier zwischen verschiedenen Zutaten wählen und ein individuelles Müsli bzw. eine individuelle Schokolade zusammenstellen (Komponentenzusammenstellung). Er arbeitet dabei über eine Online-Plattform in Interaktion mit dem Unternehmen, da im Prozess der Zusammenstellung auf vorgegebene Lebensmittelkomponentenzugegriffen wird. Auf diesem Wege ist der Kunde auch in der Rolle als Co-Produzent in die Sortimentsgestaltungsfunktion des Händlers involviert. Denn durch die Einbindung des Kunden als (Co-)Produzent passt er die Produkte des Sortiments an. Die online co-kreierten Produkte können anschließend auch von anderen Kunden gekauft werden.

IKEA und Youcook sind dagegen prominente Beispiele, welche Kundenintegration im Offlinekanal umgesetzt haben. Der schwedische Möbelhändler integriert seine Kunden durch Co-Kreation, indem diese im Geschäft die Möglichkeit haben, Möbelstücke wie zum Beispiel den Pax-Kleiderschrank, eigenständig aus verschiedenen Produktkomponenten individuell zusammenzustellen (Produktion: Komponentenzusammenstellung). Dabei stellt IKEA die Produktbestandteile in diversen Farben und Ausführungen separat zur Verfügung und der Kunde kombiniert seinen Kleiderschrank gemäß seinen Vorstellungen.

Das Jungunternehmen Youcook agiert in der Lebensmittelbranche und bedient sich der Form des Self-Services. Das Unternehmen verkauft sogenannte »Kochkits« für verschiedene Fertiggerichte, die der Kunde zu Hause eigenständig nach Anleitung zubereitet. Ein solches Kochkit enthält alle für das Gericht benötigten Zutaten und ist bereits auf die notwendige Menge portioniert. Der Kunde führt auch in diesem Beispiel einen Teil der ursprünglichen Wertschöpfungsaktivität des Händlers der Produktion (Fertigstellung) selbstständig von zu Hause durch.

Wertschöpfungspotenzial für den Kunden

(a) Potenzial zur Erzielung einer qualitativ besseren Kaufentscheidung. Die Integration des Kunden in Wertschöpfungsaktivitäten der Produktentwicklung, Produktion (Komponentenzusammenstellung) und Sortimentsanpassung kann zu einer qualitativ besseren Kaufentscheidung für den Kunden führen. Denn dieser erhält durch seine aktive Teilnahme am Wertschöpfungsprozess Zugriff auf ein weitestgehend an die eigenen Bedürfnisse angepasstes Sortiment und/oder Produkt (Franke, Keinz und Steger 2009; Randall, Terwiesch und Ulrich 2007).

(b) Potenzial zur Erzielung von Zeitersparnis. Die Integration des Kunden in die Produktentwicklung, Produktion (Komponentenzusammenstellung) und Sortimentsgestaltung geht mit einem zeitlichen Aufwand auf Kundenseite einher. Denn dieser muss sich zunächst mit den zur Verfügung stehenden Produktbestandteilen vertraut machen, Abwägungen treffen und die einzelnen Produktkomponenten zusammenstellen. Darüber hinaus muss der Kunde im Rahmen der Komponentenzusammenstellung die grundlegende Bedienung des jeweiligen Produktkonfigurators erlernen, was, je nach Komplexität des Tools, einen signifikanten Zeitaufwand bedeuten kann. Dies hat jedoch nicht zwangsläufig negative Auswirkungen auf den geschaffenen Mehrwert. Wie die Ergebnisse der Studie von Franke und Schreier (2010) belegen, wirkt der zusätzliche Aufwand, den Konsumenten im Rahmen der Integrationsmaßnahmen erbracht haben, bei einer hohen Übereinstimmung von Kundenerwartungen mit dem tatsächlichem Resultat, positiv auf den geschaffen Mehrwert. Wird der Kunde allerdings in die Aktivität der Produktion (Fertigstellung) integriert, so kann er von einem schnelleren Kaufprozess profitieren, da er die Fertigstellung des Produkts in Eigenregie, zeitlich unabhängig von der Verfügbarkeit des Handelsunternehmens, durchführen kann.

(c) Potenzial zur Erzielung von Kosteneinsparungen. Erwartungsgemäß sollten Integrationsmaßnahmen für den Kunden in einem effizienteren Kaufprozess resultieren, da der Kunde das Unternehmen durch seine Mitarbeit entlastet. Dies lässt sich allerdings in der Praxis bislang nur selten beobachten. Die Integration des Kunden im Rahmen der Produktion resultiert oftmals sogar in einem Preisaufschlag, da Händler den durch die individuelle Fertigung entstandenen zusätzlichen Aufwand aufwiegen möchten.

Wertschöpfungspotenzial für das Unternehmen

(a) Potenzial zur Erzielung von Loyalität. Durch das implizite Angebot individuell passender Produktangebote kann die Kundenzufriedenheit gesteigert werden, was wiederum zu einer erhöhten Loyalität zum Unternehmen führt. Ferner kommen Troye und Supphellen (2012) zu dem Ergebnis, dass insbesondere in der Produktion

(Fertigstellung), Kunden ihre Eigenleistung positiv auf das Endprodukt übertragen und sich dadurch die subjektive Wahrnehmung der Produktqualität erhöht, sodass Unternehmen durch die Kundenintegration eine stärkere Beziehung zwischen Kunde und Produkt aufbauen können.

Die Integration des Kunden in die Produktentwicklung kann zudem durch unterhalterischen Mehrwert zu Kundenzufriedenheit führen, da die kreative Arbeit z. B. im Rahmen der Produktentwicklung vielen Kunden Spaß macht. Im Rahmen der Untersuchung von Franke und Schreier (2010) wird aufgezeigt, dass das Vergnügen am Designprozess (Produktentwicklung) ebenfalls einen verstärkenden Effekt auf den subjektiven Mehrwert für den Kunden schafft. Darüber hinaus kann der Kunde durch die Mitwirkung am Produktentwicklungsprozess soziale Anerkennung bei Mitmenschen erzielen. Diese »Erlebniskomponente« stärkt die Beziehung zum Unternehmen und somit die Differenzierung gegenüber Wettbewerbern (Prahalad und Ramaswamy 2000; 2004). Prahalad und Ramaswamy (2004, S. 10) sprechen in diesem Zusammenhang von »cocreating experiences as the source of unique value«, demnach gemeinsam mit dem Kunden eine einzigartige Erfahrung zu schaffen, um Wert zu erzeugen und somit Wettbewerbsvorteile auszuschöpfen.

(b) Potenzial zur Erzielung höherer Umsätze. Handelsunternehmen haben durch die Einbeziehung von Kunden in die Produktentwicklung Zugang zu neuen, wertvollen Produkt- und Gestaltungsideen, die auf die entsprechende Bedürfnisbefriedigung ausgerichtet sind (Gruner und Homburg 2000).

Die Ergebnisse der Studie von Gruner und Homburg (2000) zeigen, dass die Integration des Kunden in die Stufe der Produktentwicklung (insbesondere Ideengenerierung und Konzeptentwicklung) die Erfolgswahrscheinlichkeit von Neuprodukten erhöht. Die Unterphasen der Produktentwicklung (Ideengeneration, Konzeptentwicklung und Designkreation) sind keineswegs gleichbedeutend im Hinblick auf die Erfolgswahrscheinlichkeit. Im Vergleich zur Ideengenerierung wird der Konzeptentwicklung eine stärkere Bedeutung zugemessen, da der Kunde in dieser Wertschöpfungsstufe explizite Umsetzungsvorschläge dem Handelsunternehmen kommunizieren kann, anstelle von vagen Ideen. Kunden tragen ihre Bedürfnisse im Rahmen ihrer aktiven Teilnahme am Wertschöpfungsprozess offen an das Unternehmen heran. Unternehmen können auf diesem Wege Marktlücken erkennen und schließen und somit sowohl bestehende Kundensegmente besser bedienen als auch neue erschließen.

Außerdem haben Online-Händler im Rahmen der Produktion (Komponentenzusammenstellung) und Sortimentsgestaltung zusätzlich die Möglichkeit, basierend auf einer Kombination aus der aktuellen Suchhistorie und vergangenen Produktkäufen anderer Käufer, dem Kunden ein abgestimmtes Produktsortiment anzubieten, sodass die Kaufwahrscheinlichkeit durch eine zufriedenstellende Angebotspalette gesteigert wird.

(c) Potenzial zur Ergebnisverbesserung. Durch die Identifikation von Kundenbedürfnissen im Rahmen der Produktentwicklung, Produktion (Komponentenzusammenstellung) und Sortimentsgestaltung wird die Gefahr des Misserfolgs von Neuprodukten reduziert (Gruner und Homburg 2000; Ernst et al. 2011; Joshi und Sharma 2004; Lilien et al. 2002; Ogawa und Piller 2006). Händler können dadurch unnötige Kosten vermeiden und somit ihr Ergebnis verbessern. Darüber hinaus kann das Unternehmen durch die

Ausgliederung von Fertigstellungsaktivitäten Kosten durch Mitarbeitereinsparungen reduzieren. Welche Vorteile aus der Integration des Kunden in die Wertschöpfungsstufe der Produktentwicklung (Designkreation) resultieren, untersuchen Schreier, Fuchs und Dahl (2012) in ihrer Studie. Die Autoren belegen, dass die durch Kunden kreierten Produktdesigns zu einer gesteigerten Wahrnehmung der Innovationsfähigkeit eines Unternehmens führen. Dies wiederum hat einen positiven Effekt auf Performance-Variablen wie Wiederkaufsabsicht und Zahlungsbereitschaft des Kunden. Die Ergebnisse zeigen, dass Unternehmen bis zu 50 Prozent Steigerung in Kundenweiterempfehlungen durch kundeninitiierte Designs erreichen können. Diese Resultate decken sich branchenweit mit einer Vielzahl wissenschaftlicher Studien, die ebenfalls belegen, dass die Integration des Kunden in die Produktentwicklung durchaus zu einer höheren Zahlungsbereitschaft führt (Franke, Keinz und Steger 2009; Franke und Piller 2004; Franke und Schreier 2008; 2010; Fuchs, Prandelli und Schreier 2010; Schreier 2006). So können Händler die höhere Zahlungsbereitschaft der Kunden für verbesserte Produkte ausnutzen und somit zusätzliche Gewinnsteigerungen erzielen. Jedoch besteht die Gefahr, dass der Kunde falsche bzw. suboptimale Entscheidungen (insbesondere in der Produktentwicklung und Produktion) trifft, da er gegebenenfalls nicht über ausreichendes Fachwissen verfügt oder sich seiner konkreten Bedürfnisse nicht umfassend bewusst ist. In einem solchen Fall zeigen Bendapudi und Leone (2003), dass der Kunde sich im Rahmen von Integrationsmaßnahmen, die zu einem positiven Resultat führen, dieses Produktergebnis selbst zuschreibt, wohingegen negative Produktergebnisse tendenziell überwiegend dem Unternehmen angelastet werden.

3.2 Wertschöpfung durch Integration des Kunden in: Informationsbereitstellung, Beratung und Marketingkommunikation

Der zweite Wertschöpfungsbereich von Handelsunternehmen setzt sich zusammen aus der Informationsbereitstellung, der Kundenberatung und der Marketingkommunikation zur Generierung von Kundenaufmerksamkeit. Bevor der Kunde ein Produkt kauft, sucht er üblicherweise Informationen zu den Produktdetails und den Preisen verschiedener Alternativen. Der Wertschöpfungsbereich der Informationsbereitstellung umfasst die Aufgabe des Händlers, relevante Produktinformationen für den Kunden zu sammeln und anzubieten. Die Funktion der Beratung hingegen, grenzt sich von der Informationsbereitstellung in dem Maße ab, dass bei der Beratung eine Interaktion zwischen dem Kunden und einem Unternehmensmitarbeiter in Form einer individuellen und persönlichen Kaufentscheidungsunterstützung erfolgt. Die dritte Aktivität des Händlers in diesem Wertschöpfungsbereich ergibt sich aus zielgerichteten Marketingkommunikationsmaßnahmen, die sowohl der Generierung von Produktaufmerksamkeit als auch der Kaufbewerbung potenzieller Konsumenten dienen. Während der Kunde im klassischen Wertschöpfungsprozess hinsichtlich Produkten und Preisen vom Unternehmen informiert, beraten und beworben wurde, wird der Kunde heute selbst häufig aktiv in diesen Wertschöpfungsschritt eingebunden. Er kann im Rahmen dieser Kundenintegration zum einen als (Co-)Informationssammler und zum anderen als (Co-)Berater und (Co-)Werber fungieren. Auch wenn dies bislang ausschließlich über den Onlinekanal umgesetzt wird, ergibt sich ein potenziell großer Einfluss auf die Wertschöpfungskette.

Der Kunde als (Co-)Informationssammler. Der Kunde ist zunehmend proaktiv in die Informationsrolle involviert. Er kann sich über das Internet sehr einfach anbieterübergreifend informieren (Grewal, Iyer und Levy 2004) und entwickelt sich im Hinblick auf diese Wertschöpfungsaktivität zu einem selbstständigen Akteur in der Wertschöpfung (Prahalad and Ramaswamy 2000). Konsumenten können Produkt- und Preisinformationen sehr einfach unabhängig von einzelnen Händlern über Preissuchmaschinen und Foren sammeln und stehen so in keinem bzw. minimalem Austausch mit dem Händler (Self-Service). Immer mehr Kunden betreten das stationäre Geschäft mit einem teilweise größeren Wissen zu einem bestimmten Produkt als die jeweilige Verkaufsperson. Der Handel kann daher in diesem Wertschöpfungsschritt nur sehr begrenzt auf den Kunden einwirken. Manche Handelsunternehmen wie Douglas streben daher eine Co-Kreation an, durch die sie mit dem Kunden weiterhin bei der Informationssuche interagieren können. Beispielsweise integriert Douglas den Kunden im Internet durch den sogenannten »Duftberater«. Der Kunde kann über dieses Tool einen Dufttest durchführen und erhält als Ergebnis eine auf seine Duftnote abgestimmte Flacon-Auswahl. Dafür beantwortet der Kunde online fünf Fragen. Zum einen gibt er an, für welches Geschlecht das Parfüm bestimmt ist und legt die Duftcharakteristika (orientalisch, holzig, fruchtig-floral oder frisch) fest. Zum anderen wählt der Kunde aus einer Handvoll Eigenschaften aus, wie der Duft auf Mitmenschen wirken soll und bestimmt in welcher Lebenssituation (tagsüber oder abends) der Duft benutzt werden soll.

Der Kunde als (Co-)Berater. In der Rolle als Berater unterstützt der Kunde sich und andere Konsumenten bei der Kaufentscheidungsfindung und übernimmt dadurch die Beratungsfunktion des Händlers. Er führt diese Wertschöpfungsaktivitäten eigenständig aus (Self-Service), indem er andere Kunden berät und produktbezogene Informationen und Tipps, insbesondere in sozialen Medien und Konsumentenforen anderen Konsumenten kommuniziert.

Die teilweise Integration des Konsumenten als Co-Berater ist ebenso denkbar. Produktbewertungen durch Kunden in der Form der vorgegebenen Fünf-Sterne-Skala von Amazon oder gegebenenfalls mit individueller Kritik über unternehmensspezifische Produkt-Feedbackmodule sind bekannte Beispiele für Kundenintegration im Online-Kanal (Co-Kreation). Auch das Textilunternehmen P&C bietet seinen Kunden die Möglichkeit, ausgewählte Produkte aus dem Online-Shop mit Hilfe des Buttons »Freunde fragen« mit wenigen Klicks direkt an Kontakte aus sozialen Netzwerken weiterzuleiten und deren Meinung anzufragen (Co-Kreation). Auf diese Weise bietet das Unternehmen die Plattform für eine Kundenberatung durch andere Kunden, bleibt aber zu einem geringen Ausmaß involviert.

Der Kunde als (Co-)Werber. Der Kunde generiert als (Co-)Werber Aufmerksamkeit für Händlerprodukte bei potenziellen Konsumenten. Somit wird dem Kunden die Funktion der Marketingkommunikation zuteil. Dies kann zum einen in der klassischen, freien Form der Mundpropaganda auftreten. Zum anderen besteht die Möglichkeit im Rahmen der gezielten Kundenintegration in die Wertschöpfung, den Kunden sowohl im stationären Geschäft also auch im Online-Handel einzubinden. Beispielsweise kann der Kunde über den stationären Kanal als Co-Werber integriert werden. Dabei bietet der Händler dem Kunden für gezielte Maßnahmen zur erfolgreichen Kundenakquise im Gegenzug zumeist eine monetäre oder materielle Vergütung an. Eine weitere Variante zur Kundenintegration bietet der Online-Kanal. Der Kaffeehändler Tchibo stellt für seine Online-Produkte über ein Tool eine direkte Verbindung zu sozialen Netzwerken wie Facebook oder Twitter her. Der Kunde kann entsprechende Produkte mittels eines Klicks an seine Freunde und Bekannte in sozialen Netzwerken oder per E-Mail weiterleiten und unterstützt den Händler in diesem Wertschöpfungsbereich als Co-Werber.

Wertschöpfungspotenzial für den Kunden

(a) Potenzial zur Erzielung einer qualitativ besseren Kaufentscheidung. Durch die Integration in die Informationsaktivität kann der Kunde eine qualitativ bessere Kaufentscheidung erzielen. Zum einen hat er die Möglichkeit, seine Kaufentscheidung durch den Zugang zu zahlreichen anbieterübergreifenden Informationsquellen auf eine breitere Entscheidungsbasis zu stützen (Alba et al. 1997). Zum anderen kann er Meinungen anderer Kunden bzw. Freunde mit in die Entscheidungsfindung (Beratung) einbinden (Chen, Wang und Xie 2011). Der Kunde hat auf dieser Basis größeres Vertrauen in seine Kaufentscheidung und empfindet ein geringeres Kaufrisiko. Diesen Effekt zeigen Adjei, Noble und Noble (2010) in ihren Untersuchungen von Onlineforen und kommen zu dem Ergebnis, dass der Informationsaustausch zwischen Kunden untereinander das Kaufrisiko deutlich senkt und somit eine mögliche Umsatzsteigerungsmaßnahme (mengenmäßig) für das Unternehmen darstellt.

(b) Potenzial zur Erzielung von Zeitersparnis. Bedingt durch das Internet, kann der Kunde sich im Rahmen der Integration in Beratung und Marketingkommunikation unabhängig von den Geschäftsöffnungszeiten beraten lassen, entscheidende Produkttipps einholen und dadurch Zeiteinsparungspotenziale erzielen. Dass diese Vorteile der Integration von Kunden wertgeschätzt werden, bestätigt eine Vielzahl wissenschaftlicher Untersuchungen (Collier und Sherell 2009; Dabholkar 1996; Meuter et al. 2000). Im konkreten Fall der Kundenintegration in die Wertschöpfungsfunktion der Beratung zeigen Weiss, Lurie und MacInnis (2008), dass Zeiteinsparungspotenziale, insbesondere in Form einer schnellen Beantwortung von kundengestellten Anfragen durch den Wissensaustausch in Foren (bspw. spezifische Produktberatung in Foren), den Kundenmehrwert steigern. Auf Grund des technologischen Fortschritts und der nahezu allgegenwärtigen Internetverfügbarkeit, liegt die Notwendigkeit zur Integration in die Informationsaktivität von Kundenseite nahe. Denn nur so kann der Kunde seinem allgemeinen Kaufziel nach günstigen, individuellen und qualitativen Produkten, die seine Bedürfnisse möglichst optimal befriedigen, näher kommen. Im Gegensatz zur Integration in die Beratung und Marketingkommunikation birgt die Integration in die Informationsaktivität demzufolge eher das Risiko eines gegenteiligen Effekts, da der Kunde Zeit investieren muss, um die zur Verfügung stehende Informationsmenge, die insbesondere der Onlinebereich bietet, zu verarbeiten. Die Integration des Kunden in diese Wertschöpfungsfunktion kann somit zu einer Verzögerung der Kaufentscheidung führen.

(c) Potenzial zur Erzielung von Kosteneinsparungen. Im Rahmen der Informationsaktivität kann Wert für den Kunden in Form einer kostengünstigeren Kaufentscheidung

geschaffen werden. Durch die verfügbare Informationsvielfalt kann der Kunde händlerübergreifende Preisvergleiche durchführen und auf dieser Basis das kostengünstigste und individuell passende Angebot identifizieren und auswählen (Bakos 1997, 1998; Grewal, Iyer und Levy 2004).

Wertschöpfungspotenzial für das Unternehmen

(a) Potenzial zur Erzielung von Loyalität. Die Kundenintegration in den Wertschöpfungsschritt Information stellt für Handelsunternehmen eine Gefährdung für die Kundenloyalität dar. Der Kunde hat heutzutage über das Internet Zugriff auf eine größere Bandbreite an Anbietern und ist in der Lage, sich auf einfachem Wege Informationen von verschiedenen Händlern einzuholen und Preise anbieterübergreifend zu vergleichen. Dies bedeutet, dass die Informationsasymmetrie, die bislang zugunsten des Händlers bestanden hat, immer weniger existiert (Sinha 2000). Es kann infolgedessen ein starker Preisfokus auf Kundenseite beobachtet werden, der sich negativ auf die Kundenloyalität auswirkt.

(b) Potenzial zur Erzielung höherer Umsätze. Die drastische Reduktion der Informationsasymmetrie gefährdet im Rahmen der Informationsfunktion auch das Umsatzpotenzial der Händler. Kunden kennen durch die aktive Informationsbeschaffung das Produktangebot verschiedener Anbieter und können somit ein Produkt mit optimal passenden Eigenschaften beziehen. Es wird dadurch umso schwerer den Kunden von den eigenen Produkten zu überzeugen, sofern diese nicht vollkommen den individuellen Vorstellungen entsprechen, was sich negativ auf den Umsatz auswirken kann (Bakos 1997). Im Gegensatz dazu bietet die Integration des Kunden in Beratung und Marketingkommunikation das Potenzial für Umsatzsteigerungen. Dieses Wertschöpfungspotenzial identifizieren auch Duan, Gu und Whinston (2008) in ihrer Studie, indem sie zwischen Mundpropaganda im Internet und Unternehmensabverkäufen einen positiven Feedback-Effekt feststellen. Zum einen führt Mundpropaganda zu höheren Abverkäufen und zum anderen resultieren gesteigerte Abverkäufe wiederum in erhöhter Mundpropaganda. Ferner kann durch Kundeneinbindung die Glaubwürdigkeit der vermittelten Informationen erhöht werden. So haben Markenbotschafter oder Meinungsführer (oder »Brand Ambassadors« und »Opinion Leader«) eine stärkere Überzeugungskraft als die von Handelsunternehmen initiierten Kampagnen (Van Eck, Jager und Leeflang 2011). Dieser Effekt beschränkt sich jedoch nicht nur auf Meinungsführer und Markenbotschafter. Weitere Studien konnten belegen, dass zum einen die Beratung durch Forenmitglieder ein stärkeres Produktinteresse erzeugt als unternehmenseigene Produktinformationen (Bickart und Schindler 2001). Dabei identifizieren die Autoren drei relevante Treiber dieses Effektes: gesteigerte Glaubwürdigkeit, gesteigerte Relevanz und höhere Empathiefähigkeit durch die Möglichkeit des Austausches von Kunden untereinander. Zum anderen kommen Untersuchungen zu dem Ergebnis, dass ein positiver Informationsaustausch unter Konsumenten sich gleichermaßen positiv auf die Kaufentscheidung auswirkt (Adjei, Noble und Noble 2010). Dadurch kommt es auf Kundenseite zu einer erhöhten Kaufbereitschaft, die für den Händler zusätzliches Wertschöpfungspotenzial durch erhöhte Umsatzwahrscheinlichkeit schafft. Zudem generieren von Kunden initiierte

Marketingmaßnahmen in sozialen Netzwerken eine zunehmende Kundenaufmerksamkeit und eine größere Reichweite (Culnan, McHugh und Zubillaga 2010; Prahalad und Ramaswamy 2000), wodurch ebenfalls die Umsatzwahrscheinlichkeit gesteigert werden kann.

(c) Potenzial zur Ergebnisverbesserung. Der starke Preisfokus der Kunden sowie die zunehmende Unabhängigkeit der Kunden von einzelnen Anbietern durch ihre aktive Beteiligung an der Informationsfunktion können zu einer Minderung des Ergebnisses führen. In einem Umfeld transparenter Produktattribute, insbesondere von Markenprodukten, sehen sich Händler einem zunehmend aggressiven Preiswettbewerb ausgesetzt. Der Druck auf die Margen ist unausweichlich (Grewal et al. 2003).

3.3 Wertschöpfung durch Integration des Kunden in: Transaktionsabwicklung und Logistik

Die Wertschöpfungsaktivität Transaktionsabwicklung bezeichnet die Abwicklung von Bestell- und Kaufprozessen, während die Logistikfunktion den Versand bzw. Transport umfasst. Mittels Kundenintegration wird dem Kunden die Funktion des Transaktionsagenten beziehungsweise des Co-Lieferanten zu Teil.

Der Kunde als Transaktionsagent. Handelsunternehmen integrieren ihre Kunden in die Transaktionsabwicklung sowohl online als auch offline zumeist in der Form des Self-Services. So binden z. B. Unternehmen wie real,- oder Saturn ihre Kunden offline durch aufgestellte Self-Checkout Kassen in die Transaktionsabwicklung ein. Ein weiteres Offline-Beispiel ist der Fast-Food Händler McDonalds, der es Kunden ermöglicht, die jeweilige Bestellung an einem Selbstbedienungs-Bestellterminal aufzugeben ohne dafür mit Mitarbeitern des Fast-Food Händlers zu interagieren.

Im Gegensatz zu physischen Geschäften ist diese Form der Kundenintegration im Internet bereits eine Art Selbstverständlichkeit. Jedoch kann der Kunde online zusätzlich zu den schon beschriebenen Wertschöpfungsaktivitäten beispielsweise in die Beaufsichtigung der Transaktionsabwicklung nach dem Kauf eingebunden werden. So kann er zum Beispiel bei dem Sport- und Outdoor-Händler SportScheck den eigenen Bestellstatus nachverfolgen und gegebenenfalls eigenständig stornieren.

Der Kunde als (Co-)Lieferant. Zusätzlich hat der Kunde als (Co-)Lieferant die Möglichkeit, aktiv an der Zustellung der gekauften Produkte teilzunehmen. Er kann dabei entscheiden, ob er sein Produkt an eine Wunschadresse liefern lässt, ob er es in der Rolle als Lieferant direkt beim Händler vor Ort abholt (Self-Service) oder sich die Aufgabe als Co-Lieferant teilt und es an eine Packstation liefern lässt. Der Drogeriehändler dm lässt seine Kunden den jeweilig präferierten Integrationsgrad bei der Zustellung entwickelter Fotos wählen und staffelt den Zustellungspreis entsprechend des eigenen Logistikaufwands.

Wertschöpfungspotenzial für den Kunden

(a) Potenzial zur Erzielung einer qualitativ besseren Kaufentscheidung. Die Qualität der Kaufentscheidung bleibt durch die Integration des Kunden in die Transaktionsabwicklung und Logistik unberührt.

(b) Potenzial zur Erzielung von Zeitersparnis. Die Integration des Kunden in die Transaktionsabwicklung und die damit verbundene Option, den Prozess der Kaufabwicklung durch eigenes Zutun über entsprechende Tools oder SB-Automaten zu beschleunigen, wird von Kunden geschätzt und vor allem von zeitsensitiven Kunden als Mehrwert empfunden (Bitner et al. 2002; Meuter et al. 2000). Zudem hat der Kunde die Möglichkeit, die Transaktionsabwicklung im Internet mitzuverfolgen und kann sich somit zu jedem Zeitpunkt über den Status quo seiner Bestellung informieren. Ebenfalls führt die Integration des Kunden in die Logistikfunktion zu einer Beschleunigung des Kaufprozesses. Der Kunde hat die Möglichkeit, die Transportbedingungen seiner Ware zu beeinflussen, sodass er eine individuelle Anpassung der Logistik an seine persönlichen Zeitpläne vornehmen kann (z. B. Packstation-Lieferung). Dieser Annehmlichkeitsaspekt (Convenience) wird unter anderem im Rahmen der Self-Service Studie von Collier und Sherrell (2009) untersucht. Dabei belegen die Ergebnisse deutlich, dass dieser Effekt ein wesentlicher Auslöser dafür ist, dass Kunden bereit sind, sich in die Wertschöpfungsschritte von Händlern zu integrieren. Es kann Wert für den Kunden in Form von Orts- und Zeitungebundenheit geschaffen werden.

(c) Potenzial zur Erzielung von Kosteneinsparungen. Während die Einbindung des Kunden in die Transaktionsabwicklung nicht-monetäre Kosten in Form von Zahlungs- und Datenunsicherheiten (z. B. Kreditkarteneingabe im Bereich der Online-Integration) mit sich bringt (Schlosser, White und Lloyd 2006), kann die Übernahme der Logistikfunktion zu Kosteneinsparung für den Kunden im Kaufprozess führen, da bei Selbstabholung der Produkte die Lieferkosten für den Händler entfallen.

Wertschöpfungspotenzial für das Unternehmen

(a) Potenzial zur Erzielung von Loyalität. Die Einbindung des Kunden in die Logistikfunktion resultiert in gesteigerter Kundenzufriedenheit, da dieser seinen Lieferprozess individuell an seinen zeitlichen Tagesablauf anpassen kann. Die Ergebnisse von Collier und Sherrell (2009) bestätigen, dass dieser Annehmlichkeitsaspekt der Kundenintegration in Form von Self-Service, wiederum zu gesteigerter zukünftiger Integrationsbereitschaft führt. Dies legt den Grundstein zu erhöhter Kundenloyalität.

(b) Potenzial zur Erzielung höherer Umsätze. Das Wertschöpfungspotenzial in Form von Umsatzwachstum bleibt von den Integrationsmaßnahmen unbeeinflusst.

(c) Potenzial zur Ergebnisverbesserung. Die Integration des Kunden in den Bereich der Transaktionsabwicklung und Logistik kann auf Unternehmensseite zu Kostensenkungen, insbesondere im Personalbereich führen, da Personalkosten wegfallen (Lovelock und Young 1979).

3.4 Wertschöpfung durch Integration des Kunden in: Service und Support

Der letzte Schritt im Wertschöpfungsprozess umfasst Leistungen des Handelsunternehmens, die sich auf Kundenangelegenheiten nach abgeschlossener Transaktion beziehen. Dazu gehören Wertschöpfungsaktivitäten wie Reparaturleistungen, die

Unterstützung bei Anwendungsproblemen aber auch die Retourenabwicklung und das Beschwerdemanagement. Auch in diesen Schritt können Kunden integriert werden. Sie nehmen dabei die Funktion des (Co-)Problemlösers ein.

Der Kunde als (Co-)Problemlöser. Kundenintegration gewinnt auch in der Nachkaufphase immer stärker an Wert. Über das Internet können sich Kunden im Falle von Problemen mit dem gekauften Produkt über mögliche Lösungsansätze informieren und auf diesem Wege viele Missstände eigenständig beheben.

Einige Onlineshops bieten ihren Kunden z. B. FAQs auf der unternehmenseigenen Website an. Angeleitet durch die Vorgaben des Unternehmens, können Kunden so kleinere Probleme in Interaktion mit dem Händler angehen (Co-Kreation). Congstar integriert seine Kunden beispielsweise über die eigene Onlineplattform in die Wertschöpfung, indem diese über zur Verfügung gestellte Video-Tutorials potenzielle Probleme bei der Freischaltung von Prepaidkarten lösen können.

Die Integration des Kunden ist aber auch in noch stärkerem Maße über Online-Communitys und Foren möglich, in welchen sich Kunden gegenseitig, ohne Interaktion mit dem Unternehmen beraten und bei der Problemlösung unterstützen (Kunde-zu-Kunde Self-Service) (Mathwick, Wiertz und de Ruyter 2008). So beispielsweise auch über die Online-Plattform gutefrage.net. Auf dieser Ratgeber-Plattform können sich Konsumenten austauschen, indem sie zum einen Fragen zu beliebigen Themen stellen und zum anderen bei der Lösung von Problemen anderer Konsumenten behilflich sind. In diesem Teil wird der Kunde in Aktivitäten integriert, die über den Kaufprozess hinausgehen. Daher wird die Kundenbetrachtung der Wertschöpfungspotenziale modifiziert unter den drei folgenden Gesichtspunkten vorgenommen: (1) Qualitativ besseres Abwicklungsresultat, (2) Zeiteinsparung im Abwicklungsprozess und (3) kostengünstigerer Abwicklungsprozess in der Nachkaufphase.

Wertschöpfungspotenzial für den Kunden

(a) Potenzial zur Erzielung eines qualitativ besseren Abwicklungsresultats. Die Einbindung des Kunden in den Wertschöpfungsschritt Service und Support kann die Ergebnisqualität sogar verschlechtern. Stützt sich der Kunde auf die Hilfestellung anderer Kunden, besteht die Gefahr einer geringeren Service- und Supportqualität aufgrund unzureichender Fachkenntnisse anderer Konsumenten.

(b) Potenzial zur Erzielung von Zeitersparnis. Für Kunden bietet die Einbindung in den beschriebenen Wertschöpfungsschritt des Service und Supports vor allem einen zeitlichen Vorteil. Der Kunde kann seinen Abwicklungsprozess beschleunigen, indem er sich bei Problemen mit Produkten nicht an die Kontaktzeiten des Unternehmens halten muss. Stattdessen kann er als Co-Problemlöser durch den Austausch in Communitys und Foren bzw. durch die Suche nach Lösungsansätzen in den Unternehmens FAQs rund um die Uhr hilfreiche Produktunterstützung einholen. Untersuchungen haben ergeben, dass sowohl eine breite Informationsvielfalt als auch die Aktualität des Informationsstandes eine entscheidende Rolle in der Generierung vom Kundenmehrwert spielen (Dholakia et al. 2009). So können Schwierigkeiten in der Nachkaufphase zeitnah behoben werden, was die Kundenzufriedenheit steigert und somit für den Kunden Wert in Form eines schnelleren Abwicklungsprozesses schafft.

(c) Potenzial zur Erzielung von Kosteneinsparungen. Durch seine aktive Teilnahme am Wertschöpfungsprozess besteht für den Kunden die Möglichkeit potenzielle Kosten zu reduzieren, die im Nachkaufprozess anfallen, falls der Händler sich Service- und Supportleistungen zusätzlich vergüten lässt.

Wertschöpfungspotenzial für das Unternehmen

(a) Potenzial zur Erzielung von Loyalität. Durch die Einbindung des Kunden in Service- und Supportleistungen besteht die Möglichkeit, existierende Probleme mit einem Produkt unmittelbar zu lösen. Dadurch kann Kundenzufriedenheit geschaffen werden, die aber nicht zwingend zu höherer Loyalität führt. Denn mit der Ausgliederung von Arbeitsschritten an den Kunden verliert das Unternehmen die Nähe zum Kunden. Dies wirkt sich negativ auf die Kundenloyalität aus, da sich der persönliche Kontakt zwischen Handelsunternehmen und Kunden durch entsprechende Integrationsmaßnahmen (Selbstbedienung des Kunden) reduziert und der Kunde dadurch immer unabhängiger und selbstständiger wird. Eine persönliche Bindung des Kunden an das Unternehmen wird somit zunehmend schwieriger.

(b) Potenzial zur Erzielung höherer Umsätze. Das Wertschöpfungspotenzial in Form von Umsatzwachstum bleibt von den Integrationsmaßnahmen unbeeinflusst.

(c) Potenzial zur Ergebnisverbesserung. Durch Kostensenkungspotenziale kann die Einbindung des Kunden in Service- und Supportleistungen zu höheren Gewinnen führen. Dies geschieht im Rahmen von Kostensenkungspotenzialen, die durch Personaleinsparungen im Servicebereich entstehen, da der Kunde eigenständig die entsprechenden Service- und Support-Leistungen erbringt (Bitner et al. 2002). Eine mögliche Form der Kostenreduktion stellt die Implementierung von Communitys dar. Die Untersuchungen von Jeppesen (2005) belegen, dass Kundenaustausch untereinander in Foren erheblich mehr Kundenfragen lösen kann, als ein entsprechender Servicemitarbeiter.

Tabelle 7.1 fasst die beschriebenen Wertschöpfungspotenziale, die sich durch die Einbindung des Kunden in die verschiedenen Schritte des Wertschöpfungsprozesses erzielen lassen können abschließend zusammen.

Die Einbindung des Kunden birgt jedoch nicht nur Potenziale, sondern auch Herausforderungen, mit denen der Handel umzugehen wissen muss, um die angestrebte Wertschöpfung für den Kunden und für das eigene Unternehmen erzielen zu können. Nur so können Händler ihre Existenz auf dem Markt sichern und sich gegenüber konkurrierenden Handelsunternehmen behaupten. Abschnitt 4 widmet sich diesen Herausforderungen und diskutiert, wie Händler diesen Herausforderungen erfolgversprechend begegnen können.

## 4.	Herausforderungen für den Handel

Die Einbindung des Kunden in den Wertschöpfungsprozess birgt zwar eine Vielzahl von Wertschöpfungspotenzialen, geht aber auch mit einigen Herausforderungen einher. Diese hängen u. a. davon ab, wie sehr der Kunde bei der Bearbeitung der

Tab. 7.1: Wertschöpfungspotenziale für Kunden und Handelsunternehmen

Wertschöpfungsaktivität Wertschöpfungspotenzial	Produktentwicklung, Produktion, Sortimentsgestaltung	Informationsbereitstellung, Beratung, Marketingkommunikation	Transaktionsabwicklung, Logistik	Service, Support
Kundenperspektive				
Qualitative Verbesserung der Kaufentscheidung	+	+	/	−
Zeitersparnis	+−	+−	+	+
Kosteneinsparungen	−	+	+−	+
Händlerperspektive				
Kundenloyalität	+	−	+	−
Umsatzsteigerung	+	+−	/	/
Ergebnisverbesserung	+	−	+	+

+ Integration fördert Wertschöpfung (aus Kunden- bzw. Unternehmensperspektive)
− Integration gefährdet Wertschöpfung (aus Kunden- bzw. Unternehmensperspektive)
/ Integration hat keinen Einfluss auf Wertschöpfung (aus Kunden- bzw. Unternehmensperspektive)

Wertschöpfungsaufgabe auf sich alleine gestellt ist. Das bedeutet zum einen, über welchen Weg sich der Kunde in die Wertschöpfung einbringt (online, offline) und zum anderen wie stark er/sie zugleich in die jeweilige Wertschöpfungsaufgabe integriert ist (Grad der Kundenintegration).

Wie bereits in den vorangehenden Abschnitten herausgestellt wurde, können Kunden sowohl online als auch offline (vor Ort im Geschäft oder zuhause) in den Wertschöpfungsprozess integriert werden. In Bezug auf die Möglichkeit des Unternehmens, während der Ausführung einer Wertschöpfungsaktivität mit dem Kunden zu interagieren, setzt die Integration des Kunden im Internet und zuhause aber deutliche Grenzen. Ist der Kunde zum Beispiel online oder im eigenen Zuhause in die Produktfertigstellung integriert, sind die Möglichkeiten der persönlichen Interaktion zwischen Kunden und Unternehmen stark eingeschränkt und der Kunde ist in seiner Aufgabe (bzw. Teilaufgabe) auf sich alleine gestellt. Findet die Kundenintegration dagegen beim Händler vor Ort statt, hat dieser die Möglichkeit, mit dem Kunden zu interagieren bzw. den Kunden zu beobachten und bei Problemen aktiv unterstützend einzugreifen.

Zudem entscheidet der Grad an Kundenintegration über die Verantwortlichkeit des Kunden in der Wertschöpfungsaktivität. Je stärker der Kunde in eine Aufgabe integriert wird, desto unabhängiger vom Händler wird die Wertschöpfungsaufgabe ausgeführt. Arbeitet der Kunde im Extremfall im Self-Service, muss er alle anfallenden Entscheidungen eigenständig treffen und verantworten.

Auf Basis dieser beiden Dimensionen, Integrationsweg und Integrationsgrad, lassen sich fünf Herausforderungen für den Handel formulieren:

- Zugang zu Kundendaten
- Gewährleistung von Unternehmenskontrolle
- Vermeidung von Kundenüberforderung
- Vermeidung von Kostenverlagerungen
- Aufrechterhaltung der Kundenbindung

4.1 Zugang zu Kundendaten

Die Integration des Kunden, insbesondere im Online-Bereich, ermöglicht es dem Händler vom Kunden zu lernen, bzw. den Kunden und seine Präferenzen besser kennenzulernen. Um sich diese Einblicke umfassend zu Nutze zu machen, benötigt der Händler zusätzliche Informationen über den Kunden, wie z.B. demographische Daten, Informationen zum Kaufverhalten und Präferenzen. Im Onlinebereich besteht für das Unternehmen die Chance, gezielt das Suchverhalten des Kunden zu verfolgen und so neben den Produktkäufen, einen Einblick in die Suchgewohnheiten und das potenzielle Produktspektrum des Kunden zu erhalten (Ansari, Essegaier und Kohli 2000). Diese Details helfen Händlern zudem, ihre Kunden in ähnliche Kundentypen einzuteilen und das gelernte Wissen auf Kunden des gleichen Typs zu übertragen. Bei Amazon wird dies intensiv genutzt, denn dort erhält der Kunde angepasste Produktvorschläge basierend auf der eigenen Sucheingabe und dem Kaufverhalten anderer Kunden, die das gesuchte Produkt in Kombination mit anderen Waren ebenfalls gekauft haben (Sortimentsgestaltung).

Für den Kunden erscheinen dann zusätzliche, gezielt auf den Kunden zugeschnittene Produktangebote in Form von Produkterweiterungen und Produktalternativen.

Kundenintegration über den Offline-Kanal erschwert Handelsunternehmen allerdings den Zugang zu Informationen über den Kunden. Während Kunden im Internet üblicherweise Kunden-Accounts anlegen müssen, um auf die Produkte und Services eines Händlers zugreifen zu können und zudem das Klick- und Kaufverhalten von Kunden sehr einfach verfolgt und gespeichert werden kann, können solche Kundendaten im Offline-Kanal unabhängig vom Integrationslevel nur schwer erhoben werden. Eine Möglichkeit, dieser Einschränkung entgegenzutreten, besteht in Kundenkarten bzw. Loyalitätskarten. Auf diesem Wege kann auch offline zumindest ein Teil der Daten bei der Transaktion bestimmten Kunden zugeordnet werden.

4.2   Gewährleistung von Unternehmenskontrolle

Je stärker Kunden in eine Wertschöpfungsaktivität eingebunden werden und je weniger der Händler bei der Durchführung der Wertschöpfungsaktivität eingreifen kann, desto stärker ist der potenzielle Kontrollverlust des Handels, da der Kunde dadurch vollkommen eigenständig arbeitet (Hoyer et al. 2010). Dies kann für den Handel zum einen vorteilhaft sein, da auf diese Weise die eigenen Kosten reduziert werden. Gleichzeitig überträgt der Handel dem Kunden damit aber auch implizit die Verantwortung, z.B. für das (Co-)Management der Informationsbereitstellung, der Beratung und der Marketingkommunikation.

Die Integration des Kunden in die Produktentwicklung, insbesondere in die Ideengenerierung und Designkreation, kann unter anderem die Aufmerksamkeit des Kunden auf das Handelsunternehmen und dessen Produkte lenken. Sobald der Kunde allerdings aktiv in diesen Teil der Wertschöpfung integriert wird, müssen etwaige Produktvorschläge auch ernst genommen werden. Denn es besteht hierbei die Gefahr, dass es zu inkongruenten Ansichten zwischen Kunde und Händler kommt. Beispielsweise können Imagevorstellungen des Handelsunternehmens von den Produktideen des Kunden abweichen. Solche Konfliktsituationen entstehen, wenn dem Kunden entsprechende Spielräume gewährt werden. Solch ein Negativeffekt ist dem Konzern Henkel mit seinem Spülmittel Pril widerfahren. Henkel forderte im Jahr 2011 seine Kundschaft auf, in einem Wettbewerb auf der Online-Plattform Facebook Designvorschläge für das Spülmittel zu generieren und für die beliebtesten Ideen abzustimmen. Die Gewinnerdesigns sollten anschließend in die Produktlinie aufgenommen werden. Gemäß der Abstimmung wurden allerdings negativ-konnotierte Vorschläge (Grillhähnchen-Design mit dem Slogan: schmeckt lecker nach Hähnchen, Brezel-Design mit dem Slogan: Jetzt mit frischem Brezel-Duft, Monsterkopf-Design) favorisiert. Dies veranlasste Henkel, sich über die demokratische Abstimmung hinwegzusetzen, um Imageinkonsistenzen entgegenzuwirken. Image-konformere Designs wurden von Henkel gewählt und auf den Markt gebracht, was zu großem Unmut bei den Facebook-Mitstreitern führte (Breithut 2011).

Besonders im Bereich der Produktentwicklung sollten daher von vornherein klare Aufgaben für den Kunden und gleichzeitig auch eindeutige Grenzen gesetzt werden. Damit kann vermieden werden, dass es zu Unzufriedenheit beim Kunden kommt, weil seine Produktidee nicht umgesetzt wird oder dass der Händler einen Imageschaden erfährt.

Die Integration des Kunden in die Informationsbereitstellung, Beratung und Marketingkommunikation bietet Potenzial für eine größere Kundenreichweite (Umsatzsteigerung). Es können in diesem Rahmen aber auch weitreichende negative Eindrücke verbreitet werden, wenn der Kunde mit dem Handelsunternehmen bzw. den Produkten unzufrieden ist. So kann ein eigenständiger, negativ gestimmter Kunde durch schlechte Produktbewertungen im Internet oder durch die Verbreitung von Negativeindrücken in sozialen Netzwerken oder Foren, eine Vielzahl potenzieller oder bestehender Konsumenten negativ beeinflussen und damit Imageschädigungen herbeiführen. Sowohl die Ergebnisse von Chevalier und Mayzlin (2006) als auch von Chen, Wang und Xie (2011) stellen einen asymmetrischen Effekt von Mund-zu-Mund-Propaganda heraus, sodass negative Mundpropaganda den Umsatzeffekt von Unternehmen signifikant verschlechtert im Vergleich zu positiver Mundpropaganda. Wichtig ist es daher, den Kunden gerade in der Interaktion mit anderen Kunden nicht alleine zu lassen, damit im Ernstfall moderierend eingegriffen werden kann, um das Aufkommen negativer Mundpropaganda zu vermeiden. So sollte ein Handelsunternehmen seinen Kunden zum Beispiel die Möglichkeit bereitstellen, sich auf einer unternehmenseigenen Diskussionsplattform auszutauschen. Auf diese Weise können Unternehmensmitarbeiter als Moderatoren fungieren und negativen Effekten auf das Unternehmensimage bewusst entgegensteuern. Handelsunternehmen wie der Tierfutterhändler Fressnapf bieten ihren Kunden solche unternehmensinternen Communitys. Bei Fressnapf beispielsweise hat der Kunde die Möglichkeit, sich im unternehmenseigenen Forum über Produktbedürfnisse, -probleme oder -erfahrungen mit anderen Kunden und dem Unternehmen auszutauschen. Dieses Forum wird von Fressnapf unter dem Nutzernamen »Fressnapf-Team« moderiert. Der Tierbedarfshändler ist bemüht, durch eigene Beiträge, die in dem Forum gestellten Fragen und Kritiken der Kundschaft zu beantworten und versucht, eventuelle Missverständnisse oder sogar Kundenunzufriedenheit bestmöglich zu lösen. So kann vermieden werden, dass aufgrund von Missverständnissen über Produktdetails oder Fehlern in der Serviceausführung Negativeindrücke an die gesamte Kundschaft weitergetragen werden.

4.3   Vermeidung von Kundenüberforderung

Wenn Handelsunternehmen ein hohes Integrationslevel wählen und dieses im Online-Kanal umsetzen, ergibt sich die Herausforderung, sicherzustellen, dass der Kunde der jeweiligen Aufgabe auch gewachsen ist. Denn nur dann können die vielfältigen Wertschöpfungspotenziale für Händler und Kunden, wie z. B. Kundenzufriedenheit und Reduktion des Kaufrisikos durch individuelle Produkte und Serviceleistungen (qualitativ bessere Kaufentscheidung), Kundenentertainment usw. auch tatsächlich erzielt werden. Fühlt sich der Kunde mit einer Aufgabe überfordert, kann dies zu Unzufriedenheit und Frustration führen (Huffman und Kahn 1998, Wind und Rangaswamy 2001).

Gerade in der heutigen Zeit wird der Kunde mit einer Flut an Informationen und einer uneingeschränkten Vielzahl an Produktalternativen konfrontiert. Dies bietet

Kunden einerseits die Möglichkeit, sich vor dem Kauf umfassend über Produkteigenschaften, Preise usw. zu informieren und schließlich ein perfekt auf die eigenen Bedürfnisse abgestimmtes Produkt zu identifizieren. Andererseits ist es für Kunden schwer, diese uneingeschränkte Produkt- und Informationsverfügbarkeit zu verarbeiten und umfassend für sich zu nutzen. Eine erhöhte Gefahr der Kundenüberforderung besteht besonders, wenn der Kunde mit einer Wertschöpfungsaktivität alleine gelassen wird (zuhause oder im Internet) (Randall, Terwiesch und Ulrich 2007) bzw. wenn der Kunde die vollkommene Wertschöpfungsverantwortung im Hinblick auf die jeweilige Aktivität übertragen bekommt (hoher Integrationsgrad).

Gerade bei der Integration des Kunden im Internet sollte daher verstärkt versucht werden, den Kunden in der Durchführung der Wertschöpfungsaktivität zu begleiten und gegebenenfalls lenkend einzugreifen. Wird dies nicht getan, kann es vor allem im Rahmen der Produktion (Fertigstellung) zu zwei zentralen Problemen kommen: Zum einen sind sich Kunden nicht immer ihrer eigenen Präferenzen bewusst (Syam, Krishnamurthy und Hess 2008). Wie die Ergebnisse von Dellaert und Stremesch (2005) zeigen, kann die detaillierte Einbindung des Kunden in die Wahl einzelner Produktdetails daher leicht zu Überforderung führen. Die Komplexität des Tools bzw. der Produktauswahl hat einen signifikant negativen Einfluss auf sowohl die Nützlichkeit des Produkts als auch die Nützlichkeit der Integrationsmaßnahme in den entsprechenden Wertschöpfungsschritt. Dabei wirkt dieser Effekt noch stärker bei unerfahrenen Kunden. Übereinstimmende Ergebnisse liefert die Studie von Zhu et al. (2007). Dabei untersuchen die Autoren den Effekt von unterschiedliche Komplexitätsausprägungen von Self-Service Technologien auf die wahrgenommene Effektivität der Self-Service Technologie (gemessen durch Kundenkontrolle und Kundenbewertung der Technologie) und zeigen, dass hohe Komplexitätsausprägungen, den Kunden kognitiv überfordern. Dieser Basiseffekt wird durch Persönlichkeitsmerkmale wie frühere Kundenerfahrungen und technologische Akzeptanz moderiert.

Zum anderen fehlt Kunden oftmals die fachliche Kompetenz, die Kompatibilität verschiedener Produktbestandteile einzuschätzen. So fühlt sich z. B. nicht jeder Kunde in der Lage Komponenten eines Computers selbst zusammenzustellen (Produktion). Einen Lösungsansatz stellt hier ein modulares System zur Produktfertigstellung dar, über das Kunden Produkte nur aus einer übersichtlichen Auswahl an Komponenten zusammenstellen können. Diesen Aspekt betrachten Randall, Terwiesch und Ulrich (2007) in ihrer Studie. Sie untersuchen zwei mögliche Umsetzungsformen zur Kundenintegration in die Produktfertigstellung in der Computerindustrie: Den bedürfnisbasierten Ansatz und den komponenten-basierten Ansatz. Beim bedürfnisbasierten Ansatz kommuniziert der Kunde seine Wünsche an das Unternehmen, welches diese dann auf das Produkt überträgt. Der komponentenbasierte Ansatz ermöglicht es dem Kunden, unmittelbar Komponenten an dem Produkt zu verändern und auszutauschen. Die Ergebnisse der Studie zeigen, dass in Abhängigkeit von den Erfahrungen des Konsumenten (Anfänger oder Experte), die zwei Ansätze zu unterschiedlichen Zufriedenheitsresultaten führen. Anfänger erzielen mit den bedürfnisbasierten Ansätzen bessere Ergebnisse, wohingegen der komponentenbasierte Ansatz für Experten zufriedenstellende Resultate liefert.

Der Mobilfunkanbieter Congstar nutzt dieses sogenannte Baukastenprinzip, in dem Kunden ihre Mobilfunkverträge aus vorgegebenen Modulen zusammensetzen können. Dabei kann der Kunde sich seinen individuellen Vertrag anhand von vier verschiedenen Vertragsbestandteilen (SMS, surfen, netzübergreifend telefonieren und netzintern telefonieren) nach Belieben zusammensetzen. Zudem kann er anhand einer übersichtlichen Auswahl an Leistungsstufen den entsprechenden Leistungsumfang der jeweiligen Vertragsbestandteile sowie die Vertragsdauer (monatlich kündbar oder 24-monatige Vertragsdauer) individuell festlegen. Durch diese festgelegte Auswahl an Optionen kann Congstar verhindern, dass der Kunde bei der Komplexität der Produktauswahl bzw. Komponentenzusammenstellung überfordert ist.

4.4   Vermeidung von Kostenverlagerungen

Handelsunternehmen übertragen ihren Kunden zum Teil vollständige Wertschöpfungsaktivitäten, um dadurch eigene Kosten einzusparen. Unabhängig vom gewählten Integrationsweg besteht bei einem sehr hohen Kundenintegrationsgrad für Unternehmen allerdings die Gefahr, dass diese Einsparungen dafür an anderen Stellen zu Mehrkosten führen (Jeppesen 2005). Grund dafür ist, dass der Kunde in diesem Kundenintegrations-Szenario überwiegend sich selbst überlassen ist und einen Großteil bzw. die volle Verantwortung für die Wertschöpfungsleistung trägt. Kommt es in diesem Rahmen zu einer Überforderung des Kunden, kann es zur Kostenverschiebung kommen. Wenn der Kunde zum Beispiel mit der Produktion (Fertigstellung) überfordert ist, ist es naheliegend, dass er/sie sich z. B. an die Service-Hotline des Unternehmens wendet und dort um Hilfe bittet. Denkbar ist im Falle der Überforderung auch eine erhöhte Retouren-Quote, sofern der Kunde nicht in der Lage ist, ein Produkt nach eigenen Vorstellungen zusammenzustellen oder wenn sich bei der Montage oder Installation eines Produktes Probleme ergeben (Produktion). Jeppesen (2005) hat in seiner Studie den Effekt von Kostenverlagerungen in Abhängigkeit von dem Integrationsgrad in der Computerspielindustrie analysiert. Dabei verdeutlichen die Ergebnisse, dass insbesondere bei hoher Kundenintegration (bspw. durch die Integration in die Produktentwicklung über Toolkits) der Kunde ein erhöhtes Service- und Supportverlangen hat. Zum einen kann das Unternehmen zwar Kosten für die Produktentwicklung einsparen, da der Kunde mittels Toolkits in diesem Wertschöpfungsschritt aktiv wird. Zum anderen zeigt die Untersuchung aber, dass aus den Toolkits resultierende Bedienungsunklarheiten die Unternehmenskosten zur Bereitstellung von Servicemitarbeitern in die Höhe treiben.

Insgesamt sollten Handelsunternehmen einzelne Wertschöpfungsaktivitäten nie ausschließlich isoliert betrachten, sondern mögliche Auswirkungen der Kundenintegration auf andere Wertschöpfungsschritte im Blick behalten und bei der Kosten-Nutzen-Einschätzung einkalkulieren. Um der Kostenverschiebung entgegenzuwirken, sollte zudem darauf geachtet werden, dass Integrationstools einfach und intuitiv bedient werden können. Dabei kann das Unternehmen dem Kunden Hilfestellungen bei der Integration in Form des Self-Services bieten. Zum Beispiel ist es hilfreich, wenn der Kunde auf Videotutorials oder zumindest auf Anleitungen und FAQs im Umgang mit dem Integrationstool zurückgreifen kann. Die Fluggesellschaft Lufthansa stellt Kunden online Videotutorials beispielsweise für einen erfolgreichen Check-In am Selbstbedienungsautomaten zur Verfügung. Diese Demoversion simuliert mit ausführlichen Hilfestellungen den Check-In Prozess unter Anwendung des Self-Service Tools.

4.5   Aufrechterhaltung der Kundenbindung

Wird einem Kunden eine Wertschöpfungsaufgabe durch ein hohes Integrationslevel (vollständig) übertragen und führt dieser die Aufgabe im Internet oder zuhause aus (Integrationsweg), trägt der Kunde die vollständige Verantwortung der Wertschöpfungsaktivität und tritt zudem kaum in physischen Unternehmenskontakt. Dies birgt für Handelsunternehmen die Herausforderung, einen Kunden an das Unternehmen zu binden.

Zum einen steht der Kunde über die Integrationswege Internet und Kundenzuhause in keinem persönlichen Kontakt mehr zu den Mitarbeitern des Handelsunternehmens. Der dadurch ausbleibende zwischenmenschliche Austausch unterbindet die Entwicklung einer emotionalen Bindung an den Händler und erschwert somit den Aufbau von Kundenloyalität. Selnes und Hansen (2001) belegen in ihrer Untersuchung, dass Kundenintegration in Form von Self-Service einen positiven, aber auch einen negativen Effekt auf die Bindung zum Unternehmen haben kann. Dieser Effekt hängt von der Komplexität der Beziehung zwischen Kunde und Mitarbeiter (operative Beziehung vs. operativ-beratende Beziehung) ab. Dabei hat Self-Service einen negativen Effekt auf die Kundenbindung zum Unternehmen im Falle von Beziehungen mit geringer Komplexität (operativ).

Zum anderen sind die Wechselkosten für den Kunden über die Integrationswege Internet und Kundenzuhause äußerst gering. Der Kunde ist durch den hohen Integrationsgrad zunehmend eigenständig und unabhängig vom Unternehmen. Das impliziert, dass Kunden nur einen geringen persönlichen Aufwand in Kauf nehmen müssen, um zwischen verschiedenen Händlern zu wechseln, denn die eigentliche Arbeit wurde bislang ohnehin vom Kunden selbst durchgeführt. Buell, Campbell und Frei (2010) zeigen, dass bei einem hohen Grad an Kundenintegration (Self-Service) die Wechselkosten ein entscheidender Treiber für die Loyalität des Kunden darstellen. Dabei verdeutlichen die Ergebnisse, dass bei niedrigen Wechselkosten die Integration in Form von Self-Service einen negativen Effekt auf Kundenloyalität hat. Der Effekt von Self-Service auf Kundenloyalität ist positiv für hohe Wechselkosten. Daher stellt die Selbstständigkeit der Kunden vor allem im Internet eine große Gefahr für Handelsunternehmen dar, da hier schnell und ohne größere Mühe auf die Angebote anderer Wettbewerber zugegriffen werden kann. Händler sollten daher vermeiden, den persönlichen Kontakt zum Kunden vollständig abzubrechen (z.B. im Service und Support), da dieser im Wertschöpfungsprozess auf lange Sicht den entscheidenden Schritt im Aufbau der Kundenloyalität bedeuten kann. Dies kann im Onlineshop z.B. durch Foren und Communitys erfolgen, die durch Unternehmensmitarbeiter moderiert werden und dadurch die Möglichkeit bieten, soziale Interaktionen mit Handelsvertretern in den Kaufprozess zu integrieren. Austausch in unternehmenseigenen Communitys kann sozialen Nutzen für den Kunden stiften und wirkt positiv auf die Bereitschaft zur Integration, wie Nambisan und Baron (2009) im Rahmen ihrer Studie zu Communityaustausch im Wertschöpfungsbereich des Service und Supports belegen. Darüber hinaus können noch drei weitere Nutzentypen identifiziert werden: persönlicher, funktionaler und hedonischer Kundennutzen. Die Erreichung dieser vier Nutzentypen hat einen signifikant positiven Einfluss auf den zukünftigen Austausch in dem jeweiligen Forum. Zudem konnte gezeigt werden, dass die positiven bzw. negativen Interaktionserfahrungen in solchen Communitys dementsprechend die Einstellungen und Wahrnehmungen des Kunden zum Unternehmen beeinflussen. Die Ergebnisse von Dholakia et al. (2009) können bestätigen, dass funktionaler und sozialen Kundennutzen durch den Austausch in Onlineforen zu gesteigerter Integration des Kunden in den Wertschöpfungsbereich des Service und Supports führt. Diese Ergebnisse lassen sich durch die Untersuchung von Gruen, Osmonbekov und Czaplewski (2007) ebenfalls für den Offline-Kanal bestätigen. Im Rahmen ihrer Betrachtung belegen die Autoren, dass persönlicher Kundenaustausch miteinander zu zweierlei Unternehmensvorteilen führt. Zum einen wird der Wert des Produktes aus Kundensicht gesteigert. Zum anderen hat kundeninterner Austausch einen direkten Loyalitätseffekt, sodass diese Austauschmöglichkeiten zusätzlichen Wert für den Kunden generieren. Zudem beeinflusst allein die generelle Option, eines möglichen Austausches mit anderen Kunden, den Produktwert des Unternehmens.

Händler können demnach durch die Erfüllung dieser Nutzentypen den Grundstein für gesteigerte Loyalität setzen.

5.   Fazit

Der Kunde wird immer öfter in den Wertschöpfungsprozess von Handelsunternehmen integriert und wird dadurch zu einem aktiven Wertschöpfungspartner. Dieser Trend wird vor allem durch kontinuierliche technologische Fortschritte und die daraus entstehenden neuen Vertriebskanäle ermöglicht und vorangetrieben.

Der Grad an Kundeneinbindung variiert von Fall zu Fall und kann in drei grundlegende Stufen unterteilt werden: Kundensegregation (minimale Integration), Co-Kreation (mäßige Integration) und Self-Service (starke Integration). Die Integration des Kunden kann grundsätzlich auf allen Wertschöpfungsstufen (Produktentwicklung, Produktion, Sortimentsgestaltung, Informationsbereitstellung, Beratung, Marketingkommunikation, Transaktionsabwicklung, Logistik, Service und Support) eines Handelsunternehmens erfolgen. Die Einbindung des Kunden stellt eine Möglichkeit dar, sowohl auf Händler- als auch auf Kundenseite Mehrwert zu schaffen. Dieser äußert sich für Handelsunternehmen unter anderem in Kosteneinsparungs- und Absatzsteigerungspotenzial, aber auch in der Schaffung von Kundenzufriedenheit und Loyalität. Zugleich haben Kunden dadurch zum Beispiel die Möglichkeit, auf individualisierte Produkte zugreifen zu können und sowohl Effizienz- (z.B. Zeitersparnis, Kosteneinsparungen) als auch Effektivitätssteigerungen (qualitativ bessere Kaufentscheidung) im Kaufprozess zu erzielen.

Um das volle Wertschöpfungspotenzial ausschöpfen zu können, muss ein Unternehmen allerdings mit den einhergehenden Herausforderungen der Kundenintegration vertraut sein und mit diesen umgehen wissen. Es lassen sich fünf zentrale

Herausforderungen identifizieren: Zugang zu Kundendaten, Gewährleistung von Unternehmenskontrolle, Vermeidung von Kundenüberforderung, Vermeidung von Kostenverlagerung und Aufrechterhaltung der Kundenbindung. Das Ausmaß der entsprechenden Herausforderung variiert in Abhängigkeit des gewählten (1) Integrationswegs (online versus offline) und (2) Integrationsgrades (niedrig bis hoch). Durch gezielte Gegenmaßnahmen können und sollten Unternehmen diesen potenziellen Schwierigkeiten entgegenwirken, um das maximale Wertschöpfungspotenzial der Kundenintegration auszuschöpfen.

Literaturverzeichnis

AGOF (2012), »mobile facts 2012-II;« *(Zugriff am 11.05.2013)*, [http://www.agof.de/aktuelle¬ studie.1022.de.html].

Adjei, Mavis T., Stephanie M. Noble und Charles H. Noble (2010), »The influence of C2C communications in online brand communities on customer purchase behavior,« *Journal of the Academy of Marketing Science,* 38 (5), 634–53.

Alba, Joseph, John Lynch, Barton Weitz, Chris Janiszewski, Richard Lutz, Alan Sawyer und Stacy Wood (1997), »Interactive home shopping: Consumer, retailer, and manufacturer incentive to participate in electronic marketplaces,« *Journal of Marketing,* 61 (3), 38–53.

Ansari, Asim, Skander Essegaier und Rajeev Kohli (2000), »Internet Recommendation Systems,« *Journal of Marketing Research,* 3(2), 107-20.

Bakos, Yannis (1997), »Reducing Buyer Search Costs: Implications for Electronic Marketplaces,« *Management Science,* 43(12), 1676–92.

— (1998), »The emerging role of electronic marketplaces on the Internet,« *Communications of the ACM,* 41 (8), 35–42.

Bendapudi, Neeli und Robert P. Leone (2003), »Psychological Implications of Customer Participation in Co-Production,« *Journal of Marketing,* 67 (1), 14–28.

Bickart, Barbara, und Robert M. Schindler (2001), »Internet Forums as Influential Sources of Consumer Information,« *Journal of Interactive Marketing,* 15 (3), 31–40.

Bitner, Mary Jo, Amy L. Ostrom, Matthew L. Meuter und Anthony J. Clancy (2002), »Implementing Successful Self-Service Technologies,« *The Academy of Management Executive,* 16 (4), 96–109.

Blazevic, Vera und Annouk Lievens (2008), »Managing innovation through customer coproduced knowledge in electronic services: An exploratory study,« *Journal of the Academy of Marketing Science,* 36 (1), 138–51.

Breithut, Jörg (2011), »Soziale Netzwerke: Pril Wettbewerb endet im PR-Debakel,« *(Zugriff am 20.09.2013)*; [http://www.spiegel.de/netzwelt/netzpolitik/soziale-netzwerke-pril-wettbewerb¬ endet-im-pr-debakel-a-763808.html].

Buell, Ryan W., Dennis Campbell und Frances X. Frei (2010), »Are Self-Service Customers Satisfied or Stuck?,« *Production and Operations Management,* 19 (6), 679–97.

Chen, Yubo, QI Wang und Jinhong Xie (2011), »Online Social Interactions: A Natural Experiment on Word of Mouth Versus Observational Learning,« *Journal of Marketing Research,* 48 (2), 238–54.

Chevalier, Judith A. und Dina Mayzlin (2006), »The Effect of Word of Mouth on Sales: Online Book Reviews,« *Journal of Marketing Research,* 43(3), 345–54.

Collier, Joel E. und Daniel L. Sherrell (2009), »Examining the influence of control and convenience in a self-service setting,« *Journal of the Academy of Marketing Science,* 38 (4), 490–509.

Culnan, Mary J., Patrick J. McHugh und Jesus I. Zubillaga (2010), »How Large U.S. Companies Can Use Twitter and Other Social Media to Gain Business Value,« *MIS Quarterly Executive,* 9 (4), 243–60.

Dabholkar, Pratibha A. (1996), »Consumer evaluations of new technology-based self-service options: An investigation of alternative models of service quality,« *International Journal of Research in Marketing*, 13 (1), 29–51.

Dellaert, Benedict G. C. und Stefan Stremersch (2005), »Marketing Mass-Customized Products: Striking a Balance Between Utility and Complexity,« *Journal of Marketing Research*, 42 (May), 219–27.

Dholakia, Utpal M., Vera Blazevic, Caroline Wiertz und René Algesheimer (2009), »Communal Service Delivery: How Customers Benefit From Participation in Firm-Hosted Virtual P3 Communities,« *Journal of Service Research*, 12 (2), 208–26.

Dong, Beibei, Kenneth R. Evans und Shaoming Zou (2007), »The effects of customer participation in co-created service recovery,« *Journal of the Academy of Marketing Science*, 36 (1), 123–37.

Duan, W, B Gu und A Whinston (2008), »The Dynamics of Online Word-of-Mouth and Product Sales—An Empirical Investigation of the Movie Industry,« *Journal of Retailing*, 84 (2), 233–42.

Ernst, Holger, Wayne D. Hoyer, Manfred Krafft und Katrin Krieger (2011), »Customer relationship management and company performance—the mediating role of new product performance,« *Journal of the Academy of Marketing Science*, 39 (2), 290–306.

Franke, Nikolaus, Peter Keinz und Christoph J. Steger (2009), »Testing the Value of Customization: When Do Customers Really Prefer Products Tailored to Their Preferences?,« *Journal of Marketing*, 73 (5), 103–21.

Franke, Nikolaus und Frank Piller (2004), »Value Creation by Toolkits for User Innovation and Design: The Case of the Watch Market,« *The Journal of Product Innovation Management*, 21 (6), 401–15.

Franke, Nikolaus und Martin Schreier (2008), »Product Uniqueness as a Driver of Customer Utility in Mass Customization,« *Marketing Letters*, 19(2), 93–107.

— (2010), »Why Customers Value Self-Designed Products: The Importance of Process Effort and Enjoyment*,« *Journal of Product Innovation Management*, 27 (7), 1020–31.

Fuchs, Christoph, Emanuela Prandelli und Martin Schreier (2010), »The Psychological Effects of Empowerment Strategies on Consumers' Product Demand,« *Journal of Marketing*, 74(1), 65–79.

Grewal, Dhruv, Gopalkrishnan R. Iyer, R. Krishnan und Arun Sharma (2003), »The Internet and the Price–Value–Loyalty Chain,« *Journal of Business Research*, 56 (5), 391–98.

Grewal, Dhruv, Gopalkrishnan R. Iyer und Michael Levy (2004), »Internet retailing: enablers, limiters and market consequences,« *Journal of Business Research*, 57 (7), 703–13.

Gruen, Thomas W., Talai Osmonbekov und Andrew J. Czaplewski (2007), »Customer-to-customer exchange: Its MOA antecedents and its impact on value creation and loyalty,« *Journal of the Academy of Marketing Science*, 35 (4), 537–49.

Gruner, Kjell E. und Christian Homburg (2000), »Does Customer Interaction Enhance New Product Success?,« *Journal of Business Research*, 49 (1), 1–14.

Hoyer, Wayne D., Rajesh Chandy, Matilda Dorotic, Manfred Krafft und Siddharth S. Singh (2010), »Consumer Cocreation in New Product Development,« *Journal of Service Research*, 13 (3), 283–96.

Huffman, Cynthia, und Barbara E Kahn (1998), »Variety for Sale: Mass Customization or Mass Confusion ?,« *Journal of Retailing*, 74 (4), 491–513.

Jeppesen, Lars Bo (2005), »User Toolkits for Innovation: Consumers Support Each Other,« *Journal of Product Innovation Management*, 22 (4), 347–62.

Joshi, Ashwin W. und Sanjay Sharma (2004), »Customer Knowledge Development: Antecedents and Impact on New Product Performance,« *Journal of Marketing*, 68 (4), 47–59.

Lilien, Gary L., Pamela D. Morrison, Kathleen Searls, Mary Sonnack und Eric Von Hippel (2002), »Performance Assessment of the Lead User Idea-Generation Process for New Product Development,« *Management Science*, 48 (8), 1042–59.

Lovelock, Christopher H. und Robert F. Young (1979), »Look to consumers to increase productivity,« *Harvard Business Review*, 57, 168–78.

Mathwick, Charla, Caroline Wiertz und Ko de Ruyter (2008), »Social Capital Production in a Virtual P3,« *Journal of Consumer Research*, 34 (6), 832–49.

Meuter, Matthew L. und Mary Jo Bitner (1998), »Self-Service Technologies: Extending Service Frameworks and Identifying Issues for Research,« *American Marketing Association*, 9, 12–19.

Meuter, Matthew L., Amy L. Ostrom, Robert I. Roundtree und Mary Jo Bitner (2000), »Self-Service Technologies: Understanding Customer Satisfaction with Technology-Based Service Encounters,« *Journal of Marketing*, 64 (3), 50–64.

Nambisan, Satish und Robert A Baron (2009), »Virtual Customer Environments: Testing a Model of Voluntary Participation in Value Co-creation Activities,« *Journal of Product Innovation Management*, 26 (4), 388–406.

Nielsen, AC (2005), »The Power of Private Label 2005.«

Ogawa, Susumu und Frank T. Piller (2006), »Reducing the Risks of New Product Development,« *MIT Sloan Managment Review*, 47 (2), 65–71.

Payne, Adrian F., Kaj Storbacka und Pennie Frow (2008), »Managing the co-creation of value,« *Journal of the Academy of Marketing Science*, 36 (1), 83–96.

Prahalad, C. K. und Venkat Ramaswamy (2004), »Co-creation experiences: The next practice in value creation,« *Journal of Interactive Marketing*, 18 (3), 5–14.

Prahalad, C. K. und Venkatram Ramaswamy (2000), »Co-opting Customer Competence,« *Harvard Business Review*, 78 (1), 79–87.

Randall, Taylor, Christian Terwiesch und Karl T Uirich (2007), »User Design of Customized Products,« *Marketing Science*, 26 (2), 268–80.

Sawhney, Mohanbir, Gianmario Verona und Emanuela Prandelli (2005), »Collaborating to create: The Internet as a platform for customer engagement in product innovation,« *Journal of Interactive Marketing*, 19 (4), 4–17.

Schlosser, Ann E., Tiffany Barnett White und Susan M. Lloyd (2006), »Converting Web Site Visitors into Buyers: How Web Site Investment and Online Purchase Intentions,« *Journal of Marketing*, 70 (2), 133–48.

Schreier, Martin (2006), »The value increment of mass-customized products: an empirical assessment,« *Journal of Consumer Behaviour*, 5 (4), 317–27.

Schreier, Martin, Christoph Fuchs und Darren W. Dahl (2012), »The Innovation Effect of User Design: Exploring Consumers' Innovation Perceptions of Firms Selling Products Designed by Users,« *Journal of Marketing*, 76 (5), 18–32.

Selnes, Fred und Havard Hansen (2001), »The Potential Hazard of Self-Service in Developing Customer Loyalty,« *Journal of Service Research*, 4 (2), 79–90.

Sinha, Indrajit (2000), »Cost Transparency: The Net's Real Threat to Prices and Brands,« *Harvard Business Review*, 78 (2), 43–50.

Syam, N., P. Krishnamurthy und James D. Hess (2008), »That's What I Thought I Wanted? Miswanting and Regret for a Standard Good in a Mass-Customized World,« *Marketing Science*, 27 (3), 379–97.

Troye, Sigurd Villads und Magne Supphellen (2012), »Consumer Participation in Coproduction: ›I Made It Myself‹ Effects on Consumers' Sensory Perceptions and Evaluations of Outcome and Input Product,« *Journal of Marketing*, 76 (2), 33–46.

Van Eck, Peter S., Wander Jager und Peter S. H. Leeflang (2011), ›Opinion Leaders‹ Role in Innovation Diffusion: A Simulation Study,« *Journal of Product Innovation Management*, 28 (2), 187–203.

Weiss, Allen M., Nicholas H. Lurie und Deborah J. MacInnis (2008), »Listening to Strangers: Whose Responses Are Valuable, How Valuable Are They, and Why?,« *Journal of Marketing Research*, 45 (4), 425–36.

Wind, Jerry und Arvind Rangaswamy (2001), »Customerization: The next revolution in mass customization,« *Journal of Interactive Marketing*, 15 (1), 13–32.

Zhu, Zhen, Cheryl Nakata, K. Sivakumar und Dhruv Grewal (2007), »Self-service technology effectiveness: the role of design features and individual traits,« *Journal of the Academy of Marketing Science*, 35 (4), 492–506.

Kapitel 8: Wertschöpfung im Handel durch Internationalisierung

von Dr. Peter Linzbach

1. Wertschöpfung im Handel

Gemeinhin wird Wertschöpfung definiert als Differenz zwischen den erzielten Umsatzerlösen und dem dafür erforderlichen Faktoreinsatz durch eingekaufte Güter, externe Dienstleistungen und dem Verbrauch an Produktionsmitteln (der in der Regel durch Absetzung für Abnutzung bewertet wird) (Horvath 2013) zuzüglich der Summe aus gezahlten Löhnen, Zinsen und Steuern (Schmalen, Pechtl 2013, S. 23). Im Handel entsteht die betriebswirtschaftliche Wertschöpfung in überwiegender Ermangelung eines klassischen industriellen Produktionsprozesses im Wesentlichen durch die Differenz zwischen dem Einkaufs- und dem Verkaufspreis der Produkte (Warenrohertrag).

McKinsey untersucht in der Studie »Deutschland 2020« (Breuer, Sänger und Spillecke 2008) die Wertschöpfung im Handel – definiert als Summe aus Löhnen, Gewinnen und Abschreibungen pro Kopf – im internationalen Vergleich. Im Zeitraum 1994 bis 2004 ist die Wertschöpfung pro Kopf im deutschen Handel lediglich um jährlich durchschnittlich 0,7 Prozent gestiegen und liegt mit einem Wert von 1019 Euro im internationalen Vergleich teilweise deutlich hinter anderen Volkswirtschaften zurück (zum Vergleich in Euro: USA 1763, Großbritannien 1331 oder Frankreich 1079) (Breuer, Sänger und Spillecke 2008, S. 9 ff). Als Ursache sehen die Autoren im Wesentlichen die geringere

Konsumneigung und die deutlich höhere Dichte an Verkaufsfläche pro Kopf (Breuer, Sänger und Spillecke 2008, S. 9 ff). Gleichzeitig schätzen sie das zusätzliche Wertschöpfungspotenzial bei Anwendung geeigneter Maßnahmen auf annähernd 25 Prozent mit Schaffung von 800 000 zusätzlichen Arbeitsplätzen bis zum Jahre 2020 (Breuer, Sänger und Spillecke 2008, S. 9 ff).

Um erfolgreich Wertschöpfung zu generieren, müssen Handelskonzepte über eigenständige und gleichzeitig für Kunden relevante Leistungsmerkmale verfügen, die entweder im Einzelnen oder in der Summe einzigartig oder – falls auch andere Handelsunternehmen im gleichen Markt ähnliche Leistungsmerkmale vorweisen – wettbewerbsüberlegen sind (im Englischen »Unique Selling Proposition«). Diese Leistungsmerkmale kann man auch als Nutzenversprechen (oder im Englischen als »Value Proposition«) bezeichnen, welches in der englischen Sprache durch die »4 Ps« charakterisiert wird: »Product« (Sortiment), »Price« (Preis), »Promotion« (Kommunikation) und »Place« (Distribution). Die zweite Komponente der Wertschöpfung neben den Leistungsmerkmalen ist der Prozess der Leistungserstellung im Rahmen der Ausübung der Absatzmittlerfunktion, die im Kern die Bereiche Einkauf, Logistik, Distribution und Administration umfasst.

Bereits existierende, wertschöpfende Handelsunternehmen können ihre Wertschöpfung durch weiteren Ausbau der bestehenden Leistungsmerkmale oder Optimierung der Leistungserstellung erhöhen. Beispiele hierfür sind zusätzliche Differenzierung (Breuer, Sänger und Spillecke 2008, S. 11) oder Erweiterung durch das Angebot zusätzlicher Sortimentsgruppen unter der gleichen Marke (wie Zara Home oder Ikea Food), Ansprache zusätzlicher Zielgruppen unter einer neuen Marke (wie Massimo Dutti neben Zara oder Cos neben Hennes & Mauritz), zusätzliche stationäre Standorte oder weitere Distributionskanäle (im Englischen »Multi-Channel«). Eine Möglichkeit zur Optimierung der Leistungserstellung ist die Integration vor- oder nachgelagerter Wertschöpfungsstufen (vertikale Integration) wie beispielsweise der Rohstoffgewinnung, Produktentwicklung, Fertigung (insbesondere von Eigenmarken) oder Logistik.

Neben der Differenzierung oder Erweiterung der Leistungsmerkmale besteht für national erfolgreich etablierte Handelskonzepte zusätzliches Wertschöpfungspotenzial auch durch eine internationale Multiplikation des Konzeptes in ausländischen Märkten. Hierdurch können sich Degressionseffekte in der Beschaffung und Verwaltung ergeben und häufig sind Rohertrags- und Gewinnmargen im Ausland aufgrund günstigerer Umfeld-Bedingungen oder geringerer Wettbewerbsintensität höher als beispielsweise in Deutschland. Darüber hinaus schafft eine Internationalisierung und damit eine Verteilung des unternehmerischen Risikos auf mehrere Länder auch eine stärkere Unabhängigkeit von konjunkturellen Schwankungen innerhalb eines einzelnen Landes.

Da es aber a priori nicht selbstverständlich ist, dass ein im Heimatmarkt erfolgreiches Konzept auch international für Kunden relevant und einzigartig oder wettbewerbsüberlegen ist, besteht neben dem Potenzial für weitere Wertschöpfung gleichzeitig auch das Risiko einer Wertvernichtung. Deshalb sollte einem solchen Schritt der Internationalisierung eine gründliche Analyse vorausgehen, inwieweit das bestehende Konzept, der ausgewählte Auslandsmarkt und die unternehmerischen Fähigkeiten für eine Internationalisierung geeignet und hinreichend sind.

Die vorliegende Untersuchung geht der Frage nach, welche Voraussetzungen für eine erfolgreiche Wertschöpfung durch Internationalisierung im Handel erfüllt sein müssen, welche Fragestellungen im Internationalisierungs-Prozess besonders zu beachten sind und inwieweit sich einzelne Handelskonzepte für eine Internationalisierung eignen.

2. Internationale Multiplikation von Handelskonzepten

Während die führenden Hersteller in der Konsumgüterindustrie den Vertrieb ihrer Produkte traditionell international strukturiert haben (beispielsweise weist Nestlé als weltgrößtes Unternehmen der Branche 113 Ländergesellschaften auf) (Nestlé AG 2013), sind Handelsunternehmen noch in weitem Ausmaß national ausgerichtet (»Retailing has always been considered a business that doesn't travel well«) (Wileman und Jary 2006, S. 217). So sind nach einer Studie von Deloitte (2013, S. 22) für das Jahr 2011 von den 250 global größten Handelsunternehmen lediglich 62 Prozent auch außerhalb ihres Ursprungslandes tätig und sie realisieren knapp ein Viertel ihres Umsatzes im Ausland (zum Vergleich: Nestlé erzielt etwa 98 Prozent des Umsatzes international). Sie sind in durchschnittlich neun Ländern präsent, angeführt von französischen und deutschen Unternehmen, die jeweils im Durchschnitt bereits etwa 40 Prozent ihres Umsatzes international erzielen (Deloitte Global Services Ltd. 2013, S. 22 f).

Hinsichtlich der Branche wird das Ranking von den Modehändlern angeführt, von denen 80 Prozent international in durchschnittlich 21 Ländern operieren und knapp 30 Prozent ihres Umsatzes im Ausland erzielen. Demgegenüber sind die Konsumgüterhändler zu weniger als 50 Prozent international tätig in durchschnittlich 5 Ländern und erzielen 23 Prozent ihres Umsatzes im Ausland (Deloitte Global Services Ltd. 2013, S. 25 f). Sie dominieren allerdings das Ranking nach Größe und repräsentieren 19 von 20 der weltweit größten Unternehmen. Die Metro Group weist unter ihnen mit 61 Prozent den höchsten Auslandsanteil im Umsatz und mit 33 Ländern die höchste Anzahl unter den 20 größten Unternehmen auf (Deloitte Global Services Ltd. 2013, S. 25 f).

Insgesamt 63 und damit ein Viertel der größten 250 Unternehmen sind bereits in 10 oder mehr Ländern distribuiert (gegenüber 45 in 2007); hiervon stammen 35 aus Europa, 17 aus Nordamerika und 11 aus anderen Teilen der Welt (Deloitte Global Services Ltd. 2013, S. 11 ff). Die drei führenden Unternehmen mit der stärksten internationalen Präsenz zählen zum Modesektor und kommen alle aus Europa (PPR mit 90 Ländern und LVMH mit 87 Ländern aus Frankreich sowie Inditex mit 87 Ländern aus Spanien); die drei führenden Länder sind Deutschland (12 Unternehmen, davon 3 unter den Top 10 weltweit), Frankreich (8 Unternehmen) und Großbritannien

(7 Unternehmen) (Deloitte Global Services Ltd. 2013, S. 11 ff). Von den 10 größten deutschen Lebensmittelhändlern sind 9 international tätig mit einem hohen Auslands-Umsatzanteil von durchschnittlich 57 Prozent (Metro AG 2012, S. 39).

Der Grund für eine im Vergleich zur Konsumgüterindustrie geringere Internationalisierung von Handelsunternehmen liegt in der unterschiedlichen Komplexität und den damit verbundenen Risiken. Handelsunternehmen »exportieren« nicht einzelne Produkte, sondern ein ganzheitliches komplexes Konzept, welches möglicherweise für die abweichenden Kundenbedürfnisse im Ausland nicht ausreichend relevant oder aus Wettbewerbssicht nicht ausreichend differenziert ist und entsprechend angepasst werden muss. Daraus folgt in der Regel auch zusätzlich die Notwendigkeit, im jeweiligen Land eine eigenständige dezentrale Verwaltung aufzubauen und mit Management und Kapital auszustatten. Die gleichzeitige Investition in den Aufbau und die aus der notwendigen Konzeptanpassung an die Spezifika ausländischer Märkte resultierende Unberechenbarkeit des Erfolges können erhebliche Risiken bergen, insbesondere wenn die entsprechenden Märkte gleichzeitig hochentwickelt und wettbewerbsintensiv sind.

So sind bereits frühe Versuche seit den 1980er Jahren in den USA (Carrefour, Auchan, Marks & Spencer, Ahold, Metro Cash & Carry oder Tesco) wie auch in Deutschland (Walmart, Carrefour, Intermarché, Marks & Spencer oder The Gap) gescheitert, obwohl die jeweiligen Unternehmen bereits vorher über eine weitreichende Internationalisierungserfahrung verfügten. Bis heute ist von den 40 weltweit umsatzstärksten Handelsunternehmen kein einziges Nicht-Amerikanisches in den USA bzw. es sind zwei Nicht-Deutsche in Deutschland präsent (Amazon und Ikea) (Deloitte Global Services Ltd. 2013, S. 11 ff).

Eine wesentliche Voraussetzung für eine erfolgreiche Internationalisierung ist neben der Relevanz und Wettbewerbsfähigkeit des Konzeptes das Wissen über die erforderlichen spezifischen Prozessschritte.

Zunächst kommt es darauf an, die für einen Expansionsschritt geeigneten Auslandsmärkte zu identifizieren und im Rahmen einer Machbarkeitsstudie (im Englischen »Feasibility Study«) deren grundsätzliche Eignung im Hinblick auf vorhandene Infrastruktur, ökonomisches Potenzial und grundsätzliche Relevanz des im Heimatmarkt erfolgreichen Konzeptes im ausgewählten Auslandsmarkt zu analysieren und festzustellen, inwieweit gegebenenfalls Anpassungen erforderlich sind.

Eine zusätzliche Herausforderung stellen in diesem Zusammenhang die unterschiedlichen Kulturen oder Lebenszyklen (im Englischen »Life Cycles«) eines Landes dar, die erheblich von den bekannten Erfahrungen des Heimatmarktes abweichen und – teilweise unabhängig von der Kunden- oder Wettbewerbssituation – besonders weitreichende Anpassungen erforderlich machen können, deren Erfolgsaussichten unter Umständen schwierig abzuschätzen sind.

Ein wesentliches Augenmerk sollte schließlich auf die Verfügbarkeit der erforderlichen Management-Ressourcen sowohl in der Unternehmenszentrale wie auch im jeweiligen Zielland gerichtet werden im Hinblick auf die Vorbereitung (Konzeptverständnis, Marktanalyse, Konzeptadaption) und die spätere prozessuale und operative Umsetzung.

Der konzeptionelle Rahmen dieses Kapitels wird in Abbildung 8.1 illustriert.

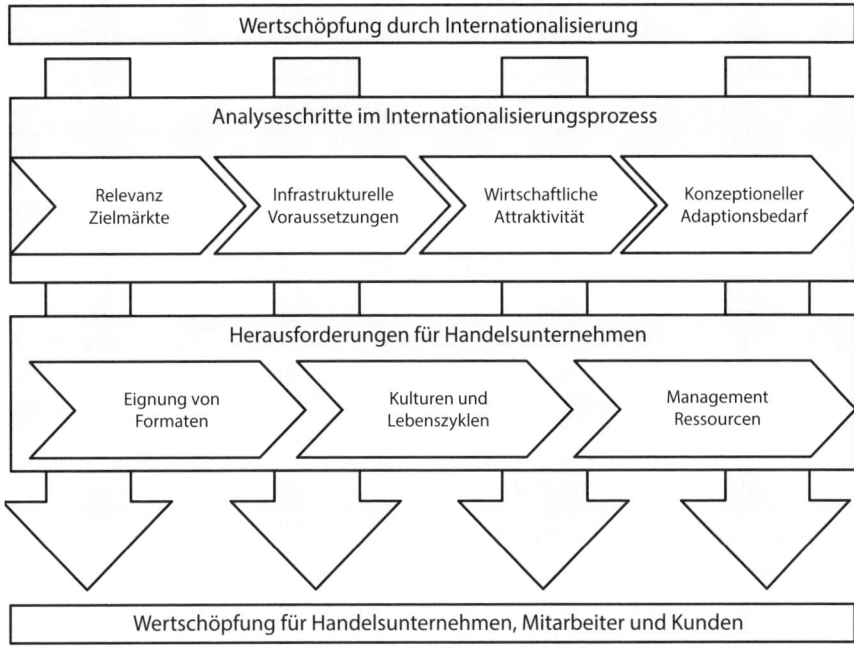

Abb. 8.1: Konzeptioneller Rahmen

3. Machbarkeitsstudie und Konzeptanpassung

3.1 Identifizierung von Zielmärkten

Der erste Schritt im Rahmen einer angestrebten Auslandsexpansion ist die Identifizierung konzeptionell und gleichzeitig wirtschaftlich attraktiver Zielmärkte. Geeignet sind hierfür zunächst eher solche Märkte, die dem Heimatmarkt in kultureller und konzeptioneller Hinsicht und in Bezug auf den Lebenszyklus am ehesten entsprechen. Für Konzepte aus reifen oder gesättigten Märkten empfiehlt sich daher eine Konzentration auf einen ähnlichen Sprach- und Kulturkreis oder den gleichen Kontinent. Man kann dann in der Regel voraussetzen, dass sich die strukturellen Rahmenbedingungen solcher im Umfeld des Heimatmarktes gelegenen Märkte für einen Markteintritt grundsätzlich eignen und die konzeptionell notwendigen Anpassungen sich in Grenzen halten beziehungsweise die Wettbewerbsfähigkeit verlässlich eingeschätzt werden kann. Die Entscheidung kann dann primär aus der wirtschaftlichen Attraktivität abgeleitet werden, die im Wesentlichen vom Konsumniveau und der Wettbewerbsintensität des jeweiligen Marktes abhängt.

Demgegenüber empfiehlt es sich, wirtschaftlich auf den ersten Blick attraktive Märkte auf einer niedrigeren Entwicklungsstufe mit geringerer Wettbewerbsintensität und hohen Wachstumsraten wie Asien, Afrika oder teilweise auch Südamerika und Osteuropa mit Vorsicht anzugehen, denn solche Märkte können kulturell, zyklisch und konzeptionell sehr anspruchsvoll und herausfordernd sein (Kalish und Gregory 2011 und 2012). Ähnliches trifft auf eine interkontinentale Expansion innerhalb eines ähnlichen Lebenszyklus zu wie beispielsweise zwischen Amerika und Europa.

Global dauerhaft expandierende Handelsunternehmen sollten alle grundsätzlich in Frage kommenden Märkte durch ein pragmatisches Scoring-Modell regelmäßig bewerten und priorisieren, wie es zum Beispiel Metro Cash & Carry entwickelt hat (Gewichtung von Lebenszyklus, Zeitfenster, Risiko und Attraktivität).

Als Ergebnis dieses (Desk-Research) Prozesses der Eliminierung und Priorisierung sollte man sich auf ein oder einige wenige Länder fokussieren, für die die Erfolgswahrscheinlichkeit im Detail zu prüfen ist.

3.2   Infrastrukturelle Voraussetzungen

Die infrastrukturellen Rahmenbedingungen sind in Ländern mit einem ähnlichen Kulturkreis und Lebenszyklus in der Regel ebenfalls ähnlich und stellen kein Risiko dar. Sie können in davon abweichenden Zielmärkten jedoch bereits einen Hinderungsgrund an sich für einen Markteintritt darstellen.

Die Prüfung dieser Rahmenbedingungen sollte beispielsweise die Stabilität des gesamten Verwaltungssystems umfassen, den freien Zugang zu Kapital und Boden oder das Vorhandensein ausreichend qualifizierter Arbeitskräfte.

Das Rechtssystem sollte verlässliche, faire und wettbewerbsgerechte Regeln, ausländische Investitionen sowie individuellen unternehmerischen Freiraum sicherstellen. Wettbewerb, Warenverkehr und Verträge mit anderen Geschäftspartnern oder Mitarbeitern sollten frei gestaltbar und mittel- und langfristig berechenbar sein.

Unerlässlich für die Funktionalität eines modernen Handelskonzeptes ist darüber hinaus die Verfügbarkeit einer Infrastruktur im weiteren Sinne. Hierzu zählen – neben der eher generellen Verkehrs-, Kommunikations- und Energieinfrastruktur – die Verfügbarkeit von lokalen Produkten oder Erzeugern oder zumindest die Möglichkeit, die erforderlichen Produkte effizient und unbehindert importieren und mittels einer funktionierenden Distributionslogistik auch entsprechend verteilen zu können. Hier spielen auch geographische und klimatische Bedingungen insbesondere in Flächenstaaten wie beispielsweise Russland oder China eine wichtige Rolle, wo der Warentransport eine beträchtliche Zeitspanne erfordern kann verbunden mit hohen Investitionen und Kosten.

3.3 Wirtschaftliche Attraktivität

Ein erster Indikator für die wirtschaftliche Attraktivität eines Marktes bilden dessen Größe und die jährlichen Wachstumsraten. Ein Anhaltspunkt hierfür ist zunächst die Gesamtzahl der Bevölkerung beziehungsweise der Konsumenten und deren wirtschaftliche Leistungsfähigkeit, die man anhand des Bruttoinlandsproduktes (BIP) pro Kopf der Bevölkerung (welches im Übrigen auch einen brauchbaren Indikator für die Einstufung eines Landes in einen wirtschaftlichen Lebenszyklus darstellt) oder an den Konsumausgaben messen kann. Neben der Erhebung des Status quo sollten auch Prognosen bezüglich der zukünftigen Entwicklung dieser Daten herangezogen werden.

Bezüglich der relevanten Konsumenten-Zielgruppe lässt sich anhand der aus dem Heimatmarkt bekannten (alternativ anhand einer für den Zielmarkt hypothetisch abgeleiteten) Struktur und Segmentierung überprüfen, wie groß deren Anzahl und das durchschnittliche Kaufpotenzial ist und ob Kundenbedürfnisse und -verhalten mit dem Heimatmarkt übereinstimmen und das vorhandene Konzept die grundsätzliche Akzeptanz der Zielgruppe findet. Auf diesen Prozess sind die klassischen Instrumente der Marktforschung gut anwendbar.

Das Konsumentenverhalten wird darüber hinaus stark geprägt vom Vorhandensein vergleichbarer Wettbewerber, die im Rahmen einer Marktsegmentierung identifiziert und in einer Segment-Matrix mit ihrer jeweiligen Preis- und Sortimentspositionierung und ihrer Marktpenetration erfasst werden. Hiermit lässt sich die Wettbewerbssituation insgesamt anschaulich abbilden und die wirklich relevante Wettbewerbssituation im engeren Sinne identifizieren. In einem zweiten Schritt werden für diese Wettbewerber die Leistungsmerkmale (im Wesentlichen die 4 Ps) erfasst und ihre Stärken und Schwächen im Vergleich zum eigenen Konzept ermittelt.

Auf Basis dieser Informationen lässt sich mit einer gewissen Sicherheit bewerten, wie groß das tatsächliche Potenzial eines Marktes ist und ob das bestehende Konzept aus dem Heimatmarkt für die Kunden des Zielmarktes relevant und einzigartig oder zumindest wettbewerbsüberlegen ist, wenn es schon Wettbewerber mit ähnlichen Konzepten gibt.

Die Fragen in Bezug auf Relevanz und Wettbewerbsfähigkeit und möglichen Anpassungsbedarf des Konzeptes sind von entscheidender Bedeutung für den späteren Erfolg und erfordern eine systematische und umfassende Vorgehensweise. Es empfiehlt sich, in dieser Phase mit international erfahrenen und dem jeweiligen Zielmarkt vertrauten externen Beratern in Fragen der Marktforschung und Marktanalyse zusammenzuarbeiten.

3.4   Standardisierung versus Adaption

Während die Marktanalyse durch Berater durchgeführt werden kann, berührt die detaillierte Entscheidung über den möglichen Grad der Anpassung eines bestehenden Konzeptes an die ermittelten Bedürfnisse des Zielmarktes den Kernpunkt der Internationalisierung eines Handelsunternehmens und sollte vom Management selbst getroffen werden. Diese erfordert gleichzeitig eine umfassende internationale Erfahrung und eine detaillierte Konzept-Kenntnis und wird immer eine Kompromissentscheidung sein.

Überlässt man diese Entscheidung dem nationalen Management aus dem Heimatmarkt, führt dies häufig zu einer hohen Standardisierung, die das Management aufgrund der bekannten Erfolgsparameter aus Erfahrung gut beurteilen kann, die aber möglicherweise den Erfordernissen des Zielmarktes nicht hinreichend genügt (siehe beispielsweise Marks & Spencer in Deutschland). Überlässt man die Entscheidung dem lokalen, mit den Erfordernissen des Landes vertrauten Management, führt dies häufig zu einer zu hohen Anpassung, die zwar den Erfordernissen des neuen Marktes entsprechen kann, deren Erfolgswahrscheinlichkeit vom Management aber mangels vorliegender Erfahrungswerte über die Erfolgsparameter möglicherweise nicht hinreichend beurteilt werden kann (siehe beispielsweise Tesco in den USA, wo man sich für das völlig veränderte Konzept »Fresh & Easy« entschieden hat, über dessen Inhalt und Erfolgsparameter keine Erfahrungen vorlagen, und welches nun nach rund 5 Jahren beendet wird).

Solche Entscheidungen sind sehr anspruchsvoll und es gibt keine perfekte, standardisierte Strategie für den Markteintritt. Die »Kunst« liegt vielmehr darin, die Anpassung an nationale Rahmenbedingungen und Kundenbedürfnisse auf ein Ausmaß zu begrenzen, welches das bestehende Konzept in den wesentlichen Ausprägungen der Leistungsmerkmale (Sortiment, Preis, Kommunikation und Distribution) im Kern erhält. Sollte sich jedoch herausstellen, dass der Veränderungsbedarf ein größeres Ausmaß erfordert, welches das Konzept in seinen Grundzügen verändert, oder dass bereits ein flächendeckender und vergleichbar kompetenter Wettbewerb existiert, ist es in der Regel klüger, auf einen Markteintritt ganz zu verzichten.

Alternativen zu einer organisch-autarken Expansion sind zum einen die Bildung von Joint Ventures, die aber gleichzeitig den Gestaltungsfreiraum – auch aufgrund lokaler Abhängigkeiten – oftmals erheblich einschränken und zu unvorteilhaften Kompromissen führen können. Zum anderen besteht manchmal die Möglichkeit, ein bestehendes nationales Unternehmen zu übernehmen und dann entweder unter der bestehenden Marke fortzuführen (wie Walmart mit der Übernahme von Asda in Großbritannien) oder auf die neue (eigene) Marke »umzuflaggen« (wie Walmart mit der Übernahme von Wertkauf und Intermarché in Deutschland). Beide Vorgehensweisen reduzieren auf den ersten Blick das Risiko. Für einen erfolgreichen Markteintritt oder eine Verzinsung der Investition ist es aber dennoch in der Regel erforderlich, im Nachhinein dann doch noch erhebliche Veränderungen des ursprünglichen Konzeptes vorzunehmen mit der Gefahr des Scheiterns.

3.4.1   Sortimentsanpassung

Im Grundsatz bildet das Sortiment eine Mischung aus bestimmten Kategorien (Sortimentsbreite), bestimmten Produkten oder Marken (Sortimentstiefe) und einer spezifischen Preisstruktur (Preisarchitektur) ab.

Bezüglich der Sortimentsbreite gibt es grundsätzlich drei unterschiedliche Formate im Food- und Nonfood-Sektor vom klassischen Fachgeschäft mit einer einzigen Kategorie (zum Beispiel Schmuck) über Fachmärkte, die einige verwandte Kategorien führen (zum Beispiel Elektronik), bis hin zum Warenhaus mit vielen unterschiedlichen Kategorien. Generell kann man feststellen, dass eine weitergehende Anpassung der Sortimentsbreite in Auslandsmärkten in der Regel nicht empfehlenswert ist, da hierdurch ein Konzept in seinen Grundzügen verändert wird und damit hinsichtlich seiner Erfolgswahrscheinlichkeit schwer zu beurteilen ist.

Bezüglich der Sortimentstiefe ist der Anpassungsbedarf in der Regel größer, allerdings abhängig von der jeweiligen Konzeptform: Nonfood-Konzepte haben generell einen geringeren Anpassungsbedarf als Food-Konzepte, und Konzepte mit vorwiegend internationalen Marken oder Eigenmarken haben einen geringeren Anpassungsbedarf als solche mit vorwiegend nationalen Marken.

Im Hinblick auf die Preisarchitektur kann man feststellen, dass generell in frühen Lebenszyklen eher Konzepte im Preiseinstieg und im mittleren Segment von Bedeutung sind und in späteren Lebenszyklen das Premium-Segment zu Lasten des mittleren Segments an Bedeutung gewinnt. Ausnahmsweise kann auch in einer frühen Phase das Premium-Segment trotz eines relativ unbedeutenden Anteils eine hohe absolute Bedeutung im Markt haben, wenn der Markt insgesamt eine gewisse Größe repräsentiert (so ist beispielsweise China bereits heute für viele Handelsunternehmen im Premiumsektor ein bedeutender und wachstumsstarker Markt).

3.4.2   Preisanpassung

Global agierende Handelsunternehmen mit identischen Produkten verfolgen in der Regel eine differenzierte Preispolitik in unterschiedlichen Ländern. Die Preise unterscheiden sich naturgemäß aufgrund unterschiedlicher Währungen, Wechselkurse oder Umsatzsteuersätze, aber selbst innerhalb identischer Währungskreise unterscheiden sich die Preise für vergleichbare Produkte häufig.

Zum einen spielt die Kaufkraft – soweit es sich nicht um international bekannte Produktmarken handelt – eine wesentliche Rolle bei der Preisfindung, die folgerichtig in der Regel für das gleiche Konzept zu sehr unterschiedlichen Rohertragsmargen in verschiedenen Ländern führen kann, welche zwischen Entwicklungsländern und saturierten Märkten um mehr als 10 Prozent-Punkte voneinander abweichen können. Generell lässt sich jedoch eine sehr ähnliche prozentuale Differenz zwischen der Rohertragsmarge und der Personalkostenquote feststellen. Zum anderen kann auch ein schwächerer oder stärkerer Wettbewerb vergleichbar höhere Preise ermöglichen oder niedrigere Preise erzwingen. Beispiele für Preisanpassungen sind Aldi in Österreich (bis zu 5 Prozent teurer als in Deutschland), Zara in Großbritannien (bis zu 20 Prozent teurer als in Deutschland) oder Alden und Abercrombie & Fitch in Deutschland (bis zu 100 Prozent teurer als in den USA).

Teilweise werden die Preise sogar innerhalb eines Landes differenziert. So haben die meisten Lebensmittelhändler in Deutschland verschiedene Preiscluster für die gleichen Produkte in bestimmten Regionen, Media Markt betreibt sogar eine differenzierte Preispolitik für jeden einzelnen Standort.

Die Differenzierung ermöglicht eine sinnvolle und manchmal notwendige Anpassung an die jeweiligen Bedingungen und Erfordernisse des Marktes, sie wird aber auch teilweise genutzt, um unter vermeintlich günstigeren (Wettbewerbs-)Bedingungen zusätzliche Erträge zu erwirtschaften (als Beispiel hierfür kann generell der russische Markt herangezogen werden). Eine solche Strategie birgt jedoch im Hinblick auf die zunehmende, auch internationale Transparenz ein Imagerisiko, wenn Kunden über diese »Ungleichbehandlung« Kenntnis erhalten.

3.4.3 Anpassung von Kommunikation und Distribution

In der Kommunikation wird eine Anpassung an den Zielmarkt dann unumgänglich, wenn andernfalls Verständnis- oder gar Imageprobleme entstehen. So werden Textinformationen in der Regel (zumindest zusätzlich) in der Landessprache erfolgen, und unter Umständen wird sogar die Wortmarke mit abweichenden lokalen Schriftzeichen angepasst (Metro Cash & Carry führt zum Beispiel in Russland den Schriftzug in beiden Sprachen und in China zusätzlich einen zweiten, abweichenden chinesischen Firmennamen). Auch die Kommunikationskanäle sollten nationalen Erfordernissen angepasst werden. Im Hinblick auf Inhalte und visuelle Gestaltung gelten die gleichen Regeln wie für die übrigen Leistungsmerkmale, allerdings resultiert der Anpassungsbedarf überwiegend aus kulturell bedingten Unterschieden. In Einzelfällen kann es auch wettbewerbsbedingte Gründe geben, wenn Markenrechte lokal bereits anderweitig registriert sind. So wurde beispielsweise Media Markt einige Wochen vor dem Markteintritt in Russland durch den lokalen Wettbewerber Eldorado in der Werbekampagne inhaltlich und visuell nahezu identisch kopiert und hat dann in der eigenen Kampagne Änderungen zur Wahrung einer Differenzierung vornehmen müssen.

Hinsichtlich der Gestaltung der Distributionsplattform ist der Anpassungsbedarf in der Regel gering, wenn dieser nicht durch Änderungen an anderen Leistungsmerkmalen oder durch lokale infrastrukturelle Besonderheiten bedingt ist. Metro Cash & Carry hat beispielsweise in Japan und Indien aufgrund der außergewöhnlich hohen Immobilienpreise die Formatfläche verkleinert und teilweise eine mehrge-schossige Bauweise konzipiert, um den Flächenbedarf für Grundstücke entsprechend zu reduzieren. Solche Anpassungen können teilweise erhebliche Auswirkungen auf übrige Leistungsmerkmale und den Prozess der Leistungserstellung haben und das Konzept so nachhaltig verändern, dass die Auswirkungen nicht mit Sicherheit einzu-schätzen sind.

4. Generelle Eignung von Handelsformaten für Internationalisierung

Handelsformate unterscheiden sich – neben den Produktkategorien – grundsätz-lich durch die Sortimentsbreite, die Distributionsformate (Fachgeschäft, Fachmarkt, Warenhaus) und die Wertschöpfungstiefe: horizontale Konzepte, die sich auf die Stufe der Distribution beschränken, und vertikale Konzepte, die auch in unterschiedlichem Umfang vorgelagerte Wertschöpfungsstufen wie Produktentwicklung, Fertigung oder Logistik einschließen. Häufig gibt es hier Mischformen, wenn horizontale Konzepte in Teilbereichen vertikale Ansätze verfolgen, zum Beispiel durch die Entwicklung von Eigenmarken in bestimmten Segmenten.

Besonders geeignet für eine internationale Multiplikation sind Konzepte mit nur einer oder wenigen Kategorien und einer global bedeutsamen Unternehmens-Marke (»Mono-Marken«), deren Produkte in ihrem Erscheinungsbild gegenüber dem Wett-bewerb deutlich differenziert und gleichzeitig international standardisiert sind und einen hohen Wiedererkennungswert haben. Diese Unternehmen sind in der Regel ver-tikal strukturierte Hersteller und häufig gleichzeitig Einzelhändler (»Hersteller-Händ-ler«) und Großhändler. Sie können aufgrund des geringen Flächenbedarfs und einer hohen Eigenständigkeit in der Entscheidungsfindung als Hersteller und Einzelhänd-ler ihre Konzepte mit hoher Geschwindigkeit multiplizieren. Bekannte Beispiele hierfür sind Schmuckhändler wie Pandora und Swarovski, Sporthändler wie Puma und Adidas oder Modeanbieter wie Prada und Etro.

Ähnlich verhält es sich mit kleinflächigen, vertikal strukturierten Unternehmen, die sich ausschließlich oder ganz überwiegend durch Eigenmarken definieren und in ihrem Gesamterscheinungsbild differenziert und wiedererkennbar sind, auch wenn die einzelnen Produkte der Marke nicht zweifelsfrei zugeordnet werden können. Solche Konzepte finden sich heute im (auf eine überschaubare Anzahl von Produkten begrenz-ten) Discounthandel im Lebensmittel- und teilweise im Textilsektor. Standardisierung und Vertikalisierung schaffen Einzigartigkeit und ermöglichen eine schnelle und we-nig komplexe Multiplikation. So sind Lebensmitteldiscounter wie Aldi (17 Länder) oder Lidl (22 Länder) und später entstandene Textildiscounter wie KIK (8 Länder) oder Takko (15 Länder) bereits weitreichend international distribuiert.

Großflächige, vertikal strukturierte und global distribuierte Konzepte finden sich darüber hinaus fast ausschließlich im Mode- und Bekleidungssektor. Aufgrund global sehr ähnlicher Modetrends und zunehmend konvergentem Verhalten in den relevanten Zielgruppen ist der Anpassungsbedarf im Sortiment eher niedrig und die Produktkomponenten sind relativ ähnlich, so dass trotz der Sortimentstiefe, der Internationalisierung und gleichzeitigen Vertikalisierung die Komplexität insgesamt beherrschbar bleibt und in einem ersten Schritt bewusst niedrig gehalten wird. In späteren Entwicklungsstufen mit hoch entwickelter Informationstechnologie beginnen solche »Vertikalen« dann häufig, die Konzepte zielgerichtet auch kleineren Abweichungen im Kundenbedarf anzupassen, sowohl international wie auch national nach unterschiedlichen Standorten. International bekannte Beispiele für solche Konzepte unter den 250 größten Handelsunternehmen sind Inditex (87 Länder), Hennes & Mauritz (43 Länder), Marks & Spencer (40 Länder) oder C&A (20 Länder) (Deloitte Global Services Ltd. 2013, S. 11 ff).

Darüber hinaus gibt es außerhalb des Mode- und Bekleidungssektors nur Ikea als weiteres großflächiges und vertikal strukturiertes Konzept mit bedeutender globaler Präsenz in 39 Ländern (Deloitte Global Services Ltd. 2013, S. 11). Ikea hat sein Sortiment international weitestgehend standardisiert, obwohl sich das Möbel- und Einrichtungsdesign in vielen Ländern im Gegensatz zur Mode nachhaltig unterscheidet.

Deutlich komplexer sind die Herausforderungen für Formate mit einem breiteren Sortiment wie Fachmärkte oder Warenhäuser, insbesondere wenn sie im Heimatmarkt horizontal strukturiert sind und überwiegend nationale Produkte und Marken in ihrem Sortiment führen. Der Anpassungsbedarf im Sortiment und die damit aufgrund der Sortimentstiefe verbundene Komplexität sind dann in der Regel vergleichsweise hoch und es ist unter Umständen schwierig, die relevanten Marken im Zielmarkt zu wettbewerbsgerechten Konditionen im Vergleich zum nationalen Wettbewerb zu beschaffen. In solchen Konstellationen sollte eine Auslandsexpansion sehr genau abgewogen werden (und fast alle global bekannten Warenhäuser sind bis heute im Wesentlichen auf ihren Heimatmarkt beschränkt).

Bessere Expansions-Aussichten bestehen für diese Formate, wenn sie im Wesentlichen internationale oder globale Produkte und Marken in ihrem Sortiment führen. Die Marken sind auch für die internationalen Kunden relevant und der Anpassungsbedarf damit relativ gering. Über die starke Marktposition im Heimatmarkt sollte es diesen Unternehmen darüber hinaus möglich sein, von ihren Lieferanten für die entsprechenden Produkte auch im Zielmarkt attraktive Konditionen zu erhalten (allerdings sind die meisten Produzenten aus der Konsumgüterindustrie national strukturiert und gegenüber globalen Konditionslösungen nicht sonderlich aufgeschlossen). Beispiele hierfür sind Media Markt (15 Länder), Toys »R« Us (37 Länder) oder Office Depot (19 Länder) (Deloitte Global Services Ltd. 2013, S. 13 f).

Unabhängig von der geringeren Komplexität stellt sich in diesen Fällen allerdings die Frage, inwieweit solche Konzepte für die Kunden im Zielmarkt einzigartig oder wettbewerbsüberlegen sind, wenn diese überwiegend über die gleiche oder zumindest eine ähnliche Produkt- und Markenstruktur wie der Wettbewerb verfügen. Wenn es bereits intensiv distribuierte nationale Wettbewerber gibt, sind an Differenzierungskriterien jenseits der Produkte hohe Anforderungen zu stellen, von denen der Preis häufig als eine Möglichkeit ausscheidet, da ein Preisvorteil über eine günstigere Beschaffung in der Regel ausgeschlossen ist und unmittelbar die Wertschöpfung reduzieren würde. Ein Beispiel für das Risiko einer Auslandsexpansion unter diesen Voraussetzungen ist der Rückzug von Media Markt aus Frankreich und China.

Eine Besonderheit stellen die Unternehmen mit großen Formaten im Lebensmittelsektor dar, insbesondere wenn sie vorwiegend horizontal strukturiert sind. Um relevant zu sein für die Konsumenten, kann der Anpassungsbedarf im Sortiment aufgrund deutlich abweichender Ernährungsgewohnheiten oder der Bedeutung nationaler Lebensmittelproduzenten mit eigenständigen nationalen Marken außergewöhnlich hoch sein und sich noch verstärken durch weitere, regional oder gar lokal bedingte Anpassungserfordernisse in bestimmten Kategorien (zum Beispiel bei Wein, Bier oder Käse) oder in bestimmten Ländern (in China erfordern unterschiedliche Ernährungsgewohnheiten zwischen einzelnen Regionen teilweise eine weitere Sortimentsanpassung von mehr als 50 Prozent innerhalb des gleichen Landes).

Trotz dieser Herausforderungen sind die großen Lebensmittelhändler aus saturierten Ländern global weitreichend vertreten, weil ihr Prozess-Know-how auf allen Stufen der komplexen Wertschöpfung in der Regel hoch entwickelt und gegenüber dem nationalen Wettbewerb häufig überlegen und ausreichend differenziert ist. Dennoch sollte die Komplexität in der Konzeptanpassung und der späteren operativen Umsetzung nicht unterschätzt werden und die Gefahr eines Scheiterns ist besonders dann außergewöhnlich hoch, wenn der nationale Wettbewerb schon weit entwickelt ist. So ist es zu erklären, dass selbst international erfahrene und distribuierte Lebensmittelhändler mit großen, teilweise bereits vertikal strukturierten Formaten wie Walmart, Carrefour oder Tesco in bedeutenden Märkten außerhalb ihres Heimatmarktes wie in den USA, Deutschland, Frankreich oder Großbritannien nie mit eigenen Formaten vertreten waren oder frühere Versuche wieder abgebrochen haben.

Im Hinblick auf die Distributionskanäle kann die Nutzung des Internets insgesamt die Internationalisierung von Handelsunternehmen revolutionieren und deren Ausmaß nachhaltig vergrößern. Viele Restriktionen, die eine stationäre Multiplikation erschweren, entfallen gänzlich oder haben deutlich geringere Auswirkungen und es wird der Eintritt in eine größere Anzahl an Märkten in viel kürzerer Zeit möglich. Darüber hinaus sind die erforderlichen Investitionen und die damit verbundenen finanziellen Risiken teilweise bedeutend geringer. Dies gilt zum einen für reine »Online-Player«, die oft bereits in der Startphase den parallelen Markteintritt in unterschiedliche Länder vorsehen. Der Anpassungsbedarf im Konzept ist im ersten Schritt gering, da man die Akzeptanz vergleichsweise risikolos testen kann; es ist lediglich ein Sprach- und gegebenenfalls ein Währungswechsel erforderlich, die Warenverteilung kann in der Regel aus dem bestehenden Logistiksystem erfolgen. Diese Vorgehensweise bietet auch

»Multi-Channel-Händlern« eine attraktive Möglichkeit, die Marktakzeptanz und den Anpassungsbedarf des Konzeptes im ersten Schritt online zu testen und damit die Risiken des späteren stationären Einstiegs deutlich zu reduzieren.

5. Besonderheiten von Kultur und Lebenszyklen

Zusätzlich zu den Anpassungserfordernissen aufgrund unterschiedlicher Markt- und Wettbewerbsbedingungen stellt sich die Frage, wie man generell mit den Anforderungen in kultureller Hinsicht umgehen sollte, wenn die Regeln in unterschiedlichen Ländern weitreichend voneinander abweichen.

Für die Lebensmittelhändler ist beispielsweise die Frage von Bedeutung, inwieweit man den nationalen Gewohnheiten im Hinblick auf die »Ernährungs-Kultur« folgen sollte, wenn sie der eigenen »Unternehmens-« oder »Heimatland-Kultur« entgegensteht, beispielsweise im Hinblick auf angebotene Artikel, Tierhaltung oder Hygiene im Verkaufsprozess.

Der Ziel-Konflikt besteht gewöhnlich darin, dass einerseits eine Anpassung an die Landesbedürfnisse das Unternehmen im Heimatmarkt kommunikativ angreifbar machen kann und andererseits eine Missachtung der Zielland-Kultur die Akzeptanz des Konzeptes bei den nationalen Verbrauchern gefährden könnte. So stellt sich beispielsweise beim Markteintritt nach China die Frage, ob man dem im Land üblichen Verkauf von Geflügel in offener Form auf »Wühltischen« (wie Carrefour) oder den hygienischen Vorschriften aus Europa folgen sollte (wie Metro).

Eine andere Problematik stellen Unterschiede in ethisch-moralischen oder religiösen Fragen dar. Hier geht es beispielsweise um Fragen des Umgangs mit Korruption, der körperlichen Freizügigkeit oder der Rolle von Frauen in einer Gesellschaft. Abercrombie & Fitch musste die in Nordamerika oder Europa üblichen Werbebanner von ihrem Geschäft in Singapur nach einem Proteststurm abnehmen (Kumar 2011). Ikea hat in seinem in Saudi-Arabien erhältlichen Katalog eine Fotografie verändert und das Bild einer Frau entfernt, was wiederum in den europäischen Medien eine kritische Reaktion verursacht hat (Süddeutsche Zeitung 2012).

Solche auf den ersten Blick eher nebensächlich erscheinenden Fragen können erhebliche Image-Probleme sowohl im Heimat- wie im Zielland verursachen, wenn man sie nicht adäquat löst, wobei es häufig kaum eine richtige Lösung gibt, weil die kulturellen Unterschiede nicht zu überbrücken sind. Falls man sich dafür entscheidet, den üblichen nationalen kulturellen Regeln nicht zu folgen, sollte dies in jedem Fall durch eine entsprechende offensive Kommunikation begleitet werden. So hat beispielsweise Metro Schweinefleisch nicht wie in China in den 1990er Jahren üblich warm, sondern gemäß europäischen Hygienevorschriften gekühlt verkauft und gleichzeitig kommuniziert, warum das für Qualität und Haltbarkeit des Produktes von großem Vorteil ist.

Eine besondere Herausforderung kann sich ergeben, wenn sich Ursprungs- und Zielland in unterschiedlichen Lebenszyklen befinden. Man unterscheidet vier Lebenszyklen oder Entwicklungsstufen von Ländern oder Märkten: Entwicklungsphase, Wachstumsphase, Reifephase und Sättigungsphase. Kriterien für eine Einstufung sind unterschiedliche politische, administrative und ökonomische Parameter, einen groben Indikator stellt das Bruttoinlandsprodukt pro Kopf dar. Die jeweiligen Stufen unterscheiden sich grundsätzlich im Hinblick auf bestimmte Rahmenbedingungen:

Entwicklungsphase: fragmentiertes Handelsumfeld, geringer Wettbewerb, hohe Bedeutung von Food-Formaten und Generalisten, geringe Immobilien- und Personalkosten, hohe Produktivitäts- und Wachstumsraten (aktuelle Länderbeispiele: Indien, Pakistan, Kasachstan)

Wachstumsphase: beginnender Wettbewerb und erste Strukturierung des Handelssektors, erste Spezialisierungen, steigende Kosten, nachlassende Wachstumsraten (aktuelle Länderbeispiele: Ukraine, Brasilien, Türkei)

Reifephase: reifer Wettbewerb und fortschreitende Strukturierung des Handelssektors, wachsende Spezialisierung, gestiegene Kundenerwartungen, niedriges Wachstum (aktuelle Länderbeispiele: Portugal, Tschechien, Südkorea)

Sättigungsphase: intensiver Wettbewerb, hohe Strukturierung des Handelssektors, hoher Spezialisierungsgrad, hohe Kosten, hohe Service-Erwartungen, kein Marktwachstum (aktuelle Länderbeispiele: USA, Japan, Deutschland)

Die generellen Anforderungen an Handelskonzepte sind in den einzelnen Entwicklungsphasen sehr unterschiedlich. Man kann beispielsweise festhalten, dass in Entwicklungsphasen eine eher generische Bedarfsbefriedigung mit nationalen Produkten und deren Beschaffung in ausreichender Menge und Qualität im Vordergrund steht, in Sättigungsphasen hingegen differenziertes Marketing zum Absatz des mehr als ausreichend vorhandenen internationalen Angebotes als Kernkompetenz gefragt ist. Darüber hinaus unterscheiden sich die Kundenerwartungen hinsichtlich Angebot, Preis und Service auf der einen und die Rahmenbedingungen hinsichtlich Kosten, Angebotsverfügbarkeit und Wettbewerb auf der anderen Seite nachhaltig. Deshalb sind auch unabhängig von der Wettbewerbssituation Konzeptanpassungen erforderlich, wenn sich Länder in unterschiedlichen Lebenszyklen befinden. Da sich Länder darüber hinaus im Zeitablauf in unterschiedliche Lebenszyklen entwickeln, sind weitere Anpassungen auch beim Wechsel in eine andere Phase erforderlich.

Erschwerend kann der Fall eintreten, dass sich in einem Land unterschiedliche Regionen in unterschiedlichen Lebenszyklen befinden, wodurch sich die Anforderungen an die Flexibilität und damit die Komplexität (zum Beispiel durch dezentralen Einkauf) noch weiter erhöhen. Beispiele hierfür sind Städte wie Shanghai und Peking oder Moskau und St. Petersburg, die bereits die Reifephase erreicht haben, während sich weite Teile der beiden Länder China oder Russland noch in der Entwicklungsphase befinden.

Verändert hat sich zudem die Geschwindigkeit, mit der sich die Lebenszyklen wandeln. Während es in Westeuropa nach dem Krieg etwa 40 Jahre bis zur Marktsättigung gedauert hat, nimmt dieser Prozess in Osteuropa oder Asien vielleicht eher 20 Jahre in Anspruch und in Großstädten wie Shanghai oder Moskau nur 10 Jahre oder sogar weniger (A.T. Kearney sieht einen generellen Zeitraum für einen Einstieg in Entwicklungsmärkte von 5–10 Jahren) (2006, S.1). Auch die parallele Entwicklung nationaler Wettbewerber hat sich dynamisiert, die mit den lokalen Herausforderungen oft effizienter umgehen können und damit Nachteile in Ressourcen und Know-how oft mehr als ausgleichen.

Der richtige Zeitpunkt für einen Markteinstieg spielt ebenfalls eine wichtige Rolle. Handelsunternehmen, die als Erste ein bestimmtes Konzept in neuen Märkten implementieren, erhalten von den Konsumenten einen gewissen »Startbonus« (im Englischen »First Mover Advantage«), der einen Wettbewerbsvorteil über einen langen Zeitraum darstellen kann. Ein verspäteter Einstieg schafft demgegenüber Wettbewerbsnachteile, die häufig nicht mehr aufzuholen sind. Für Handelsunternehmen bedeutet dies, dass sie die Märkte intensiv beobachten müssen, um den richtigen Zeitpunkt für den Markteinstieg nicht zu verpassen oder – wenn sie bereits in einer frühen Phase in den Markt eingestiegen sind – den richtigen Zeitpunkt für eine Anpassung des Konzeptes frühzeitig erkennen (A.T. Kearney 2006, S.1).

Nicht alle Handelskonzepte eignen sich für alle Lebenszyklen, spezialisierte Handelskonzepte eignen sich eher für spätere Phasen und erfolgreiche nationale Konzepte aus frühen Phasen sind in der Regel nicht ohne weiteres in spätere Lebenszyklen multiplizierbar. Eines der wenigen global tätigen Handelsunternehmen, das in allen vier Lebenszyklen vertreten ist, ist Metro Cash & Carry. Das Unternehmen hat nach einem längeren Erfahrungszeitraum eine standardisierte Vorgehensweise entwickelt, mit welcher Märkte zielgerichtet beobachtet und untersucht, das Konzept systematisch weiterentwickelt und den einzelnen Lebenszyklen angepasst und gleichzeitig Wissen (»Know-how«) und Prozesse (»Best Practice«) aus gesättigten Phasen auf frühere Lebenszyklen transferiert werden können.

6.　　Anforderungen an das Management

Die vielleicht wichtigste Voraussetzung für den Erfolg einer Internationalisierung im Handel ist der Zugang zu und die Verfügbarkeit von personellen Ressourcen, die sich in vier Bereiche unterteilen lassen: Internationalisierungs-Know-how, externe Berater, Projektteam und Landesmanagement.

Erste Voraussetzung ist, dass das Unternehmen, welches bisher nur national tätig ist, über ein Management mit internationaler Erfahrung oder Internationalisierungs-Know-how verfügt, insbesondere für das marktseitige Konzept und gegebenenfalls für weitere Unternehmensbereiche wie Recht, Personal oder Immobilien. Idealerweise sind Mitarbeiter vorhanden, die sowohl das Geschäftskonzept wie auch den potenziellen Zielmarkt aus persönlicher Erfahrung kennen, zumindest aber schon einmal in einem Land mit ähnlicher Kultur oder ähnlichem Lebenszyklus Erfahrungen gesammelt haben.

Dies gilt umso mehr, wenn das Geschäftskonzept sehr spezifisch ist: Die Risiken im Hinblick auf die Wertschöpfung sind erfahrungsgemäß sehr hoch, wenn erfahrene Mitarbeiter ohne Internationalisierungshintergrund oder international erfahrene Mitarbeiter ohne hinreichende Konzepterfahrung im Rahmen der internationalen Multiplikation Verantwortung tragen.

Die Rekrutierung international erfahrener Mitarbeiter bringt gleichzeitig einen kulturellen und sprachlichen Wandel in das bisher national geprägte Unternehmen im Hinblick auf Kommunikation, Sprache oder Unternehmenswerte. Insofern sollte die Entscheidung für eine Internationalisierung nicht nur für ein einziges Land, sondern eher im Rahmen einer grundsätzlichen Strategie getroffen werden, da ansonsten der Aufwand und die Risiken für das gesamte Unternehmen in keinem vernünftigen Verhältnis zu den möglichen Vorteilen stehen.

Ein besonders erfolgreiches Beispiel für einen solchen Prozess ist auch hier Metro Cash & Carry. Das Unternehmen hat seit Ende der 1990er Jahre – insbesondere nach der Übernahme der im Konzept sehr ähnlichen Marke »Makro« – einen intensiven strukturellen und kulturellen Wandel aktiv initiiert mit einem einheitlichen Grundkonzept, standardisierten Prozessen im Hinblick auf internationale Multiplikation und operative Implementierung, global gültigen und akzeptierten Regeln und einer gemeinsamen Unternehmenssprache. Dieser Prozess hat in wenigen Jahren eine überwiegend internationale Struktur des Managements in der Hauptverwaltung und den jeweiligen Landesgesellschaften und eine Expansion in zehn weitere und damit insgesamt über 30 Länder auf drei Kontinenten ermöglicht.

Soweit das entsprechende internationale Know-how noch nicht ausreichend vorhanden ist, kann es durch eine Zusammenarbeit mit externen Beratern ergänzt werden, die in der Regel über umfassende Kenntnisse des jeweiligen Zielmarktes sowie über alle prozessualen Schritte im Rahmen einer Machbarkeitsstudie verfügen. Es darf aber nicht übersehen werden, dass diese Berater in der Regel nicht über das erforderliche Knowhow hinsichtlich des Handelskonzeptes verfügen und dass diese Verknüpfung immer durch das Management erfolgen sollte.

Spätestens mit der Entscheidung für eine erste Machbarkeitsstudie sollte ein verantwortliches Projektteam mit einer professionellen Projektorganisation benannt werden. Das Projektteam sollte eine gute Mischung aus fachlich und interkulturell erfahrenen Mitarbeitern repräsentieren, denen genügend Zeit für die Projektarbeit zur Verfügung steht und die hierfür zeitweise von ihren angestammten Aufgaben entbunden werden. Idealerweise sind einige davon (insbesondere der Projektleiter) bereits für einen späteren Einsatz innerhalb des Ziellandes vorgesehen. Die mit dem Projekt selbst und dessen Auswirkungen in anderen Bereichen der Organisation verbundene Komplexität erfordert ein detailliertes und weitreichendes Projektmanagement, insbesondere auch um Fehlentscheidungen zu vermeiden, die erhebliche Auswirkungen auf das Unternehmen insgesamt haben können.

Sobald die finale Entscheidung für einen Markteintritt gefallen ist, beginnt die ähnlich komplexe und herausfordernde Phase der Umsetzung und des Aufbaus des Landesmanagements. Hier kommt es auf die richtige Mischung von (überwiegend) nationalen und internationalen konzepterfahrenen Managern an. Außerdem muss bei der Auswahl des internationalen Managements besonders auf deren Eignung hinsichtlich der kulturellen Erfordernisse des jeweiligen Landes geachtet werden und das gilt in gewissem Ausmaß auch für deren Familienangehörige, da mangelnde kulturelle Einbindung in beiden Fällen einer der häufigsten Gründe für das Scheitern des Managements und damit oft auch des gesamten Projektes darstellt. Insbesondere diese kulturelle »Brückenfunktion« spielt eine besonders wichtige Rolle, weil global agierende Unternehmen stärker dazu tendieren, durch Aufbau globaler Konzernfunktionen Entscheidungen zunehmend aus den Zielländern in die Zentralen zu transferieren (Bach 2013, S. 18).

Schließlich spielt auch die Erfahrung des Managements im Zusammenhang mit dem jeweiligen Lebenszyklus des Ziellandes eine wichtige Rolle. Die unterschiedlichen Lebenszyklen erfordern sehr unterschiedliche Management-Fähigkeiten und Persönlichkeiten: Die Entwicklungsphase erfordert den Pionier, die Wachstumsphase den Optimierer, die Reifephase den Vermarkter und die Sättigungsphase eher den Innovator. Eine entsprechend kompatible Besetzung und ein phasengerechter Wechsel beim Übergang in einen neuen Lebenszyklus sichern einen nachhaltigen Erfolg über einen langen Zeitraum.

Anhang

Checkliste: Was muss bei der Wertschöpfung durch Internationalisierung beachtet werden?

- Die Internationalisierungsentscheidung sollte grundsätzlich und nicht nur für einen einzigen Markt getroffen werden
- Der erste Auslandsmarkt sollte sich in einem ähnlichen Kulturkreis und Lebenszyklus wie der Heimatmarkt befinden
- Es müssen funktionierende und verlässliche Verwaltungs- und Rechtssysteme und eine entsprechende Infrastruktur vorliegen
- Es ist eine detaillierte Analyse der Größe und des Verhaltens der Zielgruppe und des Wettbewerbs und der wirtschaftlichen Attraktivität erforderlich
- Es ist eine detaillierte Ermittlung des Anpassungsbedarfs innerhalb des Konzeptes erforderlich (Sortiment, Preis, Kommunikation und Distribution)
- Der Aufbau von internationaler Erfahrung im Management sowohl im Heimatmarkt wie im Zielmarkt sowie die Hinzuziehung internationaler, mit dem Zielmarkt vertrauter Berater sind unumgänglich
- Unterschiedliche Handels-Formate haben eine unterschiedliche grundsätzliche Eignung für internationale Expansion in folgender Reihenfolge:
  - Online Konzepte
  - Mono-Marken Konzepte/Hersteller-Händler
  - Vertikale Konzepte
  - Internationale horizontale Konzepte
  - Nationale horizontale Konzepte
  - Besonderheit: Lebensmittel-Konzepte
- Grundregel: in Anbetracht der enormen globalen Expansionsmöglichkeiten sollte der Fokus auf einer realistischen Risikobewertung und im Zweifelsfall bei einem Verzicht liegen, um das bestehende nationale Konzept nicht mit in Gefahr zu bringen

Literaturverzeichnis

AT Kearney (2006), Emerging Market Priorities for Global Retailers -The 2006 Global Retail Development Index, AT Kearney, Chicago.

Bach, Olaf (2013), »Die Globalisierung frisst ihre Kinder,« *Frankfurter Allgemeine Zeitung,* 18.5.2013.

Breuer, Peter; Sänger, Frank und Spillecke, Dennis (2008), »Deutschland 2020: Worauf es für die Konsumgüterbranche ankommt,« *Akzente* (3), 8–15.

Deloitte Global Services Limited (2013), *Global Powers of Retailing 2013, Retail Perspectives,* London.

Horvath, Michael, »Stichwort: Wertschöpfung«, erschienen in Gabler Wirtschaftslexikon, Gabler Verlag, *(Zugriff am 06.05.2013),* [http://wirtschaftslexikon.gabler.de/Archiv/54898/wertschoep¬fung-v7.html].

»Ikea retuschiert Frauen aus dem Katalog,« (2012), Süddeutsche Zeitung, 01.10.2012, [http://¬www.sueddeutsche.de/wirtschaft/saudi-arabien-ikea-loescht-angeblich-frauenbilder-aus¬katalog-1.1483517].

Kalish, Ira und Gregory, Rob (2011), *Hidden heroes-The next generation of retail markets, Retail Perspectives,* Deloitte Global Services Limited, London.

Kalish, Ira und Gregory, Rob (2012), *Hidden cities-The next generation of retail markets, Retail Perspectives,* Deloitte Global Services Limited, London.

Kumar, Senthil (2011), »Singapore Finds Abercrombie & Fitch's Banner Offensive,« (08.05.2013), [http://topnews.com.sg/content/26532-singapore-finds-abercrombie-fitchs-banner-offensive].

Metro AG, Metro Retail Compendium 2011/12: Data, facts and adresses of the trade and retail industry in Germany, Europe and the world, Düsseldorf 2012.

Nestlé AG, [www.nestle.com].

Schmalen, Helmut und Pechtl, Hans (2013), *Grundlagen und Probleme der Betriebswirtschaft,* 13. Auflage. Stuttgart: Schäffer Poeschel.

»Wal-Mart in Deutschland – Chronologie eines Scheiterns«, (2006), *SPIEGEL ONLINE,* 27.06.2006, [http://www.spiegel.de/wirtschaft/wal-mart-in-deutschland-chronologie-eines¬scheiterns-a-429049.html].

Wileman, Andrew und Jary, Michael (2006), *Retail Power Plays,*10. Auflage, Houndmills, Macmillan Press Ltd.

Kapitel 9: Wertschöpfung durch Digitalisierung im Handel

von Dr. Mark Elsner, Dr. Lars Finger und Dr. Timm Homann

1.   Einleitung

Die Entwicklungen der letzten Jahre haben eindrucksvoll aufgezeigt, welche enorme Wertschöpfung die Digitalisierung mit sich bringen kann. Einerseits bezieht sich dies auf Entwicklungen, die den Wert eines Produktes oder Services für Konsumenten steigern, den Komfort erhöhen oder die Kosten senken. Andererseits bringt die Digitalisierung aber zusätzlich noch weiteres Wertschöpfungspotenzial mit sich, welches Zusatznutzen schafft und häufig auf der Einbindung anderer Konsumenten basiert.

Um Wertschöpfung durch Digitalisierung zu konzeptualisieren, werden in diesem Kapitel drei miteinander verbundene Themenblöcke diskutiert (▶ **Abb. 9.1**). Zuerst erfolgt ein Einblick in die Erscheinungsformen der Digitalisierung sowie deren Bedeutung und Auswirkungen auf das Konsumentenverhalten. Hierbei wird aufgezeigt, welche soziologischen Veränderungen mit der Digitalisierung einhergehen und welches Wertschöpfungspotenzial sich daraus ergibt. Darauf aufbauend werden die Veränderungen in der Wettbewerbslandschaft aufgezeigt. Primär sind diese durch das Aufkommen neuer Geschäftsmodelle getrieben, die zumeist auf neuen Technologien basieren. Vor diesem Hintergrund werden in diesem Kapitel aber auch Ansatzpunkte für den Stationärhandel vorgeschlagen, die dabei helfen können, den Bedrohungen der Digitalisierung zu begegnen. Abschließend werden Herausforderungen an die Unternehmenssteuerung sowie zentrale Orientierungspunkte zum Umgang mit der neuen Komplexität diskutiert.

Unter Digitalisierung werden in diesem Kapitel alle durch moderne Informations- und Kommunikationstechnologien ermöglichten Interaktionen, Prozesse und Transaktionen verstanden. Damit ist der Begriff weiter gefasst als E-Commerce, worunter in der Regel »digitally enabled commercial transactions between and among organizations and individuals« verstanden werden (Laudon und Traver 2012, S. 49). Die in diesem Kapitel verwendete Definition von Digitalisierung ermöglicht somit auch die Betrachtung von Wertschöpfungspotenzialen, die keinen unmittelbaren transaktionalen Charakter aufweisen.

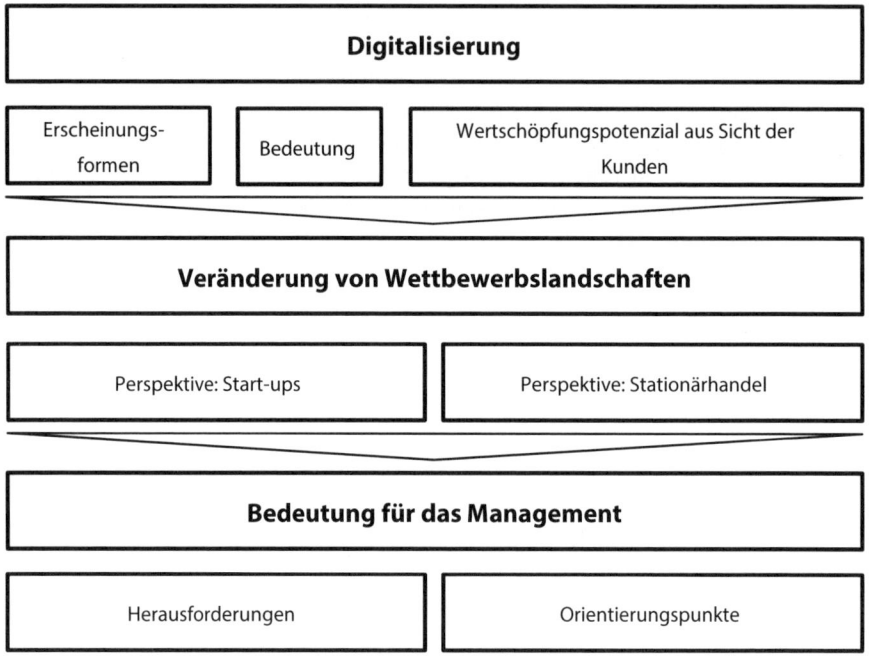

Abb. 9.1: Struktur des Kapitels

2. Digitalisierung: Erscheinungsformen, Bedeutung und Auswirkungen auf das Konsumentenverhalten

Die Digitalisierung findet sich mittlerweile überall im täglichen Leben des Einzelnen und ihre Ausprägungen und Wachstumsdynamik sind beeindruckend. So hat sich in einer Dekade der Umsatz der deutschen Musikindustrie mit Tonträgern auf ca. 1,2 Mrd. Euro nahezu halbiert (Bundesverband der Musikindustrie 2012), während der deutsche digitale Musikmarkt bis 2015 auf 548 Mio. Euro wachsen wird. Eine Steigerung von über 600 Prozent in zehn Jahren (PricewaterhouseCoopers 2012a). Im Jahr 2011 betrug der Umsatz mit E-Books auf dem US-amerikanischen Markt ca. 2 Mrd. Dollar und verdoppelte sich damit im Vergleich zum Vorjahr. Die Zahl der verkauften E-Books erhöhte sich hierbei auf 388 Mio. (Digitalbookworld.com 2012). Während die Briefmenge in Deutschland weiter sinkt, erhöht sich die Anzahl versendeter E-Mails. So lag die Briefmenge in Deutschland auf ihrem Höchstand im Jahr 2007 noch bei

17,6 Mrd. Seitdem entwickelt diese sich rückläufig und wird für das Jahr 2014 nur noch mit 11,9 Mrd. prognostiziert (Postmaster-Magazin 2010). Demgegenüber soll bis 2016 die Anzahl der täglich versendeten E-Mails weltweit auf knapp 200 Mrd. steigen (The Radicati Group 2012). Gleichzeitig werden zunehmend Video- und Audioinhalte über Streaming-Dienste konsumiert, was zu rasanten Steigerungen der weltweit übertragenen Datenmengen führt. So verursachen beispielsweise allein die beiden Videoportale Netflix und Youtube in Nordamerika bereits die Hälfte des (downstream) Datenvolumens (Sandvine 2013). Diese Entwicklung bedingt, dass am Ende dieser Dekade das Datenvolumen im Internetverkehr voraussichtlich das Hundertfache im Vergleich zum Jahr 2010 betragen wird (IEEE 2012).

Als wesentlicher Treiber der Digitalisierung hat die Verbreitung des Internets in nur wenigen Jahren die Prinzipien des Informationsaustausches grundlegend verändert und die Entstehung von Social Media ermöglicht. Die heute etablierten Strukturen ermöglichen nutzergetriebene Interaktionen, die die unidirektionalen Muster der Massenkommunikation des zwanzigsten Jahrhunderts in Frage stellen. Erstmals sind die Rollen von Sendern und Empfängern nicht mehr klar definiert. Dies bezieht sich primär auf die »aktive« Sender-Rolle der Internetnutzer wie beispielsweise das Verfassen von Weblog- oder Forenbeiträgen, den Upload von Videos oder die Teilnahme an sozialen Netzwerken. So hatten 2012 beispielsweise über 90 Prozent der deutschen Internetnutzer einen Account bei einem Social Network wie Facebook oder Google+. Und weltweit interagieren bereits über 2 Mrd. Menschen über solche sozialen Netzwerke (Vor dem Esche und Hennig-Thurau 2013, Wirtschaftswoche 2013).

Diese aktive Beteiligung der Internetnutzer führt zu einem zentralen Charakteristikum von Social Media: der fast unüberschaubaren Menge und Vielfalt der Inhalte. Stündlich werden Millionen von Nachrichten verfasst, zur Verfügung gestellt und verbreitet.

Diese Entwicklungen haben weitreichende Implikationen für die Unternehmenspraxis. Einerseits sehen sich Manager heute mit einer großen Menge von konsumentengenerierten Inhalten konfrontiert, die ihre Unternehmen, Produkte und Marken diskutieren. Andererseits verlassen sich Konsumenten zunehmend auf Social Media-Inhalte, wenn es um kaufentscheidungsrelevante Informationen geht. Dies betrifft vor allem die als hoch glaubwürdig eingeschätzten Produktbewertungen, die verschiedene Online-Händler als standardisiertes Feature anbieten. Die Meinungen anderer Konsumenten, die scheinbar unbeeinflusst über ihre Erfahrungen mit Produkten berichten und diese darauf basierend bewerten, stellen für viele die glaubwürdigste Informationsquelle überhaupt dar. Nicht zuletzt sind Social Media aber auch für das Entstehen neuer Geschäftsmodelle im Kontext der Digitalisierung des Handels mitverantwortlich, die wir im Folgenden näher beleuchten.

Durch die aufgezeigten Entwicklungen sind signifikante Veränderungen der Gewohnheiten in weiten Teilen der Gesellschaft eingeleitet worden, die sich zweifellos nicht mehr aufhalten lassen. Diese Veränderungen determinieren in besonderem Maße das Konsumentenverhalten. Natürlich innerhalb der Demografie einerseits und der einzelnen Handelssegmente andererseits. In Abstufungen, aber mit klarer Tendenz: Informationsverhalten, Auswahlprozesse, Wissensbasis, Vernetzung und Machtposition ändern sich grundlegend zu Gunsten des Verbrauchers. Dieser besitzt durch digitale Entwicklungen so viele Optionen, seine Entscheidungen zu differenzieren und zu fundieren, dass dem Handel daraus eine besondere Chance und Herausforderung zugleich erwächst. So ziehen 78 Prozent der Kunden es vor, für den Kauf und die Recherche mehr als einen Einkaufskanal zu verwenden (Oracle 2011). 75 Prozent der Befragten haben schon einmal ein Produkt in der stationären Filiale nicht gekauft, weil sie zuerst online prüfen wollten, ob dieses im Internet günstiger zu bekommen ist (KMPG 2011). Für 68 Prozent der US-Retail CEOs werden veränderte Kundenbedürfnisse zu einer Veränderung der strategischen Ausrichtung von Handelsunternehmen führen (PricewaterhouseCoopers 2012b).

Für Konsumenten bringt die aufgezeigte Digitalisierung im Wesentlichen eines: Wertschöpfung. Aus Sicht der Autoren basiert diese dabei grundsätzlich auf drei Säulen: 1. Steigerung des Komforts, 2. Senkung der Kosten und 3. Erschaffen neuer Nutzenpotenziale durch neue »Produkte« bzw. soziale Technologien. Es ist schwer möglich, zu bestimmen, welche dieser drei Komponenten die dominierende Rolle beim Siegeszug der Digitalisierung gespielt hat und weiter spielen wird. Die Bewertung der historischen Entwicklung fällt hingegen leichter. Als E-Commerce Mitte der neunziger Jahre des zwanzigsten Jahrhunderts begründet wurde, waren es vor allem zwei Unterschiede, die eine endgültige Abgrenzung und einen Strukturbruch zu dem Jahrtausende alten Konzept des »physischen Marktplatzes« bedeutet haben: Die Entkoppelung von den *örtlichen und zeitlichen Restriktionen, die diese Marktplätze per Definition innehaben*[3]. Durch die Verbreitung der digitalen Technologien wurde es also erstmals möglich, dass Verkäufer und Käufer, ohne vorher bereits eine Geschäftsbeziehung etabliert zu haben, von jedem beliebigen Ort der Welt mit Internetzugang, zu jeder beliebigen Zeit, eine Transaktion abwickeln können. Bei physischen Gütern bedeutet dies natürlich nach wie vor eine zeitlich nachgelagerte Lieferung – wenn auch inzwischen mit zunehmend verkürzten Lieferzeiten. Digitale Produkte, wie Musik, E-Books oder Software sind hingegen auch online im Moment des Abschlusses der Transaktion verfügbar und können vom Konsumenten genutzt werden. Diese beiden grundlegenden Aspekte begründen zweifelsfrei die Basis aller Komfortsteigerung, sei dies das Einkaufen von der heimischen Couch oder die Bestellung von Produkten rund um die Uhr – in dem Moment, in dem der Bedarf festgestellt wird. Allerdings haben weitere Entwicklungen den Komfort im Laufe der Jahre noch weiter gesteigert. Zum Beispiel bedeutet die Idee des »One-Stop-Shopping«, dass durch eine Erweiterung des Sortiments der Konsument weitestgehend alle Käufe in einem Warenkorb abbilden kann. Für verschiedene »Shopping-Missionen« müssen somit nicht mehrere Webshops aufgesucht werden. Zudem wird die tatsächliche Abwicklung der Transaktion für den Kun-

---

3 Zwar hat das Modell des Versandhandels bereits Jahrzehnte vorher einen ersten Schritt in diese Richtung bedeutet, allerdings war es hier notwendig, im Vorfeld einen Katalog zu haben. Einkaufen war dann nur bei einem Anbieter möglich und die Bestellung musste zu den üblichen Geschäftszeiten aufgegeben werden.

den immer unkomplizierter. »1-Click buying« wurde zwar von Amazon entwickelt, teilweise patentiert und beispielsweise an Apple lizensiert, vergleichbare Lösungen sind allerdings vielfach auch bei anderen Anbietern integriert. Durch die vorherige Speicherung der Adress- und Zahlungsinformation kann die Transaktion dann in nur wenigen Sekunden abgeschlossen werden – größtenteils deutlich schneller als in anderen Kanälen.

Die zweite Säule der Wertschöpfung aus Konsumentensicht ist die Kostenersparnis. Internetkanäle haben seit ihrem Entstehen den Ruf, besonders niedrige Preise anzubieten. Im Wesentlichen hat auch dieser Aspekt mit der Entkopplung von physischen Orten zu tun. Interessierte Konsumenten müssen nicht mehr offline die Preise suchen und vergleichen, sondern haben online direkten Zugriff auf eine Vielzahl von konkurrierenden Angeboten. Diese Transparenz schafft Wettbewerbsdruck, der wiederum die Preise senkt. Aber günstigere Angebotspreise sind nicht der einzige Grund der Kostensenkung im Internet. Auch die Kosten der Informationsbeschaffung haben sich durch die Digitalisierung erheblich reduziert. Früher mussten Konsumenten unter Umständen viele Stunden damit verbringen, die relevanten Informationen für ihre Kaufentscheidung zu sammeln. Dies beinhaltete beispielsweise das Aufsuchen verschiedener Händler, um sich von Verkäufern beraten und informieren zu lassen oder einen Überblick über die Preisstruktur zu erhalten. Heute können diese Informationen einfach, schnell und kostengünstig von jedem beliebigen Ort aus beschafft werden. Einen direkten Überblick über die Marktpreise verschaffen beispielsweise Preis- und Produktsuchmaschinen, wie Smatch.com oder Idealo.de. Anders als in der Anfangszeit der Digitalisierung des Handels, sind heute zudem auch die Beschaffungskosten niedriger als in den meisten anderen Kanälen. Es ist heute zunehmend der Fall, dass Lieferkosten von den Anbietern übernommen werden.

Die dritte Säule der Wertschöpfung für den Konsumenten geht über Komfortsteigerung und Kostensenkung hinaus und schafft Zusatznutzen, welcher in den Offline-Kanälen in dieser Form in der Regel nicht generiert werden kann. Ein wesentlicher Bestandteil dieser Wertschöpfungskomponente ist eng mit Produktbewertungen anderer Konsumenten verknüpft. Verschiedene Studien konnten den starken Effekt solcher Konsumentenreviews auf Verkaufszahlen nachweisen (Chevalier und Mayzlin 2006; Moe und Trusov 2012). Für die Kaufentscheidung spielen diese Meinungen vor allem deshalb eine so große Rolle, weil sie eine breitere Informationsbasis bieten und ihnen eine hohe Glaubwürdigkeit zugerechnet wird. Dies zeigt sich inzwischen unter anderem auch darin, dass zumindest in den USA mehr generelle Produktsuchen (also ohne direkte Kaufabsicht) über Amazon gestartet werden, als über Google (Cain Miller und Clifford 2012). Über diesen Informationsansatz hinaus, gehen solche Konzepte, die den Konsumenten in Teilen in die Produkterschaffung integrieren.

Ein Beispiel hierfür ist die BMW Ideenplattform, die sich als »Virtuelle Innovations-Agentur« versteht und als Schnittstelle zwischen externen Innovationsquellen und den Entwicklern der BMW Group fungiert. Über das Internet kann jeder Ideen, Konzepte und Patente zu neuen Technologien und Services einreichen, um somit ein weltweites Expertennetzwerk zu bilden und fördern. Die Plattform ist offen für jedermann – von der Privatperson über Universitäten und Forschungseinrichtungen bis hin zu kleinen und großen Unternehmen – die Ideen einbringen oder verschiedene Themen auch online diskutieren können. Von den eingereichten Ideen kommen 3 Prozent innerhalb der BMW Group direkt zur Umsetzung (BMW Group 2012).

Die Einbindung der Kunden in die Erstellung individueller Produkte ermöglicht beispielsweise der Sportartikelhersteller Nike mit dem Service »NikeID«. Kunden können auf der Website das Design von Schuhen und Bekleidung individualisieren. Somit wird der Konsument zum Designer seiner eigenen Produkte, die nach der Bestellung erst produziert werden. Die Möglichkeiten der Individualisierung beschränken sich zwar auf standardisierte Features, wie Obermaterialen und Farben. Trotzdem wird einerseits die Konsumption individueller Produkte ermöglicht, die sich vom Aussehen her deutlich von den standardisierten Produkten unterscheiden; andererseits kommt es dadurch zu einer Intensivierung der Hersteller-Konsumenten-Beziehung, da die Nutzer dieses Services in der Regel deutlich mehr Zeit mit der Auswahl der Produkte verbringen.

Wie oben aufgezeigt, ist es im Zuge der Digitalisierung zu weitreichenden Veränderungen des Konsumentenverhaltens gekommen. Auf das daraus entstehende Wertschöpfungspotenzial zielen die im Folgenden diskutierten Geschäftsmodelle ab.

3. Technologie- und Geschäftsmodellinnovation als Treiber der Veränderung von Wettbewerbslandschaften

Technologieinduzierte Wettbewerbsveränderungen

Nachhaltiger Infrastrukturwandel in Form von neuen Technologien wird in Zukunft noch viel weitgehender zu grundlegenden Veränderungen des Wertschöpfungspotenzials aus Konsumentensicht führen. Allein die Tatsache, dass verschiedene Endgeräte einen Online-Kauf ermöglichen, führt zu weitreichenden Veränderungen des Konsumentenverhaltens und daraus folgend der Wettbewerbslandschaft. Ein Kunde kann heute beispielsweise via Smartphone auf der Fahrt im Bus zum Arbeitsplatz nach Produkten suchen oder auf dem Tablet-PC zuhause auf dem Sofa während einer Fernsehsendung einen Kauf tätigen. Diese zunehmende Technisierung führt dazu, dass sowohl bereits ein Drittel der Einkäufe im stationären Handel im Vorfeld im Internet recherchiert werden, als auch in Deutschland bereits jeder vierte Einkauf online getätigt wird (Bundesverband Digitale Wirtschaft 2012; ECC Handel 2013).

Ohne Zweifel ist der Siegeszug der Smartphones, aber in einem noch größeren Ausmaß der sehr stark wachsende Tabletmarkt, von nicht zu unterschätzender Bedeutung für das Handelsumfeld. Heute ist bereits knapp jeder dritte Bundesbürger im Besitz eines Smartphones, während sich die verkauften Stückzahlen von Tablet-PCs in Deutschland von 2011 bis 2013 nahezu verdreifacht haben – damit ist der Tablet-PC das elektronische Gerät mit dem schnellsten Wachstum überhaupt (BITKOM 2013; PricewaterhouseCoopers 2012a). Spätestens mit der Einführung des iPhones durch Apple im Jahr

2007 müssen sich Händler auf neue Endgeräte einstellen, die teilweise weitreichende Veränderungen einleiten. Weitere Geräteklassen wie Spielekonsolen, Navigationssysteme oder auch intelligente Haushaltssysteme werden perspektivisch eine große Verbreitung in unterschiedlichen Konsumentenschichten erreichen und auch für kommerzielle Handelsangebote genutzt werden.

In der Diskussion von Technologien als Innovationstreiber darf nicht übersehen werden, dass es auch zunehmend zu Innovationen auf Geschäftsmodellebene kommt, die erst durch die Digitalisierung ermöglicht wurden. Gerade im Bereich neuer »E-Geschäftsmodelle« ist es nach dem Platzen der Internetblase Anfang 2000 und einer darauffolgenden Phase der Neuorientierung seit etwa fünf Jahren wieder zu einer stark zunehmenden Gründungstätigkeit gekommen, die auf internationaler Ebene von einer sehr regen Venture Capital/Private Equity Szene unterstützt wird (Kauffman Foundation 2013; Lerner, Leamon und Hardymon 2012).

Im Zuge der skizzierten Veränderungen ergeben sich somit erhebliche Veränderungen in der Wettbewerbslandschaft. So entwickeln große Technologieunternehmen wie Google, Apple und Facebook ihr Geschäftsmodell konsequent auch in Richtung mobiler Endgeräte und Betriebssysteme weiter und versuchen zunehmend die Zugangsebene zum Kunden zu besetzen und damit für andere Anbieter den Zugang zu erschweren. Große Onlinehändler wie Amazon oder Rakuten nutzen Skaleneffekte und besetzen konsequent weitere Wertschöpfungsstufen, die nicht zum klassischen Portfolio gehören, wie beispielsweise Amazon, als inzwischen bereits größter Anbieter von Public-Cloud Dienstleistungen (FAZ 2013). Darüber hinaus wird die Wettbewerbslandschaft durch eine Vielzahl kleiner Onlineshops zunehmend fragmentierter, da es durch die Entwicklung der technologischen Möglichkeiten wesentlich einfacher geworden ist, E-Commerce zu betreiben, nicht zuletzt durch standardisierte Shop-Plattformen. Weiterhin wird die Wettbewerbslandschaft durch Markenartikler kompetitiver, die zunehmend vertikalisieren und ihre Produkte auch online direkt an den Endkunden vermarkten. Schließlich besetzen die von Venture Capital und Private Equity Unternehmen finanzierten Start-ups neuartige Geschäftsmodelle im Handelsumfeld, die entweder auf bestimmte Nischensortimente ausgerichtet sind oder aber neue Formen des Handels wie beispielsweise Re-Commerce – dem Handel mit gebrauchter Ware über Onlineplattformen – betreiben.

Diese sich neu etablierenden Geschäftsmodelle lassen sich aus zwei Perspektiven betrachten: Zum einen solche, die den klassischen Stationärhandel angreifen und somit die Entwicklung aus Start-up Sicht betrachten. Zum anderen solche, die für etablierte Händler Technologien einsetzen, um eben den neuen Herausforderungen begegnen zu können.

Perspektive: Start-up
Neue Geschäftsmodelle, mit denen Start-ups den stationären Handel angreifen, setzen unmittelbar an klassischen Charakteristika des Stationärhandels wie persönli-

cher Beratung, sofortiger Warenverfügbarkeit, sozialer Interaktion, Exklusivität und haptischem Produktzugang an. Die *persönliche Beratung* als grundlegendes Merkmal des Stationärhandels ist mittels sogenannter Curated Shopping Ansätze, wie sie etwa TrunkClub.com oder outfittery.de bieten, auch online möglich. Hierbei werden zunächst persönliche Präferenzen durch einen online Fragebogen oder auch eine telefonische Abfrage erfasst, um dann auf die Anforderungen des Kunden zugeschnittene Waren, teilweise im Abonnementmodell, zuzusenden. *Sofortige Warenverfügbarkeit* wird durch Innovationen im Logistikbereich, wie sie etwa das Start-Up Shutl bietet, möglich. Hierbei ist das Thema same-day-delivery bereits derart umgesetzt, dass die schnellste bisherige Lieferzeit weniger als 15 Minuten betrug (Shutl.com 2013). Im Bereich der *sozialen Interaktion* haben sich verschiedene Start-up Unternehmen darauf spezialisiert, soziale Netzwerke zu nutzen, um »offline« Konzepte auch »online« zu ermöglichen. So veranstaltet beispielsweise das Start-Up Pippa & Jean als »Social-Selling Anbieter« moderne Home-Shopping-Parties. Der auf Bekleidung fokussierte Anbieter Polyvore.com ist ein weiteres Beispiel für das Konzept des »Social Commerce«. Registrierte User können dort komplette Modeoutfits erstellen – quasi als Collagen aus einzelnen Bekleidungsstücken, die über unterschiedliche Webshops anderer Anbieter auf der ganzen Welt erhältlich sind. Die Outfits werden dann von der Community bewertet und die entsprechend hoch bewerteten Zusammenstellungen werden prominent auf der Webseite platziert. Wem gesamte Outfits oder Einzelstücke daraus gefallen, der kann diese in den jeweiligen Shops erwerben und Polyvore erhält eine Provision. Der zentrale Nutzen der Seite basiert also auf der globalen und aktiven Community, die auf der einen Seite Produkte (sprich Zusammenstellungen) kreiert, auf der anderen Seite die Vielzahl der Vorschläge filtert. Die im gehobenen Handel vermittelte *Exklusivität*, etwa durch eine besonders hochwertig inszenierte Produktpräsentation in exklusiven Boutiquen, wird erfolgreich durch innovative Geschäftsmodelle nachgebildet. Der große Erfolg von Private Shopping Clubs wie Vente Privée oder Limango beruht zu einem Gutteil auf der gefühlten Exklusivität, Mitglied eines überschaubaren Kreises von Mitgliedern zu sein. Natürlich sind ein weiterer wesentlicher Grund die hohen Preisnachlässe auf hochwertige Markenware, die jedoch aufgrund der Inszenierung als exklusiver Shoppingclub jedes Gefühl einer »Resterampe« vermeiden. Die hochwertige Darstellung der Ware – überwiegend sehr aufwendig durch eigene Fotostudios und Online-Darstellung ermöglicht – dient ebenfalls der Positionierung als exklusiver Verkaufsort. Ein weiteres elementares Kennzeichen des Stationärhandels ist die Möglichkeit, Produkte in Augenschein zu nehmen, anzufassen und anzuprobieren (*haptischer Produktzugang*). Dass dies schon seit längerer Zeit kein kaufentscheidendes Argument mehr ist, zeigt der Erfolg von Onlineshops, die sehr erfolgreich vermeintlich online nur schwer zu vermarktende Artikel wie beispielsweise Schuhe oder exklusive Fashion verkaufen (so etwa Yoox). Aber auch darüber hinaus gibt es Technologieanbieter wie z. B. Senseg, die bereits erste Prototypen für Touchscreens mit haptischem Feedback entwickelt haben. Hiermit wird es möglich, verschiedene Oberflächenstrukturen zu ertasten und somit auch etwa im Modebereich nicht nur Farbe und Form, sondern auch Materialanmutung virtuell zu vermitteln.

Perspektive: Stationärhandel

Aus Sicht des Stationärhandels gibt es ebenfalls neue Technologien und Geschäftsmodelle, die dabei helfen, den Bedrohungen durch den Onlinehandel zu begegnen und auf Basis individueller Faktoren die Digitalisierung des Handels für den eigenen Erfolg zu nutzen. Hierbei können aus Sicht der Autoren vier Dimensionen unterschieden werden: Zugang, Interaktion, Convenience und Analytics. So bietet zunächst der Zugang zu Produkten Differenzierungspotenzial. Interaktive Schaufenster oder Plakatshops erweitern beispielsweise die Verfügbarkeit von Produkten über die Öffnungszeiten der Shops hinaus.[4] Durch Augmented Reality lässt sich die lokal angebotene Produktpalette um eine Vielzahl an Artikeln bzw. Varianten durch das Sortiment des Online-Shops erweitern. Auch kann mit Hilfe von Indoor-Maps oder Augmented-Reality-Anwendungen die Navigation innerhalb eines oder mehrerer Shops erleichtert und die Orientierung der Kunden erhöht werden. Insbesondere bei großen Einkaufszentren ist dies ein zunehmend wichtiger werdender Aspekt.[5] Lokale Produktsuche und mobile Einkaufsassistenten erhöhen darüber hinaus die Relevanz für den Kunden, erleichtern den Einkaufsprozess und führen zu Zeitersparnis.[6] Guidance-Anwendungen können den Kunden dazu bringen, durch Punkterwerb oder besondere Angebote gewisse Bereiche oder Abteilungen innerhalb eines Shops zu besuchen und ermöglichen die gezielte Steuerung von Kundenströmen und -verweildauern. Abhängig von der Position des Kunden ermöglichen sie darüber hinaus das lokale Aussteuern von Coupons, das eine Aufmerksamkeitswirkung für Neukunden oder eine Bindungswirkung für Bestandskunden bewirken kann.[7] Die zweite Dimension, Interaktion, steigert den Austausch der Kunden untereinander und gegenüber dem Shop und eignet sich besonders im Kontext von Kundenbindungsprogrammen.[8] Weiterhin ermöglichen es virtuelle Feedbackformulare dem Kunden, unmittelbar nach Abschluss eines Kaufes Lob oder Kritik zu äußern. Eine strukturierte und systematische Auswertung dieser Rückmeldungen trägt so zur gezielten Optimierung des Verkaufsprozesses bei.[9] Drittens kann im Bereich Convenience eine technologiegetriebene Unterstützung des Kunden im Verkaufsprozess umgesetzt werden, die – etwa mittels einer digitalen Körpervermessung[10] – eine Zeitersparnis, aber auch eine Verbesserung des Einkaufserlebnisses ermöglichen kann. Mittels innovativer Präsentationsansätze und Shopkonzepte lässt sich die Aufmerksamkeit der Kunden innerhalb des Shops, aber auch eine allgemeine Erhöhung des Bekanntheitsgrades, etwa in der Medienberichterstattung,

---

4 Beispiele: In-door Maps (Point Inside), AR-Wege (Wikitude).
5 Beispiele: Produktsuche (Milo Local Shopping), Mobiler Einkaufsassistent (MEA Metro Group).
6 Beispiele: Kundenstromsteuerung (Shopkick), Mobiles Couponing (Coupies).
7 Beispiele: Social Dressing Room (Diesel Cam), Social Check-Ins (Foursquare).
8 Beispiele: Virtuelles Feedback (OnFeedback), Feedback Terminals am POS (Qualitize.me).
9 Etwa durch virtuelle Avatare, beispielsweise Intel Labs Magic Mirror.
10 Virtuelles interaktives Schaufenster (WeSC virtual interaktive Window), Versteckter Untergrund-Shop (Bodega Shoe Store).

erreichen.[11] Als vierte Dimensionen können im online Bereich schon längst etablierte Analytics Verfahren auch auf die offline Welt übertragen werden. Neue Verfahren ermöglichen die Erstellung detaillierter Kundenstromanalysen in stationären Shops. Anhand der Analyse von Mobile-IDs in Verbindung mit lokalen Sensoren und Kassensystemschnittstellen lässt sich der gesamte Shopping- und Kaufprozess anonymisiert analysieren und in auswertbaren KPIs darstellen. Als grundsätzlicher Aspekt bezüglich all dieser technologischen Möglichkeiten darf jedoch nicht außer Acht gelassen werden, dass langjährig erworbene Fähigkeiten im Bereich der holistischen Markenführung oder auch der stationären, haptischen Inszenierung von Einkaufswelten als Erfolgsfaktoren relevant bleiben können.

4 Herausforderungen und Orientierungspunkte für das Management von Handelsunternehmen

Die neuen Herausforderungen an das Management. Glaubt man den aufgezeigten Veränderungen der Rahmenbedingungen des Handelsgeschäftes, dann ist es offensichtlich, dass sich daraus grundlegende Veränderungen der Unternehmenssteuerung ergeben werden. Wenn sich Technologien, Wettbewerber, Märkte und Kundenstrukturen verändern, dann verändert sich damit in erheblichem Maße auch der »Ursache-Wirkungs-Kanon«, der vornehmlich von den Controlling-Einheiten der Unternehmen zu erfassen versucht wird. In einem Zustand, in dem Informationsflüsse nicht mehr sauber nachvollziehbar und abzugrenzen sind, fällt es schwer, eine differenzierte Umsatzallokation vorzunehmen und viel bedeutender: die Wirkungskraft von entsprechend treibenden Budgets zu bewerten. Eine Vielzahl vormals isoliert betrachteter KPIs verliert an Aussagekraft und kann darüber hinaus zu erheblichen Fehlsteuerungen führen.

Welche Rolle spielt beispielsweise eine neue Filiale für einen Multi-Channel-Händler? Stellt diese Investition einen Rob-Effekt für die Online-Aktivitäten dar oder ist diese vielmehr eine weitere Penetration beim Kunden, um im digitalen Commerce einen kognitiven Spitzenplatz beim nächsten Kauf zu erlangen? Welche Bedeutung hat diese Investition im Wettbewerb zu alternativen Frequenzmaßnahmen wie beispielsweise Google-Spendings? Was sind die Entscheidungsparameter vor dem Hintergrund einer Amortisationsbetrachtung? Sind Spartenergebnisrechnungen überhaupt noch zielführend? Wie bewertet man einen Verkäufer im Store, der die Ware via eines Tablets direkt dem Kunden nach Hause schicken lässt? Ist er ein guter Verkäufer, weil er ganzheitlich denkt und dem zeitgemäßen Kundenservice Ausdruck verleiht oder unterminiert er die eigene Filiale und deren Bestände? Was bedeutet ein derartiges Verhalten für Kennziffern wie Flächenproduktivität und Conversion Rate? Und wie geht man mit der Provi-

---

11 Beispiele: Kundenstromanalyse mit Sensor (Viewsy), Kundenstromanalyse mit App (Indoo. rs), Kundenstromanalyse ohne WiFi (FootPath), Lokale Social Media Monitoring (Spotistic).

sionierung des Verkaufsmitarbeiters um? Welche Relevanz hat ein Online-Kauf/Store-Pick Up und in der Folge ggf. eine Store Retoure eines Online-Kaufes? Die Verquickung multipler Kanäle erfordert neue, multivariate Beurteilungen von Performance bzw. Defiziten.

Darf es ferner zwischen Stationär- und Onlineangebot überhaupt Sortimentsunterschiede geben und wie müssen diese eingesteuert werden? Gibt es Notwendigkeiten Preispunkte und Promotions zu differenzieren? Wie schaut man auf den Wettbewerb und seine Leistungskraft? Welche Abgrenzung im jeweiligen Kanal ist sinnvoll und richtig, um daraus die richtigen Schlüsse für das eigene Wettbewerbsverhalten zu ziehen? Welche Rolle spielt die Werbung und ihre Erfolgsmessung? Was bedeutet dies für Streubreite, -tiefe, Auflagen und Anstoßketten?

Auch kulturelle Elemente der veränderten Unternehmenssteuerung werden offensichtlich. Wie verzahnt man rein personell »konkurrierende« Vertriebskanäle und vermeidet frühzeitig die Bildung von Silos? Welchen Wert hat ein Mitarbeiter, der Impulse in Social Media setzt, selbst wenn diese nicht wirtschaftlich messbar erscheinen? Wer entscheidet über die Priorisierung von verfügbaren Beständen und wer gibt den Rhythmus saisonaler Lagersteuerung vor? Wie bricht man relevante Leads unterhalb der Unternehmensleitung pragmatisch und zugleich gesamtverantwortlich herunter? Nur 37 Prozent der Handelsunternehmen verfügen über ein systematisches und kanalübergreifendes Limitmanagement zur Steuerung von Beständen, Einkaufsbudgets, Abschriften und Margen (Bearing Point 2012, S. 23). Die sich abzeichnenden oder bereits stattfindenden Kanalkonflikte können ohne veränderte Anreizstrukturen nicht überwunden werden. 48 Prozent der Handelsunternehmen haben ihre Anreizstrukturen noch nicht auf die Cross Channel Leistung ausgerichtet und fördern damit geradezu die Festigung von Silos innerhalb der Handelsorganisationen (Bearing Point 2012, S. 29).

Die Auswirkungen der Digitalisierung auf die leitenden und unterstützenden Steuerungsgrößen sind grundlegender Natur und somit nicht nur eine logische Folge. Vielmehr ist deren sensible Kalibrierung an die veränderten Rahmenbedingungen die erfolgsbestimmende Basis für alle Folgeentscheidungen. Jede Wirkungsmessung muss dem Ziel folgen, die neuerlichen Ursachen wertschöpfender zu gestalten. Die aktuellen Herausforderungen lassen dies für den Handel zu einer besonderen Aufgabe werden, die nicht selten im Henne-Ei-Dilemma enden könnte.

Jedes Handelsunternehmen muss sich permanent die Frage stellen, ob und wenn ja in welchem Umfang bzw. mit welcher Priorisierung neue digitale Tendenzen und Entwicklungen im Unternehmen aufzunehmen und zu verarbeiten sind. Wie viel Komplexität darf/muss noch ergänzt werden? Was führt zu Wertschöpfung und was definiert sich als isolierter Selbstzweck? Wie sind all diese »strategischen« Optionen organisatorisch und kulturell einzubetten? Was bedeutet dies für den Ressourcenwettkampf innerhalb des Unternehmens? Wo reduziert die Sorge des digitalen Wandels das Augenmerk auf die elementar differenzierenden Kernleistungen eines Unternehmens?

Zum Umgang mit der neuen Komplexität/Unsicherheit. Die dargelegten Veränderungen und Anforderungen stellen für den Handel eine in diesem Ausmaß unvergleichliche Herausforderung dar. Der im Vergleich zu anderen Branchen eher margenschwache Handel ist gefordert, eine strategische Balance zu finden, die immer auch den Kosten- und Investitionswettbewerb zu anderen Leistungsfaktoren des Handelsgeschäftes zu berücksichtigen hat. Die Kombination aus technischem Fortschritt und dessen breiter sozialer Akzeptanz beim Verbraucher bei gleichzeitiger Dynamik der Wettbewerbsveränderungen über lokale und regionale Grenzen hinaus, sorgt nicht selten für strategische Unsicherheit und unpräzises Vorgehen der Unternehmensführung. Im Kontinuum von Lethargie und Aktionismus entsteht stets Unsicherheit.

Die Antworten auf die o. g. Fragen sind so vielschichtig wie das Problem selbst und sind von jedem Unternehmer in einer individuellen Art zu kalibrieren. Es sei an dieser Stelle die These erlaubt, dass bei weitem nicht jedes Handelsunternehmen über einen digitalen Weg verkaufen muss, um Marktrelevanz zu untermauern. Manche Händler sind u. U. gut beraten, die digitale Dynamik nicht auf das reine Verkaufen via Internet zu reduzieren, denn die Dynamik des E-Commerce ist nur *eine* Facette digitaler Wertschöpfungsoptionen. Zugleich wird es kein Handelsunternehmen schaffen, sich mit Perspektive zu positionieren, wenn dafür nicht an ausgewählten Stellen ggf. andere Elemente der digitalen Revolution in die jeweils eigenen Prozesse und Abläufe integriert werden. Ähnlich dem Anspruch des Marketing sich in einem Marketing-Mix in markenbildender, wertschöpfender Art aus einer Fülle an Optionen zu bedienen, muss jedes Unternehmen seinen eigenen *»Digital Mix«* kreieren.

Was sind mögliche Orientierungspunkte bei dieser unternehmerischen Herkulesaufgabe?

A. Von wo komme ich?

Vor jeglicher Investitionsentscheidung ist es unbedingt erforderlich den Startpunkt seines Unternehmens schonungslos offenzulegen. Wie gut sind wir in unserem ursprünglichen Kerngeschäft? Welche Investitionstaus trage ich seit Jahren mit? Wie stabil sind meine fundierenden Systeme und Kompetenzen? Welche Position habe ich in meinem »Competitive Landscape«? Welche Beweglichkeit und Agilität beschreibt die Kultur? Es liegt in der Natur der Sache, dass viele Unternehmen sich und den eigenen Zustand völlig überschätzen und daraus Entscheidungen entstehen, die sich mehr aus Populismus und Sorge, denn aus nüchterner, strategischer Ableitung ergeben. Nur so lässt sich die Vielzahl an übermotivierten, aber tendenziell lebensuntüchtigen Ansätzen im Internet und/oder dem Social Web erklären.

B. Von innen nach außen

Mögliche digitale Innovationsfelder sind zunächst durch die Bedürfnisse des eigenen Unternehmens und seiner Kundschaft zu betrachten. Digitalisierung ist ein nicht aufhaltbarer Trend, aber das Tempo dieser Entwicklung ist für jedes Unternehmen letztendlich individuell zu wählen. Zwischen »First Mover« und »Late Adopter« können viele Millionen an Gewinnen oder Verlusten liegen, ganz abhängig davon, wo ein jeweiliges Unternehmen steht und wie eine Unternehmensleitung Investitionsentscheidungen temperiert und dimensioniert. Es ist verkehrt, sich durch die täglichen Neuigkeiten und Superlative des digitalen Fortschrittes verrückt machen zu lassen, denn jeglicher Ansatz verpufft, wenn die internen und externen Anknüpfungspunkte nicht sauber beschrieben und vorbereitet sind.

C. Von oben nach unten nach oben
Eine Unternehmensleitung, die selbst die Ausprägungen und technischen bzw. anwendungsseitigen Entwicklungen der Digitalisierung des Handels nicht versteht, wird diese selten erfolgreich ins Unternehmen hineintragen können bzw. geduldig penetrieren. Bei nur gerade einmal 47 Prozent der Handelsunternehmen ist das Thema »Multi-Channel« auf der ersten Führungsebene verankert (Bearing Point 2012). Jede Unternehmensleitung ist gut beraten, viel Zeit und Neugier in diese Zusammenhänge zu investieren. Zukunft und Fortschritt sind nicht delegierbar! Zugleich steht außer Frage, dass jedes Unternehmen sich gezielt mit Wissensträgern und -integratoren ergänzen muss, um Change und Momentum zu erzeugen. Veränderungen müssen von der Spitze wissend initiiert sein und sich zugleich in der Basis multiplizieren. Dabei hilft es, wenn gezielt in allen Unternehmensteilen und -hierarchien kraftvolle digitale Kompetenz erzeugt wird.

D. Von Innovation zur Wertschöpfung
Ein *Digital Mix* hat letztendlich wie jede andere – konkurrierende – Investition nur zwei Aufgaben: Wachstum und Wertschöpfung! Somit ist es – anders als oftmals von Dienstleistern und Beratern zu vermitteln versucht – notwendig und völlig legitim zu verstehen unter welchen Bedingungen und Annahmen eine digitale Investition zur Wertschöpfung führen kann. Nicht selten gehen die dahinter liegenden Annahmen und Argumente komplett an jeglicher Vorstellungskraft vorbei. Gerade weil diese Perspektive auf Wertschöpfung so schwer zu prognostizieren ist und einzelne Berater darauf eine Fülle ausweichender, unpräziser Antworten im Repertoire haben, ist wiederum die Bedeutung einer digital gebildeten und überzeugten Unternehmensleitung so relevant. Denn: Wo Erfahrungswerte fehlen, entsteht Unsicherheit; Unsicherheit begegnet man vornehmlich mit drei Ausprägungen: a) einer dynamischen Lern-/Wissenskurve, b) unternehmerischer Überzeugung und c) einer ausgewogenen Risikobereitschaft.

5 Fazit

Die Digitalisierung ist eine generell disruptive Erscheinung, die auch weiterhin ökonomisch und gesellschaftlich nie dagewesene Veränderungen erwarten lässt. Schon längst bieten die rasanten technologischen Fortschritte eine Fülle an Optionen für Händler und Konsumenten. Besonderes Augenmerk ist hier auf die technische Mobilisierung von Informationsbereitstellung/-gewinnung und Kaufgelegenheit zu legen. Während sich für den Konsumenten diese neue Optionenvielfalt in wachsender Transparenz sowie neuen Service- und Convenience-Elementen zeigt, so steht der Händler vor der Frage, wie diese Entwicklung in wirtschaftlichen, organisatorischen und kulturellen

Kontexten sinnvoll aufzunehmen (oder abzulehnen) ist. Es ist offensichtlich, dass sich die Wettbewerbsarenen im Zuge dieser Veränderungen weiterhin fundamental ändern werden. Neue Player mit gänzlich originären Konzepten treten an und verändern grundlegende, bewährte Regeln des Miteinanders im Wettbewerb. Bewährte Beurteilungsmaßstäbe verlieren an Aussagekraft, neue, komplexere sind aufzubauen. Zugleich gilt es zu bedenken, dass sich demografische Differenzierungen im Umgang mit digitalen Zugängen absehbar reduzieren werden: »digital wird alterslos!«

In dieser Gemengelage gibt es keine einfachen Lösungen und Konzepte und keine Sicherheit, welche Entwicklungen als dauerhafter Standard die unternehmerische Wertschöpfung stärken und welche ggf. im Rückblick als »Gimmick und Sunk Cost« beurteilt werden. Eine These soll abschließend deutlich herausgestellt werden: Der Unsicherheit zur digitalen Zukunft kann nur begegnet werden, indem man sich mit technisch-inhaltlicher Neugier, relevanten F&E-Budgets und internem Know-how vorbereitet und individuelle Erfahrungen zu machen bereit ist.

Literaturverzeichnis

Bearing Point (2012), »C³ Retailing – Cross Channel Commerce im Handel,« (Zugriff am 15.03.2013), [http://www.derhandel.de/news/dossiers/pages/pdfs/287_org.pdf].

BITKOM (2013), »Presseinformation – Tablet-Verkäufe übertreffen Erwartungen,« (Zugriff am 18.04.2013), [http://www.bitkom.org/files/documents/BITKOM-Presseinfo_Tablet-Markt_¬ 22_02_2013.pdf].

BMW Group (2012), *(Zugriff am 02.10.2013)*, [http://www.bmwgroup.com/d/0_0_www_bmw¬ group_com/forschung_entwicklung/ein_blicke_in_die_entwicklung/via/via.html].

Bundesverband der Musikindustrie (2012), »Übersicht Jahreswirtschaftsbericht 2011,« *(Zugriff am 15.03.2013)*, [http://www.musikindustrie.de/jahrbuch-umsatz-2011].

Bundesverband Digitale Wirtschaft (BVDW) (2012), »Mediascope 2012 – Fokus E-Commerce,« *(Zugriff am 18.04.2013)*, [http://www.bvdw.org/presseserver/bvdw_e-commerce_marktzahlen/¬ bvdw_fokusreport_e-commerce.pdf].

Cain Miller, Claier und Clifford, Stephanie (2012), »Google Struggles to Unseat Amazon as the Web's Most Popular Mall,« New York Times, 09.09.2012.

Chevalier, Judith und Dina Mayzlin (2006), »The Effect of Word of Mouth on Sales: Online Book Reviews,« *Journal of Marketing Research,* 43 (August), 345–54.

ECC Handel (2013), »Cross-Channel: 50 Prozent des stationären Umsatzes wird in Online-Shops vorbereitet,«.

FAZ (2013), »Die Amazon-Cloud wächst und wächst,« *(Zugriff am 06.05.2013)*, [http://blogs.faz.¬ net/adhoc/2013/04/20/die-amazon-cloud-wachst-und-wachst-572/].

Greenfield, Jeremy (17.07.2012), »E-Book Revenues Double in 2011, Top $2 Billion,« *(Zugriff am 07.03.2013)*, [http://www.digitalbookworld.com/2012/e-book-revenues-double-in-2011-top-¬ 2-billion/].

IEEE (2012), »Industry Connections Ethernet Bandwith Assessment«, *(Zugriff am 04.04.2013)*, [http://www.ieee802.org/3/ad_hoc/bwa/BWA_Report.pdf].

Kauffman Foundation (2013), »Startup Environment Index 2012,« *(Zugriff am 06.05.2013)*, [http://¬ www.kauffman.org/uploadedFiles/DownLoadableResources/Zoom_layout_single_FINAL.¬ pdf].

Kenneth, Laudon und Carol Traver (2012), *E-Commerce 2012 Global Edition.* London: Pearson Education.

KMPG (2011), »Preisportale, Couponing, soziale Netzwerke – der Einfluss aktueller Online Trends auf das Kaufverhalten,« *(Zugriff am 04.04.2013)*, [http://www.kpmg.de/docs/Studie_Preispor¬ tale_secured.pdf].

Kenneth, Laudon und Carol Traver (2012), *E-Commerce 2012 Global Edition*. London: Pearson Education.

Lerner, Josh, Ann Leamon und Felda Hardymon (2012), *Venture Capital, Private Equity, and the Financing of Entrepreneurship*. New York: John Wiley & Sons.

Moe, Wendy uand Michael Trusov (2011), »Measuring the Value of Social Dynamics in Online Product Ratings Forums,« *Journal of Marketing Research*, 48 (3), 444–56.

Oracle (2011), »Cross-Channel Commerce: A Consumer Research Study,« *(Zugriff am 04.04.2013)*, [http://www.oracle.com/us/products/applications/commerce/atg/cross-channel-commerce-¬ survey-333315.pdf].

Postmaster-Magazin (2010), »Brief mit Medienbruch,« *(Zugriff am 15.03.2013)*, [http://www.post¬ master-magazin.de/].

PricewaterhouseCoopers (2012a), »German Entertainment and Media Outlook: 2012-2016«, Oktober 2012.

PricewaterhouseCoopers (2012b), »Delivering results – Key findings in the Retail and Consumer industry, 15th Annual Global CEO Survey Sector summary,« *(Zugriff am 04.04.2013)*, [http://¬ kc3.pwc.es/local/es/kc3/publicaciones.nsf/V1/B8F90787BBE396FCC12579A60039B350/¬ $FILE/ceo_retail_consumer.pdf].

Sandvine (2013), Global Internet Phenomena Report, I/2013.

Shutl.com (2013), »What is Shutl?« *(Zugriff am 15.3.2013)*, [http://shutl.com/about].

Statista (2013), *(Zugriff am 15.03.2013)*, [http://de.statista.com/statistik/daten/studie/185766/¬ umfrage/entwicklung-der-briefmengen-in-deutschland-innerhalb-des-zeitraum-von-2000-¬ bis-2014/, Seite 21].

The Radiacti Group (2012), »Email Market. 2012-2016,« *(Zugriff am 04.04.2013)*, [http://www.¬ radicati.com/wp/wp-content/uploads/2012/10/Email-Market-2012-2016-Executive-Summary.¬ pdf].

Vor dem Esche, Jonas und Thorsten Hennig-Thurau (2013), »German Social Media Consumer Report 2012/2013«, Social Media Think Lab.

Wirtschaftswoche (2013), »Infografik: Die 20 größten sozialen Netzwerke im Überblick,« *(Zugriff am 18.04.2013)*, [http://blog.wiwo.de/look-at-it/2012/11/27/infografik-die-20-grosten-sozia¬ len-netzwerke-im-uberblick/].

Kapitel 10: Wertschöpfung durch Multi-Channel-Handel

von Dr. Kai Hudetz und Dr. Eva Stüber

1.   Einleitung

Multi-Channel-Händler sind im Einzelhandel zum Standard geworden. Handelsunternehmen treten über verschiedene Kanäle in Kontakt mit ihren Kunden und verkaufen darüber ihre Waren. Zwar sind laut HDE (2013) im Jahr 2013 erst 20 Prozent der stationären Händler mit einem Online-Shop aktiv, jedoch sind auch viele klassische Händler mit einem Katalog im Distanzhandelskanal vertreten. Dennoch wurde diese Entwicklung zum Multi-Channel-Handel insbesondere durch den Online-Handel angetrieben (z.B. Hudetz und van Baal 2007), welcher im Jahr 2012 bereits 7,7 Prozent Anteil am deutschen Einzelhandelsumsatz hatte, was 33 Mrd. Euro Umsatz allein mit Waren entspricht – rechnet man Fast-Moving Consumer Goods (FMCG) heraus, besitzt der Online-Handel sogar bereits einen Anteil von 14,3 Prozent am Einzelhandelsumsatz. Eine Betrachtung der Vertriebsformen im Online-Handel zeigt, dass Internet Pure Player lediglich einen Anteil von 35,4 Prozent haben (IFH Köln 2013), wobei diese auch vermehrt über weitere Kanäle agieren (z.B. Cyberport sowohl über Kataloge als auch über stationäre Filialen). Somit kann die weite Verbreitung des Multi-Channel-Handels auch durch die Akteure im Online-Bereich belegt werden.

Neben der grundlegenden Veränderung der Einzelhandelslandschaft wurde auch das Konsumentenverhalten durch die neuen Informationsquellen maßgeblich geprägt. Online sind sowohl Produkt- als auch Kaufstätteninformationen schnell und einfach einzuholen. Im stationären Handel dagegen können die Produkte begutachtet und direkt mitgenommen werden (z.B. Dach 2002), sodass die Konsumenten ganz selbstverständlich während des Kaufentscheidungsprozesses verschiedene Kanäle aufsuchen (Halbach und Eckstein 2013) und dadurch Kontaktpunkte in verschiedenen Kanälen mit einem

Unternehmen haben. Die Thematik des Multi-Channel-Handels gewinnt auch dadurch weiterhin an Relevanz, dass durch technologische Entwicklungen kontinuierlich neue Formen des E- und M-Commerce entstehen, welche den Konsumenten zum einen neue Möglichkeiten eröffnen, zum anderen aber auch in die bestehenden Vertriebskanalsysteme integriert werden müssen. Neben Herausforderungen, die mit der Ausgestaltung eines solchen Multi-Channel-Systems verbunden sind, ergeben sich für die Unternehmen damit auch zahlreiche Vorteile (Schramm-Klein 2012).

Die unterschiedlichen Betriebs- und Vertriebstypen sowie deren Kombinationsmöglichkeiten aus Unternehmenssicht zu einem Multi-Channel-System haben jedoch auch Auswirkungen auf die Wertschöpfung des Handels. Einerseits kann, vor allem durch die Besonderheiten des E-Commerce bedingt, die Wertschöpfungskette grundlegend verändert werden, indem vollkommen neue Wertschöpfungsstufen im Internet durch die Informations- und Kommunikationstechnologie entstehen (z.B. Suchdienste wie Google) oder indem die traditionellen Wertschöpfungsstufen im Absatz durch Umgehung traditioneller Stufen oder Einbindung neuer Akteure verändert werden (Dis- bzw. Reintermediation). Andererseits kann es auch zur Entbündelung einzelner Wertschöpfungsfunktionen kommen (Zentes und Swoboda 2000). Welche Vorteile, aber auch welche Gestaltungsmöglichkeiten, sich hierdurch für den E-Commerce ergeben, wurde bereits u.a. bei Alba et al. (1997), Albers und Peters (1997) sowie Peters, Albers und Schäfers (2008) betrachtet, während Dach (2002) einen Vergleich zwischen E-Commerce und stationärem Handel vornimmt. Jedoch muss dem geänderten Konsumentenverhalten Rechnung getragen werden: Konsumenten informieren sich in verschiedenen Kanälen – bevorzugt online – und müssen dort abgeholt werden. Unternehmen können durch die Einführung neuer Kanäle von Übertragungseffekten auf andere Kanäle profitieren. Die Entstehung von Synergien in diesem Kontext, aber auch das Auftreten von Kannibalisierungseffekten, wurde in Untersuchungen bereits beleuchtet (z.B. Avery et al. 2012). Inwieweit sich dies auf die Wertschöpfung auswirkt, wurde bisher noch nicht betrachtet.

Das vorliegende Kapitel widmet sich daher der Frage, welche Auswirkungen es bei einem Multi-Channel-Handelsunternehmen auf die Wertschöpfung und deren Funktionen gibt. Aufbauend auf einer ausführlichen Betrachtung der verschiedenen Arten von Multi-Channel-Handel mit den bestehenden Wechselwirkungen und den Gründen für dieses Konsumentenverhalten wird die Entwicklung und Veränderung der Wertschöpfungsfunktionen über verschiedene Betriebs- und Vertriebstypen thematisiert. Anhand von Praxisbeispielen wird schließlich aufgezeigt, in welchen Formen die Vertriebskanäle der Multi-Channel-Händler bereits verknüpft sind, bevor abschließend die wichtigsten Punkte zusammengefasst werden und ein Ausblick gegeben wird.

Der konzeptionelle Rahmen dieses Kapitels wird in Abbildung 10.1 illustriert.

2.   Bedeutung des Multi-Channel-Handels

Trotz der weiten Verbreitung des Multi-Channel-Handels sowohl in der Forschung als auch in der Praxis hat sich bislang noch kein einheitliches Begriffsverständnis

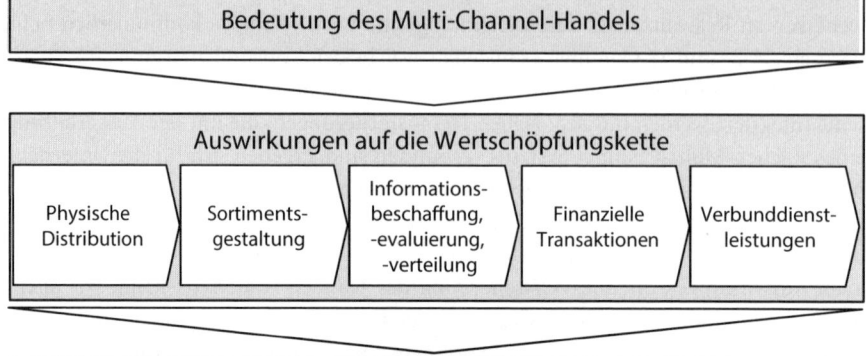

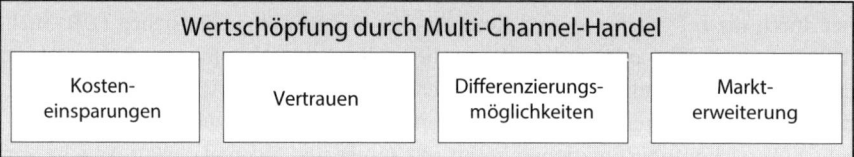

Abb. 10.1: Kapitelüberblick

durchgesetzt. Als gemeinsamen Kern der unterschiedlichen Definitionsansätze des Multi-Channel-Handels identifiziert Schramm-Klein (2012) den parallelen Einsatz mehrerer Betriebs- und/oder Vertriebstypen, die im Rahmen der Distribution von Handelsunternehmen genutzt werden. Bei diesen muss ein wesentlicher Sortimentszusammenhang bzw. eine wesentliche Sortimentsüberlappung bestehen. »Anhand der unterschiedlichen Betriebs- bzw. Vertriebstypen ist somit die Ansprache der gleichen, aber auch unterschiedlicher Kundensegmente (bzw. Zielgruppen) und/ oder Kundenbedürfnisse möglich.« (Schramm-Klein 2003, S. 21). Beim Multi-Channel-Handel sind die verschiedenen Vertriebskanäle unabhängig voneinander zu sehen, sie laufen nebeneinander. Im Gegensatz dazu erfolgt beim Cross-Channel-Handel durch die Kanalverbindung in der Kommunikation sowie die angebotenen Services eine integrative Betrachtung (Konus, Verhoef und Neslin 2008; Neslin und Shankar 2009). Da die vorgestellte Definition von Multi-Channel-Handel einer Vielzahl strategischer Optionen Rechnung trägt, aber zur Erfassung der Wertschöpfungsfunktionen im späteren Verlauf auch eine kanalverknüpfende Sichtweise zielführend ist, wird nachfolgend sowohl auf Multi-Channel-Handel als auch auf Cross-Channel-Handel fokussiert.

Nach Art der Distributionskanäle können verschiedene Erscheinungsformen des Multi-Channel-Handels unterschieden werden. Von besonderer Bedeutung sind vor dem Hintergrund der Bedeutungszunahme des Online-Handels die Mischformen, bei denen ein paralleler Einsatz stationärer (Betriebstypen) und nicht-stationärer Vertriebskanäle (Vertriebstypen) erfolgt. Unter Berücksichtigung des Online-Handels, der sowohl über stationäres als auch mobiles Internet zugänglich ist, in Kombination mit dem stationären Handel (in Ladengeschäften) und dem traditionellen

Versandhandel (klassischer Katalogversandhandel) als relevanteste Distributions-kanäle von Handelsunternehmen können folgende relevante Typen von Multi-Channel-Händlern unterschieden werden (z. B. Adolphs 2004; Schramm-Klein 2012, Abbildung. 10.6):

- Typ I »Clicks & Mortar«: Kombination des Online-Handels mit dem stationären Handel (z. B. Steinfield, Bouwman und Adelaar 2002), Beispielunternehmen: Fleurop, Roller
- Typ III »Clicks, Bricks & Sheets« bzw. »Clicks, Bricks & Flicks«: Kombination des Online-Handels mit stationärem Handel und Katalogversandhandel, Beispielunter-nehmen: myToys.de, Tchibo

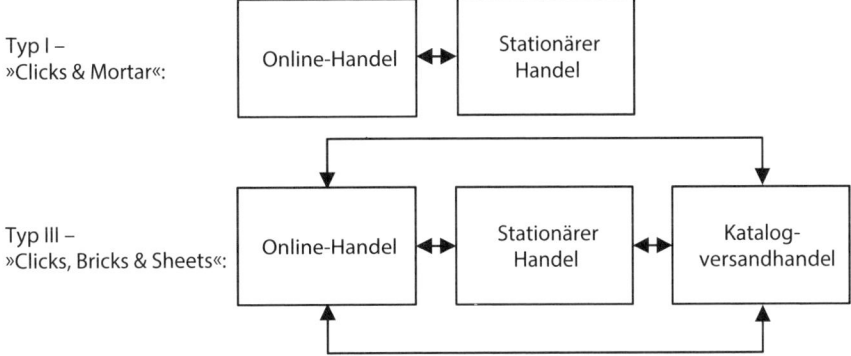

Abb. 10.2: Formen des Multi-Channel-Handels

Durch die Hinzunahme weiterer Kanäle möchten die Unternehmen dem veränder-ten Konsumentenverhalten entsprechen. Je nach Kaufsituation und -bedürfnis sowie zu kaufendem Produkt suchen die Konsumenten im Rahmen des Kaufentscheidungs-prozesses unterschiedliche Kanäle auf – sowohl zum eigentlichen Kauf als auch zur vo-rangehenden Informationssuche (z. B. Peterson, Balasubramanian und Bronnenberg 1997; Verhoef, Neslin und Vroomen 2007; Chocarro, Cortina und Villanueva 2013). So bestehen in einem Kaufentscheidungsprozess vielfach intensive Wechselbeziehungen zwischen den verschiedenen Kanälen. Halbach und Eckstein (2013) quantifizieren mit ihrer (transaktionsbezogenen) Untersuchung diese Wechselwirkungen zwischen den Kanälen und nehmen gleichzeitig einen Zeitvergleich mit einer solchen Erhebung aus dem Jahr 2011 vor (► Tab. 10.1). So geht im Jahr 2011 bei 27 Prozent der Käufe in einem Online-Shop eine Informationssuche in einem stationären Ladengeschäft voraus, wäh-rend im Jahr 2013 bei 11 Prozent der Käufe in einem stationären Ladengeschäft eine In-formationssuche in einem Katalog vorangestellt ist.

Diese Ergebnisse belegen einerseits deutlich, welche Bedeutung der Nutzung verschiedener Informations- und Kaufkanäle aus Konsumentensicht zukommt und verdeutlichen andererseits dabei auch die Wichtigkeit des Online-Kanals in einem Mul-ti-Channel-System. Während die Wechselbeziehungen von den Kanälen »Stationäres

Tab. 10.1: Kaufvorbereitende Informationssuche kanalübergreifend; Basis: 1007
Internetnutzer mit 2682 Käufen im Jahr 2011 und 1001 Internetnutzer mit 1439
Käufen im Jahr 2013 (jeweils internetrepräsentativ quotiert)

Information in/ Kauf in	Stationäres Ladengeschäft	Online-Shop	Katalog
Stationäres Ladengeschäft		23,0 % (2011) 32,1 % (2013)	19,5 % (2011) 11,0 % (2013)
Online-Shop	27,0 % (2011) 11,4 % (2013)		28,5 % (2011) 9,6 % (2013)
Katalog	23,6 % (2011) 14,6 % (2013)	28,1 % (2011) 55,3 % (2013)	

(Halbach und Eckstein 2013)

Ladengeschäft« sowie »Katalog«, die zur Informationssuche genutzt wurden und ein Kauf anschließend in einem anderen Kanal stattfand, abgenommen hat, hat die Informationssuche in Online-Shops sowohl vor dem Kauf in stationären Ladengeschäften (bei 32,1 Prozent der Käufe) als auch in Katalogen (bei 55,3 Prozent der Käufe) zugenommen. Obwohl stationäre Händler dem Online-Handel gegenüber oftmals negativ eingestellt sind und vom »Beratungsklau« sprechen, wenn sich Konsumenten im stationären Ladengeschäft Produkte vorführen und sich beraten lassen und anschließend das Produkt online – möglicherweise auch bei einem anderen Anbieter – kaufen, zeigen diese Ergebnisse, dass online der neue Showroom ist. Durch gezielte Maßnahmen und Services in Online-Shops (z. B. Click & Collect) nutzen Händler diese Entwicklung auch bereits.

Diese Wechselwirkungen sind branchenübergreifend zu beobachten, wobei die Effekte in unterschiedlich starkem Ausmaß auftreten (z. B. Peterson, Balasubramanian und Bronnenberg 1997; van Baal und Dach 2003). Während in den Branchen Consumer Electronics & Elektro sowie Sport & Freizeit sehr hohe Wechselwirkungen zwischen den betrachteten Kanälen vorliegen, was wohl auf die Erklärungswürdigkeit und die hohe Preislage der Produkte zurückzuführen ist, fallen die Effekte in der Branche Fashion & Accessoires geringer aus (Halbach und Eckstein 2013). Ein intensives Kanalwechselverhalten kann auch beim Kauf von Markenprodukten beobachtet werden. Insbesondere markenaffine Käufer bevorzugen hierbei auch den Direktvertrieb der Hersteller (Stüber, Halbach und Eckstein 2013), sodass sich nicht nur Händler mit der Multi-Channel-Thematik auseinandersetzen sollten.

Dabei entsprechen die Wechselgründe den Vorteilen der jeweiligen Vertriebskanäle: Im stationären Handel ist eine haptische Inspektion des Produkts, direkte Interaktion mit dem Verkaufspersonal sowie eine sofortige Produktmitnahme möglich, währenddessen im Online-Handel günstigere Produkte angeboten werden, die Möglichkeit besteht, sich über Preise und Produkte zu informieren und eine schnellere Bestellung auszuführen (Balasubramanian, Raghunathan und Mahajan 2005; Song und Zinkhan 2008; Halbach und Eckstein 2013). In einer Übersicht zeigen Verhoef, Neslin und Vroomen (2007) aufgeschlüsselt nach der Anzahl von Informations- und Kaufkanälen und Phase des Kaufentscheidungsprozesses (z. B. Informationsphase bei Kaufentscheidung über mehrere Kanäle), welche Studien sich bereits mit Wechselgründen im Multi-Channel-Umfeld beschäftigt haben. Darauf aufbauend können sie in ihrer Untersuchung zur Such- und Kaufattraktivität eines Kanals zeigen, dass vor allem das Internet vor stationären Käufen zur Informationssuche herangezogen wird. Die Wahrnehmung von Kanalattraktivität in den verschiedenen Kaufentscheidungsphasen ist jedoch stark konsumentenabhängig zu sehen. Vor diesem Hintergrund bilden Konus, Verhoef und Neslin (2008) eine Multi-Channel-Käufertypologie und identifizieren Multi-Channel-Enthusiasten, wenig involvierte Käufer sowie stationär fokussierte Konsumenten anhand von Größen wie Einkaufsvergnügen und Kundenbindung. Die Ergebnisse dieser Studien verdeutlichen den Mehrwert von verschiedenen Kanälen eines Unternehmens, da je nach Bedürfnis, zu kaufendem Produkt und Kaufsituation der Kunde an entsprechender Stelle abgeholt und bedient wird. Gleichzeitig dürfen die verschiedenen Einkaufsmotive nicht vernachlässigt werden (z. B. Schröder und Zaharia 2008; Kukar-Kinney, Ridgway und Monroea 2009).

3.   Wertschöpfungskette im Einzelhandel und ihre Veränderungen

Als strategische wie operative Aufgabe und Grundlage aller unternehmenspolitischen Entscheidungen eines Handelsunternehmens sieht Tietz (1992, S. 1434) an, die »Einstandspreise und den Bruttoertrag als Ausdruck der Eigenleistung oder Wertschöpfung im Rahmen des gegebenen Betriebstyps zu optimieren und alle Leistungen mit möglichst geringen Kosten zu erstellen.« Hierbei muss einerseits danach gestrebt werden, durch geeignete Aktivitäten den Bruttoertrag zu verbessern und andererseits die Kosten durch Verzicht auf nicht erforderliche Aktivitäten oder durch Einsatz kostengünstigerer Alternativen zur Bewältigung der anfallenden Aufgaben zu senken. Das vorhandene Wertschöpfungsniveau kann hinsichtlich des Leistungsprogramms anhand zweier Basiskomponenten erfasst werden: Dem Grad der Komplexität und der Intensität. So wird einerseits geschaut, welche Vielfalt die eingesetzten Instrumente besitzen und andererseits, auf welchem Niveau der Einsatz geschieht, was über den Anteil der Eigen- und Fremdleistung ermittelt werden kann. Neben den Basisinstrumenten der Wertschöpfungspolitik, der Höhe von Preis und Kosten, kann der Marketing-Mix als weitere Dimension zugrunde gelegt werden, wodurch Konzepte wie Trading-up, Trading-down und Sidegrading entstehen (Tietz 1992).

Durch die Erzielung von Wertschöpfung können Unternehmen nachhaltige Wettbewerbsvorteile gegenüber anderen Unternehmen erreichen, wobei diese aus einzelnen Teil- bzw. Wertschöpfungsaktivitäten erwachsen können (Müller-Hagedorn, Toporowski und Zielke 2012). Zu ihrer Systematisierung bedient man sich hierbei oftmals des von Porter (1980) entwickelten Ansatzes der Wertschöpfungskette, welcher bereits vielfach Anwendung im Handel gefunden hat. Eine Wertschöpfungskette umfasst die Aktivitäten und Prozesse der Leistungserstellung als strategisch relevante Wertschöpfungsaktivitäten, die Kosten- und Differenzierungsvorteile gegenüber den Wettbewerbern bieten. Dazu gehören neben primären Aktivitäten mit direktem Warenbezug (Einkauf,

Logistik, Verkauf) auch unterstützende Tätigkeiten sowie die entsprechende Infrastruktur (z. B. Personalwirtschaft, Unternehmensinfrastruktur). Welche Wertschöpfungsaktivitäten eine besondere Bedeutung besitzen, hängt stark von der jeweiligen Branche ab. So ist es je nach Gegebenheit auch möglich, die Wertschöpfungsaktivitäten weiter in Unteraktivitäten aufzugliedern (Müller-Hagedorn, Toporowski und Zielke 2012).

Eine Wertschöpfungskette des Handels mit distributorischem Bezug haben Albers und Peters (1997) definiert (▶ Abb. 10.3), um das Ausmaß des Einflusses des E-Commerce auf die Wertschöpfung zu erfassen. Mit Hilfe dieser fünf Elemente und den jeweils untergeordneten Aktivitäten konnten systematisch die Auswirkungen des E-Commerce untersucht werden. Damit wurde der Tatsache Rechnung getragen, dass nicht nur branchen- und betriebstypenspezifische Unterschiede sich in der Wertschöpfungskette bemerkbar machen, sondern auch insbesondere vertriebstypenspezifische Besonderheiten. Speziell der E-Commerce hat mit seinem Aufkommen in den 1990er Jahren zu einer Entbündelung der wertschöpfenden Tätigkeiten des Handels geführt.

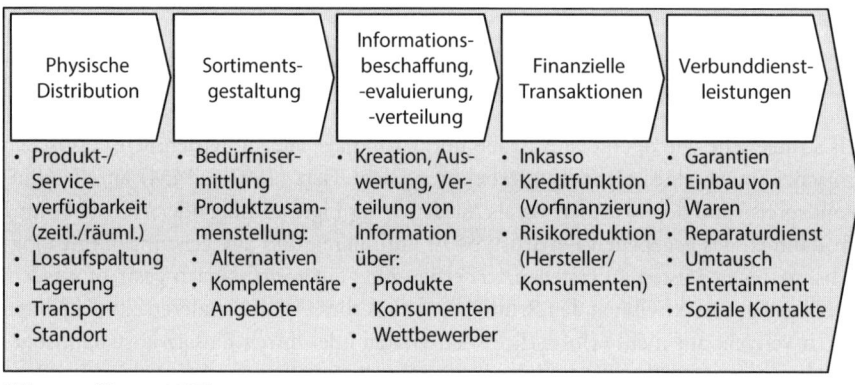

(Albers und Peters 1997)

Abb. 10.3: Wertschöpfungskette des Handels

Im Rahmen der Betrachtung wird aufgezeigt, dass infolge der Entbündelung auch Wirtschaftssubjekte aus anderen Bereichen (z. B. Logistikdienstleister) Wertschöpfungsfunktionen übernehmen bzw. diese sogar von Konsumenten getragen werden. In einer Folgebetrachtung im Jahr 2008 können die Autoren aufzeigen, dass die Entwicklungen durch den Einsatz neuer Technologien und ein sich veränderndes Konsumentenverhalten noch verstärkt worden sind. Insbesondere die Kernfunktionen des Sortiments- und Informationsmanagements sind von der Entbündelung durch Infomediäre betroffen, womit dem Handel wesentliche wertschöpfende Tätigkeiten genommen wurden. Durch Social Media und die immer aktiveren und sich zunehmend selbst organisierenden Konsumenten ist dieser Trend vorangetrieben worden. Aber auch im Bereich der finanziellen Transaktionen, welcher durch den Einzug von EC- und Kreditkarten im Rahmen des bargeldlosen Bezahlens schon länger von branchenfremden Akteuren dominiert wird, kann ein weiteres Entkräften des Handels festgestellt werden (Peters, Albers und Schäfer 2008). Da der Online-Handel ein wesentlicher Treiber der

Entwicklung zum Multi-Channel-Handel ist, sind die Auswirkungen von diesem auf die Wertschöpfung ebenso relevant.

4. Auswirkungen des Multi-Channel-Handels und Praxisbeispiele

4.1 Auswirkungen des Multi-Channel-Handels auf die Wertschöpfung

Konsumenten nutzen im Rahmen des Kaufentscheidungsprozesses mittlerweile durch ihr Kanalwechselverhalten wie selbstverständlich unterschiedliche Funktionen der Wertschöpfungskette über die Kanäle hinweg. Diese sind abhängig von der Ausgestaltung unterschiedlich nutzenstiftend und variieren damit in ihrer Bedeutung für die Konsumenten. Mit ihrem Verhalten treiben die Konsumenten zwar einerseits die Entbündelung weiter voran, da durch die damit gestiegene Komplexität und die hohen Ansprüche in den jeweiligen Kanälen sowie kanalübergreifend häufig auf Dienstleister zur Funktionserfüllung zurückgegriffen wird (z. B. Spezial-Logistikdienstleister für (taggleiche) Lieferdienste, plattformunabhängige Shopanbieter, Support für kanalübergreifendes Datenmanagement). Andererseits ermöglichen sie dadurch aber auch dem Handel wieder die Erfüllung von Funktionen, welche bereits entbündelt waren – vor allem aus klassischer und damit stationärer Sicht.

- Physische Distribution: Konsumenten können im Online-Shop bestellte Ware im stationären Ladengeschäft abholen oder auch Online-Retouren in eine Filiale des Händlers zurückbringen. Je nachdem, ob eine Direktbelieferung des Kunden kostengünstiger ist, gibt es einen Effekt. In jedem Fall werden die Kundenpräferenzen besser bedient. Zudem können Cross-Selling-Effekte genutzt werden (Schramm-Klein 2003), da stationär besser Impulskäufe ausgelöst werden können.
- Sortimentsgestaltung: Durch die »digitale Erweiterung« des Ladengeschäfts im Internet durch einen Online-Shop und die damit verbundene Sortimentspräsentation übernimmt der Händler wieder Teile der Sortimentsfunktion. Die steigende Bedeutung von Online-Shops als Informationsort im Internet (Halbach und Eckstein 2013) unterstreicht hierbei, wie gut damit die Konsumentenbedürfnisse tatsächlich befriedigt werden.
- Informationsbeschaffung, -evaluierung und -verteilung: Ein Multi-Channel-Händler kann profitieren, wenn er neben den Produkt- auch die Kundendaten über alle Kanäle zusammenführt. Daraus resultiert eine tiefgehende Kundenkenntnis und auch die Kunden können direkt davon profitieren, beispielsweise in einer gemeinsamen Bestellhistorie über alle Kanäle.
- Finanzielle Transaktion: Der Händler kann finanzielle Transaktionen wieder übernehmen, wenn man das Konzept der Barzahlung bei Abholung in der Filiale betrachtet.

Mit ihrem Angebot erfüllen Multi-Channel-Händler den Konsumenten Wünsche nach Individualität, Flexibilität und Bequemlichkeit – vor allem durch die Distanzhandelskanäle und die Kombinationsmöglichkeiten (z.B. Schramm-Klein 2003). Für Unternehmen werden daher in der Literatur Chancen in ökonomischer und strategischer Sicht durch Multi-Channel-Handel gesehen (z.B. Steinmann 2011), welche teilweise auch direkt bzw. indirekt wertschöpfungsrelevant sind. Währenddessen unterscheiden Steinfield, Bouwman und Adelaar (2002) vier Arten von Synergien, die auftreten, wenn ein stationärer Händler einen Online-Kanal hinzunimmt: Kosteneinsparungen, verstärktes Vertrauen, verbesserte Differenzierungsmöglichkeiten sowie Möglichkeiten der Markterweiterung. Die nachfolgenden Ausführungen sollen nach diesen Synergien systematisiert werden (▶ **Abb. 10.4**) und so die ökonomischen und strategischen Chancen eines Unternehmens durch Multi-Channel-Handel aufzeigen. Da in dieser Betrachtung auf Synergien abgezielt wird, die durch den Online-Gang von stationären Händlern geschaffen werden, erfolgt gegebenenfalls eine Erweiterung um weitere Synergien, die durch die Eröffnung stationärer Ladengeschäfte durch Online-Händler oder Katalogversender geschaffen werden.

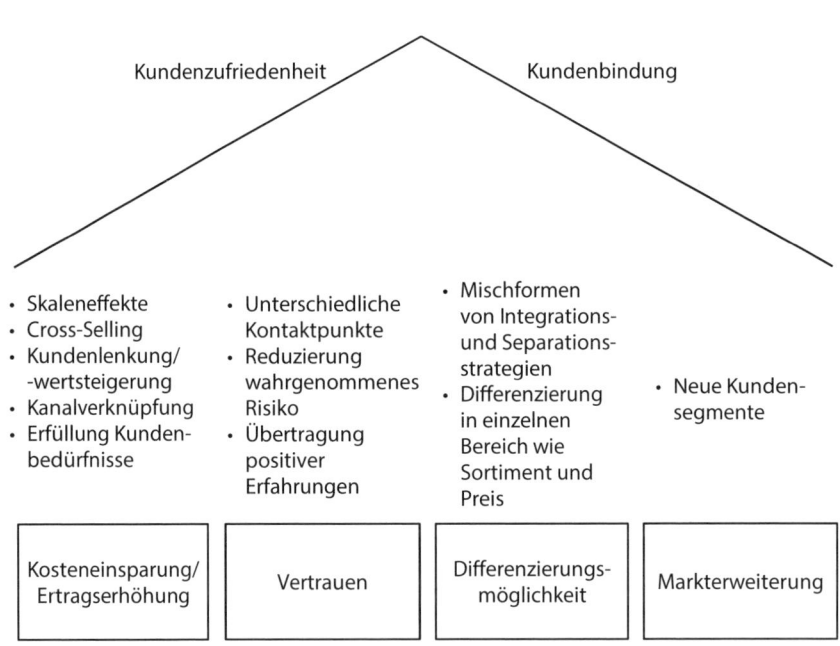

Abb. 10.4: Auswirkung von Synergien durch Multi-Channel-Aktivitäten auf die Wertschöpfung

Durch eine effektive und effiziente Zielverfolgung ist eine Erschließung von Wettbewerbsvorteilen möglich, die primär auf Sortimente und Kundengruppen abzielen, aber auch die weiteren Wertschöpfungsfunktionen beinhalten (Zentes, Swoboda und Foscht 2012). Eine Kostenreduzierung kann im Multi-Channel-Handel durch die Nutzung von

Skaleneffekten (Geyskens, Gielens und Dekimpe 2002) und die Lenkung der Kunden in einen (für den Anbieter) kostengünstigen Kanal (z. B. Ansari, Mela und Neslin 2008) erreicht werden. Hierbei kann der Händler aus prozessualer Sicht eine Verlagerung von Aktivitäten und Schwerpunkten vornehmen, um die Kundenpräferenzen bestmöglich zu bedienen (Zentes, Swoboda und Foscht 2012). Neben der Kostenreduzierung kann aus ökonomischer Sicht auch auf eine Ertragserhöhung durch Cross-Selling, positive Wechselwirkungen und die Nutzung dieser Synergien durch eine Kanalverknüpfung sowie eine Kundenwertsteigerung durch einen verbesserten, kanalübergreifenden Kundenservice (z. B. Neslin et al. 2006) abgezielt werden.

Eine indirekte Einflussnahme auf die Wertschöpfung erfährt ein Multi-Channel-Händler dagegen durch den vorhandenen Vertrauensvorsprung. So wird durch die unterschiedlichen Kontaktpunkte das wahrgenommene Risiko reduziert und der Vertrauensaufbau positiv beeinflusst (z. B. Schramm-Klein 2003; Bock et al. 2012). Halbach und Eckstein (2013) weisen nach, dass vor allem die positiven Erfahrungen mit einem stationären Händler und die Vertrauenswürdigkeit ausschlaggebende Gründe für die Wahl des Anbieters im Online-Handel sind (▶ **Abb. 10.5**). Den Einfluss und die Übertragung des Vertrauens aufgrund der Anbieterkenntnis aus dem stationären Handel zeigen Bock et al. (2012) in ihrer Untersuchung über verschiedene Phasen des Kaufprozesses und für unterschiedliche Produkte auf. Vor allem bei Erfahrungsgütern und zunehmender Produktunkenntnis nimmt das Vertrauen zu einem stationären Händler im Online-Handel eine große Bedeutung ein. Unter Berücksichtigung von Kanalkongruenz und kulturellen Unterschieden können Badrinarayanan et al. (2012) diese Ergebnisse auch bestätigen. In früheren Untersuchungen konnte auch gezeigt werden, dass mit zunehmendem Alter Käufer einem Online-Shop ein höheres Vertrauen entgegenbringen, wenn dieser auch eine lokale Präsenz besitzt (z. B. van Baal 2007). Ebenso ist bereits nachgewiesen, dass Kunden mit einem höheren Vertrauen auch mehr kaufen,

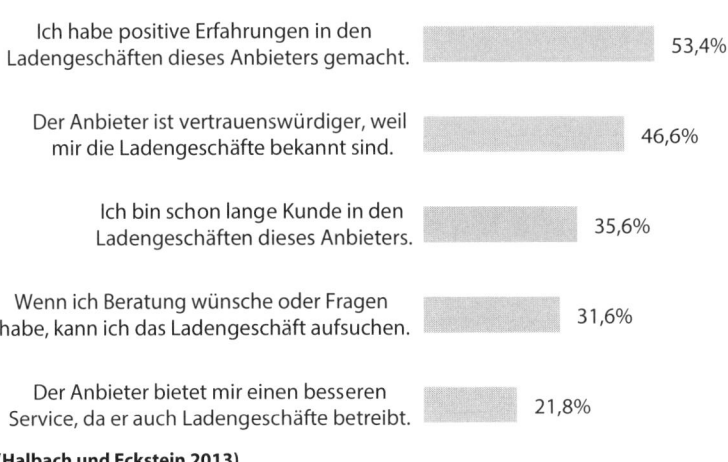

(Halbach und Eckstein 2013)

Abb. 10.5: Entscheidungsgründe beim Online-Kauf für Anbieter mit stationärem Ursprung

wodurch größere Warenkörbe resultieren (z.B. Kumar und Venkatesan 2005; Venkatesan, Kumar und Ravishanker 2007; van Baal und Hudetz 2008).

Wie stark die Auswirkungen von Multi-Channel-Systemen auf die Wertschöpfung sind, ist auch in Abhängigkeit der wettbewerbsstrategischen Verbindung zwischen den Kanälen zu sehen. Während bei einer Integrationsstrategie die einzelnen Kanäle im Sinne von Cross-Channel-Handel abgestimmt sind und mit einem einheitlichen Erscheinungsbild gearbeitet wird, beinhaltet die Separationsstrategie autark handelnde Kanäle, bei welchen keine Abstimmung erfolgt und deren Unternehmenszugehörigkeit nicht kommuniziert wird. Während bei der Separation der Kanäle die Zielsetzung verfolgt wird, die jeweiligen Kanäle stark auf bestimmte Zielgruppen abzustimmen, soll durch die Integration ein »holistisch« konzipiertes Gesamtsystem den Konsumenten durch die kanalübergreifenden Leistungen besonderen Nutzen stiften (Schramm-Klein 2012). Breite und Tiefe von Integration bzw. Separation können variieren (Zentes, Swoboda und Foscht 2012), sodass es vielfältige Erscheinungsformen gibt. Eine Differenzie-

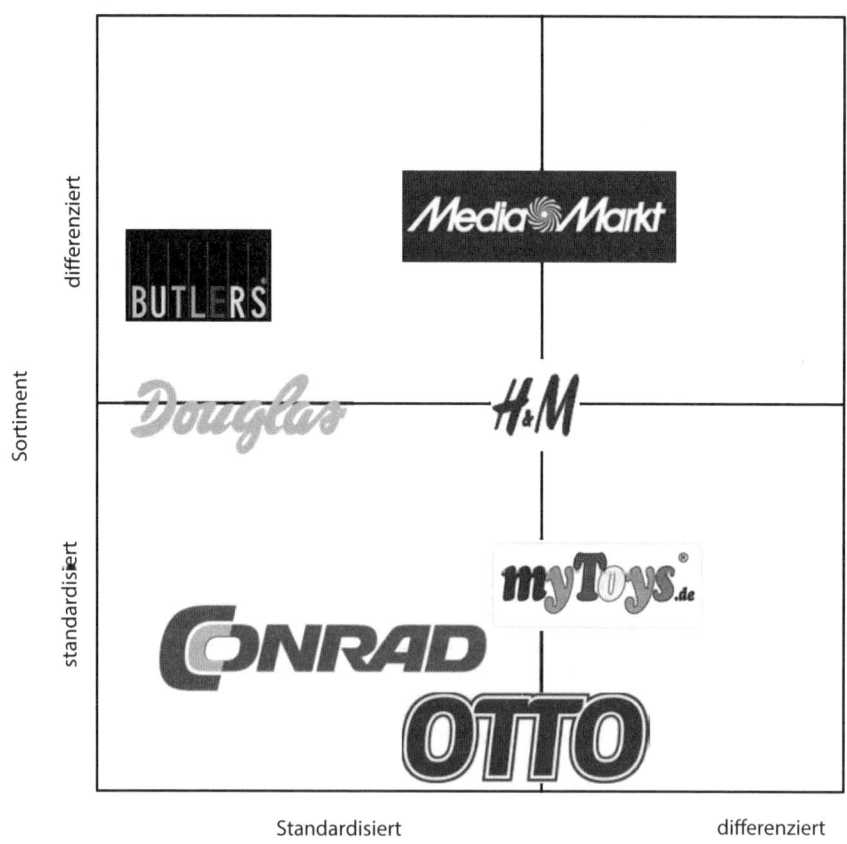

(in Anlehnung an Schramm-Klein 2012)

Abb. 10.6: Beispiele für Ausgestaltungsformen von Multi-Channel-Systemen

rung kann jedoch auch nur in einzelnen Bereichen durchgeführt werden wie beispielsweise dem Sortiment und dem Preis, welcher vor allem Gegenstand wissenschaftlicher Betrachtungen ist (▸ Abb. 10.6). Da die unterschiedlichen Kanäle verschiedene Funktionen erfüllen und dadurch für Konsumenten eine unterschiedliche Wertigkeit besitzen, wird die Preisdifferenzierung als Instrument zur Steigerung der Wertschöpfung von Unternehmen geschätzt. Mit ihrem Vorkommen in Multi-Channel-Unternehmen beschäftigen sich Wolk und Ebling (2010) und analysieren die Einflussfaktoren auf die Unternehmensentscheidung, eine solche Strategie umzusetzen. Die Ergebnisse ihrer Analyse zeigen, dass der Einsatz einer kanalspezifischen Preisdifferenzierung insbesondere aus Wertschöpfungsgründen umgesetzt wird, jedoch vor allem von großen Unternehmen mit hoher Marktmacht. Diese Ergebnisse stehen im Widerspruch zu anderen Untersuchungen, woraus sich schlussfolgern lässt, dass die Ausgestaltung der Kanäle und die unterschiedliche unternehmensbezogene Kanalbedeutung bei der Entscheidung für eine Preisstrategie beachtet werden müssen. So zeigen auch Kauffmann et al. (2009) anhand empirischer Daten von Multi-Channel-Unternehmen mit einem stationären und einem Online-Kanal, dass bei einer Integrationsstrategie die beiden Kanäle wie einer behandelt werden sollten. Für Preisstrategien weisen sie die Rolle des Integrationsgrades nach und belegen die Abhängigkeit der Preisfestsetzung von der Online-Nachfrage. Die Preissensitivität von Haushalten unterscheidet sich schließlich nach gewähltem Kaufkanal: Produktunabhängig kann eine geringe Zahlungsbereitschaft online nachgewiesen werden. Gleichzeitig ist ein enger Zusammenhang zu Demografika und der Entfernung der nächsten Ladengeschäfte zum Wohnort zu sehen (Chu, Chintagunta und Cebollada 2008).

Neben der umfassenden Kundenkenntnis, die kanalübergreifend hinsichtlich des Käuferverhaltens erlangt werden kann, besteht gleichzeitig die Möglichkeit der Erschließung neuer Kundensegmente durch vielfältige Ansprachemöglichkeiten (z. B. Neslin et al. 2006), wodurch eine Markterweiterung ermöglicht wird. Dabei spielt immer mit, dass durch die gezielte und dauerhafte Erfüllung der unterschiedlichen Kundenbedürfnisse im Kaufentscheidungsprozess über die verschiedenen Kanäle (Reinartz, Krafft und Hoyer 2004) eine erhöhte Kundenzufriedenheit erreicht wird (z. B. Konus, Verhoef und Neslin 2008). Dadurch wird auch die Kundenbindung positiv beeinflusst (Neslin und Shankar 2009; Schramm-Klein et al. 2011). So wird allgemein die Wertigkeit eines Multi-Channel-Käufers höher als von Single-Channel-Käufern eingeschätzt (z. B. Kumar und Venkatesan 2005; Thomas und Sullivan 2005; Venkatesan, Kumar und Ravishanker 2007). Beispielsweise untersuchen Venkatesan, Kumar und Ravishanker (2007) für den Fashion-Bereich die Einflussfaktoren auf die Annahme weiterer Kanäle im Kaufprozess. Während ein zweiter Kanal vor allem bei Kunden mit einer höheren Kaufhäufigkeit herangezogen wird, erfolgt ein Rückgriff auf einen dritten Kanal dagegen bei Rückgaben oder aus produktspezifischen Gründen. Sie sehen die höhere Kundenwertigkeit auch vor allem durch CRM-Gesichtspunkte bedingt: Kundenbindung sowie Kundenwachstum. Jedoch können Kushwaha und Shankar (2013) zeigen, dass dies in Abhängigkeit der Produktkategorie und der vorhandenen Kanalpräferenz zu sehen ist.

Die Darstellungen haben gezeigt, dass durch unterschiedliche Synergien im Multi-Channel-Handel Wertschöpfung erzeugt werden kann. Das Ausmaß ist hierbei stark abhängig vom Unternehmensumfeld (z. B. Branche, Marktmacht) und damit auch von der gewählten Strategie des Unternehmens. Entscheidend ist insbesondere, in welchen Kanälen das Unternehmen aktiv ist und ob diese separiert oder integriert geführt werden. Im Zuge der zunehmenden Erwartung der Konsumenten an kanalübergreifende Services im Cross-Channel-Handel bietet eine Integrationsstrategie mit einem einheitlichen Erscheinungsbild klare Vorteile. Konsumenten unterscheiden immer weniger, in welchem Kanal sie bei einem Unternehmen gekauft haben und können durch eine einheitliche Kommunikationsstrategie gut geführt werden. Inwieweit jedoch in einzelnen Bereichen wie beispielsweise Sortiment differenziert werden sollte, ist in Anbetracht der genutzten Kanäle und der angebotenen Produkte zu sehen. Wie unterschiedlich erfolgreiche Cross-Channel-Unternehmen hierbei agieren, wird im Folgenden betrachtet.

4.2 Multi-Channel-Handel in der Praxis

Nachdem Multi-Channel-Handel und Wertschöpfung vor allem aus theoretischer Perspektive betrachtet wurden, wird im Folgenden anhand konkreter Unternehmensbeispiele auf die Umsetzung im Einzelhandel eingegangen. Selten treten Unternehmen direkt als Multi-Channel-Unternehmen in den Markt (vgl. Emmas Enkel), sondern erweitern ihre Unternehmenskanäle meist sukzessive von ihrem Ursprungskanal aus. So kann beim Aufbau des neuen Kanals von bestehendem Wissen profitiert werden. Bisherige stationäre Händler können ihre Stärken beispielsweise aus dem Beratungsbereich mit der sozialen Kompetenz des Verkaufspersonals auf den Online-Kanal übertragen, generell ist auch eine Übertragung des Markenimages möglich (Kwon und Lennon 2009).

Dieses Vorgehen hat auch der mittelständische Wohnaccessoire- und Möbelanbieter BUTLERS gewählt. Aus einem Familienunternehmen hervorgegangen, ist BUTLERS, gegründet im Jahr 1999, auch heute noch mit rund 160 Filialen im In- und Ausland inhabergeführt, wenn auch in Verbindung mit Tochtergesellschaften sowie unter Rückgriff auf Franchise-Konzepte. Nach der Inbetriebnahme des Online-Shops im Jahr 2007, welcher von Beginn an das gesamte Sortiment abbildete, und seit Herbst 2012 auch mit dem Katalog »Möbelstücke« im Bereich des klassischen Katalogversandhandels aktiv, hat sich BUTLERS als Multi-Channel-Unternehmen aufgestellt (BUTLERS 2013). Vor allem der Ausbau des eigenständigen Sortimentsbereichs Möbel hat dazu beigetragen, dass BUTLERS auch stark kanalübergreifend tätig ist. Aufgrund der begrenzten Lagerflächen in den innerstädtischen Filialen und dem umständlichen Handling der oftmals schweren Möbelstücke kann der Kunde zwar beispielsweise seine Wunschkommode in der Filiale begutachten, die Bestellung wird jedoch von den Mitarbeitern über den Online-Shop ausgelöst und die Ware so anschließend bequem nach Haus geliefert. Ebenso ist dies im Bereich der Wohnaccessoires bei Produkten möglich, die zwar direkt mitnahmebereit wären, der Kunde aber die Einkäufe nicht durch die Stadt tragen möchte. So ist es nur selbstverständlich, dass auch die kanalübergreifende Kommunikation bei BUTLERS vereinheitlicht ist und der Kunde über die Kanäle hinweg einen hohen Wiedererkennungswert hat. Zwischen den Kanälen besteht zudem auch in der Kommunikation eine enge Verknüpfung: Sowohl aus den stationären Filialen als auch aus dem Katalog heraus ist eine einfache Navigation in den Online-Shop über QR-Codes möglich. Auch auf die Mehrwerte in den jeweils anderen Kanälen wird deutlich hingewiesen (z. B. mehr Auswahl online, Begutachtung der Produkte in den Filialen). Mit der Eröffnung von Flagship Stores u. a. in Berlin und Köln möchte BUTLERS zudem neue Wege im Online-Kundenservice beschreiten: In jedem Store, der neben dem klassischen Produktsortiment verschiedene Szenarien wie Wohnzimmer zeigt, wird es drei bis vier Berater für die Online-Kunden geben, die Servicefragen der Kunden in Bezug auf das Möbelsortiment entgegennehmen. Da die Verkaufsberater mit iPads ausgestattet den Kunden das Sortiment der Ausstellung auch darstellen und Fragen erläutern können, hat man eine neue Art für (virtuelle) Verkaufsgespräche auch über die Distanz hinweg gefunden (Höschl 2013; o. V. 2013).

BUTLERS hat seine Kanäle stark integriert und kommuniziert so in allen Kanälen gleich. Die Preise sind ebenso in allen Kanälen standardisiert, wobei sich deutlich zeigt, dass das Unternehmen im Bereich der Preissetzung aufgrund der Eigenmarken im Sortiment Vorteile gegenüber der Konkurrenz hat. Dagegen wird im Bereich des Sortiments eine Differenzierungsstrategie gefahren, um die Besonderheiten der verschiedenen Kanäle zu nutzen und die Kunden in den für das Unternehmen kostengünstigsten Kanal zu lenken. Insgesamt können jedoch durch das Verfolgen einer Integrationsstrategie die Potenziale durch die Kanalverknüpfung in verschiedenen Bereichen genutzt werden. Einerseits werden die Kundenbedürfnisse besser bedient, was zu einer höheren Kundenzufriedenheit führt und andererseits können durch kanalübergreifende Services im Kundenservice aber auch direkt Kosten eingespart werden (z. B. durch Senkung der Retourenquote), da es BUTLERS auch geschafft hat, das im stationären Bereich aufgebaute Vertrauen in den Online-Kanal bzw. mit Möbeln auch auf eine neue Produktkategorie zu übertragen. Damit kann das Unternehmen insgesamt positive Effekte auf die Wertschöpfung verbuchen.

Letztendlich bieten kanalübergreifende Services für Unternehmen einen guten Ansatzpunkt, um Wertschöpfung zu generieren, da die Bedürfnisse der Konsumenten in der jeweiligen Informations- und Kaufsituation bestmöglich erfüllt werden. Beispielsweise bietet notebooksbilliger.de die Möglichkeit, online bestellte Produkte in den Filialen abzuholen oder zu retournieren. Obwohl mit der begrenzten Filialanzahl nur ein kleiner Kundenkreis diesen Service nutzen kann, hat dieser Service doch nachweislich eine große Bedeutung für eine Cross-Channel-Strategie (Ofek, Katona und Sarvary 2011). So ist es nicht verwunderlich, dass bereits viele Unternehmen ihren Kunden solche Click & Collect-Services bieten (z. B. Conrad oder Peek & Cloppenburg Düsseldorf über ihren Online-Shop FashionID). Welche Bedeutung eine solche Pick-up-Möglichkeit in einem stationären Ladengeschäft besitzt, zeigt ansonsten die Tatsache, dass es mit StoreShip einen Dienstleister gibt, der als Cross-Channel-Provider agiert und so Online-Händlern ohne stationäre Ladengeschäfte solche Pick-up-Lösungen über Drittanbieter ermöglicht. In diesem Bereich geht der amerikanische Elektronikhändler Best Buy noch einen Schritt weiter: Um Out-of-Stock-Situationen im Online-Shop zu reduzieren, wird mit Filial-Picking gearbeitet. So sollen künftig Artikel, die nicht mehr in den Lagern vorhanden sind, aus den rund 1000 Ladengeschäften an die Online-Kunden versendet werden. Durch die bisherigen Cross-Channel-Services konnte sich Best

Buy auch wieder in der Gewinnzone positionieren. Auf Lieferung aus der Filiale setzt der deutsche Elektronikanbieter Conrad auch bei seiner Express-Lieferung innerhalb von zwei Stunden oder zu den gewünschten Wunschlieferzeiten, womit Konsumentenpräferenzen gut bedient werden können. Durch solche kanalübergreifenden Services im Lieferbereich können die Unternehmen Bestellungen im Online-Handel ermöglichen, die sie ohne ihre stationären Filialen nicht abwickeln könnten. Ebenso kann den Konsumenten ein besonderer Service in Bezug auf Bequemlichkeit geboten werden, indem die vorab online reservierte Ware lediglich noch an einem Sammelpunkt abgeholt werden muss bzw. die Lieferung innerhalb einer sehr kurzen Frist erfolgt. Die genannten Punkte wirken sich positiv auf die Wertschöpfung der Unternehmen aus.

5. Fazit und Ausblick

Die Einzelhandelslandschaft hat sich durch die zunehmende Verbreitung des Online-Handels zu einer Multi-Channel-Landschaft entwickelt. Für die Konsumenten ist es zur Selbstverständlichkeit geworden, je nach Kaufsituation in der Filiale, online oder über einen Katalog mit den Handelsunternehmen in Kontakt zu treten. Ebenso bieten Unternehmen ihren Kunden bereits zahlreiche Kontaktmöglichkeiten über die verschiedenen Kanäle an. Die Tatsache, dass selbst Internet Pure Player stationäre Ladengeschäfte eröffnen und mit dem Katalog auf das klassische Medium im Distanzhandel setzen, zeigt die Bedeutung dieser Thematik für die Zukunft.

Aufgrund des gewandelten Konsumentenverhaltens und den damit verbundenen Anforderungen müssen die Handelsunternehmen ihre Kommunikations- und Vertriebskanäle anpassen – besser früher als später – und vor allem die Konsumenten online bei ihrer Informationssuche abholen. Dass in einem ersten Schritt nicht unbedingt auch eine Online-Bestellmöglichkeit angeboten werden muss, zeigt das Fashion-Unternehmen Appelrath und Cüpper. Auf ihrer Website werden Unternehmens- und Filialinformationen angeboten, die regional ausgesteuert sind. So wird beispielsweise das jeweilige Filialteam mit den Services vor Ort vorgestellt und dadurch eine persönliche Note erzeugt. In Marken-Kategorien sind zumindest Teile des Sortiments dargestellt und mit einer Click & Collect-Funktion versehen, womit auch im Bereich Sortiment kanalübergeifend agiert wird.

Insgesamt überwiegt die positive Wirkung auf die Wertschöpfung durch Tätigkeiten in Multi-Channel-Systemen, die einerseits dadurch entstehen, dass Händler Wertschöpfungsfunktionen wieder selbst übernehmen und andererseits vor allem durch die bessere Erfüllung der Konsumentenbedürfnisse und die dadurch gesteigerten Abverkäufe. Mit den neuen technologischen Entwicklungen ergeben sich hierbei weitere Anknüpfungspunkte, vor allem durch neue (mobile) Endgeräte und den »neuen« E-Commerce-Formen. So versprechen Tablets, die im Rahmen von Couch Commerce vor allem in entspannten Situationen genutzt werden, unter anderem in Zukunft höhere Warenkörbe beim Online-Einkauf.

Jedoch sind das Aufbauen und das Betreiben mehrerer Kanäle auch kostenintensiv. Die größte Herausforderung liegt im Datenmanagement – sowohl auf Produkt-/ Sortimentsebene als auch auf Kundenebene. So gilt es über die verschiedenen Kontaktpunkte hinweg alle Kunden zu erfassen und zu integrieren und die dabei anfallenden Daten zu verarbeiten (Steinmann 2011). Dies ist allerdings die notwendige Grundlage dafür, ein tiefergehendes Kundenverständnis zu erlangen, wovon das Unternehmen letztendlich profitieren kann. So entstehen zwar durch das Betreiben von mehreren Kanälen zusätzliche Kosten und Aufwendungen, die sich negativ auf die Wertschöpfung eines Unternehmens auswirken, durch die Tätigkeiten im Multi-Channel-System ergeben sich jedoch wiederum Effekte, die einen positiven Einfluss auf die Wertschöpfung nehmen.

Literaturverzeichnis

Adolphs, Kai (2004), »Markterfolg durch integratives Multichannel-Marketing: Konzeptionelle Grundlagen und empirische Ergebnisse,« *Marketing ZFP*, 26 (4), 269–81.

Alba, Joseph W., John G. Lynch, Barton A. Weitz, Chris Janiszewski, Richard Lutz, Alan Sawyer und Stacy Wood (1997), »Interactive Home Shopping: Consumer, Retailer, and Manufacturer Incentives to Participate in Electronic Marketplaces,« *Journal of Marketing,* 61 (3), 38–53.

Albers, Sönke und Kay Peters (1997), »Die Wertschöpfungskette des Handels im Zeitalter des Electronic Commerce,« *Marketing ZFP*, 19 (2), 69–80.

Ansari, Asim, Carl F. Mela und Scott A. Neslin (2008), »Customer Channel Migration,« *Journal of Marketing Research,* 45 (1), 60–76.

Avery, Jill, Thomas J. Steenburgh, John Deighton und Mary Caravella (2012), »Adding Bricks to Clicks: Predicting the Patterns of Cross-Channel Elasticities Over Time,« *Journal of Marketing*, 76 (3), 96–111.

Badrinarayanan, Vishag, Enrique P. Becerra, Chung-Hyun Kim und Sreedhar Madhavaram (2012), »Transference and Congruence Effects on Purchase Intentions in Online Stores of Multi-Channel Retailers: Initial Evidence from the U.S. and South Korea,« *Journal of the Academy of Marketing Science*, 40 (4), 539–57.

Balasubramanian, Sridar, Rajagopal Raghunathan und Vijay Mahajan (2005), »Consumers in a Multichannel Environment: Product Utility, Process Utility, and Channel Choice,« *Journal of Interactive Marketing*, 19 (2), 12–30.

Bock, Gee-Woo, Jumin Lee, Huei-Huang Kuan und Jong-Hyun Kim (2012), »The Progression of Online Trust in the Multi-Channel Retailer Context and the Role of Product Uncertainty,« *Decision Support Systems*, 53 (1), 97–107.

BUTLERS (2013), »Zahlen & Fakten« *(Zugriff am 15.05.2013),* [http://www.butlers.de/Zahlen-¬ Fakten/ZahlenANDFakten,default,pg.html].

Chocarro, Raquel, Mónica Cortinas und María-Luisa Villanueva (2013), »Situational Variables in Online versus Offline Channel Choice,« *Electronic Commerce Research and Applications.*

Chu, Junhong, Pradeep K. Chintagunta und Javier Cebollada (2008), »A Comparison of Within-Household Price Sensitivity Across Online and Offline Channels,« *Marketing Science*, 27 (2), 283–99.

Dach, Christian (2002), *Internet Shopping versus stationärer Handel – Zum Einkaufsstättenwahlverhalten von Online-Shoppern.* Stuttgart: Kohlhammer.

Geyskens, Inge, Katrijn Gielens und Marnik G. Dekimpe (2002), »The Market Valuation of Internet Channel Auditions,« *Journal of Marketing*, 66 (2), 102–19.

Halbach, Judith und Aline Eckstein (2013), *Das Cross-Channel-Verhalten der Konsumenten – Herausforderung und Chance für den Handel.* Köln: ECC Köln.

HDE (2013), »HDE-Konjunkturumfrage,« *(Zugriff am 15.05.2013),* [http://etailment.de/the¬ ma/e-commerce/kurz-vor-9-rewe-kmart-amazon-hde-e-books-rakuten-miacosa-ebay-¬ airbnb-1388].

Höschl, Peter (2013), »Local Heroes: BUTLERS innovativer Showroom startet,« *(Zugriff am 15.05.2013)* [http://www.shopanbieter.de/news/archives/7277-local-heroes-butlers-innovati¬ ver-showroom-startet.html].

Hudetz, Kai und Sebastian van Baal (2007), »Die Bedeutung von Online-Shops in Multi-Channel-Unternehmen – eine Analyse aus Konsumentensicht,« erschienen in Theoretische Fundierung und praktische Relevanz der Handelsforschung, Marcus Schuckel und Waldemar Toporowski, (eds.). Wiesbaden: Deutscher Universitäts-Verlag, 555–76.

IFH Köln (2013), *Branchenreport Online-Handel*, Jahrgang 2013. Köln: IFH Köln.

Kauffman, Robert J., Dongwon Lee, Jung Lee und Byungjoon Yoo (2009), »A Hybrid Firm's Pricing Strategy in Electronic Commerce Under Channel Migration,« *International Journal of Electronic Commerce,* 14 (1), 11–54.

Konus, Umut, Peter C. Verhoef und Scott A. Neslin (2008), »Multichannel Shopper Segments and Their Covariates,« *Journal of Retailing*, 84 (4), 398–413.

Kukar-Kinney, Monika, Nancy M. Ridgway und Kent B. Monroe (2009), »The Relationship Between Consumers' Tendencies to Buy Compulsively and Their Motivations to Shop and Buy on the Internet,« *Journal of Retailing*, 85 (3), 298–307.

Kumar, V. und Rajkumar Venkatesan (2005), »Who are the Multichannel Shoppers and how do they Perform? Correlates of Multichannel Shopping Behavior,« *Journal of Interactive Marketing*, 19 (2), 44–62.

Kushwaha, Tarun und Venkatesh Shankar (2013), »Are Multichannel Customers Really More Valuable? The Moderating Role of Product Category Characteristics,« *Journal of Marketing*, 77 (4), 67–85.

Kwon, Wi-Suk und Sharron J. Lennon (2009), »Reciprocal Effects Between Multichannel Retailers' Offline and Online Brand Images,« *Journal of Retailing*, 85 (3), 376–90.

Müller-Hagedorn, Lothar, Waldemar Toporowski und Stephan Zielke (2012), *Der Handel: Grundlagen – Management – Strategien*, 2. Auflage. Stuttgart: Kohlhammer.

Neslin, Scott A. und Venkatesh Shankar (2009), »Key Issues in Multichannel Customer Management: Current Knowledge and Future Directions,« *Journal of Interactive Marketing,* 23 (1), 70–81.

—, Druhv Grewal, Robert Leghorn, Venkatesh Shankar, Marije L. Teerling, Jacquelyn S. Thomas und Peter C. Verhoef (2006), »Challenges and Opportunities in Multi Channel Customer Management,«*Journal of Service Research*, 9 (6), 95–112.

Ofek, Elfie, Zsolt Katona und Miklos Sarvary (2011), »Bricks and Clicks«: The Impact of Product Returns on the Strategies of Multichannel Retailers,« *Marketing Science*, 30 (1), 42–60.

o.V. (2013), »Pilotprojekt: Butlers testet neues Sowhroom-Konzept,« *Versandhausberater*, 25, 3.

Peters, Kay, Sönke Albers und Björn Schäfers (2008), »Die Wertschöpfungskette des Handels im Zeitalter des Electronic Commerce – Was eingetreten ist und was dem Handel noch bevorsteht,« Arbeitspapier, Universität Kiel.

Peterson, Robert A., Sridhar Balasubramanian und Bart J. Bronnenberg (1997), »Exploring the Implications of the Internet for Consumer Marketing,« *Journal of the Academy of Marketing Science*, 25 (4), 329–46.

Porter, Michael E. (1980), *Competitive Strategy – Techniques for Analyzing Industries and Competitors*. New York: Free Press.

Reinartz Werner, Manfred Krafft und Wayne D. Hoyer (2004), »The Customer Relationship Management Process: Its Measurement and Impact on Performance,« *Journal of Marketing Research*, 41 (3), 293–305.

Schramm-Klein, Hanna (2003), *Multi-Channel-Retailing – Verhaltenswissenschaftliche Analyse der Wirkung von Mehrkanalsystemen im Handel*. Wiesbaden: Deutscher Universitäts-Verlag.

— (2012), »Multi Channel Retailing – Erscheinungsformen und Erfolgsfaktoren,« erschienen in Handbuch Handel, Strategien – Perspektiven – Internationaler Wettbewerb, Joachim Zentes et al., (eds.), 2. Auflage. Wiesbaden: Springer, 419–37.

—, Gerhard Wagner, Sascha Steinmann und Dirk Morschett (2011), »Cross-Channel Integration – Is it Valued by Customers?,« *International Review of Retail, Distribution and Consumer Research*, 21 (5), 501–11.

Schröder, Hendrik und Silvia Zaharia (2008), »Linking Multi-Channel Customer Behavior with Shopping Motives: An Empirical Investigation of a German Retailer,« *Journal of Retailing and Consumer Services*, 15 (6), 452–68.

Song, Ji H. und George M. Zinkhan (2008), »Determinants of Perceived Web Site Interactivity,« *Journal of Marketing*, 72 (2), 99–113.

Steinfield, Charles, Harry Bouwman und Thomas Adelaar (2002), »The Dynamics of Click-and-Mortar Electronic Commerce: Opportunities and Management Strategies,« *International Journal of Electronic Commerce*, 7 (1), 93–119.

Steinmann, Sascha (2011), *Kundenkontakte und Kundenkontaktsequenzen im Multi Channel Marketing – Ausprägungen, Determinanten und Wirkungen*. Wiesbaden: Gabler.

Stüber, Eva, Judith Halbach und Aline Eckstein (2013), *Das Cross-Channel-Verhalten der Konsumenten als Herausforderung für Markenhersteller*. Köln: ECC Köln.

Thomas, Jacquelyn S. und Ursula Sullivan (2005), »Managing Marketing Communications with Multichannel Customers,« *Journal of Marketing*, 69 (4), 239–51.

Tietz, Bruno (1992), *Der Handelsbetrieb*, 2. Auflage. München: Vahlen.

van Baal, Sebastian (2007), *Konsumenten ab 50 Jahren als Zielgruppe im E-Commerce – Vergleichende Ergebnisse einer empirischen Untersuchung*. Köln: ECC Köln.

— und Christian Dach (2003), »Free Riding and Customer Retention Across Retailers' Channels,« *Journal of Interactive Marketing*, 19 (2), 75–85.

— und Kai Hudetz (2008), *Die Effektivität vertrauensbildender Maßnahmen im E-Commerce*. Köln: ECC Köln.

Venkatesan, Rajkumar, V. Kumar und Nalini Ravishanker (2007), »Multichannel Shopping: Causes and Consequences,« *Journal of Marketing*, 71 (2), 114–32.

Verhoef, Peter C., Scott A. Neslin und Björn Vroomen (2007), »Multichannel Customer Management: Understanding the Research-Shopper Phenomenon,« *International Journal of Research in Marketing*, 24 (2), 129–48.

Wolk, Agnieszka und Christine Ebling (2010), »Multi-Channel Price Differentiation: An Empirical Investigation of Existence and Causes,« *International Journal of Research in Marketing*, 27 (2), 142–50.

Zentes, Joachim und Bernhard Swoboda (2000), »Auswirkungen des E-Commerce auf den Handel,« *Die Betriebswirtschaft*, 60 (6), 687–706.

—, Bernhard Swoboda und Thomas Foscht (2012), *Handelsmanagement*, 3. Auflage. München: Vahlen.

Kapitel 11: Innovationsmanagement im Handel: Treiber, Innovationsobjekte und Voraussetzungen einer erfolgreichen Innovationstätigkeit im Handel

von Prof. Dr. Thomas Rudolph und Dr. Marc Linzmajer

1.   Die Bedeutung von Innovationen für die Wertschöpfung im Handel

In den Wirtschaftswissenschaften werden Innovationen definiert als für die mit technischem, sozialem oder wirtschaftlichem Wandel einhergehenden (komplexen) Neuerungen (Gabler Wirtschaftslexikon 2013). Bisher liegt keine allgemein akzeptierte Begriffsdefinition vor. Gemeinsam sind allen Definitionsversuchen die Merkmale, dass es sich für das betrachtete System um qualitativ neuartige Produkte, Prozesse, Dienstleistungen oder soziale Handlungsweisen handelt, die sich auf dem Markt oder im innerbetrieblichen Einsatz bewähren (Hauschildt und Gemünden 2011)[12].

Bereits im Jahr 1977 kommen Nelson und Winter zu dem Schluss, dass sich Innovationspraktiken und -ergebnisse zwischen verschiedenen Wirtschaftsbereichen unterscheiden. Das Innovationsverständnis ist folglich kontextabhängig (Townsend 2010). Beispielsweise sind Innovationen im Servicesektor weniger leicht zu erfassen als in der Produktion. Eine Vielzahl an wissenschaftlichen Publikationen kommt daher zu dem Schluss, dass Serviceinnovationen nicht ausreichend erforscht und verstanden werden (Miles 2000; Tether 2003; Gallouj und Savona 2009; Toivonen und Tuominen 2009).

---

12 Vgl. zur vertieften Auseinandersetzung mit der Entwicklung und unterschiedlichen Ebenen des Innovationsbegriffs Hauschildt und Gemünden (2011), S. 22–38.

Gleiches gilt für Innovationen im Handel, wo sich die Literatur allenfalls in einem Entwicklungsstadium befindet (Hristov 2007; Reynolds et al. 2007; Reynolds und Hristov 2009).

Dies verwundert insbesondere vor dem Hintergrund der rasanten Dynamik in diesem Wirtschaftsbereich (Nieschlag 1954; Ahlert und Kenning 2007). Stellvertretend für viele resümieren Campbell und Cooper (1999, S.508), dass »*[t]urbulent environments and rapidly changing technologies make the development of successful new products critical for the growth and even the survival of companies.*« Innovationen sind wesentlicher Bestandteil des langfristigen Unternehmenserfolgs und überlebenswichtige Voraussetzung für die Steigerung der Wertschöpfung im Handel (z.B. Hanke 2013; Prahalad und Ramaswamy 2004; Urban und Hauser 1993). Zahlreiche empirische Studien belegen diese These sowohl für Produkt- und Prozess- (Hatzikian 2013) als auch für Serviceinnovationen (Dotzel, Shankar und Berry 2013). Innovationen können ein sehr kleines Ausmaß annehmen (inkrementelle Innovation) oder einen großen Durchbruch für das Unternehmen oder die Branche darstellen (radikale Innovation).

Unstrittig ist bisweilen, dass Innovationen einen wesentlichen Beitrag zur Wertschöpfung leisten (Amit und Zott 2001; Hurley und Hult 1998; LZ 2013; Rubera und Kirca 2012). Die Relevanz dieses Themas für den Handel wird durch die Ergebnisse einer aktuellen IFH-Studie zur Wertschöpfung im Handel gestützt: Bei der Entwicklung der Wertschöpfung zeigen sich je nach Einzelhandelsformaten deutliche Unterschiede. Im Gegensatz zum Fachhandel, Kauf- und Warenhäusern, deren Wertschöpfung seit dem Jahr 2000 zurückging, konnten der Versand- und Internethandel sowie Supermärkte als auch der ambulante Handel ihre Wertschöpfung zum Teil deutlich steigern (IFH 2013). Um durch Innovationen eben diese Wertschöpfung[13] im Handel verbessern zu können, bedarf es aufgrund der allenfalls in Entwicklung befindlichen Literaturlage eines Verständnisses dafür, mit welchen Herausforderungen sich Handelsunternehmen auf dem Weg zu einem erfolgreichen, nachhaltigen Innovationsmanagement konfrontiert sehen. Dies deswegen, weil Handelsmanager häufig bewährten Überzeugungen folgen, die vor dem Hintergrund einer dynamischen Entwicklung in der Handelslandschaft für die Zukunft nicht mehr automatisch brauchbar sind (Rudolph 2010). Auf Seiten der Unternehmen gewinnen folglich neue Instrumente an Bedeutung, durch die zukunftsfähige Innovationen zum zentralen Hebel der Wertschöpfung werden können (BDI 2012). Anstatt sich darauf zu fokussieren, Wertschöpfung zu betreiben, tendieren Handelsunternehmen in saturierten Märkten noch häufig dazu, die negative Wettbewerbsspirale weiterzuentwickeln. Diese ist getrieben von Preiswettbewerb, der zu erodierenden Margen für alle Beteiligten aus Handel und Industrie führt. Ein systematisches Innovationsmanagement im Handel kann diesem Trend entgegenwirken.

Der vorliegende Buchbeitrag ordnet zunächst zentrale Begriffe zum Innovationsmanagement im Handel in einen konzeptionellen Rahmen ein (▶ **Abschn. 2**), der von

---

13 Vgl. IFH-Studie zur Wertschöpfung im Handel (2013): Insgesamt ist danach die Wertschöpfung des Handels in den letzten zehn Jahren gestiegen, allerdings konnte sie sich im Vergleich zum Umsatz nur unterproportional entwickeln.

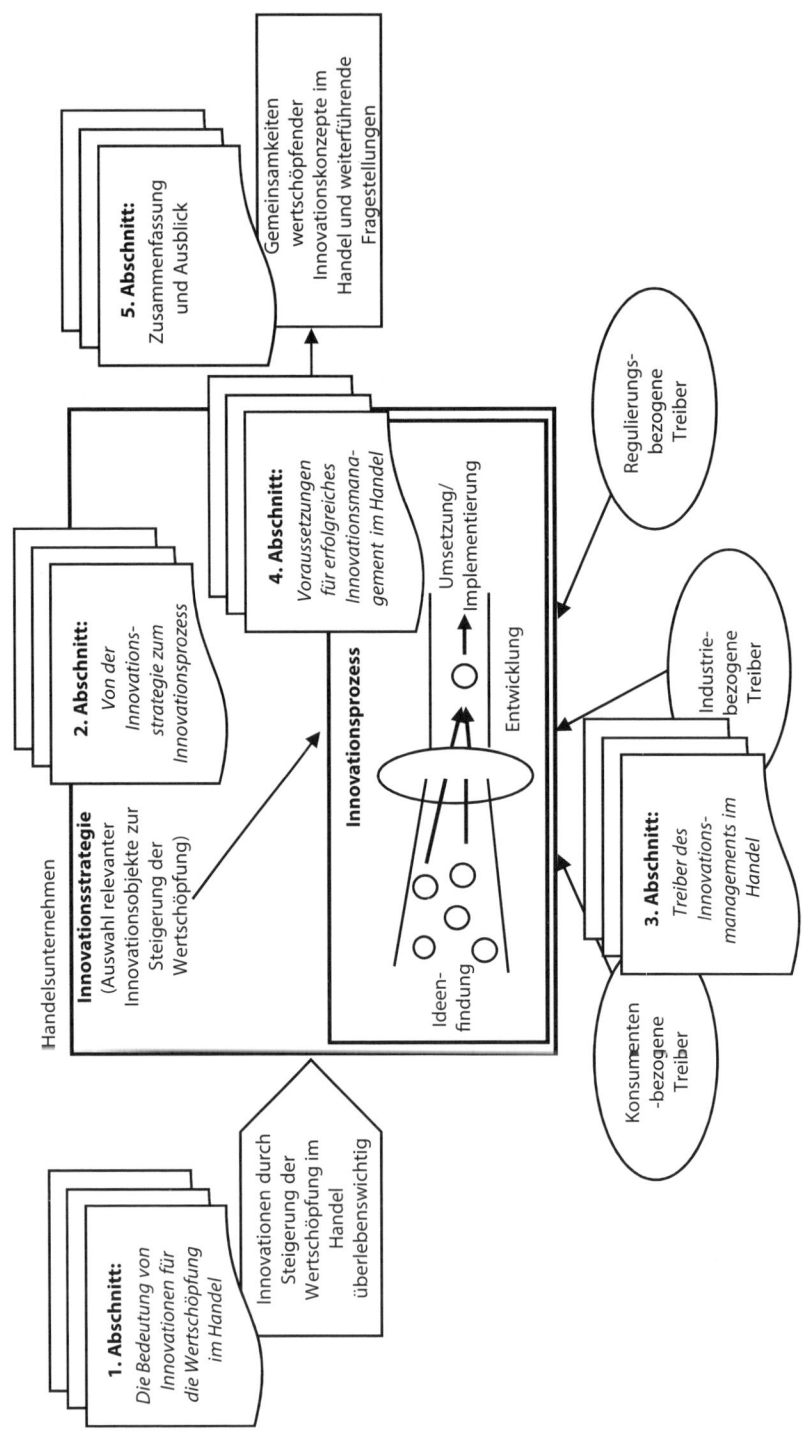

Abb. 11.1: Konzeptionelle Übersicht über den inhaltlichen Aufbau des Kapitels

zentralen Treibern des Innovationsmanagements im Handel umgeben und beeinflusst wird (▶ **Abschn. 3**). Eine Auseinandersetzung mit relevanten wissenschaftlichen Beiträgen zum Innovationsmanagement im Handel verdeutlicht nachfolgend, dass Publikationen zu Handels-Innovationen zum Großteil die operative Ebene betreffen. Auf dieser konzeptionellen Grundlage entsteht die Frage, wie Handelsunternehmen Voraussetzungen für ein erfolgreiches Innovationsmanagement entlang des Innovationsprozesses schaffen können (▶ **Abschn. 4**). Abschnitt 5 schließt mit einer Zusammenfassung sowie einem kurzen Ausblick, wie die Innovationsforschung im Handel das Innovationsmanagement in Zukunft auf tragfähigere Säulen stellen könnte.

Der konzeptionelle Aufbau des Kapitels wird in Abbildung 11.1 illustriert.

2. Von der Innovationsstrategie zum Innovationsprozess: Begriffliche Grundlagen

Dynamische Veränderungen der Unternehmensumwelt fordern Handelsunternehmen dazu auf, den Innovationsbedarf permanent zu prüfen. Verändert sich die Umwelt schnell (▶ **Abschn. 3**), so fällt der Innovationsbedarf hoch aus. Um diese Veränderungen proaktiv aufzugreifen, sollte eine Handelsunternehmung relevante Innovationsobjekte bestimmen. Die Innovationsstrategie besteht folglich darin, unter Berücksichtigung interner und externer Einflüsse festzulegen, in welchem Bereich eine Innovation gelingen soll (Auswahl relevanter Innovationsobjekte; ▶ **Abb. 11.2**). Da die klassische Literatur zur Innovationsforschung drei Ebenen des Innovationsmanagements unterscheidet (Albers und Gassmann 2011; Gassmann und Kobe 2006), lassen sich Innovationsobjekte im Handel diesen drei Managementebenen zuordnen:

Auf *normativer Ebene* muss die Innovationsstrategie Fragen nach Visionen, Werten und Leitbildern berücksichtigen, die eine Kultur für Innovationen im Unternehmen etablieren (Kim und Mauborgne 1999). Auf dieser Ebene wird die grundsätzliche Ausrichtung der Unternehmung hinterfragt, was zu radikalen Innovationen führen kann. Beispielsweise meldet die Otto Group im Juni 2013 – wenn auch ohne Stichtag – die Abschaffung einer Institution, des 1000-Seiten und 63 Jahre alten Otto-Katalogs und konzentriert sich fortan auf das Online-Geschäft, in dem bereits jetzt mehr als 80 Prozent des Umsatzes gemacht werden (Rönisch 2013). Diese Entscheidung passt zum Trend einer steigenden Wertschöpfung im Internethandel (IFH 2013).

Auf *strategischer Ebene* formuliert das Innovationsmanagement grundlegende Innovationsziele und plant Maßnahmen, um langfristige Erfolgspotenziale für das Unternehmen aufzubauen (Corsten, Gössinger und Schneider 2006). Die Bedürfnisse der Kunden bzw. Zielgruppen sind zu identifizieren, um Nachfragetrends skizzieren zu können (Zielgruppenperspektive). Eine Analyse des Wettbewerbs mit Aktivitäten der Konkurrenten führt zur Identifikation komparativer Wettbewerbsvorteile (Differenzierungsperspektive), ehe eine Fokussierung auf Kernkompetenzen die eigenen Fähigkeiten einbezieht (Kernkompetenzperspektive). Im Handel geht damit die Frage einher, welcher Perspektive auf strategischer Ebene am meisten Aufmerksamkeit geschenkt werden sollte, oder ob innerhalb eines ganzheitlichen Managements alle Perspektiven gleichermaßen berücksichtigt werden müssen?

Auf *operativer Ebene* steht die Gestaltung und Durchführung inkrementeller Innovationen im Mittelpunkt. Zahlreiche Methoden und Instrumente sind verfügbar, um einzelne Innovationen effektiver und effizienter zu gestalten (Galanakis 2006; Gassmann 2006). Für den Handel stellt sich in diesem Zusammenhang die Frage, welche Kompetenzen (Sortimentsgestaltung, Logistik & Verkauf; Rudolph und Emrich 2009; 2010) gestärkt werden müssen bzw. gestärkt werden können, um dauerhaft wettbewerbsfähig zu bleiben. Oder anders: Wie kann der Handel durch Fokussierung auf inkrementelle Innovationen den Umsatz durch eine höhere Wertschöpfungstiefe effizient nutzen?

Nachdem eine einzelne Unternehmung spezifische, für sich relevante Innovationsobjekte auf einer oder mehreren Ebenen identifiziert hat, durchlaufen diese anschließend einen dreistufigen Innovationsprozess, der sich von der Ideenfindung über die Entwicklung bis hin zur Umsetzung/Implementierung erstreckt (▶Abb. 11.2). Auf dem Weg zu einer erfolgreichen Innovation, die als Hebel für die Wertschöpfung dient, kommt dem Innovationsprozess eine zentrale Bedeutung zu.

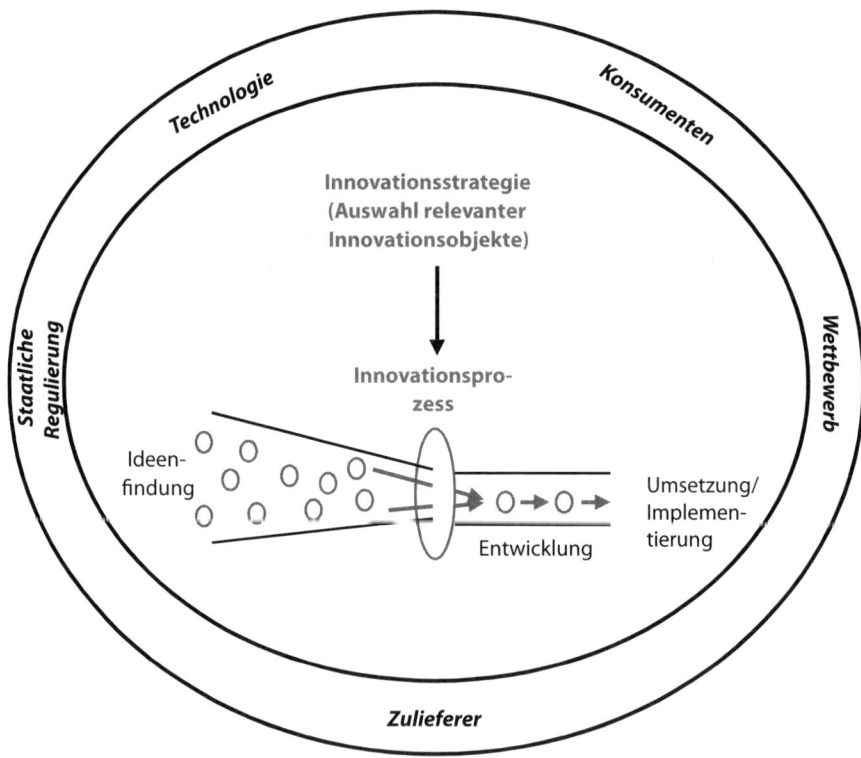

(Kursiv = Treiber)
(eigene Darstellung in Anlehnung an Albers und Gassmann 2011, S.6 sowie Reinartz et al. 2011, S.57)

Abb. 11.2: Innovationsmanagement im Handel

3.   Treiber des Innovationsmanagements im Handel

Um dafür zu sensibilisieren, welche Entwicklungen im Hinblick auf die unterschiedlichen Ebenen des Innovationsmanagements im Handel von Bedeutung sind und an
Bedeutung gewinnen werden, hilft es, zentrale Treiber des Innovationsmanagements
zu identifizieren: Diese beschleunigen Veränderungen und fordern mehr Innovationen,
welche helfen, die Wertschöpfung des Handels zu steigern (Dekimpe et al. 2011; Reinartz et al. 2011; Shankar et al. 2011). Wie in Abbildung 11.2 dargestellt, können diese
Treiber wie folgt zusammengefasst werden.

Konsumentenbezogene Treiber: Der Gedanke, Handelsunternehmen umfassend an den
Kundenbedürfnissen auszurichten, findet seit einigen Jahren unter dem Schlagwort
»Customer-Centric Retailing« vermehrt seinen Weg in die akademische und praxis-
orientierte Literatur (Kurze 2013; Shah et al. 2006; Zomerdijk und Voss 2010). Customer-Centric Retailing bedeutet für das Innovationsmanagement, konsumentenbezogene Treiber wie den demografischen Wandel, einen zunehmend IT-integrierten
Lebensstil, die weiter auseinanderklaffende Einkommensschere, Mobilitäts-, Hetero-
genitäts-, sowie Individualisierungsaspekte innerhalb des Innovationsmanagements
zu berücksichtigen (Kleijnen, de Ruyter und Wetzels 2007; Lumpkin und Hunt 1989;
Lyons 2009; Piccoli, Bas und Ives 2003; Shah et al. 2006; Xiao und Benbasat 2007; Verhoef, Neslin und Vroomen 2007; Verhoef, Reinartz und Krafft 2010). Das Konzept des
Customer-Centric Retailing greift dabei in allen wesentlichen Bereichen des Handels,
die kundennah ausgerichtet werden können (van Doorn et al. 2010; Verhoef et al. 2009).
So kann eine gezieltere Ansprache des Kunden sowie eine zeitnahe Reaktion auf sich
verändernde Kundenbedürfnisse beispielsweise mit Hilfe eines für den Kunden attrak-
tiveren Filiallayouts (Kumar und Karande 2000), eines relevanteren Sortiments oder
einer effektiveren Angebotsbündelung aus Produkt, Preis und Promotions erzielt werden (Rudolph, Böttger und Pfrang 2012). Auch eine effektivere Zusammenarbeit mit
den Lieferanten aus der Konsumgüterindustrie ist ein wichtiger Bestandteil des Customer-Centric Retailing (Shah et al. 2006). Diese Zusammenarbeit ermöglicht eine engere
Abstimmung und gemeinsame Analyse von Kundendaten, sowie die Bildung attraktiver Sortimente und Promotions.[14] Idealerweise sollte die Idee »Customer-Centric Retailing« unternehmensweit konsistent angewendet und im Rahmen des Multi-Channel
Retailing über alle Vertriebskanäle hinweg ganzheitlich umgesetzt werden. Nur so kann
ein erfolgreiches Innovationsmanagement Kunden binden und die Wertschöpfung steigern – und somit ein nachhaltiger Wettbewerbsvorteil im digitalen Zeitalter sichergestellt werden.

Industriebezogene Treiber: Es lassen sich drei Arten industriebezogener Treiber unterscheiden: (1) wettbewerbsbezogene Treiber, (2) zuliefererbezogene Treiber, sowie
(3) technologiebezogene Treiber (Reinartz et al. 2011). Insbesondere in gesättigten

---

14 Für eine Einführung in die damit angesprochene Analyse von Big Data sei auf Chen, Chiang
und Storey (2012) verwiesen.

Märkten sind die Eintrittsbarrieren niedrig und der Wettbewerb zwischen Händlern intensiv (Fox und Sethuraman 2006; Kopalle et al. 2009). Damit einher geht die verstärkte Einführung von Handelsmarken, über die Handelsunternehmen nicht nur einen Preis-, sondern auch einen Differenzierungsvorteil erwarten (Corstjens und Lal 2000). Hinzu kommt die Vertikalisierung der Hersteller in Richtung Handel. Die komplette Kontrolle über die Wertschöpfungskette und den direkten Draht zum Endkunden ermöglichen eine hohe Geschwindigkeit in den Angebotszyklen und präzise zielgruppengerechte Umsetzung von Produkt- und Markenangeboten. Die Botschaft der Marke wird in eigenen Verkaufsstellen erlebbar und nicht mehr über zwischengeschaltete Händler mit großer Markenvielfalt verwässert. Immer mehr Hersteller werden zu Händlern, um ihre Kunden zu binden, und als Folge davon kann zwischen Hersteller und klassischem Händler nicht mehr trennscharf unterschieden werden (Rudolph und Emrich 2009). Kunden von heute wünschen sich in diesem Umfeld nicht die Abschaffung des stationären Handels per se. Vielmehr kommt dem Ausbau von Cross-Channel-Möglichkeiten mehr Bedeutung zu, um eine attraktivere »Einkaufsreise« zu ermöglichen (Rudolph et al. 2013). Mit der Berücksichtigung dieser neuen Anforderungen an die sogenannte »Customer Journey« (Richardson 2010) rücken Konzepte wie E-, M-Commerce, Social Media sowie RFID in den Mittelpunkt des Interesses vieler Händler (Brock et al. 2011; Gaukler, Seifert und Hausman 2007; Koh, Kim und Kim 2006; Neff 2010; Wang et al. 2007; Wu und Wang 2005). Dadurch entstehen für das Innovationsmanagement im Handel Möglichkeiten zur Integration dieser neuen Plattformen und Technologien bei Produkt- und Servicedienstleistungen sowie Verbesserungen der Prozesseffizienz (Ganesan et al. 2009; Krafft und Mantrala 2008; Shankar et al. 2011), die zur Steigerung der Wertschöpfung beitragen.

Auf staatliche Regulierungen bezogene Treiber: Handelsunternehmen sehen sich zunehmend mit staatlichen Regulierungen konfrontiert, die Möglichkeiten zu Innovationen bereitstellen. Ein Beispiel stellt die im Dezember 2011 in Kraft getretene EU-Verbraucher-Lebensmittelinfo-Verordnung zur europaweit einheitlichen Kennzeichnung von Lebensmitteln dar. Nachhaltigkeitsaspekte, die mehr Transparenz schaffen und es den Verbrauchern erleichtern, sich über die Qualität der Lebensmittel zu informieren und sich so zu ernähren, wie sie es für richtig halten, bieten für Handelsunternehmen beispielsweise die Möglichkeit zum innovativen Umgang mit Regulierungen. Nicht nur Verpackungsdesigns, sondern auch die kommunikative Ausrichtung auf Nachhaltigkeitsaspekte sind nur einige Themen des Innovationsmanagements in diesem Bereich (Wiese et al. 2012). Konsumenten achten im Zuge dieser Entwicklung vermehrt auf Aspekte wie Nachhaltigkeit und soziales Engagement (Ogle, Hyllegard und Dunbar 2004). Nicht nur Produkte und Services, auch Prozesse werden kritisch hinterfragt. Dieser durch staatliche Initiativen getriebene Fokus führt zu Innovationsherausforderungen für die Handelsunternehmen, welche die gesamte Wertschöpfungskette betreffen können (Kotzab et al. 2011). In einer dynamischen und weitgehend offenen Weltwirtschaft können Handelsunternehmen beispielsweise mit lokalen Regierungen zusammenarbeiten, um regionenspezifische Lösungen zur Unterstützung nachhaltigen Wachstums zu schaffen (Porter 1998; Reinartz et al. 2011; Wiese et al. 2012).

Die dargestellten Treiber führen zu Veränderungen und lassen vermuten, dass die Innovationsfähigkeit von Handelsunternehmen an Bedeutung gewinnen wird (Reinartz
et al. 2011). Die Vielfalt an Innovationsmöglichkeiten ist dabei aufgrund der Vermitt-
lerfunktion zwischen Angebot und Nachfrage in stationären oder virtuellen Verkaufsstellen sehr groß. Die Innovationsforschung im Handel thematisiert zum Großteil Innovationen auf der operativen Ebene (Grewal et al. 2011). Dieser Eindruck kann nicht
nur auf das in der Einleitung angesprochene Entwicklungsstadium der Handels-Inno-
vations-Literatur zurückgeführt werden: Geht es um Innovationen, denkt man meistens an konkrete Technologien oder Produkte (Mikrowelle, MP3-Format, Mobiltelefon, etc.). Eine Folge davon ist, dass sich das Innovationsmanagement und die damit
verbundenen empirischen Untersuchungen primär auf den industriellen Sektor beziehen. Obwohl sich Innovationsprozesse in inhaltlicher Hinsicht in Industrie und Handel nicht grundsätzlich unterscheiden (Trommsdorff 1998), ist die adäquate Ausgestaltung von Strukturen und Kulturen in der Industrie wesentlich fortgeschrittener, z.B.
durch institutionalisierte F&E-Abteilungen und ein systematisches Innovationsmanagement. Vergleichbare Strukturen und Innovationskulturen fehlen in den meisten
Handelsunternehmen. Büchner (1999) führt dafür auf Basis mehrerer Experteninter-
views folgende Gründe an: Dezentrale Strukturen, fehlendes Know-how, Ressourcen-
knappheit aufgrund des Margendrucks sowie mangelnde Kunden- und Innovationsorientierung. Die strukturellen Voraussetzungen für Innovationen im Handel, welche
die Wertschöpfung steigern können, sind folglich nicht vorteilhaft. Es bietet sich daher
an, in einem ersten Schritt die operative Ebene des Innovationsmanagements zu betrachten. Der nachfolgende Abschnitt 4 greift diesen Schwerpunkt des Innovationsmanagements auf und erklärt Voraussetzungen zur erfolgreichen Gestaltung des Innovationsprozesses auf der operativen Ebene.

4. Voraussetzungen für ein erfolgreiches Innovationsmanagement im Handel

Bis zur erfolgreichen Innovation ist es ein langer Pfad. Wie er am besten beschritten
wird, vermag die Wissenschaft nicht eindeutig zu bestimmen. Aber sie kann Ansätze
liefern, um erfolgskritische Sprünge entlang des Innovationsprozesses zu meistern. Ein
Fokus auf den Pfad des Innovationsprozesses, der sich von der Ideenfindung über die
Entwicklung hin zur Verbreitung erstreckt, liefert Abbildung 11.3 (vgl. Albers und Gassmann 2011). An dieser Stelle sei darauf hingewiesen, dass Abbildung 11.3 einen Ausschnitt auf den idealtypischen, unternehmensinternen Innovationsprozess im engeren
Sinne liefert, in dem externe Treiber des Innovationsprozesses nicht dargestellt werden (▶Abschn. 2). Selektionsprozesse, die im Rahmen der strategischen Ausrichtung
der Unternehmung stattfinden, werden zur vereinfachten konzeptionellen Betrachtung
nicht thematisiert.

Der trichterförmige Verlauf verdeutlicht, dass nur wenige Ideen in die Phase der Entwicklung und schließlich zur erfolgreichen Verbreitung gelangen (Zentes und Krebs
2009). Umgeben von externen Treibern des Innovationsmanagements im Handel und

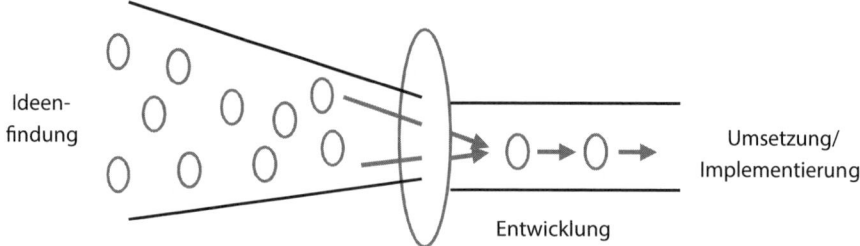

(in Anlehnung an Albers und Gassmann 2011, S. 6)

Abb. 11.3: Der Innovationsprozess (im engeren Sinne)

unternehmensinternen Einflussgrößen (▶ **Abb. 11.2**) besteht der Innovationsprozess aus drei Phasen, die vom Management aktiv bearbeitet werden können. Für jede dieser Phasen lassen sich vielfältige Untersuchungen finden, die sowohl ein breites Spektrum an Ergebnissen vermitteln, als auch weiterführende Fragestellungen stimulieren. Im Folgenden wird dieses breite Spektrum eingegrenzt und mit Beispielen aus der Unternehmenspraxis illustriert.

4.1 Suchpfade

Bei Innovationsobjekten auf der operativen Ebene handelt es sich vor allem um inkrementelle bzw. schrittweise Innovationen, die jedoch einen nicht zu vernachlässigenden Einfluss auf die Wertschöpfung haben können (Bhaskaran 2006; Bhaskaran et al. 2006; Lux 2012). Insbesondere in diesem Bereich ist es zentral und entscheidend, permanent neue Ideen aufzuspüren, zu entwickeln und erfolgreich zu implementieren (Banbury und Mitchell 1995). Startpunkt für Innovationen auf dieser operativen Ebene ist folglich die Suche nach Ideen. Dabei stellt sich insbesondere für den Handel, der (noch) nicht mit starker Innovationskraft assoziiert wird (Erdmann et al. 2012; Lux 2012; Miles 2004), die Frage: Wie kann die Suche nach Innovationen systematisiert werden (Ideenfindung in ▶ **Abb. 11.2**; Rudolph und Sohl 2010)?

Die oben angeführten Beispiele für Innovationen lassen vermuten, dass die Wege zur Ideenfindung im Innovationsmanagement sehr vielfältig sind. Das Spektrum reicht von der Integration von Kundenwissen oder externen Spezialisten bis hin zu rein zufälligen Beobachtungen. Die in zahlreichen Werken der BWL suggerierten Top-Down-Prozesse bei der Ideenfindung scheinen in der Praxis eher iterativ abzulaufen, teilweise sogar chaotisch. Wenn es aber in diesem dynamischen Umfeld keine allgemeingültige strategische Erfolgsformel für die Innovationstätigkeit gibt,[15] wie können Handelsunternehmen dann vorgehen, um ihr Innovationspotenzial besser auszuschöpfen?

---

15 Da der Innovationspfad einzelner Unternehmungen stark vom Kontext und der Positionierung abhängt, kann die Sinnhaftigkeit einer solchen allgemeinen Erfolgsformel grundsätzlich bezweifelt werden.

Beispiele aus der Praxis zeigen, dass erfolgreich innovierende Unternehmen gezielt Schwerpunkte bei der Wahl des Innovationspfades setzen. Sie bauen auf Kernkompetenzen auf, die Innovationen zumindest wahrscheinlicher machen und ihnen dadurch nachhaltige Wettbewerbsvorteile eröffnen. Innovationsideen, die erfolgreich umgesetzt werden, entstehen dabei sowohl geplant als auch zufällig, sie können auf vorhandenen Ressourcen im Unternehmen (Wissen der Mitarbeiter) als auch auf der Ideensuche aus der Unternehmensumwelt basieren (▶ Abb. 11.4).

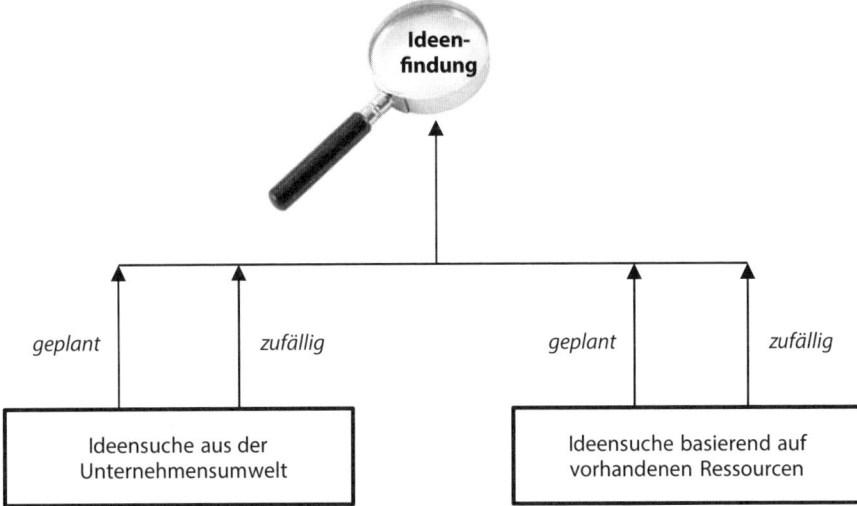

Abb. 11.4: Pfade der Innovationssuche

Erfolgreich innovierende Unternehmen haben gemeinsam, dass sie sowohl ressourcenbasierte als auch unternehmensexterne Wissensquellen nutzen (Chesbrough 2003), da sie verstanden haben, dass sich beide Entwicklungen gegenseitig beeinflussen. Sie setzen beim Aufspüren von Innovationsideen zur Steigerung der Wertschöpfung aber unterschiedliche Schwerpunkte. Daraus ergeben sich unterschiedliche Vorgehensweisen für das Innovationsmanagement, die nachfolgend anhand von Praxisbeispielen beschrieben werden.

Die umweltorientierte Suche nach Innovationen folgt Ideenquellen, die außerhalb der eigenen Unternehmensgrenzen liegen. Ein gutes Beispiel für diesen Pfad ist die Starbucks Corp. Das Unternehmen bezieht in hohem Maße externe Ideenquellen und versucht auf diese Weise, die Erfolgsquote von Innovationen zu steigern. Unter www.¬ mystarbucksidea.force.com haben seit März 2008 alle Interessierten die Möglichkeit, über Starbucks zukünftige Entwicklung zu diskutieren. Anschließend werden die Ideen von unternehmensinternen sowie -externen Experten der jeweiligen Bereiche, sogenannten »Idea Partners«, geprüft und ggf. den Entscheidern zur Umsetzung empfohlen. Die Einbindung externen Wissens wird durch hohe Akzeptanz in der Zielgruppe belohnt. Innerhalb der ersten 3 Monate sind fast 50 000 Ideen eingestellt worden, bis heute sind es über 150000, aus denen 277 neue Innovationen entstanden sind (Mills 2013). Diese Vorgehensweise trägt dazu bei, dass sich Kunden und externe Partner aktiv mit Innovationskonzepten des Unternehmens beschäftigen und an deren Umsetzung teilhaben.

Ein weiterer zentraler Baustein der umweltorientierten Innovationssuche ist die Integration von spezifischem Kundenwissen in den Innovationsprozess. Kunden geben ihre Meinung in Blogs und Foren wider und Bedürfnisse preis. Der amerikanische Videoverleiher Netflix hat diese Quelle zur Schaffung von Innovationen erkannt. So war das Unternehmen im Jahr 2006 daran interessiert, wie man vorhersagen könne, welche Filme zukünftig bei den Kunden gut ankommen werden und welche nicht. Das Preisgeld der entsprechenden Ausschreibung von 1 Mio. $ gewann 2009 ein internationales Team von Statistikern und Informatikern (Lohr 2009). Trotz des hohen Preisgeldes war Netflix so zufrieden mit dem Ergebnis, dass gleich im Anschluss neue, sogenannte Crowdsourcing-Projekte folgten. Seit Ende 2012 hat die Zahl der Abonnenten auf 29,2 Mio. zugenommen, was Netflix zum derzeit größten Video-Anbieter der USA macht (Gellermann 2013). Der Schweizer Detailhändler Migros baut bei der Suche nach Innovationen ebenfalls auf seine Kunden. Seit Juni 2010 können Migros-Kunden auf www.¬ migipedia.ch ihre Meinung zu Produkten sagen und individuelle Wünsche äußern (Bosshard 2011). Auf diese Weise sind bis heute nicht nur zahlreiche neue Produktideen entstanden, sondern auch erfolgreich umgesetzt worden. Hinzu kommt, dass Migros den Dialog mit den Kunden virtuell fördert und damit eine Tradition weiterführt – so fuhr Gottlieb Duttweiler ganz zu Beginn der Erfolgsgeschichte Migros mit seinen Lastwagen zu den Kunden (Bosshard 2011). Die Möglichkeiten des digitalen Austauschs fördern nicht nur Online-Communities, sondern auch andere Innovationsplattformen. Beispielsweise ermöglicht die Plattform InnoCentive.com Unternehmen den Zugang zu externen Ideen. Das nach Ideen suchende Unternehmen gibt einen Zeitrahmen für die Problemlösung und einen Geldpreis als Gewinn vor, der dann von über 270000 angeschlossenen Problemlösern oder Innovatoren aus beinahe 200 Ländern gelöst werden kann. Bis Ende 2012 wurden mehr als 1500 Problemstellungen hochgeladen, für die mehr als 34000 Lösungen vorgeschlagen wurden.

Der Beachtung von externen Ideenquellen wird folglich nicht nur in der wissenschaftlichen Auseinandersetzung (Cohen und Levinthal 1990; Dyer und Singh 1998; Gassmann, Enkel und Chesbrough 2010), sondern auch aus praktischer Perspektive eine hohe Bedeutung zugemessen. Eine Befragung von Handelsmanagern aus dem deutschsprachigen Raum ergibt beispielsweise, dass Kunden mit 72,7 Prozent und die Konkurrenz mit 63,6 Prozent als wichtigster Innovationstreiber für Unternehmen angesehen werden (Liebmann et al. 2006). Während sich Unternehmen früher reaktiv auf die Wünsche aller Kunden konzentrierten, befassen sie sich heute proaktiv mit den Meinungsführern (Herstatt und Lüthje 2005). Insbesondere die sogenannte »Lead-User-Methode« gewinnt an Verbreitung und befasst sich gezielt mit Meinungsführern (von Hippel 1986). Das sind beispielsweise besonders qualifizierte (Experten), modisch affine (Trendsetter) oder auch treue (Fans) Kundensegmente, die Impulse für Innovationen bereitwillig zur Verfügung stellen. So profitiert Tchibo von den Ideen seiner Kunden. Auf der Internetplattform www.tchibo-ideas.de schildern diese sowohl vage Produkthinweise in der Form von kniffligen Alltagshindernissen als auch konkrete Produktlösungen (Holst 2009). Diese Art der Kundenintegration hat auch die EDEKA Gruppe für sich entdeckt. Mit Online-Aktionen wie dem »EDEKA Selbermacher« oder der großen »Grill-Umfrage« wird hier nach neuen Innovationsideen gesucht (www.edeka.de).

Im Gegensatz zum umweltorientierten Pfad investieren Unternehmen, die den ressourcenorientierten Weg einschlagen, in den Aufbau und die Nutzung interner Ideenquellen. Kreative Mitarbeiter sollen als eigene Fähigkeit zur Innovationssuche genutzt werden (Hübner 2002). So wird z.B. eine geplante Vorgehensweise gefördert, gezielte Problemstellungen vorgegeben und Innovationsraum, z.B. in Form von dezentralen Organisationsstrukturen, geschaffen. Da jedoch die meisten Mitarbeiterideen nicht am Arbeitsplatz entstehen, muss ein Unternehmen fähig sein, auch zufällig generierte Ideen aufzugreifen. Ein nützliches Instrument kann dafür das betriebliche Vorschlagswesen darstellen. Es ist eine unternehmensinterne Einrichtung, die auf die Evaluation und mögliche Umsetzung sowie Anerkennung von Mitarbeitervorschlägen ausgerichtet ist (Thom und Etienne 1999). Dadurch können auch Ideen, die momentan noch nicht relevant sind, zu einem späteren Zeitpunkt wieder aufgegriffen werden (Herstatt 2007). So fördert das Einkaufsbüro Deutscher Eisenhändler die Entwicklung ungewöhnlicher Ideen durch flache Hierarchien und große Entscheidungsfreiräume bei der Ideenfindung innerhalb der firmeneigenen Ideenplattform »idea!« (Gillies 2011). Damit wird auch dem Umstand Rechnung getragen, dass Mitarbeiterideen häufig zufällig entstehen. In der Zeit von 2005 – 2011 sind bei der Verbundgruppe mehr als 80 Vorschläge realisiert worden: vom Telefonverzeichnis mit intelligenter Suchfunktion bis zur Nutzung der Klimaabluft zur Kühlung der Konferenzräume. Ein Ende des Einfallsreichtums ist nicht in Sicht, und optimiert werden kann gerade bei Handelsunternehmen praktisch alles: Werbung und Warenwirtschaftssysteme, Kassensysteme und Kundenkredite, Energieverbrauch und Etikettierungen.

Auf der internen Seite des Suchpfads dienen Manager, vor allem Mitarbeiter und die Geschäftsleitung als Ideenquellen (Liebmann und Foscht 2007). Gemäß einer DEKRA-Studie aus dem Jahr 2009 sind Mitarbeiter in drei von vier Unternehmen immer noch die wichtigste Quelle von Innovationen. Da Ideen nur zu 10 Prozent in Meetings, hingegen zu 64 Prozent völlig unabhängig von der Arbeitszeit entstehen, ist es wichtig, dass Manager Anreize zum Einreichen von Mitarbeiterideen setzen (Lüthje 2008; Müller-Prothmann und Dörr 2011). Dabei spielt nicht nur der finanzielle Aspekt eine Rolle (z.B. Beteiligung an potenziellen Innovationserfolgen), sondern auch, dass Manager sich der Wirkung einer adäquaten Innovationskultur bewusst sind. Eine Innovationskultur, welche allen Ideen die gleiche Aufmerksamkeit schenkt, Fehlschläge toleriert sowie Errungenschaften prämiert, trägt entscheidend zum Innovationserfolg bei (Cumming 1998; Müller-Prothmann und Dörr 2011). Neben den im Unternehmen bereits geschaffenen Voraussetzungen zur Ideengenerierung, müssen Manager zusätzlich ihre Mitarbeiter motivieren. Konkret bedeutet dies neben für jedermann sichtbaren Problemausschreibungen beispielsweise auch ein strukturiertes Ideenmanagement (Davila, Epstein und Shelton 2006), das auch ohne Prämien funktionieren kann. So z.B. die Ideenplattform der Otto Group »Myidea«, bei der nicht Kosteneinsparungen, sondern das kulturelle Ereignis im Vordergrund stehen (Gillies 2011): Es gibt Mitarbeitern das

Gefühl, transparent, interaktiv und effizient am Unternehmen mitmachen zu können, da Vorschläge nicht nur die Fachabteilungen, sondern Kollegen aus dem gesamten Unternehmen diskutieren und bewerten. Dies führt dazu, dass sich diese neue, offene Sichtweise in den Köpfen der Mitarbeiter verankert. Anstatt das Labor als Welt zu sehen, würde die Welt zum Labor (Enkel und Gassmann 2009). Durch ein auf die eigenen Mitarbeiter bezogenes Ideenmanagement steigt die Wertschöpfung gewaltig, wie eine Umfrage des Deutschen Instituts für Betriebswirtschaft unter 246 Unternehmen mit Ideenmanagement zeigt. Im Jahr 2009 kamen bei den Firmen pro 100 Beschäftigte 60 Verbesserungsvorschläge auf den Tisch. Der errechnete Nutzen im Gesamtjahr lag im Schnitt bei 6,3 Mio. Euro pro Betrieb. Auch wenn man die ausgeschütteten Durchschnittsprämien von knapp 530 000 Euro pro Unternehmen abzieht, bleibt ein sattes Plus im Millionenbereich (dib 2009).

Ein erfolgversprechendes Einbeziehen der internen Quellen bedeutet für Manager auch, dass sie keine Ideenquellen übersehen. Dessen ungeachtet werden häufig ältere Mitarbeiter ausgeschlossen. Dies könnte ein fataler Fehler sein, denn häufig stammen die wirklich guten Ideen in innovationsstarken Unternehmen von älteren, erfahrenen Mitarbeitern (DEKRA 2009). Gemäß einer Untersuchung mit 2500 Dienstleistungsunternehmen im deutschen Markt, steigern Weiterbildungsmaßnahmen für ältere Mitarbeiter den Innovationserfolg signifikant (DEKRA 2009).

Die Voraussetzung für jede Innovation ist eine überzeugende Idee. Die beschriebenen Beispiele verdeutlichen, wie erfolgreich innovierende Unternehmen bei der Suche nach Ideen vorgehen: Sie richten ihr Innovationsmanagement darauf aus, schwerpunktmäßig Ideenquellen aus der Unternehmensumwelt und/oder aus den eigenen Ressourcen zu schöpfen (▶ Tab. 11.1).

Tab. 11.1: Pfade der Innovationssuche: Unterscheidungsmerkmale

	Umweltorientierter Pfad	**Ressourcenorientierter Pfad**
Ausgangspunkt	Nutzung externer Ideenquellen	Nutzung interner Ideenquellen
Ideenquellen	Kunden, Nicht-Kunden, Wettbewerb, Lieferanten, Forschungsstellen	Aufbau einzigartiger interner Kompetenzen, Fähigkeit des Unternehmens seine Ressourcen effizient zu nutzen
Grundlage für den Innovationserfolg	Kompetenzaufbau in der Nutzung externer Ideenquellen	Aufbau einzigartiger interner Kompetenzen, Fähigkeit des Unternehmens seine Ressourcen effizient zu nutzen
Instrumente	Open Innovation (z. B. Zusammenarbeit mit Lead-Usern), Lieferanten und Forschungsstellen, Nutzung des Web 2.0 (Blogs, Foren)	Schulung und Weiterbildung, Workshops, Betriebliches Vorschlagswesen, Qualitätszirkel
Risiken	Kunden kennen ihre zukünftigen Bedürfnisse kaum	Gefahr des »Elfenbeinturmsyndroms«

In der Handelspraxis liegt es nahe, beide Wege – die interne und externe Innovationssuche zu verbinden. Hilfreich ist dabei, die Suchrichtung bereits zu Beginn der

Innovationssuche festzulegen und konsumentenbezogene, industriebezogene sowie auf staatliche Regulierungen bezogene Entwicklungen zu erkennen (▶ Abschn. 2). Auf diese Weise können Ressourcen gezielter und verschwendungsfreier zum Einsatz kommen und das Suchtempo steigt. Ein wesentliches Kriterium für Manager zur Entscheidung, ob intern oder extern mit der Suche begonnen wird, bildet das Innovationsobjekt (▶ Abschn. 3). Handelt es sich um eine Innovation, die der Stärkung einer operativen Ebene dienen soll, so sind grundsätzlich beide Wege denkbar. Ein neues Verkaufskonzept lässt sich möglicherweise zunächst extern in einer anderen Branche suchen. Hingegen kann das innovative Kommissionierungskonzept besser von den eigenen Mitarbeitern entwickelt werden. Für den Fall der Entwicklung einer Geschäftsmodell-Innovation[16] auf normativer und/oder strategischer Ebene, die im Handel selten vorkommt, erscheint eine externe Suche erfolgversprechender. Dies hängt mit der Herausforderung zusammen, sich selbst grundsätzlich in Frage zu stellen. Die Geschäftsmodell-Innovation führt zu einer radikalen Veränderung der Kernkompetenzen und diese Aufgabe gelingt eher, wenn die Lösung außerhalb des Unternehmens gesucht wird. Der Innovationsgrad spielt vor diesem Hintergrund eine entscheidende Rolle: Je innovativer und neuartiger das Vorhaben, desto erfolgreicher erscheint die primäre Suche außerhalb des Unternehmens.

4.2 Innovationsbarrieren

In der zweiten Phase des Innovationsprozesses stellt sich die Frage, wie sich aus Ideen begehrenswerte Leistungen im Sinne von Produkten, Services oder gar Geschäftsmodellen entwickeln lassen. Viele Barrieren sind in dieser Phase zu überwinden (Reynolds und Hristov 2009; Rudolph und Hödl 2010; ▶ Abb. 11.5).

Nach Liebmann und Foscht (2007) stellen die größten Barrieren im Handel die Angst vor Veränderungen, gefolgt vom Fehlen ganzheitlicher Innovationskonzepte sowie ein unsystematisches Vorgehen im Innovationsprozess dar. Erste Ansätze zur Überwindung der für den Handel größten Innovationsbarriere, der Angst vor Veränderungen, liefern Davila et al. (2006), Gemünden und Hölzle (2005) sowie Hausschildt und Salomo (2011). Demnach sollten Manager generelle Innovationsgegner identifizieren und versuchen, ihren Widerstand zu brechen.[17] Oft zögern Unternehmen, seit langem allokierte Ressourcen neu aufzuteilen. Beispielsweise argumentieren Padgett und Mul-

---

16 Vgl. für den Begriff, Abgrenzung sowie zahlreiche Beispiele für Geschäftsmodell-Innovationen Sorescu et al. 2011.

17 Viele der großen deutschen Handelsunternehmen werden auch heute noch direkt oder indirekt von Eigentümern geführt oder kontrolliert. Lux (2012, S. 52) résümiert daher, dass man »[i]n kaum einer anderen Branche […] ein derart großes Detailwissen im Topmanagement bzw. bei den Eigentümern wie im Handel [vorfindet]!« Gleichzeitig sieht er – basierend auf einer umfangreichen Befragung von Handelsmanagern – ein nennenswertes Risiko: die Innovationstätigkeit und -fähigkeit könnte gefährdet sein, da z. B. ein Eigentümer allein die Richtung vorgibt und dadurch unter Umständen wesentliche neue Entwicklungen außer Acht gelassen werden. Dieses Risiko sei bei managementgeführten Unternehmen geringer, insbesondere wenn sie über ein internationales Management verfügen und so vielfältige Aspekte und Erfahrungen mit einbringen können (Lux 2012).

Literaturhinweise	Empfehlungen
Barriere: Angst vor Veränderungen	
Hausschildt 2004; Davila et al. 2006; Debruyne et al. 2010; Padgett/Mulvey 2007	*Konkrete Barriere: Innovationsgegner* Gegnern von neuen Ideen den Fahrtwind nehmen, dadurch Innovationskultur schaffen.
Gemünden/Hölzle 2005	*Konkrete Barriere: Fehlender Innovations-Champion* Zur Kommunikation der Idee Mitarbeiter mit Know-how, Tatkraft und politischen Geschick einsetzen.
Barriere: Fehlen ganzheitlicher Innovationskonzepte	
Cumming 1998; Lüthje 2008; Reynolds/Hristov 2009	*Konkrete Barriere: Fehlende Mittel und Unterstützung* Für adäquate finanzielle Mittel, fähige enthusiastische sowie harmonische Projektteams und enge Zusammenarbeit mit späteren Nutzen sorgen.
Barriere: Unsystematisches Vorgehen	
Kandybin 2009	*Konkrete Barriere: Zu langes Verfolgen von Ideen mit sehr begrenzten Erfolgsaussichten* Best-in-class Innovatoren lassen nur sehr wenige Ideen das Stadium der Entwicklung erreichen.
Vahs/Burmester 2005; Müller-Prothmann/Dörr 2009	*Konkrete Barriere: Fehlerhafte Ideenbewertung* Hohe Praktikabilität und Transparenz, leichte Verständlichkeit sowie vergleichbare und eindeutige Ergebnisse müssen Ziel werden.

Abb. 11.5: Literaturhinweise zu Innovationsbarrieren

vey (2007), dass etablierte Unternehmen eine Positionierungsstrategie fahren, die auf einer jahrelang bestehenden Ressourcenbasis aufbaut. Grundlage dieser Strategie sei der Glaube an profitable, bestehende Kunden, die sich durch eine Neupositionierung abschrecken lassen könnten. Das Handelsunternehmen Blockbuster, das 2010 in den USA und im Januar 2013 in Grossbritannien Insolvenz anmelden musste, ist ein Beispiel dafür, wie zerstörerisch organisationale Trägheit und das damit verbundene Festhalten am stationären Handel enden kann. Es mag rational nachvollziehbar sein, dass sich Unternehmen insbesondere vor radikalen Innovationen fürchten. Dennoch gibt es mittlerweile Ansätze, die erste Hinweise dafür liefern, wie Handelsunternehmen potenzielle Wege ergründen können, um ihr Geschäftsmodell oder einen Geschäftsbereich zu innovieren, ohne dabei die aktuelle Leistung zu gefährden (Chesbrough 2010; McGrath 2010). Dazu bedarf es in Unternehmen sogenannter Innovations-Champions – also Mitarbeitern, die eine Idee vorantreiben und Ängste der anderen Mitarbeiter abbauen.

Weitere Innovationsbarrieren sind fehlende finanzielle Mittel (Reynolds und Hristov 2009), geringes Know-how (Cumming 1998) und Konflikte im Projektteam (Freel 2000; Lüthje 2008). Diese Probleme lassen sich nicht gänzlich vermeiden. Es braucht daher eine systematische Herangehensweise und ein exzellentes Management dieser häufig vorkommenden Problemsituationen. So entschärft beispielsweise die Metro Group viele Innovationsbarrieren, indem 90 Partner aus Wissenschaft, Konsumgüterindustrie sowie Dienstleistungs- und IKT-Branche den Handelskonzern innerhalb der »Future Store«-Initiative beim Test und der Einführung innovativer Lösungen unterstützen (www.metrogroup.de). Manager von innovationsstarken Unternehmen konzentrieren sich zudem in der Entwicklungsphase auf wenige Ideen. Dabei bieten sich verschiedene Bewertungsverfahren an, um die »Spreu vom Weizen« zu trennen (Müller-Prothmann und Dörr 2011).

4.3   Erfolgreiche Umsetzung

Zuletzt gehört zu einer erfolgreichen Innovation, dass der Markt sie überhaupt als solche annimmt (▶ **Abschn. 1**). Ohne Verbreitung gelangt die Idee lediglich bis zum Stadium der Erfindung. Zunächst geht es um die Frage, wie innovativ die erfundenen Leistungen sein müssen. Bevor Manager jedoch den Markt über den Innovationserfolg entscheiden lassen, sollten sie fünf Hinweise aus der Literatur beachten (▶ **Abb. 11.6**).

Erfolgreiche Innovationen sind nach Fischer (2005) nicht unbedingt neu, und dies gilt insbesondere für die häufig vorkommenden inkrementellen Innovationen im Handel (Reynolds und Hristov 2009).[18] Der oft gepriesene First-Mover-Advantage führt nur selten zum wirtschaftlichen Erfolg. Ein Beispiel hierfür ist der Online-Lebensmittelhandel, in dem seit 2010 viel experimentiert wurde, aber bisher kein tragfähiges Kon-

---

18 Hier sei darauf hingewiesen, dass der Handel von einigen Autoren bisweilen als »Innovationswüste« bezeichnet wird (Lux 2012). Bei genauerer Betrachtung ist diese Einschätzung nicht ganz zutreffend, da Handelsunternehmen viele inkrementelle Innovationen in ihren operativen Bereichen nicht als solche definieren bzw. erkennen (Reynolds und Hristov 2009).

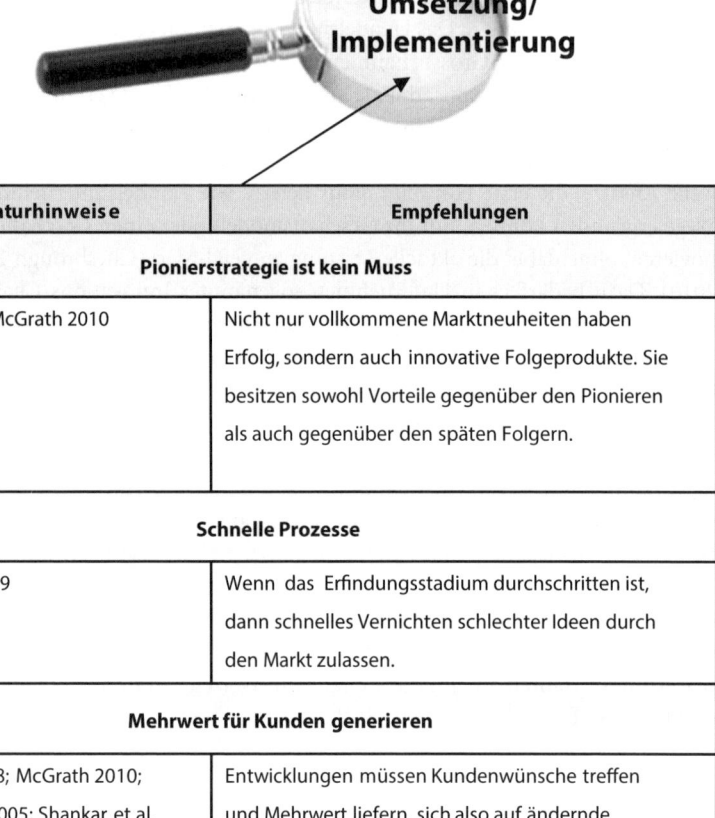

Literaturhinweise	Empfehlungen
Pionierstrategie ist kein Muss	
Fischer 2005; McGrath 2010	Nicht nur vollkommene Marktneuheiten haben Erfolg, sondern auch innovative Folgeprodukte. Sie besitzen sowohl Vorteile gegenüber den Pionieren als auch gegenüber den späten Folgern.
Schnelle Prozesse	
Kandybin 2009	Wenn das Erfindungsstadium durchschritten ist, dann schnelles Vernichten schlechter Ideen durch den Markt zulassen.
Mehrwert für Kunden generieren	
Cumming 1998; McGrath 2010; Meuter et al. 2005; Shankar et al. 2011	Entwicklungen müssen Kundenwünsche treffen und Mehrwert liefern, sich also auf ändernde Kundenpräferenzen einstellen können.
Ganzheitliches Konzept bieten	
Albers 2005	Annahme einer Innovation durch Nutzer ist ein komplexer Prozess, der hinreichend gefördert werden muss. D. h. eine Innovation sollte beispielsweise erprobbar, kommunizierbar und kompatibel sein.
Gezielte Kundengruppenansprache	
Hansen 2005; Sorescu et al. 2011; Vrechopoulus et al. 2001	Auf Kundentypen gezielt fokussieren und adäquates Kommunikationskonzept finden.

Abb. 11.6: Literaturhinweise zur erfolgreichen Umsetzung von Innovationen

zept besteht. Obwohl Kunden insbesondere beim Onlineshopping die Bequemlichkeit schätzen (Jiang, Yang und Jun 2013), gibt es zurzeit in Deutschland noch keine ausgeprägte Tradition, sich Lebensmittel liefern zu lassen (Atzberger 2013).

1. Ist eine Entwicklung marktreif, dann muss diese möglichst schnell in den Markt eingeführt werden. Den richtigen Zeitpunkt für die Markteinführung abzuschätzen, fällt jedoch sehr schwer (Kandybin 2009). Zara produziert beispielsweise 12 Kollektionen im Jahr. Jede Kollektion wird in vielen kleinen Mengeneinheiten hergestellt. So vermeidet Zara Überbestände, da nur Textilien mit hoher Verkaufswahrscheinlichkeit nachproduziert werden (Tokatli 2008).
2. Die Innovation sollte so konfiguriert sein, dass sie auch einen Mehrwert stiftet (Cumming 1998; Shankar et al. 2011). Beispielsweise schafft ein bloßer Dynamo, ohne dass er an einem Fahrrad befestigt ist, keinerlei Nutzen. Zudem nehmen Kunden eine Erfindung erst an, wenn sie ein positives Gesamturteil darüber fällen.
3. Dafür müssen Manager auch auf Faktoren wie Kompatibilität oder Erprobbarkeit achten (Albers 2005), um am Ende des Prozesses ein ganzheitlich durchdachtes Konzept anbieten zu können. Lautsprecherboxen, die an kein Musiksystem anzuschließen sind, finden wohl ebenso wenig Absatz wie ein Parfüm, das nie vorher von Konsumenten getestet werden darf.
4. Zuletzt bekräftigt die Literatur eine gezielte Ansprache von wenigen Kundengruppen (Hansen 2005; Vrechopoulus, Siomkos und Doukidis, 2001). Für Manager bedeutet das ein konkretes Auseinandersetzen mit Zielgruppen. Erfolgreich absolviert hat dies z. B. der Lebensmittelhändler Emmas Enkel, der konsequent das schlanke Funktionsprinzip eines Online-Shops auf das klassische Format eines Tante-Emma-Ladens überträgt, um nostalgische Kundengruppen zu bedienen, die Faktoren wie Regionalität und Erlebniseinkauf schätzen (Hell 2013). In der Praxis stellt sich dieses innovative Konzept wie folgt dar: Im Ladenbereich von Emmas Enkel wird nur eine recht überschaubare Anzahl an Produkten präsentiert – rund 500 Artikel. Im angeschlossenen Lager, das die Verkaufsfläche deutlich übersteigt, sind allerdings noch einmal rund 1500 Artikel verfügbar. Um ihren Einkauf zusammenzustellen, können es sich die Kunden in der Kaffee-Ecke des Ladens gemütlich machen und per iPad ihre Auswahl aus dem Gesamtsortiment von Emmas Enkel treffen. Zehn Minuten später stehen die fertig gepackten Einkaufstüten dann am Verkaufstresen zur Abholung bereit. Kein Wunder also, dass nach den ersten Filialen in Düsseldorf und Essen nun weitere nach dem Franchise-Modell folgen sollen (Hell 2013).

Diese Hinweise aus der Literatur in Verbindung mit der Darstellung ausgewählter Praxisbeispiele liefern erste Anregungen zu wertschöpfungsrelevanten Erfolgsfaktoren des Innovationsmanagements im Handel entlang der drei Phasen des Innovationsprozesses.

5.   Zusammenfassung und Ausblick

Um einen systematischen Überblick der Literatur zum Innovationsmanagement im Handel zu ermöglichen, wurde in Abschnitt 2 zwischen drei Ebenen von Innovationen unterschieden (normativ/strategisch/operativ), die nach ihrer Auswahl einen drei-stufigen Innovationsprozess durchlaufen. Forschungsarbeiten zum Innovationsma-nagement im Handel können zum Großteil der operativen Ebene zugeordnet werden (▶ **Abschn. 2**). So konzentrieren sich viele Handels-Innovationsforscher auf die phäno-menspezifische Untersuchung unterschiedlicher Innovationen, die einen tiefergehen-den Einblick in spezifische Antezedentien und Konsequenzen einzelner Innovationen auf operativer Ebene ermöglicht (z. B. Determinanten der Übernahme von Self-Ser-vice Technologien in einer bestimmten Branche). Da Innovationen auf normativer und/oder strategischer Ebene im Handel nicht häufig vorkommen und sehr schlecht antizipiert werden können, liegen vergleichsweise wenige Forschungsarbeiten zu die-sem Thema vor. Daraus folgt, dass allgemeingültige industrie- sowie branchenübergrei-fende Determinanten erfolgreicher Innovationstätigkeit aus der Literatur nur schwer abzuleiten sind. Gründe hierfür stellen insbesondere die komplexen organisationalen Wirkungszusammenhänge innerhalb des Innovationsmanagements, die strukturellen Gegebenheiten im Handel als auch die unterschiedlichen Operationalisierungsmög-lichkeiten von Innovationen und/oder Innovationsfähigkeit dar (Subramanian und Nilakanta 1996). Hinzu kommen branchenspezifische Charakteristika des Handels, wie z. B. zahlreiche spezifische Veränderungen (▶ **Abschn. 3**), die einen Transfer von Markt-und Marketingforschungsergebnissen aus anderen Bereichen häufig erschweren.

Deutlich wurde hingegen, dass sich Handelsunternehmen in einer sehr dynami-schen Umwelt befinden, die Innovationen fordert, um wettbewerbsfähig zu bleiben. Diese Wettbewerbsfähigkeit beruht auf Wertschöpfungspotenzialen, die ein erfolgrei-ches Innovationsmanagement ausschöpfen muss. Im Hinblick auf die konkrete Vorge-hensweise innerhalb des Innovationsprozesses im engeren Sinne, der auf die unterneh-mensspezifische Auswahl relevanter Innovationsobjekte folgt, konnten einige Faktoren aus der Literatur abgeleitet werden, die innerhalb der verschiedenen Phasen des Innova-tionsprozesses erfolgskritisch zu sein scheinen und damit dieses Wertschöpfungspoten-zial widerspiegeln (▶ **Abschn. 4**). Die Praxisbeispiele verdeutlichen, dass erfolgreich in-novierende Händler das Wertschöpfungspotenzial von Innovationen entdeckt haben und sich konsequent mit der Frage auseinandersetzen, wie sie systematisch ihren USP weiterentwickeln können, um einen spezifischen Kundennutzen zu schaffen. Die in Ab-schnitt 3 thematisierten, zunächst unvorteilhaft anmutenden strukturellen Nachteile des Innovationsmanagements im Handel werden von innovativen Unternehmen be-arbeitet und verwendet: So zeigt das Einkaufsbüro Deutscher Eisenhändler, wie dezent-rale Strukturen zum Auffinden wertschöpfender Innovationen sinnvoll genutzt werden können. Die Metro Gruppe nutzt eine aus externen Partnern bestehende Verbund-gruppe zum Ausgleich fehlenden Know-hows und baut dadurch Barrieren bei der Ent-wicklung von Innovationen ab. Starbucks und Edeka nutzen neue Kanäle, um Kunden-und Innovationsorientierung aktiv umzusetzen. Die Otto Group schafft durch eine motivierende, abteilungsübergreifende Ideenmanagement-Plattform eine Kultur für Innovationen bei ihren Mitarbeitern. Emmas Enkel gleicht knappe Ressourcen durch einen Cross-Channel-Ansatz aus und verbindet diesen dabei mit einer zielgruppenge-rechten Kundenansprache. Erfolgreiche Innovationskonzepte entstehen dort, wo Han-delsunternehmen statt auf Preiswettbewerb, geprägt von Effizienz, auf Wertschöpfung fokussieren und die darauf folgende systematische Ausgestaltung des Innovationsprozesses betreiben.

Auch wenn Innovationserfolg nicht vollständig planbar ist, so kann ein Handelsunternehmen bei Berücksichtigung der erfolgskritischen Faktoren seine Chancen auf erfolgreiche Innovationen und damit gesteigerte Wertschöpfung spürbar erhöhen, um sich im Wettbewerb zu behaupten. Welches konkrete Innovationsobjekt vorteilhaft ist, sollte jedes Unternehmen situativ entscheiden. Damit einher geht die Forderung nach mehr Innovationsforschung im Handel, die sich der konkreten Umsetzungsherausforderungen annimmt und dabei Faktoren wie das bestehende Geschäftsmodell, die Konjunktursituation oder auch den Lebenszyklus eines Unternehmens bzw. einer Branche in die Betrachtung aufnimmt (Moore 2006).

Literaturverzeichnis

Ahlert, Dieter und Peter Kenning (2007), *Handelsmarketing*. Berlin/Heidelberg/New York: Springer.

Albers, Sönke (2005), »Diffusion und Adaption von Innovationen,« erschienen in Handbuch Technologie- und Innovationsmanagement: Strategie – Umsetzung – Kontrolle, Sönke Albers und Oliver Gassmann, (eds.). Wiesbaden: Gabler, 415–35.

— und Oliver Gassmann (2011), *Handbuch Technologie- und Innovationsmanagement: Strategie – Umsetzung – Controlling,* 2. Auflage. Wiesbaden: Gabler.

Amit, Raphael und Christoph Zott (2001), »Value Creation in E-Business,« *Strategic Management Journal,* 22 (6/7), 493–520.

Atzberger, Marco (2013), »Online-Supermärkte bauen auf klickfreudige Kunden,« *Rhein-Zeitung,* 12.07.2013, [http://www.rhein-zeitung.de/nachrichten/netzwelt/news_artikel,-Online-Super¬maerkte-bauen-auf-klickfreudige-Kunden-_arid,1010200.html].

Banbury, Catherine M. und Will Mitchell (1995), »The Effect of Introducing Important Incremental Innovations on Market Share and Business Survival,« *Strategic Management Journal,* 16 (S1), 161–82.

Bello, Daniel C., Ritu Lohtia und Vinita Sangtani (2004), »An Institutional Analysis of Supply Chain Innovations in Global Marketing Channels,« *Industrial Marketing Management,* 33 (1), 57–64.

Belz, Christian, Marcus Schögel und Torsten Tomczak (2007), »Innovation Driven Marketing,« erschienen in Innovation Driven Marketing – Vom Trend zur innovativen Marketinglösung, Christian Belz, Marcus Schögel und Torsten Tomczak, (eds.). Wiesbaden: Gabler, 3–20.

Bhaskaran, Suku (2006), »Incremental Innovation and Business Performance: Small and Medium-Size Food Enterprises in a Concentrated Industry Environment,« *Journal of Small Business Management,* 44 (1), 64–80.

Bhaskaran, Suku, Michael Polonsky, John Cary und Shadwell Fernandez (2006), »Environmentally Sustainable Food Production and Marketing: Opportunity or Hype?,« *British Food Journal,* 108 (8), 677–90.

Bosshard, M. (2011), »Migipedia wirft Wellen,« Migros, *(Zugriff am 28.07.2013),* [http://www.mig¬ros.ch/de/medien/aktuelle-meldungen-2011/migipedia-medienmitteilung.html].

Brock, Christian, Markus Blut, Marc Linzmajer und Björn Zimmer (2011), »F-commerce and the Crucial Role of Trust,« *ICIS 2011 Proceedings,* December 6, Paper 14.

Bundesverband der deutschen Industrie e.V. [BDI] (2012), »*Deutschland 2030 – Zukunftsperspektiven der Wertschöpfung,*« *(Zugriff am 27.07.2013),* [http://www.bdi.eu/download_content/¬Marketing/Deutschland_2030.pdf].

Büchner, Max-Georg (1999), »Marktorientiertes Management technologischer Innovationen im Handel,« *Dissertation der Universität St. Gallen.* Bamberg: Difo-Druck.

Campbell, Alexandra J. und Robert G. Cooper (1999), »Do Customer Partnerships Improve New Product Success Rates?,« *Industrial Marketing Management,* 28 (5), 507–19.

Chen, Hsinchun, Roger H. L. Chiang und Veda C. Storey (2012), »Business Intelligence and Analytics: From Big Data to Big Impact,« *MIS Quarterly,* 36 (4), 1165–88.

Chesbrough, Henry (2003), *Open Innovation: The New Imperative for Creating and Profiting from Technology.* Boston: Harvard Business School Press.

— (2010), »Business Model Innovation,« Opportunities and Barriers,« *Long Range Planning,* 43 (2/3), 354–63.

Cohen, Wesley M. and Daniel A. Levinthal (1990), »Absorptive Capacity: A New Perspective on Learning and Innovation,« *Administrative Science Quarterly,* 35 (1), 128–52.

Corstjens, Marcel und Rajiv Lal (2000), »Building Store Loyalty Through Store Brands,« *Journal of Marketing Research,* 37 (3), 281–91.

Cumming, Brian S. (1998), »Innovation Overview and Future Challenges,« *European Journal of Innovation Management,* 1 (1), 21–9.

Davila, Tony, Marc J. Epstein und Robert Shelton (2006), *Making Innovation Work: How to Manage It, Measure It, and Profit from It.* New Jersey: Wharton School.

Debruyne, Marion, Ruud T. Frambach und Rudy Moenaert (2010), »Using the Weapons You Have: The Role of Resources and Competitor Orientation as Enables and Inhibitors of Competitive Reaction to New Products,« *Journal of Product Innovation Management,* 27 (2), 161–78.

DEKRA (2009), »DEKRA Innovationsbarometer 2009: Betriebe müssen für Innovationen verstärkt auf ihre älteren Mitarbeiter setzen.« Oestrich-Winkel: European Business School, *(Zugriff am 06.06.2013),* [http://www.dekra.de/de/ innovationsbarometer-2009].

Dekimpe, Marnik G., Katrijn Gielens, K., Jagmohan Raju und Jacquelyn S. Thomas, (2011), »Strategic Assortment Decisions in Information-Intensive and Turbulent Environment,« *Journal of Retailing,* 87 (S1), 17–28.

Deutsches Institut für Betriebswirtschaft [dib] (2009), »Ideenmanagement in Deutschland – Jahresbericht 2009 des Deutschen Instituts für Betreibswirtschaft (dib),« Frankfurt am Main, *(Zugriff am 25.07.2013),* [http://innovators-guide.ch/wp-content/uploads/2011/04/dib-Re¬ port_2009.pdf].

Dotzel, Thomas, Venkatesh Shankar und Leonard L. Berry (2013), »Service Innovativeness and Firm Value,« *Journal of Marketing Research,* 50 (2), 259–76.

Dyer, Jeffrey H. und Harbir Singh (1998), »The Relational View: Cooperative Strategy and Sources of Interorganizational Competitive Advantage,« *Academy of Management Review,* 23 (4), 660–79.

Enkel, Ellen und Oliver Gassmann (2009), »Neue Ideenquellen erschliessen – Die Chancen von Open Innovation,« *Management Review St. Gallen,* 2 (2009), 6 11.

Erdmann, Vera, Oliver Koppel, Sebastisn Lotz und Axel Plünnecke (2012), »Innovationsmonitor 2012 – Die Innovationskraft Deutschlands im internationalen Vergleich,« Forschungsbericht des Instituts der deutschen Wirtschaft Köln, *(Zugriff am 02.06.2013),* [http://www.¬ tip-innovation.de/fileadmin/dateien/Fraunhofer/INSM-Innovationsmonitor_Gesamtfas¬ sung_2012_01_12_1_.pdf].

Fischer, Marc (2005), »Timing der Markteinführung von Innovationen,« erschienen in Handbuch Technologie- und Innovationsmanagement: Strategie – Umsetzung – Kontrolle, Sönke Albers und Oliver Gassmann, (eds.). Wiesbaden: Gabler, 397–414.

Fisher, Marshall L. (1997), »What is the Right Supply Chain for Your Product? A Simple Framework Can Help You Figure Out the Answer,« *Harvard Business Review,* March-April, 105–16.

Fox, Edward J. und Raj Sethuraman (2006), »Retail Competition,« erschienen in Retailing in the 21st Century: Current and Emerging Trends, Manfred Krafft and Murali K. Mantrala, (eds.). Berlin/Heidelberg/New York: Springer, 193–210.

Freel, Mark S. (2000), »Barriers to Product Innovation in Small Manufacturing Firms,« *International Small Business Journal,* 18 (2), 60–80.

Gabler Wirtschaftslexikon (2013), »Stichwort: Innovation,« (*Zugriff am 16.06.13*), [http://wirt¬schaftslexikon.gabler.de/Archiv/54588/innovation-v7.html].

Galanakis, Kostas (2006), »Innovation Process. Make Sense Using Systems Thinking,« *Technovation*, 26 (11), 1222–32.

Gallouj, Faiz und Maria Savona (2009), »Innovation in Services: Review of the debate and a Research Agenda,« *Journal of Evolutionary Economics*, 19 (2), 149–72.

Ganesan, Shankar, Morris George, Sandy Jap, Robert W. Palmatier und Barton Weitz (2009), »Supply Chain Management and Retailer Performance: Emerging Trends, Issues, and Implications for Research and Practice,« *Journal of Retailing*, 85 (1), 84–94.

Gassmann, Oliver (2006), »Innovation und Risiko: zwei Seiten einer Medaille,« erschienen in Management von Innovation und Risiko: Quantensprünge in der Entwicklung erfolgreich managen, 2. Auflage, Oliver Gassmann und Carmen Kobe, (eds.). Berlin/Heidelberg/New York: Springer, 3–26.

Gassmann, Oliver, Ellen Enkel und Henry Chesbrough (2010), »The Future of Open Innovation,« *R&D Management*, 40 (3), 213–21.

Gaukler, Gary M., Ralf W. Seifert und Warren H. Hausman (2007), »Item-Level RFID in the Retail Supply Chain,« *Production & Operations Management,* 16 (1), 65–76.

Gellermann, Helmut (2013), »Netflix: Gewinnerwartung getroffen – Aktie sinkt,« FinanzNachrichten.de, 23.07.2013, [http://www.finanznachrichten.de/nachrichten-2013-07/27478584-netflix-¬gewinnerwartung-getroffen-aktie-sinkt-118.htm].

Gemünden, Hans-Georg und Katharina Hölzle (2005), »Schlüsselpersonen der Innovation,« erschienen in Handbuch Technologie- und Innovationsmanagement. Strategie – Umsetzung – Controlling, Sönke Albers und Oliver Gassmann, (eds.). Wiesbaden: Gabler, 457–74.

Gillies, Judith-Maria (2011), »Kreativität von Handelsmitarbeitern fördern,« Der Handel – Das Wirtschaftsmagazin für den Einzelhandel, 28.05.2011, [http://www.derhandel.de/news/finan¬zen/pages/Ideenmanagement-Kreativitaet-von-Handelsmitarbeitern-foerdern-7495.html].

Grewal, Dhruv, Kusum L. Ailawadi, Dinesh Gauri, Kevin Hall, Praveen Kopalle und Jane R. Robertson (2011), »Innovations in Retail Pricing and Promotions,« *Journal of Retailing,* 87 (S1), 43–52.

Hanke, Gerd (2013), »Der ewige Kampf,« *Lebensmittelzeitung – Journal Sonderthema Wertschöpfung & Potenziale,* 16 (19.04.2013), 30–2.

Hansen, Torben (2005), »Consumer Adoption of Online Grocery Buying: A Discriminant Analysis,« *International Journal of Retail & Distribution Management,* 33 (2), 101–21.

Hatzikian, Yannis (2013), »Exploring the Link between Innovation and Firm Performance,« *Journal of the Knowledge Economy, March,* DOI: 10.1007/s13132-012-0143-2, 1–20.

Hauschildt, Jürgen und Hans-Georg Gemünden (2011), »Dimensionen der Innovation,« erschienen in Handbuch Technologie- und Innovationsmanagement. Strategie – Umsetzung – Controlling, 2. Auflage, Sönke Albers und Oliver Gassmann, (eds.). Wiesbaden: Gabler, 21–38.

— und Sören Salomo (2011), *Innovationsmanagement.* München: Vahlen.

Hell, Matthias (2013), *Local Heroes – Zukunftsfähiger Einzelhandel durch Online-/Offline-Integration.* Berlin: epubli GmbH.

Herstatt, Cornelius (2007), »Management der frühen Phasen von Breakthrough Innovationen,« erschienen in Management der frühen Innovationsphasen, 2. Auflage, Cornelius Herstatt und Birgit Verworn, (eds.). Wiesbaden: Gabler, 295–316.

—, und Christian Lüthje (2005), »Quellen für Neuproduktideen,« erschienen in Handbuch Technologie- und Innovationsmanagement: Strategie – Umsetzung – Kontrolle, Sönke Albers und Oliver Gassmann, (eds.). Wiesbaden: Gabler, 265–84.

Holst, Jens (2009), »Geballte Geistesblitze,« *Lebensmittel Zeitung*, 41 (09.10.09), 106.

Hurley, Robert F. und Thomas M. Hult (1998), »Innovation, Market Orientation, and Organizational Learning: An Integration and Empirical Examination,« *Journal of Marketing*, 62 (3), 42–54.

Hübner, Heinz (2002), *Integratives Innovationsmanagement: Nachhaltigkeit als Herausforderung für ganzheitliche Erneuerungsprozesse.* Berlin: Erich Schmidt Verlag.

Institut für Handelsforschung (IFH) Köln (2013), »Wertschöpfung im Handel gestiegen,« Pressemitteilung vom 22.04.2013, *(Zugriff am 19.06.2013)*, [http://www.ifhkoeln.de/News-Presse/¬Wertschoepfung-im-Handel-gestiegen--Rueckwaertsintegration-al].

Jiang, Ling, Zhilin Yang und Minjoon Jun (2013), »Measuring consumer perceptions of online shopping convenience,« *Journal of Service Management*, 24 (2), 191–214.

Kandybin, Alexander (2009), »Which Innovation Efforts Will Pay?,« *MIT Sloan Management Review*, 51 (1), 52–60.

Kim, W. Chan und Renée Maugorgne (1999), »Strategy, Value Innovation, and the Knowledge Economy,« *Sloan Management Review, Spring*, 41–54.

Kleijnen, Mirella, Ko de Ruyter und Martin Wetzels (2007), »An Assessment of Value Creation in Mobile Service Delivery and the Moderating Role of Time Consciousness,« *Journal of Retailing*, 83 (1), 33–46.

Koh, Chang E., Hae Jung Kim und Eun Young Kim (2006), »The Impact of RFID on Retail Industry: Issues and Critical Success Factors,« *Journal of Shopping Center Research*, 13 (1), 101–17.

Kopalle, Praveen, Dipayan Biswas, Pradeep K. Chintagunta, Jia Fan, Koen Pauwels, Brian T. Ratchford und James A. Sills (2009), »Retailer Pricing and Competitive Effects,« *Journal of Retailing*, 85 (1), 56–70.

Kotzab, Herbert, Hilde M. Much, Brigitte de Faultrier und Christoph Teller (2011), »Environmental Retail Supply Chains: When Global Goliaths become Environmental Davids,« *International Journal of Retail and Distribution Management*, 39 (9), 658–81.

Krafft, Manfred und Murali K. Mantrala (2008), »Overview,« erschienen in Retailing in the 21st Century: Current and Future Trends, Manfred Krafft und Murali K. Mantrala, (eds.). Berlin: Springer, 1–14.

Kumar, V. und Kiran Karande (2000), »The Effect of Retail Store Environment on Retailer Performance,« *Journal of Business Research*, 49 (2), 167–81.

Kurze, Katharina (2013), »Der Kunde ist König 2.0 – Customer-Centric Retailing und die Digitalisierung im Handel,« erschienen in Digitalisierung und Innovation: Planung – Entstehung – Entwicklungsperspektiven, Frank Keuper, Kiumars Hamidian, Eric Verwaayen, Torsten Kalinowski und Christian Kraijo, (eds.). Berlin/Heidelberg: Springer-Gabler, 149–67.

Lebensmittelzeitung (2013), »Wir haben nachgefragt…,« *Lebensmittelzeitung – Journal Sonderthema Wertschöpfung & Potenziale*, 16 (19.04.2013), 42–53.

Liebmann, Hans-Peter, Alexander Friessnegg, Elke Gruber und Heike Riedl (2006), *Handels-Monitor 2006/07 – Management Excellence – Unternehmensführung im Umbruch, Neue Ideen und Impulse für das Handelsmanagement.* Frankfurt am Main.

Liebmann, Hans-Peter und Thomas Foscht (2007), »Innovationsmanagement im Handel – die neue Managementaufgabe,« erschienen in Faszination Handel. 50 Jahre Saarbrücker Handelsforschung, Joachim Zentes, (ed.). Frankfurt am Main: Deutscher Fachverlag, 99–110.

Lohr, Steve (2009), »Netflix Awards $1 Million Prize and Starts a New Contest,« The New York Times, 21.09.2009, [http://bits.blogs.nytimes.com/2009/09/21/ netflix-awards-1-million-prize-and-¬starts-a-new-contest/?hp&_r=0].

Lumpkin, James R. und James B. Hunt (1989), »Mobility as an Influence on Retail Patronage Behavior of the Elderly: Testing Conventional Wisdom,« *Journal of the Academy of Marketing Science*, 17 (1), 1–12.

Lux, Wolfgang (2012), *Innovationen im Handel: Verpassen wir die Megatrends der Zukunft?.* Berlin/Heidelberg: Springer-Gabler.

Lüthje, Christian (2008), *Der Prozess der Innovation.* Tübingen: Mohr Siebeck.

Lyons, Glenn (2009), »The Reshaping of Activities and Mobility Through New Technologies,« *Journal of Transport Geography*, 17, 81–2.

McGrath, Rita Gunther (2010), »Business Models: A Discovery Driven Approach,« *Long Range Planning*, 43 (2/3), 247–61.

Meuter, Matthew L., Mary Jo Bitner, Amy L. Ostrom und Stephen W. Brown (2005), »Choosing Among Alternative Service Delivery Methods: An Investigation of Customer Trial of Self-Service Technologies,« *Journal of Marketing*, 69 (April), 61–83.

Miles, Ian (2000), »Services Innovation: Coming of Age in the Knowledge-Based Economy,« *International Journal of Innovation Management*, 4 (4), 371.

— (2004), »Innovation in Services,« erschienen in The Oxford Handbook of Innovation, Jan Fagerberg, David C. Mowery und Richard R. Nelson, (eds.). Oxford: OUP, 433–58.

Mills, Linda (2013), »Starbucks Celebrates Five-Year Anniversary of My Starbucks Idea,« Business Wire, 29.03.2013, [http://www.businesswire.com/news/home/20130328006372/en/Starbucks-¬Celebrates-Five-Year-Anniversary-Starbucks-Idea].

Moore, Geoffrey A. *(2006), Dealing with Darwin: How Great Companies Innovate at Every Phase of Their Evolution.* New York: Penguin Books Ltd.

Müller-Prothmann, Tobias und Nora Dörr (2011), *Innovationsmanagement*, 2. Auflage. München: Hanser.

Neff, Jack (2010), »Walmart Food Consolidation Wipes Glad and Hefty from Shelves,« Advertising Age, 04.02.2010, [http://adage.com/article/news/walmart-food-bag-consolidation-leaves-¬glad-hefty/141918/].

Nelson, Richard R. und Sidney G. Winter (1977), »In Search of Useful Theory of Innovation,« *Research Policy*, 6 (1), 36–76.

Nieschlag, Robert (1954), »Die Dynamik der Betriebsformen im Handel,« *Schriftenreihe Rheinisch-Westfälisches Institut für Wirtschaftsforschung*. Essen.

Ogle, Jennifer Paff, Karen H. Hyllegard und Brian H. Dunbar (2004), »Predicting Patronage Behaviors in a Sustainable Retail Environment: Adding Retail Characteristics and Consumer Lifestyle Orientation to the Belief-Attitude-Behavior Intention Model,« *Environment and Behavior*, 36 (5), 717–41.

Padgett, Dan und Michael S. Mulvey, M. (2007), »Differentiation Via Technology: Strategic Positioning of Services Following the Introduction of Disruptive Technology,« *Journal of Retailing*, 83 (4), 375–91.

Piccoli, Gabriele, Bill Bas und Blake Ives (2003), »Custom-Made Apparel at Lands' End,« *MIS Quarterly Executive*, 2, 74–85.

Porter, Michael E. (1998), »Clusters and the New Economics of Competition,« *Harvard Business Review*, November-December, 77–90.

Prahalad, C.K. und Venkat Ramaswamy (2004), *The Future of Competition: Co-Creating Unique Value with Customers*. Boston, MA: Harvard Business School Press.

Reinartz, Werner J., Benedict G. C. Dellaert, Manfred Krafft, V. Kumar und Rajan Varadarajan (2011), »Retailing Innovations in a Globalizing Retail Market Environment,« *Journal of Retailing*, 87 (S1), S53–66.

Reynolds, Jonathan, Elizabeth Howard, Christine Cuthbertson und Latchezar Hristov, L. (2007), »Perspectives on Retail Format Innovation: Relating Theory and Practice,« *International Journal of Retail and Distribution Management*, 35 (8), 647–60.

Reynolds, Jonathan und Latchezar Hristov (2009), »Are there barriers to innovation in retailing?,« *The International Review of Retail, Distribution and Consumer Research*, 19 (4), 317–30.

Richardson, Adam (2010), »Using Customer Journey Maps to Improve Customer Experience,« HBR Blog Network, *(Zugriff am 11.06.2013)*, [http://blogs.hbr.org/cs/2010/11/using_custo¬mer_journey_maps_to.html].

Rönisch, Susan (2013), »Otto stellt Katalog ein,« iBusiness Nachrichten, 14.06.13, [http://www.ibu¬ siness.de/aktuell/db/194439SUR.html].

Rubera, Gaia und Ahmet H. Kirca (2012), »Firm Innovativeness and Its Performance Outcomes: A Meta-Analytic Review and Theoretical Integration,« *Journal of Marketing*, 76 (3), 130–47.

Rudolph, Thomas (2010), »Welche Managementüberzeugungen bremsen den Innovationserfolg?,« erschienen in Der Schweizer Handel 2010 – Mit Innovationen wachsen, Thomas Rudolph, (ed.). Forschungszentrum für Handelsmanagement, Universität St. Gallen, 9–15.

Rudolph, Thomas, Tim Böttger und Thilo Pfrang (2012), »Kundeninspiration als Chance für den Handel,« *Marketing Review St. Gallen*, 29 (5), 8–15.

— und Oliver Emrich (2009), »Eine zeitgemässe Handelsdefinition,« *Arbeitspapier am Forschungs- zentrum für Handelsmanagement der Universität St. Gallen*, 2009.

— und — (2010), »Welche Innovationspfade sind zu beachten?,« erschienen in Der Schweizer Handel 2010 – Mit Innovationen wachsen, Thomas Rudolph, (ed.). Forschungszentrum für Handelsmanagement, Universität St. Gallen, 101–6.

—, —, Tim Böttger, Elena Essig, Thomas Metzler, Thilo Pfrang und Melanie Reisinger (2013), *Der Schweizer Online-Handel: Internetnutzung Schweiz 2013*. Forschungszentrum für Handelsma- nagement, Universität St. Gallen.

— und Jasmin Hödl (2010), »Welche Fragen stehen im Mittelpunkt der Innovations-Literatur und welche Empfehlungen sind zu beachten?,« erschienen in Der Schweizer Handel 2010 – Mit Innovationen wachsen, Thomas Rudolph, (ed.). Forschungszentrum für Handelsmanagement, Universität St. Gallen, 19–27.

— und Timo Sohl (2010), »Welche Innovationspfade führen zum Erfolg?,« erschienen in Der Schweizer Handel 2010 – Mit Innovationen wachsen, Thomas Rudolph, (ed.). Forschungszent- rum für Handelsmanagement, Universität St. Gallen, 107–114.

Shah, Denish, Roland T. Rust, A. Parasuraman, Richard Staelin und George S. Day (2006), »The Path to Customer Centricity,« *Journal of Service Research*, 9 (2), 113–24.

Shankar, Venkatesh, J. Jeffrey Inman, Murali Mantrala, Eileen Kelley und Ross Rizley (2011), »In- novations in Shopper Marketing: Current Insights and Future Research Issues,« *Journal of Retailing*, 87 (S1), 29–42.

Sorescu, Alina, Ruud T. Frambach, Jagdip Singh, Arvind Rangaswamy und Cheryl Bridges (2011), »Innovations in Retail Business Models,« *Journal of Retailing*, 87 (S1), 3–16.

Subramanian, Ashok und S. Nilakanta (1996), »Organizational Innovativeness: Exploring the Rela- tionship between Organizational Determinants of Innovation, Types of Innovations, and Mea- sures of Organizational Performance,« *Omega*, 24 (6), 631–47.

Tether, Bruce S. (2003), »The Sources and Aims of Innovation in Services: Variety between and wit- hin sectors,« *Economics of Innovation and New Technology*, 12 (6), 481–505.

Thom, Norbert und Michèle Etienne (1999), »Betriebliches Vorschlagswesen,« erschienen in Betriebliche Personal- und Sozialpolitik, Alois Clermont, Dieter Krimphove und Wilhelm Schmeisser, (eds.). München: Vahlen, 381–90.

Toivonen, Marja und Tiina Tuominen (2009), »Emergence of Innovations in Services,« *The Service Industries Journal*, 29 (7), 887–902.

Tokatli, Nebahat (2008), »Global Sourcing: Insights from the Global Clothing Industry – The Case of Zara, a Fast Fashion Retailer,« *Journal of Economic Geography*, 8 (1), 21–38.

Townsend, William R. (2010), »Innovation and the Value of Failure,« *International Journal of Management and Marketing Research*, 3 (1), 75–84.

Trommsdorff, Volker (1998), *Handelsforschung 1998/99: Innovation im Handel*. Jahrbuch der For- schungsstelle für den Handel. Berlin/Wiesbaden: Gabler.

Urban, Glen L. und John R. Hauser (1993), *Design and Marketing of New Products*, 2. Auflage. Eng- lewood Cliffs (NJ): Prentice Hall.

Vahs, Dietmar und Ralf Burmester (2005), *Innovationsmanagement: Von der Produktidee zur erfolgreichen Vermarktung*, 3. Auflage. Stuttgart: Schäffer-Poeschel.

van Doorn, Jenny, Katherine N. Lemon, Vikas Mittal, Stephan Nass, Doreén Pick, Peter Pirner und Peter C. Verhoef (2010), »Customer Engagement Behavior: Theoretical Foundations and Research Directions,« *Journal of Service Research,* 13 (3), 253–66.

Verhoef, Peter C., Katherine N. Lemon, A. Parasuraman, Anne Roggeveen, Michael Tsiros und Leonard A. Schlesinger (2009), »Customer Experience Creation: Determinants, Dynamics and Management Strategies,« *Journal of Retailing,* 85(1), 31–4.

—, Scott A. Neslin and BjörnVroomen (2007), »Multichannel Customer Management: Understanding the Research-Shopper Phenomenon,« *International Journal of Research in Marketing,* 24 (2), 129–48.

—, Werner J. Reinartz und Manfred Krafft (2010), »Customer Engagement as a New Perspective in Customer Management,« *Journal of Service Research,* 13 (3), 247–52.

Von Hippel, Eric (2005), »Lead Users: A Source of Novel Product Concepts,« *Management Science,* 32 (7), 791–805.

Vrechopoulus, Adam P., George J. Siomkos und Georgios I. Doukidis (2001), »Internet Shopping Adoption by Greek Consumers,« *European Journal of Innovation Management,* 4 (3), 142–53.

Wang, Liz C., Julie Baker, Judy A. Wagner und Kirk Wakefield (2007), »*Can a Retail Web Site Be Social?*,« *Journal of Marketing,* 71 (July), 143–57.

Wiese, Anne, Julian Kellner, Britta Lietke, Waldemar Toporowski und Stephan Zielke (2012), »Sustainability in Retailing – A Summative Content Analysis,« *International Journal of Retail and Distribution Management,* 40 (4), 318–35.

Wu, Jen-Her und Shu-Ching Wang (2005), »What Drives Mobile Commerce? An Empirical Evaluation of the Revised Technology Acceptance Model,« *Information & Management,* 42 (5), 719–29.

Xiao, Bo und Izak Benbasat (2007), »E-Commerce Product Recommendation Agents: Use, Characteristics, and Impact,« *MIS Quarterly,* 31 (1), 137–209.

Zentes, Joachim und Juliane Krebs (2009), »Strategische Orientierungen des Innovationsmanagements in Handel und Konsumgüterindustrie,« erschienen in Ganzheitliche Unternehmensführung in dynamischen Märkten, Reinhard Hünerberg und Andreas Mann, (eds.). Wiesbaden: Gabler, 49–68.

Zomerdijk, Leonieke G. und Christopher A. Voss (2010), »Service-Design for Experience-Centric Services,« *Journal of Service Research,* 13 (1), 67–82.

Kapitel 12: Wertschöpfung durch Nachhaltigkeit

von Boris Hedde und Bettina Seul

1.   Einleitung

Wie bereits in den vorangegangenen Kapiteln ersichtlich wurde, kann die Wertschöpfung im Handel auf unterschiedlichen Wegen erhöht werden. Eine Möglichkeit, die in diesem Kapitel betrachtet werden soll, ist die Erhöhung der Wertschöpfung durch Nachhaltigkeit.

Nachhaltigkeit ist in den letzten Jahren in seiner Bedeutung für den Handel stark gewachsen. Laut einer Studie des Instituts für Handelsforschung kennen lediglich drei Prozent der deutschen Bevölkerung den Begriff Nachhaltigkeit nicht. Knapp die Hälfte der Deutschen kann laut eigener Aussage mit dem Begriff viel anfangen (IFH Köln 2011).

Politik und Medien, NGO (nichtstaatliche Organisationen) und Verbraucherschutzorganisationen greifen nachhaltigkeitsbezogene Verfehlungen mehr denn je auf und fördern somit die Verankerung des Themas im öffentlichen Bewusstsein (Bartels und Hoogendam 2011). Ob dioxinbelastetes Futtermittel, falsch etikettiertes Fleisch, Mitarbeiterbespitzelung bei Einzelhändlern in Deutschland oder Kinderarbeit in der Textilproduktion in Asien, die Liste der Themen mit Bezug zum Thema Nachhaltigkeit ist lang und führt zu einer fortschreitenden Sensibilisierung der Gesellschaft in Bezug auf das Thema. Auch die im Zuge der Finanzkrise viel kritisierten mangelnden Werte des unternehmerischen Handelns in der Finanzwelt führten bei vielen Verbrauchern zu einem kritischeren Umgang mit Wirtschaftsunternehmen. Als Ergebnis dieses Prozesses sind nicht mehr ausschließlich die Eigenschaften eines Produktes relevant für den

Erwerb, sondern auch die dahinterstehenden Unternehmen (Parguel, Benoit-Moreau und Larceneux 2011; Porter und Kramer 2006). Eine Studie von Vogelsang und Burger (2004) belegt dies auch mit Finanzkennzahlen: So sind börsennotierte Unternehmen mit branchenüberdurchschnittlichem Erfolg, sogenannte »Financial Leaders«, besonders erfolgreich bei der Verbindung von Werten und operativem Geschäft. Andere Untersuchungen kommen allerdings nicht zu einheitlichen Ergebnissen (z. B. Sen und Bhattacharya 2001).

Begründet durch diese Sensibilisierung streben immer mehr Verbraucher nach einer Befriedigung des Bedürfnisses nach nachhaltigem Konsum. Nachhaltigkeit steht längst nicht mehr nur im Fokus einer speziellen Kundengruppe wie den LOHAS (Personen, die einen gesundheits- und nachhaltigkeitsorientierten Lebensstil führen), sondern ist ein Massenphänomen geworden. Für knapp 50 Prozent der Konsumenten ist das Thema Nachhaltigkeit beim Einkauf von Bedeutung (IFH Köln 2012a).

Der Handel reagiert auf die veränderten Bedürfnisstrukturen der Konsumenten mit einem Ausbau nachhaltiger Sortimente und kann erhöhte Umsätze in diesem Bereich verzeichnen. Allein der Umsatz mit Fairtrade-zertifizierten Produkten hat sich von 51 Mio. Euro in 2002 auf 533 Mio. Euro in 2012 mehr als verzehnfacht (TransFair Verein zur Förderung des Fairen Handels mit der »Dritten Welt« e. V. 2012). Insgesamt belief sich im Lebensmittelmarkt der Umsatz mit Bio-, Fair Trade- und regionalen Produkten in 2012 auf 12 bis 15 Mrd. Euro, was einem Markanteil von 11,58 Prozent am Gesamtmarkt Lebensmittel (exkl. Tabak) entspricht (IFH Retail Consultants 2013). Eine exakte Bestimmung der Umsätze ist auf Grund der großen Überschneidungen der Segmente Bio, Fairtrade und regionaler Produkte nicht sauber möglich. Einfacher gestaltet sich die Betrachtung des ebenfalls stark wachsenden Segments der Naturkosmetik. Dieses hatte 2012 einen Marktanteil von 7,7 Prozent und konnte zwischen 2000 und 2012 ein durchschnittliches Wachstum von 8 Prozent verbuchen. Der Gesamtmarkt für Personal Care lag mit einem Durchschnittswachstum von 1,6 Prozent CAGR weit unter dem Segment nachhaltiger Kosmetikprodukte (IFH Retail Consultants 2013).

Neben den skizzierten Umsatzeffekten liegen unternehmerische Gründe für die Investition in Nachhaltigkeit zudem in dem positiven Einfluss auf immaterielle Vermögensgegenstände wie der Reputation, die in Folge wiederum einen fördernden Einfluss auf den Absatz haben kann. Umgekehrt kann eine negative Reputation in Sachen Nachhaltigkeit zu Kundenboykotten der Einkaufsstätte führen (Seul et al. 2012; G+J Media Research Service 2012).

Aus den zitierten Mechanismen lässt sich folgern, dass Nachhaltigkeit die Fähigkeit besitzt, die Wertschöpfung eines Unternehmens zu verändern. Möglichkeiten zur Erhöhung der Wertschöpfung bestehen in Bezug auf Nachhaltigkeit sowohl durch eine Verringerung des Inputs als auch durch eine Erhöhung des Outputs.

So stehen für die Inputreduktion zahlreiche Möglichkeiten der Energieeffizienzoptimierung und Ressourceneinsparung in den Bereichen Produktion, Ladengestaltung oder Verpackung und Logistik zur Verfügung. Best Practice Beispiele aus der Praxis werden unter Punkt 4 genannt.

Wertschöpfungseffekte, die durch eine Outputveränderung hervorgerufen werden, sind derzeit eher indirekter Natur. So besteht ein positiver Zusammenhang zwischen nachhaltigen Produkten und der Preisbereitschaft von Konsumenten (Coronado Palma und Visser 2012; Ranalli, Reitbauer und Ziegler 2009; Wippermann, 2011). Das bedeutet, Händler haben die Möglichkeit, innerhalb ihres bestehenden Kundenstamms ihre relative Wertschöpfung durch nachhaltige Produkte zu erhöhen, ohne an absoluter Wertschöpfung zu verlieren. Ein weiteres strategisches Ziel kann die Gewinnung neuer Marktanteile durch die Erschließung neuer Kundengruppen sein, die durch veränderte Sortimente und Marktpositionierungen angesprochen werden. Nachhaltigkeit wird damit zum Mehrwertkonzept, das nicht nur für Handelskonzerne, Filialisten und Franchise-Systeme, sondern auch für den Fachhandel mit seinen spezialisierten Kundengruppen eine Chance zur Erhöhung der Wertschöpfung bietet. Abbildung 12.1 skizziert den in diesem Kapitel diskutierten Zusammenhang von Nachhaltigkeit und Wertschöpfung.

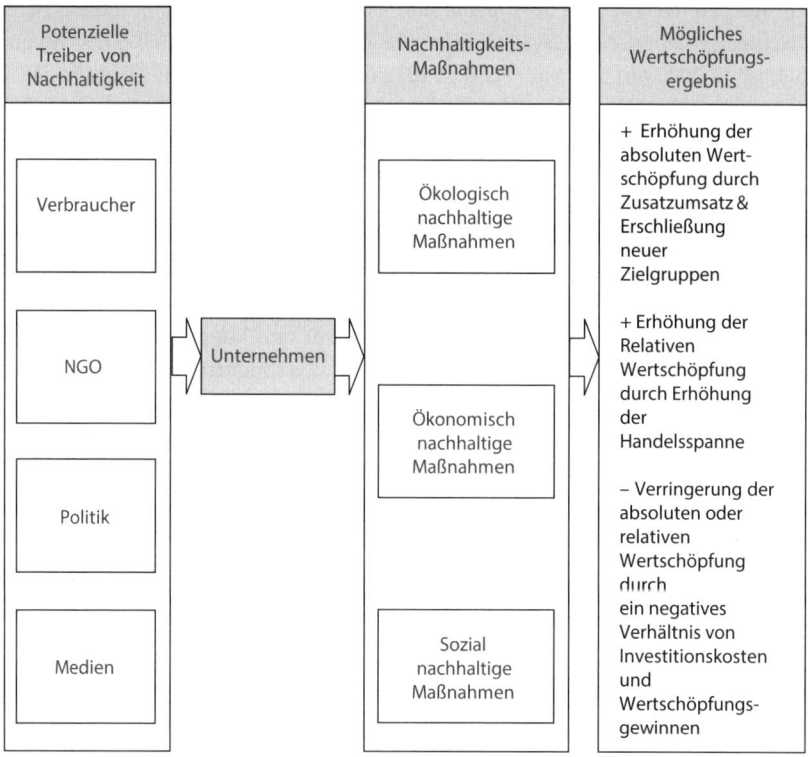

Abb. 12.1: Der Zusammenhang zwischen Nachhaltigkeit und Wertschöpfung

Bevor die Umsetzung von Nachhaltigkeitsaktivitäten im Rahmen der Wertschöpfungserhöhung in der Praxis betrachtet wird, soll im nächsten Schritt zunächst der Begriff der Nachhaltigkeit definiert werden.

2.   Definition des Begriffs Nachhaltigkeit

Erstmals wurde das Prinzip von Nachhaltigkeit in Bezug auf die Forstwirtschaft formuliert. Hans-Karl von Charlowitz postulierte 1713, dass nur die Menge an Holz geschlagen werden sollte, die nachwachsen kann und gilt demnach als Begründer des Prinzips.

Die Übertragung des Gedankens auf andere Bereiche wie Wirtschaft und Politik erfolgte im Laufe der Zeit. Als Meilenstein gilt der Bericht »Our common future« der Weltkommission für Umwelt und Entwicklung, der sogenannten Brundtland-Kommission, von 1987. Erstmalig wurde hierbei das Konzept der nachhaltigen Entwicklung niedergeschrieben:

»Dauerhafte Entwicklung ist Entwicklung, die die Bedürfnisse der Gegenwart befriedigt, ohne zu riskieren, dass künftige Generationen ihre eigenen Bedürfnisse nicht befriedigen können« (United Nations World Commission on Environment and Development 1987, S. 8).

Als weiterer wichtiger Meilenstein bei der Entwicklung von Zielen zur nachhaltigen Entwicklung ist die Konferenz der Vereinten Nationen für Umwelt und Entwicklung in Rio de Janeiro 1992 zu nennen. Ziel der Konferenz war die Entwicklung von verbindlichen rechtlichen und politischen Handlungsvorgaben durch eine internationale und unabhängige Kommission. Ergebnis von Rio war unter anderem der Aktionsplan Agenda 21. In diesem wird festgelegt, dass die Umsetzung von nachhaltigen Entwicklungen in der Zuständigkeit der Regierungen einzelner Staaten sowie regierungsunabhängigen Organisationen und sonstigen Institutionen liegt.

Im Anschluss an die Umweltkonferenz in Rio de Janeiro arbeitete die Enquete-Kommission des deutschen Bundestages den Begriff der Nachhaltigkeit weiter aus und definierte Nachhaltigkeit als Begriff, der sich aus drei gleichberechtigt nebeneinander stehenden Säulen zusammensetzt (Enquete-Kommission des Deutschen Bundestages 1998):

- Ökologische Nachhaltigkeit: Ökologisch nachhaltig ist Handeln, wenn natürliche Lebensgrundlagen nur in dem Maße beansprucht werden, in dem sie sich regenerieren.
- Ökonomische Nachhaltigkeit: Ökonomisch nachhaltig ist eine dauerhafte Wirtschaftsweise, die zu keinen Einbußen bei nachfolgenden Generationen führt.
- Soziale Nachhaltigkeit: Sozial nachhaltig ist Handeln, wenn soziale Spannungen sich in Grenzen halten und Konflikte friedlich und auf zivilem Weg gelöst werden.

Im Unternehmensalltag ist das Ziel der gleichberechtigten Behandlung der drei Säulen oft schwer umzusetzen, da unternehmensindividuell unterschiedliche kulturelle, gesellschaftliche und politische Rahmenbedingungen sowie wirtschaftliche Entwicklungen auf die Akteure wirken. Dennoch sollte es stets eine Zielvorgabe nachhaltigen Handelns sein, alle drei Dimensionen gleichberechtigt zu behandeln.

Im April 2001 wurde von der Bundesregierung der Rat für Nachhaltige Entwicklung ins Leben gerufen, der die Entwicklung und Umsetzung der nationalen Nachhaltigkeitsstrategie von Deutschland treiben und steuern soll. Der Nachhaltigkeitsrat definiert Nachhaltigkeit wie folgt:

»Nachhaltige Entwicklung heißt, Umweltgesichtspunkte gleichberechtigt mit sozialen und wirtschaftlichen Gesichtspunkten zu berücksichtigen. Zukunftsfähig wirtschaften bedeutet also: Wir müssen unseren Kindern und Enkelkindern ein intaktes ökologisches, soziales und ökonomisches Gefüge hinterlassen. Das eine ist ohne das andere nicht zu haben.« (Rat für Nachhaltige Entwicklung, 2013).

Es sei erwähnt, dass die Begriffe CSR (Corporate Social Responsibility) und Nachhaltigkeit in der Literatur oft synonym verwendet werden. CSR ist als Konzept der Übernahme von sozialem Engagement jedoch nicht so umfassend wie das Konzept der Nachhaltigkeit (Bassen, Jastram und Meyer 2005), sodass wir von einer Verwendung dieser Begrifflichkeit absehen.

Die Struktur des Kapitels orientiert sich an dem Drei-Säulen-Modell der Nachhaltigkeit, welches den weiteren Ausführungen als Definition zu Grunde gelegt werden soll.

3. Nachhaltigkeitstreiber

Ausgehend von der Aktualität des Themas stellt sich im Kontext der Nachhaltigkeit die Frage nach der Relevanz im Umfeld von Unternehmen. Mit Blick auf das übergeordnete Thema des vorliegenden Buches sind in einer auf Wertschöpfung ausgerichteten Sichtweise zwei Motive zu differenzieren: a) kostenreduzierende bzw. b) umsatzsteigernde Gegebenheiten mit und durch Nachhaltigkeit.

Bevor konkrete, handelsbezogene Beispiele dargestellt werden, wie Unternehmen das Thema Nachhaltigkeit für sich wertschöpfend nutzen, sind allgemeine mit der Nachhaltigkeit verbundene Triebfedern im Kontext der Wertschöpfung zu beleuchten.

Auf der einen Seite finden sich als Treiber veränderte Rahmenbedingungen auf der Kostenebene. Exemplarisch zu nennen sind erhöhte Rohstoffkosten oder rechtliche Auflagen zur Eindämmung der Umweltverschmutzung.

Auf der anderen Seite sind unter dem Oberbegriff »Öffentlichkeit« Treiber zu erkennen, die auf die gewachsene gesellschaftliche Bedeutung zurückzuführen sind. So führt die erhöhte Relevanz des Themas Nachhaltigkeit im täglichen Leben dazu, dass verschiedenste Stakeholdergruppen Nachhaltigkeit als Thema aufgreifen, um individuelle Ziele zu verfolgen. Politiker, Medien, Verbraucherschutzorganisationen oder NGO (Nicht-Regierungsorganisationen) sind unter anderem anzuführen. Alle genannten Stakeholdergruppen fokussieren dabei immer auf eine »End-Zielgruppe« – die Verbraucher.

Mit Blick darauf erhalten Verbraucher, die aus der wertschöpfungsorientierten Handelssicht zumeist auch Endkunden in der Wertschöpfungskette sind, einen besonderen Stellenwert in der Bewertung der Nachhaltigkeit.

Die Rolle des Kunden als Nachhaltigkeitstreiber

Die steigende Relevanz des Themas Nachhaltigkeit ist zu einem großen Teil dem veränderten Verbraucherverhalten zuzuschreiben. Konsumenten entdecken zunehmend ihre Nachfragemacht und die Zusammenhänge zwischen ihrem Einkaufsverhalten und der Sortimentsgestaltung im Handel. 57 Prozent der Deutschen stimmen bereits der Aussage zu, dass Verbraucher heute eine größere Macht gegenüber Unternehmen haben als früher (Wippermann, 2011). Der Handel verfolgt damit das Thema Nachhaltigkeit nicht nur aus eigenem Interesse, sondern wird auch verstärkt durch die Nachfrage der Verbraucher getrieben.

Einen Wertschöpfungszuwachs kann allerdings nur generieren, wer aus Verbrauchersicht ein echtes und glaubwürdiges Nachhaltigkeitsengagement verfolgt. Sofern der Vorwurf von Greenwashing im Raum steht, sind die Negativeffekte des Themas gravierender als ein kompletter Verzicht von Engagement in diesem Bereich.

Der Erfolg von Internetseiten und Portalen wie lebensmittelklarheit.de oder uptopia.de zeigt, dass Verbraucher ein gesteigertes Informationsbedürfnis haben. Zudem wird eine Kommunikation mit den Unternehmen auf Augenhöhe verlangt. Einem offenen und ehrlichen Dialog wird mehr Wertschätzung entgegengebracht als aufwendig gestalteten Werbekampagnen. Wer sich beispielsweise auf dem Nachhaltigkeits-Portal utopia.de als »Changemaker« engagiert, muss per Chat in den direkten Dialog mit dem Verbraucher treten und sich den kritischen Fragen nachhaltigkeitsaffiner Konsumentengruppen stellen (Utopia AG, 2013).

Verbraucherumfragen geben Aufschluss über die unterschiedlichen Relevanzen der verschiedenen Nachhaltigkeitssäulen aus Verbrauchersicht. So ist nicht etwa die Sortimentsgestaltung das ausschlaggebende Kriterium für die Wahl der Einkaufsstätte. Im Mittelpunkt des Verbraucherinteresses stehen die Behandlung der Mitarbeiter in den Verkaufsflächen vor Ort sowie die aufrichtige Information der Öffentlichkeit (IFH Köln 2013, ▶ Abb. 12.2). Die Sensibilisierung der Konsumenten für genau diese Aspekte der

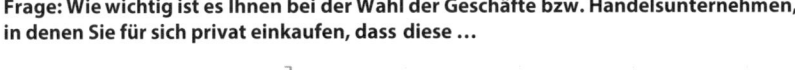

Frage: Wie wichtig ist es Ihnen bei der Wahl der Geschäfte bzw. Handelsunternehmen, in denen Sie für sich privat einkaufen, dass diese …

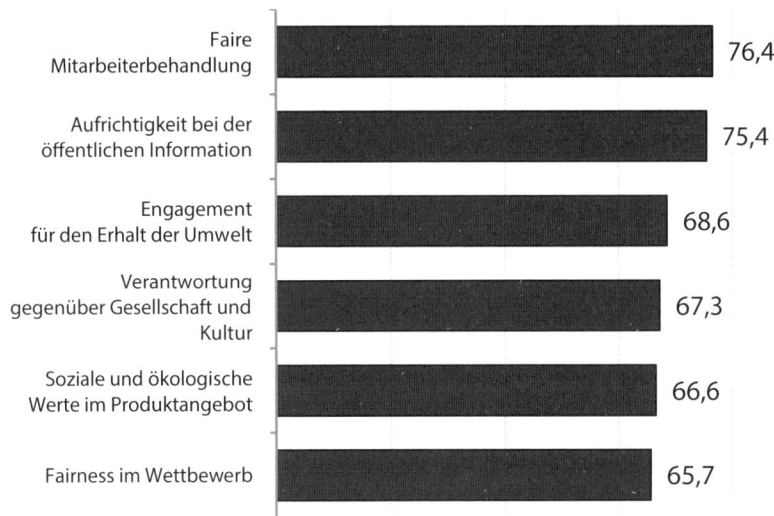

n min. = 2987, Mittelwerte von 0 = absolut unwichtig   bis 100 = sehr wichtig

(IFH Institut für Handelsforschung GmbH (2013), »CSR-Tracker, 5. Welle Mai 2013,« Köln: IFH Köln.)

Abb. 12.2: Relevanzen von Nachhaltigkeits-Kriterien bei der Einkaufsstättenwahl

Nachhaltigkeit ist vermutlich zurückzuführen auf die Häufung der negativen Bericht-erstattungen über Arbeitsbedingungen im filialisierten Einzelhandel sowie dem aus Verbrauchersicht unzureichend offenen Umgang der beschuldigten Händler mit der Thematik.

Dass die zunehmende Relevanz des Themas auch das Einkaufsverhalten verändert hat, belegen nicht nur die gestiegenen Umsätze in nachhaltigen Sortimenten, sondern wird von Verbrauchern auch subjektiv bestätigt. Exakt die Hälfte der Deutschen gibt an, dass sich ihr Einkaufsverhalten in Bezug auf Bio, Umwelt und Nachhaltigkeit im letzten Jahr deutlich oder etwas verändert hat (IFH Köln 2011). Bei lediglich 24 Pro-zent der Befragten zeigten sich keinerlei Veränderungen im Einkaufsverhalten. Die Otto Group Trendstudie 2011 (Otto Group 2011) kommt zu dem Ergebnis, dass 84 Prozent der Verbraucher mindestens gelegentlich Produkte kaufen, die »ethisch korrekt« herge-stellt wurden. Im Jahr 2009 zeigten dagegen nur 67 Prozent der Deutschen ein derarti-ges Kaufverhalten (Wippermann 2011).

Und ein weiterer Anstieg der Relevanz des Themas wird von deutschen Verbrau-chern prognostiziert: 74 Prozent gehen davon aus, dass die Bedeutung von Nachhaltig-keit in den nächsten Jahren weiter ansteigen wird (IFH Köln 2011).

Nachhaltigkeit wird damit zwar mehr und mehr zum Massenphänomen. Dennoch zeigt ein Blick auf die Strukturmerkmale, welche Zielgruppen besonders nachhaltigkeits-affin sind. Bezogen auf die Relevanz von Nachhaltigkeitskriterien bei der Wahl der Ein-kaufsstätte lassen sich durchweg höhere subjektive Wichtigkeiten bei Frauen und Perso-nen mit überdurchschnittlichem Haushaltsnettoeinkommen identifizieren (IFH Köln 2013, Wippermann 2011). Zudem zeigt sich die Mehrheit der deutschen Frauen boy-kottbereit gegenüber Unternehmen, die ihre Produkte nachweislich unter bedenklichen Arbeitsbedingungen herstellen oder Themen des Umweltschutzes missachten (G+J Media Research Service 2012).

Bezogen auf die Wertschöpfungssteigerung des Handels bieten die Ergebnisse Grund zum Optimismus: Zum einen sind meist Frauen in Haushalten die Einkaufsentschei-der. Zum anderen steigt die generelle Ausgabenbereitschaft für Konsumgüter und Gü-ter des täglichen Bedarfs mit steigendem Haushaltseinkommen. Die nachhaltigkeitsaffi-nen Frauen mit erhöhtem Einkommen stellen daher eine attraktive Zielgruppe für den Handel dar. Diesen Umstand gilt es bei Marketing, Kommunikation und Produktent-wicklung zu berücksichtigen.

Um zu entscheiden, in welchen Warengruppen nachhaltige Produkte den größt-möglichen Markterfolg versprechen, ist eine differenzierte Betrachtung einzelner Wa-rengruppen vorzunehmen, denn die Relevanz von Nachhaltigkeitsaspekten variiert aus Verbrauchersicht für verschiedene Warengruppen.

Grundsätzlich lässt sich festhalten, dass Nachhaltigkeit aktuell für Food-Produkte von etwas höherer Relevanz ist als im Non-Food Bereich. Zudem lässt sich am Bei-spiel der Lebensmittel gut beobachten, wie der Themenkomplex der Nachhaltigkeit sich durch das kontinuierliche und stetig wachsende Verbraucherinteresse weiterent-wickelt hat. Während in der Anfangsphase der Debatte nachhaltige Lebensmittel oft-mals mit Bio-zertifizierten Produkten gleichgesetzt wurden, so wandelte sich das Verbraucherbewusstsein in den letzten Jahren dahingehend, dass zunehmend mehr

Aspekte bei der Wahl der Lebensmittel eine Rolle spielten. Nicht mehr nur die reinen Produktionsbedingungen spielten eine Rolle, sondern auch Transportwege, Unterstützung der einheimischen Produzenten oder Wissen um die Herkunft der Produkte und damit eine erhöhte subjektive Überprüfbarkeit. Ergebnis der Entwicklung ist eine Präferenz von regionalen Produkten gegenüber Bio-Produkten bei der Mehrheit der Verbraucher. 81 Prozent der deutschen Verbraucher geben an, regelmäßig oder gelegentlich regionale Produkte zu kaufen. Bei Bio-Produkten beträgt der entsprechende Anteil nur 45 Prozent (Nestlé Deutschland AG 2011).

Am Beispiel der erhöhten Nachfrage nach regionalen Lebensmitteln zeigt sich zudem ein weiteres Phänomen der Verbraucher, das im Rahmen von Nachhaltigkeitsstrategien Berücksichtigung finden sollte: So erwarten Verbraucher ein erweitertes Sortiment regionaler Produkte im Handel. Die mit der erhöhten Nachfrage zwangsläufig einhergehende fortschreitende Professionalisierung und Industrialisierung bei der Herstellung nachhaltiger Lebensmittel lehnen Verbraucher auf der anderen Seite aber ab. 46 Prozent der Deutschen fordern, dass die Produktion von Bio-Lebensmitteln kleinbäuerlichen Betrieben vorbehalten sein und nicht auf großen Erzeugerhöfen stattfinden sollte (IFH Köln 2013). Wichtig in der Nachhaltigkeitskommunikation für Handel und Hersteller ist es daher, den Verbrauchern transparent und einfach die Notwendigkeit industrieller Erzeugung zu verdeutlichen. Die fälschliche Suggestion kleinbäuerlicher Idylle könnte sonst zu Boykotten aufgrund von enttäuschtem Verbrauchervertrauen führen (G+J Media Research Service 2012).

Neben der grundsätzlich höheren Relevanz von Nachhaltigkeit für Food-Produkte, wird die subjektive Wichtigkeit zudem von der Empfindung beeinflusst, wie nah das jeweilige Produkt zum eigenen Körper und der Gesundheit wahrgenommen wird. So spielen laut Angaben der deutschen Verbraucher soziale und ökologische Aspekte beim Einkauf von Bekleidung und Kosmetikartikeln eine größere Rolle als bei der Anschaffung von Wohn- und Gartenmöbeln (▶ **Abb. 12.3**).

Darüber hinaus gibt es auch kognitive Faktoren, die die Relevanz der Nachhaltigkeit beeinflussen. Je leichter eine nachhaltige Produktion für den Verbraucher ohne weiteres Fachwissen vorstellbar ist, desto wichtiger wird diese auch für sein Einkaufsverhalten. Süßwaren rangieren daher unter den Lebensmitteln an letzter Stelle, frische Produkte wie Eier oder Obst und Gemüse belegen die ersten Ränge (IFH Köln 2011; 2012b).

Um einen Wertschöpfungsgewinn durch die Erschließung neuer Marktsegmente oder den Ausbau bereits bestehender Kundenbeziehungen zu erzielen, ist es von Vorteil, als Treiber der Nachhaltigkeitsdebatte wahrgenommen zu werden. Sowohl Industrie als auch Handelsunternehmen versuchen dabei, die Vorreiterrolle bei der Themenbesetzung einzunehmen. Aus Konsumentensicht ist das Engagement der Hersteller derzeit höher einzustufen als das Engagement der Händler (IFH Köln 2012a). Der Handel versucht, dieser Wahrnehmung durch verschiedene Kommunikationsmaßnahmen entgegenzuwirken. So verfassen zunehmend mehr Einzelhändler Nachhaltigkeitsberichte, um ihr Engagement öffentlich zu machen. Auch gezielte Kommunikationsmaßnahmen

Je nach Produkt können ja unterschiedliche Kriterien beim Kauf im Vordergrund stehen. Bitte geben Sie an, bei welchen der folgenden Produkte soziale und ökologische Aspekte bei Ihrem Einkauf eine große Rolle spielen.

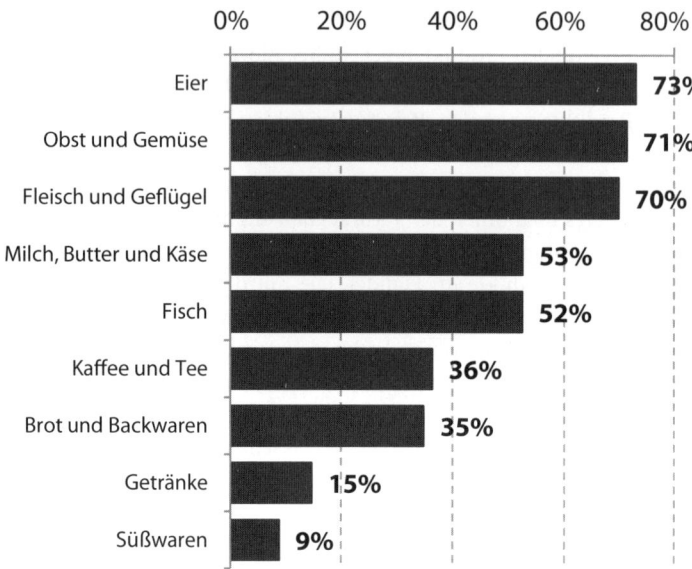

n=2.500, Mehrfachantworten möglich

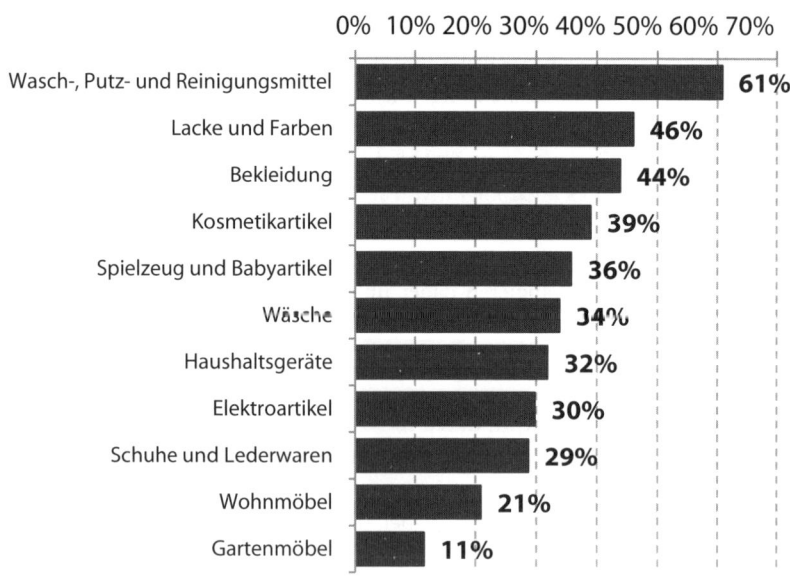

n=2.252, Mehrfachantworten möglich

(IFH Institut für Handelsforschung GmbH (2011), »CSR-Tracker, 2. Welle November 2011,« Köln: IFH Köln.)

Abb. 12.3: Relevanzen von Nachhaltigkeitsaspekten nach Warengruppen

am Point of Sale wie z.B. die Nachhaltigkeitswochen der REWE Group sollen bei den Verbrauchern einzelne Händler als Nachhaltigkeitstreiber verankern (REWE-Zentralfinanz eG und REWE Zentral-Aktiengesellschaft 2011).

Eine branchenübergreifende Initiative startete der Handelsverband Heimwerken, Bauen und Garten e.V. (BHB) im Jahr 2012. Er erarbeitete und veröffentlichte den Leitfaden »CSR in der DIY-Branche. Neue Treiber für Unternehmenserfolg«, der von Unternehmensvertretern aller relevanten Marktplayer gemeinsam verabschiedet wurde: »Die DIY-Branche hat sich auf ein gemeinsames CSR-Leitbild geeinigt, an dem sie ihr zukünftiges Handeln ausrichten wird.« (BHB – Handelsverband Heimwerken, Bauen und Garten e.V. 2012). Damit kann ein derartiger Leitfaden zwei Funktionen erfüllen. In der brancheninternen Kommunikation übernimmt er eine Orientierungsfunktion für Akteure, die ihr Handeln stärker nach den Prinzipien der Nachhaltigkeit ausrichten möchten. In der externen Kommunikation kann ein derartiger Leitfaden zudem dem Anlass dienen, das Engagement einzelner Handelsbranchen stärker in den Vordergrund zu stellen.

Aktuell ist zu beobachten, dass das Thema Nachhaltigkeit noch stark mit dem stationären Handel verknüpft ist. Fast die Hälfte der deutschen Verbraucher hat sich nach eigenen Angaben bisher noch keine Gedanken zum Thema Nachhaltigkeit in Zusammenhang mit Online-Bestellungen gemacht. Unter denjenigen, die sich mit dem Thema bereits auseinandergesetzt haben, ist die Mehrheit bisher zu keinem abschließenden Urteil gekommen (IFH Köln 2012a, ▶ Abb. 12.4). Die zunehmende Aufmerksamkeit der

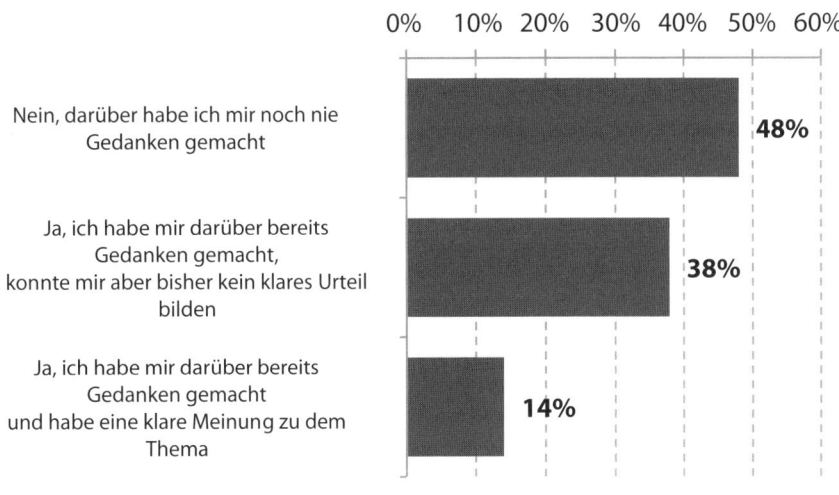

Haben Sie sich in der Vergangenheit überhaupt schon einmal über das Thema Nachhaltigkeit in Zusammenhang mit der Bestellung von Produkten bei Versandhändlern bzw. Online-Händlern Gedanken gemacht?

n=3.015

(IFH Institut für Handelsforschung GmbH (2012a), »CSR-Tracker, 3. Welle Mai 2012,« Köln: IFH Köln.)

Abb. 12.4: Nachhaltigkeit im Distanzhandel aus Verbrauchersicht

Öffentlichkeit und die verstärkte Berichterstattung im Jahr 2013 z. B. über die Arbeitsbedingungen in Logistikzentren von Online-Händlern lassen jedoch eine Ausweitung der Debatte auch auf den Online-Handel in naher Zukunft erwarten – ähnlich wie es bei der Verschiebung von Bio- zu regionalen Produkten im Segment der Lebensmittel zu beobachten war.

Ein weiterer Nachhaltigkeits-Aspekt mit steigender Relevanz ist die Produktion von Textilien, die ebenfalls durch eine Häufung von Arbeitsunfällen in Produktionsländern wie Bangladesch stärker in den Fokus der öffentlichen Debatte gerückt ist.

Die genannten Beispiele zeigen, wie stark der gesamte Themenkomplex der Nachhaltigkeit durch Öffentlichkeit und Verbraucher getrieben wird. Von einer Abschwächung der Relevanz der Thematik ist zum jetzigen Zeitpunkt nicht auszugehen.

Vielmehr lässt sich der Nachhaltigkeit eine zweiteilige Funktionalität zuweisen:

1. **Nachhaltigkeit als Hygienefaktor**, der zu einem Mindestmaß erfüllt werden muss, um Wertschöpfungseinbußen durch Kundenboykotte zu vermeiden.
2. **Nachhaltigkeit als Abgrenzungskriterium** durch besonderes, transparentes und glaubwürdiges Engagement, das zu absoluten Wertschöpfungsgewinnen durch die Erhöhung der Kundenbindung und Erschließung neuer Kundengruppen führt.

Voraussetzung für den Wertschöpfungsgewinn ist im Einzelfall die Identifikation der jeweiligen nachhaltigkeits-affinen und kaufbereiten Zielgruppen, der relevanten Produktgruppen sowie des geeigneten Marketing-Mix zur Kommunikation gegenüber dem Endkunden.

4. Wertschöpfungszuwachs mittels Nachhaltigkeit

Ausgehend von der Definition der Wertschöpfung sind im Kontext der Nachhaltigkeit kostenreduzierende und umsatzsteigernde Wirkungen zu differenzieren. Gerade im Hinblick auf gestiegene Rohstoffkosten sowie rechtliche Auflagen zum Schutze der Umwelt können nachhaltigkeitsorientierte Strategien dazu beitragen, über Kostenreduzierungen direkte Wertschöpfungsgewinne zu ermöglichen.

Auf der anderen Seite stellt sich die Frage, wie Geschäftsmodelle zu adaptieren sind, um durch und mit Nachhaltigkeit Umsatzsteigerungen zu erwirken, welche bei nicht gleichermaßen angestiegenen Kosten ebenfalls zu Wertschöpfungsgewinnen führen.

Bei der Bewertung der Nachhaltigkeit vor dem Hintergrund der betrieblichen Wertschöpfung ist zu prüfen, ob mittels Nachhaltigkeit auch mittelbare Effekte verzeichnet werden können, die einen Einfluss auf die Wertschöpfung haben. Wenn Verbraucher angeben, dass sie bei Verfehlungen im Kontext der Nachhaltigkeit Händler als Einkaufsstätte boykottieren, können Nachhaltigkeitsstrategien auch als eine Art Versicherung gegen mögliche Wertschöpfungsverluste erachtet werden. Einem Unternehmen, das sich sonst nachhaltig engagiert, wird im Zweifel eine Verfehlung weniger stark vorgeworfen als einem Unternehmen, das gar nicht mit Nachhaltigkeitsbemühungen in Erscheinung tritt.

Dem scheinbaren Automatismus, dass sich dann jedes Unternehmen engagieren sollte, ist unabhängig von den organisatorischen Anforderungen entgegenzusetzen, dass Unternehmen, die sich in der Nachhaltigkeit engagieren, oft stärker im öffentlichen Blickwinkel der Bewertung stehen.

Von daher ist je nach Unternehmen und Rahmenbedingungen im Einzelfall zu entscheiden, welche Chancen und Risiken in Bezug auf einen möglichen Wertschöpfungsbeitrag durch Nachhaltigkeit gegeben sind.

4.1 Modell zur Erklärung des Zusammenhangs von Nachhaltigkeit und Wertschöpfung

Schon seit vielen Jahren berücksichtigt eine Vielzahl an Unternehmen soziale und ökologische Maßnahmen im Prozess der Strategiefindung (Arora und Cason 1996). Die Wirkungsweise und der Zusammenhang von Nachhaltigkeit in Bezug auf den wirtschaftlichen Erfolg eines Unternehmens außerhalb der auf Kostenreduktion ausgerichteten Fokussierung sind dennoch nicht immer bekannt.

In Anlehnung an ein Modell von Schaltegger und Synnestvedt (2005) zur Darstellung des Business Cases Nachhaltigkeit kann auch für die Beurteilung des Wertschöpfungsbeitrages ein erklärendes Modell abgeleitet werden.

Ausgehend von der Erwartungshaltung zweier divergierender Perspektiven in Bezug auf die zugesprochene Wertigkeit von Nachhaltigkeitsmaßnahmen für ein Unternehmen ist ein Zusammenhang darstellbar.

In der ersten Perspektive wird in einer eher pessimistischen Sicht angenommen, dass sich Maßnahmen der Nachhaltigkeit kostengenerierend und nicht wertschöpfend auswirken. In der anderen Perspektive wird auf Basis einer optimistischen Erwartung unterstellt, dass sich mit Nachhaltigkeitsmaßnahmen die Wertschöpfung des jeweiligen Unternehmens steigern lässt. Je nach Perspektive können den getätigten Nachhaltigkeitsmaßnahmen bezogen auf ihren Wert für die Wertschöpfung also unterschiedlich gelagerte Effekte zugeschrieben werden (Friedman 1970; Cohen, Fenn und Naimon 1995; Walley und Whitehead 1994).

Abbildung 12.5 verdeutlicht den Zusammenhang von Wertschöpfung (vertikale Achse) und Nachhaltigkeitsmaßnahmen (horizontale Achse).

Ausgehend von einem bestehenden Wertschöpfungsgrad eines Unternehmens (WZ 0) ist durch Nachhaltigkeitsmaßnahmen (MN) je nach Perspektive und Kurvenverlauf im Schaubild kein oder ein positiver Effekt (WZ*) zu erwarten.

Da auch bei der positiven Erwartung nicht x-beliebig viele Nachhaltigkeitsmaßnahmen den Wertschöpfungszuwachs stetig erhöhen können (Porter 1991; Porter und van der Linde 1995a; ibid 1995b; Porter und Esty 1998), wird im dargestellten Kurvenverlauf ein optimaler Wert (Punkt B) bei der Relation von Maßnahmen zu Wertschöpfungszuwachs erkennbar. Im Punkt C erreicht die Wertschöpfung das gleiche Niveau wie ohne die Umsetzung von Nachhaltigkeitsmaßnahmen (Punkt A).

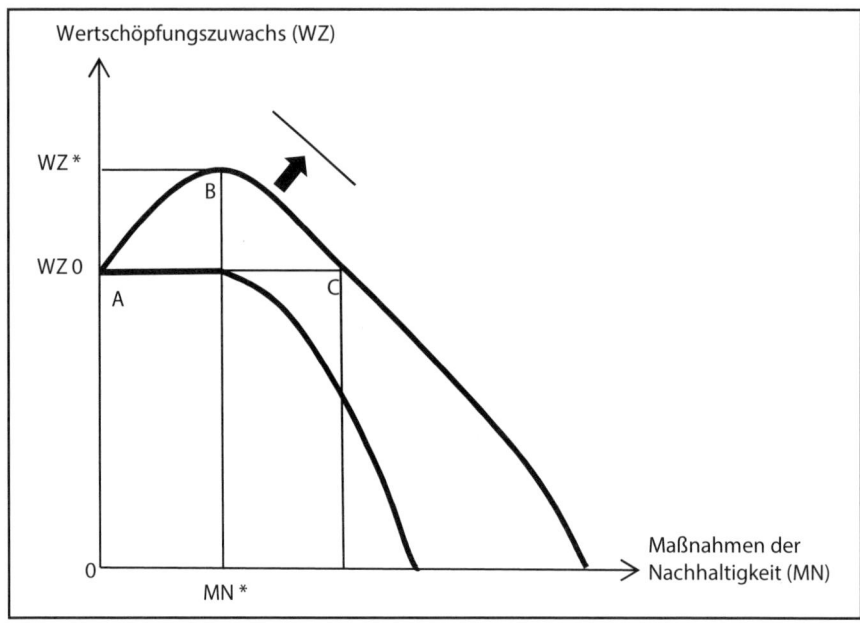

(IFH Institut für Handelsforschung GmbH (2013), eigene Darstellung, Köln: IFH Köln.)

Abb. 12.5: Wertschöpfungszuwächse in Abhängigkeit von Nachhaltigkeitsmaßnahmen

Ohne auf die Gründe für die divergierenden Perspektiven einzugehen, ist unabhängig vom tatsächlich eintretenden Langzeiteffekt in der negativen Perspektive anzunehmen, dass sich in der Anfangsphase ein entstehender Kostenaufwand und ein erzielter Effizienzvorteil überwiegend ausgleichen.

In der Abbildung ergibt sich je nach Perspektive innerhalb des Kurvenverlaufs von A nach B bei einer Zunahme von Nachhaltigkeitsmaßnahmen im schlechtesten Fall ein kostenneutraler Erhalt der Wertschöpfung oder im besten Fall eine Erhöhung der Wertschöpfungsquote.

Auf die Praxis übertragen ist festzustellen, dass über erste umgesetzte Nachhaltigkeitsmaßnahmen nicht nur grundsätzlich Wertschöpfungszuwächse für Unternehmen generiert werden können, sondern negative Einflüsse auf die Wertschöpfung nicht zu erwarten sind. Der Grad des möglichen Wertschöpfungszuwachses ist je nach zugrundeliegender Managementstrategie und abgeleiteter Maßnahmen einzelfallabhängig.

Maßnahmen werden naturgemäß nur dann einen wertschöpfenden Beitrag für ein Unternehmen leisten können, wenn diese individuell unter Kosten-Nutzen-Gesichtspunkten als tragfähig zu bewerten sind. Zum Beispiel werden bei Mitarbeiterprojekten nur dann Impulse zu erwarten sein, wenn sich mit ihnen auch tatsächlich eine

Verbesserung am Arbeitsplatz, ein Wissensvorsprung oder ein Gesundheitseffekt erwirken lässt. Umweltorientierte Maßnahmen sollten nachweisbare Energie- oder Materialeinsparungen mit sich bringen. Genau dann werden Unternehmen der Handelsbranche profitieren.

Den Chancen eines Wertschöpfungsgewinns sind auch die Risiken gegenüberzustellen. Nachhaltigkeit erhält durch ihre Aktualität eine starke Öffentlichkeit, mit der sich eine Reihe von Organisationen zu profilieren versuchen. Vorne weg sind NGO (Nicht-Regierungs-Organisationen) zu benennen, welche sich oftmals zur Aufgabe machen, aus der Verbraucherperspektive heraus auf Probleme oder Schwächen von Unternehmen hinzuweisen. Die Refinanzierung von NGO ist oftmals von Mitgliedsbeiträgen abhängig. Diese wiederum sind leichter über eine sehr polarisierende Öffentlichkeitsarbeit zu erwirken – oft zu Lasten einzelner Unternehmen. In der Beurteilung der Nachhaltigkeit sind demnach auch Überlegungen anzustellen, inwieweit ein Unternehmen Gefahr läuft, durch NGO öffentlich wirksam angeprangert zu werden.

Eine weitere Herausforderung, die sich mit dem Thema Nachhaltigkeit verbindet, liegt in der Tatsache begründet, dass mit Nachhaltigkeit unternehmensspezifisch sehr strategische Fragestellungen verknüpft sind. Auf der einen Seite wird es im Sinne der Glaubwürdigkeit wichtig sein, das Thema Nachhaltigkeit sehr stark mit der Unternehmensmarke zu verknüpfen. Damit wird auch gefordert sein, dass eine Strategie nicht nur über die Vorstandebene vorangetrieben wird, sondern in allen Unternehmensbereichen Berücksichtigung findet.

Auf der anderen Seite stellt sich die Herausforderung, dass ein Nachhaltigkeitsengagement nur so gut sein kann, wie es vor kritischen Augen Bestand hat. Letzteres wiederum ist schwer umsetzbar, weil in einem Unternehmen mit vielen Prozessen und Themen ein nachhaltiges Wirken in allen Bereichen und Arbeitsschritten kaum kontrolliert werden kann. Kritischen Beobachtern kann es im Verdachtsfall leicht fallen, die Glaubwürdigkeit des Unternehmens anzuzweifeln – zum Nachteil der jeweiligen Unternehmen und deren Wertschöpfung.

Bei der Bewertung eines Wertschöpfungspotenzials sind die jeweiligen Vertriebsformen spezifisch zu differenzieren. So weisen – wie zuvor im Kapitel bereits angemerkt – zum Beispiel aktuelle Befragungen aus, dass bei der Zuordnung von Nachhaltigkeitsbemühungen Verbraucher vornehmlich Unternehmen des stationären Handels assoziieren. Insbesondere stehen Discountformate stärker im Fokus der kritischen Bewertung. Der Onlinehandel hingegen wird im Kontext der Nachhaltigkeit bisher kaum wahrgenommen (IFH Köln 2012a).

Es ist zu erwarten, dass sich dies zukünftig durch die Entwicklung in den Medien ändern wird. Im Verlauf des Jahres 2013 wurden in den Medien vor allem soziale Themen aufgegriffen, um Vertreter des Onlinehandels in das Blickfeld der Öffentlichkeit zu setzen.

Von ungleich größerer Tragweite ist jedoch die Fragestellung nach der ökologischen Bewertung des Onlinehandels, da sie nicht nur einzelne Unternehmen, sondern die gesamte Branche betrifft. Die ökologisch relevanten Themen Verkehrsaufkommen, Verpackung und Logistik rücken in einer Handelsbranche, die nicht nur eine Digitalisierung im Bereich des E-Commerce sondern im stationären Geschäft durch Multi-Channel-Strategien erlebt, stärker in den Fokus. Unternehmen im Handel sind gefragt, auch aus Gründen der Absicherung die wertschöpfende Chance der Nachhaltigkeit zumindest zu prüfen. Gerade wenn Unternehmen öffentlichkeitswirksam und kritisch in Bezug auf sozial-ökologische Themen bewertet werden, können getätigte Maßnahmen, die glaubwürdig eine Bemühung dokumentieren, bei der kundenbezogenen Vertrauenssicherung helfen.

Beispiele für die gelungene Umsetzung von Nachhaltigkeitsinitiativen – sowohl im Bereich der Ökologie als auch im Bereich Soziales – sollen nachfolgend dargestellt werden.

5. Wertschöpfung durch ökologische Nachhaltigkeit

Die Komponente der ökologischen Nachhaltigkeit hat aus Unternehmenssicht die längste Historie inne. Es darf angenommen werden, dass in der Anfangsphase die Motivation weniger darin lag, ressourcenschonend im Sinne der nachfolgenden Generationen zu agieren, als vielmehr über Kosteneinsparungen die Unternehmensrentabilität zu erhöhen. Dennoch haben genau die ökologischen, vor allem energieeinsparenden Maßnahmen aufgezeigt, wie sozial-ökologische Themen im Sinne der Nachhaltigkeit ökonomisch zu nutzen sind.

Spätestens Anfang der 1990er Jahre fand das Thema unter dem Begriff Triple Bottom Line Eingang in die wissenschaftliche Diskussion (Wayne 2003; Elkington 1994).

Neben der betriebswirtschaftlich relevantesten Kennzahl des Gewinns sollte die Bottom Line der Unternehmensberichterstattung die Dimensionen Umwelt und Gesellschaft erfassen (Kuhn 2008).

Genau hier setzen noch heute die zunehmend verbreiteten Nachhaltigkeitsberichte von Unternehmen an. Insbesondere im Bereich der Ökologie wird erläutert, wie durch Strategien, operative Weiterentwicklungen und/oder Innovationen unternehmensindividuell Maßnahmen getroffen werden, um wohlfahrtsdienlich Energie oder Rohstoffe einzusparen (IFEU 2003).

Gerade der Handelsbranche kommt hier eine besondere Bedeutung und Chance zu. Durch die mit dem Geschäftsbetrieb einhergehenden Handelsfunktionen Warenauswahl, Warenlogistik, Warenbevorratung, Warenpräsentation und gegebenenfalls Warentransport ergeben sich eine Vielzahl von Anknüpfungspunkten.

Wie bereits in vorherigen Buchkapiteln ausgeführt, generiert sich genau aus diesen Funktionen und Aufgaben die Wertschöpfung des Handels.

Jegliche Form von Kostenreduzierung zahlt auf die Wertschöpfung ein, sodass auch ökologisch ausgerichtete Maßnahmen mit Einsparpotenzialen als direkt wirksamer absoluter Wertschöpfungszuwachs angesehen werden können.

Neben unternehmensübergreifenden Entscheidungen (z.B. den Fuhrpark von Benzin- auf mehr Dieselfahrzeuge umzustellen, das papierlose Büro zu planen) sind direkte und geschäftstypische Optimierungsfelder zu differenzieren.

Im Bereich des Lebensmitteleinzelhandels (LEH) zählen auf der Verkaufsfläche dazu beispielsweise Kühl- und Gefriersysteme, die Ladenbeleuchtung oder eingesetzte Verpackungsmaterialien.

Durch die Filialisierung im LEH bieten Optimierungen und Einsparpotenziale in diesen Bereichen nicht nur für sich genommen einen Vorteil, sondern vor allem auch durch die Skalierbarkeit, welche ihrerseits für das jeweilige Unternehmen oder die Genossenschaft zu einem größeren Wertschöpfungszuwachs führen können.

Im Lebensmitteleinzelhandel verursacht der Betrieb von Kälteanlagen ca. 50 Prozent aller klimarelevanten Emissionen. Daher setzen hier eine Reihe von Projekten zur Optimierung bzw. Reduzierung des CO_2-Fußabdrucks an (HDE 2013a).

Nachfolgend werden Beispiele deutscher Lebensmittelhändler skizziert, bei denen Maßnahmen jeweils anders umgesetzt werden, die jedoch immer dem übergeordneten Ziel der Ressourcenschonung dienen.

Optimierung der Kältetechnik am Beispiel EDEKA (HDE 2013b)

- Das Unternehmensziel bei EDEKA zielt darauf ab, über effiziente Steuerungen, Wärmerückgewinnungssysteme und optimierte Kühlmöbel Energie einzusparen und so Kosten zu reduzieren.
- Für bereits vorhandene Kühlmöbel wird in den Filialen der Energieverbrauch mittels Nachrüstung von Glasabdeckungen bzw. Energiesparventilatoren herabgesetzt.
- Bei neu installierten Kühlsystemen werden natürliche bzw. umweltfreundlichere Kältemittel eingesetzt, mit denen gleichzeitig die gesetzlichen Vorgaben der Chemikalien-Klimaschutzverordnung übertroffen werden.

Verzahnte Heiz- und Kühlsysteme im Pilotprojekt am Beispiel Kaufland (HDE 2013c)

- Mittels moderner, energieeffizienter Technologie wurde bei Kaufland Klima- und Kältetechnik miteinander vernetzt, um so gleichzeitig Heiz- und Kühlfunktionen zu bedienen.
- Die Technologie wird durch den Einsatz von Geothermie sowie Wärmerückgewinnung ergänzt, sodass zur Beheizung der Filiale überschüssige Abwärme aus der vorhandenen Kälteanlage genutzt werden. Zudem wurde ein Energiemanagementsystem entwickelt, das den Verbrauch von Strom, Wasser, Heiz- und Kälteenergie erfasst und so eine optimierte Aussteuerung ermöglicht.
- Nach Angaben des Unternehmens lagen bereits ein Jahr nach der Inbetriebnahme die CO_2-Einsparungen bei über 300 Tonnen jährlich, was etwa dem Jahresverbrauch von 60 Einfamilienhäusern entspricht. Verglichen mit einem konventionellen Markt verbrauchte die im Pilotprojekt berücksichtigte Filiale in Eppingen etwa 40 Prozent weniger Energie.

Green Building der REWE Group (HDE 2013d, REWE Group 2013)

- REWE baut unter dem Titel REWE Green Building neue Filialen. Die Gebäude werden mit recyclingfähigen Materialien wie Holz, Glas und Zellulose gebaut, so dass sich im Betrieb die Nutzung von Sonne, Regenwasser und Erdwärme energie- und damit kostensparend auswirken soll. Im Gegensatz zu traditionellen LEH-Filialen wird zur Beleuchtung überwiegend Tageslicht verwendet. Sensoren im Innenraum messen die Helligkeit und schalten nur so viel künstliches Licht hinzu wie nötig.
- 40 Prozent des Energiebedarfes in der Filiale wird über die Nutzung von Solarenergie und Erdwärme direkt am Standort produziert. Der Energiebedarf des REWE Green Buildings gegenüber einem REWE-Standardmarkt konnte gemäß Unternehmensangaben um 48 Prozent gesenkt werden. Das erstmals in Berlin umgesetzte Konzept REWE Green Building wurde von der UN zu den 100 weltweit wichtigsten Innovationen im Bereich der Nachhaltigkeit gekürt.

Exemplarisch für den Bereich der Klima- und Kühlungstechnik weisen die Beispiele aus, wie mittels nachhaltigkeitsorientierter Initiativen nicht nur energieeffizient verfahren, sondern im Sinne der Wertschöpfung unternehmensindividuell profitiert werden kann. Ansatzpunkte für derart gelagerte Wertschöpfungssteigerungen dieser Art finden sich in allen benannten Handelsfunktionen.

6.   Wertschöpfung durch soziale Nachhaltigkeit

Ein weiterer Bereich des Drei-Säulen-Modells der Nachhaltigkeit ist die soziale Nachhaltigkeit. Überträgt man die Definition der Enquete-Kommission des Deutschen Bundestages (1998, siehe Punkt 2), auf den Handel, lassen sich verschiedene Bereiche nachhaltiger Aktivitäten identifizieren:

1. Nachhaltiges Handeln in Bezug auf die Behandlung der eigenen Mitarbeiter vor Ort
2. Nachhaltiges Handeln in Bezug auf die **Produktionsbedingungen nationaler und internationaler eigener Produktionsstätten und Zulieferer**
3. Nachhaltiges Handeln im Sinne von **sozialem Engagement für Gesellschaft und Kultur**

6.1   Mitarbeiterbehandlung vor Ort

Die Behandlung der Mitarbeiter auf der Fläche kann durch zwei Mechanismen positive Wertschöpfungseffekte generieren. Zum einen hat die Behandlung der Mitarbeiter vor Ort einen direkten Einfluss auf das Kaufverhalten von Konsumenten. Laut Ergebnissen des IFH Köln (2013) ist die faire Behandlung der Mitarbeiter das wichtigste Nachhaltigkeits-Kriterium bei der Wahl der Einkaufsstätte. Sofern Verfehlungen bei der Mitarbeiter-Behandlung publik werden, kann dies zu Boykotten und damit Einbußen der absoluten Wertschöpfung führen. Der im Rahmen der Insolvenz des Drogeriemarktes Schlecker im Jahr 2012 von den Medien geprägte Begriff der »Schlecker Frauen« ist ein eindrucksvolles Beispiel für derartige Effekte.

Die faire Behandlung der Mitarbeiter vor Ort hat zudem auch Implikationen für die Erhöhung der relativen Wertschöpfung durch eine verbesserte und optimierte Ausschöpfung des vorhandenen Humankapitals sowie eine Erhöhung der Bewerberanzahl im Recruitingprozess.

Bei Schülern und Studenten, also den potenziellen Auszubildenden und Nachwuchsführungskräften des Handels, ist ein Wandel in den Prioritäten der Auswahlkriterien für einen Arbeitgeber zu erkennen. So ist das Wertesystem eines Unternehmens mittlerweile von großer Bedeutung. Zudem spielen Aspekte wie eine ausgewogene Work-Life-Balance und ein gutes Betriebsklima eine zentrale Rolle bei der Wahl des zukünftigen Arbeitgebers (Seul et al. 2012).

Den positiven Zusammenhang von Unternehmenskultur und Unternehmenserfolg belegen zahlreiche Studien der letzten Jahre. Eine von den Mitarbeitern positiv wahrgenommene Unternehmenskultur hat sowohl fördernde Auswirkungen auf ökonomische (z. B. Fluktuation, Krankheitstage, Zunahme des bilanziellen Eigenkapitals oder Ertragssteigerung) als auch soziale Erfolgsdimensionen (z. B. Mitarbeiterzufriedenheit) (Baetge et al. 2007).

Ein Best Practice Beispiel soll im Folgenden gegeben werden.

Best Practice Beispiel: memo AG

- Der mittelständische Versandhändler memo AG ist ein »klimaneutrales« Versandhaus mit ökologisch und sozial verträglichen Produkten für Büro, Schule, Haushalt und Freizeit. Gründer und Geschäftsführer Jürgen Schmidt begreift die Mitarbeiter der memo AG als den wichtigsten Erfolgsfaktor des Unternehmens und »Herz des Managementsystems«.
- Neben architektonischen und ergonomischen Maßnahmen zur Gestaltung des Arbeitsplatzes sowie einem ausgeprägten betrieblichen Gesundheitsmanagement liegt ein Schwerpunkt der Personalarbeit bei der memo AG in der Vereinbarkeit von Familie und Beruf: So wird den Mitarbeitern während der Ferienzeiten eine kostenfreie Kinderbetreuung angeboten. Zusätzlich werden mit den Mitarbeitern individuelle Arbeitszeitmodelle erarbeitet, welche versuchen, die beruflichen und persönlichen Bedürfnisse gleichermaßen zu berücksichtigen, um eine ausgewogene Work-Life-Balance zu erzielen.
- Im Bereich der Vergütung werden neben der Möglichkeit zur Kapitalbeteiligung die Löhne der Mitarbeiter jährlich automatisch um die durchschnittliche Inflationsrate des Vorjahres angehoben. Zudem sind die Löhne für alle Mitarbeiter im Unternehmen transparent und einsehbar, um eine faire und nachvollziehbare Vergütungsstruktur zu garantieren (memoAG 2011).
- Jeder Festangestellte hat Zugang zu allen Unternehmenskennzahlen, sämtlichen Auftrags- und Rechnungsumsätzen, Einkaufspreisen und Handelsspannen sowie zu den kompletten statistischen und betriebswirtschaftlichen Auswertungen, um maximale Transparenz zu schaffen.
- Die Fluktuationsquote der Mitarbeiter liegt bei durchschnittlich nur 2,86 Prozent (memoAG 2011).

- Gerade die letztgenannte Zahl zeigt als Indikator für die Mitarbeiterbindung, dass das nachhaltige Handeln der Geschäftsführung zu Erfolgen führt, was die Personalpolitik angeht. Zudem ermöglicht die stringente Verfolgung der Nachhaltigkeits-Maßnahmen der memo AG eine klare und individuelle Positionierung am Markt, und somit eine Abgrenzung zum relevanten Wettbewerb.

6.2 Nationale und international Produktion und Erzeugung

Nachhaltigkeit bei der nationalen und internationalen Produktion und Erzeugung ist ein extrem facettenreiches und komplexes Themengebiet. In Abhängigkeit der jeweiligen Branche variieren die Herausforderungen für Industrie und Handel deutlich. So spielen bei der Produktion von pflanzlichen Nahrungsmitteln Aspekte wie die eingesetzten Pflanzenschutzmittel eine große Rolle, während bei tierischen Nahrungsmitteln und der Fleischproduktion Haltungsbedingungen oder Fütterung im Zentrum von Nachhaltigkeitsbemühungen stehen. Die Textilbranche wiederum steht vor der Herausforderung, die komplexe Produktionskette von der Erzeugung der Fasern bis zur Verarbeitung der Stoffe unter menschenwürdigen und fairen Bedingungen zu gestalten.

Verbraucher fühlen sich auf Grund mangelnder Transparenz mehrheitlich überfordert, die Einhaltung von Nachhaltigkeits-Kriterien in der Produktionskette zu überprüfen. Anfang 2013 wurde bekannt, dass zahlreichen Rindfleisch-Convenience-Produkten im deutschen Handel Pferdefleisch beigemischt wurde. Die identifizierten Produkte wurden aus dem Handel gezogen, die deutsche Politik kündigte strengere Kontrollen bezüglich der Herkunft importierter Fleischwaren an. Die deutschen Verbraucher zeigten sich im Nachgang der Geschehnisse resigniert und signalisierten mangelndes Vertrauen in die Maßnahmen von Politik und Wirtschaft. So gaben knapp ein Drittel der Deutschen an, auch nach dem Skandal weiterhin die gleichen Fleischprodukte zu kaufen, da eine Kontrolle der Herstellungsbedingungen auch bei anderen Produkten nicht möglich sei. Die Hälfte der Verbraucher vermutete zudem in den von Politik und Wirtschaft angekündigten strengeren Kontrollen nur leere Versprechungen (IFH Köln 2013). Die Ergebnisse zeigen erneut die Relevanz der transparenten und nachvollziehbaren Gestaltung und Kommunikation von Nachhaltigkeitsmaßnahmen. Andernfalls bleiben die erwarteten positiven Wertschöpfungseffekte durch den Verbraucher aus.

Die genau zu beachtenden Nachhaltigkeitsaspekte müssen je Händler individuell definiert werden. Eine genaue Kontrolle der Zulieferer gehört ebenso zu den notwendigen Nachhaltigkeits-Aktivitäten wie die Überprüfung der Produktionskette der Eigenmarken.

Ein Blick auf erfolgreiche nachhaltige Marken zeigt, dass Nachhaltigkeit zum echten Wertschöpfungsfaktor werden kann, wenn das Engagement konsequent verfolgt und transparent und überprüfbar kommuniziert wird.

Die LemonAid Beverages GmbH ist ein Beispiel für ein derart konsequentes Engagement.

Best Practice: LemonAid Beverages GmbH

- Die LemonAid Beverages GmbH ist ein Getränkehersteller aus Hamburg, der 2008 gegründet wurde. Produziert werden eine nachhaltige Limonade namens »Lemon-Aid« in drei Geschmacksrichtungen sowie ein ebenfalls nachhaltig produzierter Eistee namens »ChariTea« in vier Geschmacksrichtungen. Die Produkte werden in der Gastronomie sowie in ausgewählten Feinkostläden und Biomärkten in Deutschland und Österreich vertrieben.
- Der Gedanke der Nachhaltigkeit wurde von den Firmengründern konsequent durch alle Bereiche der Produktion verfolgt, um sozialen Wandel aktiv mitzugestalten (LemonAid Beverages GmbH 2013). Die Inhaltsstoffe aller Produkte sind nach eigenen Angaben biologisch angebaut und werden fair gehandelt.
- Zudem fließen Umsatzanteile in den Verein LemonAid & ChariTea e.V., der sich in Entwicklungshilfeprojekten in den produzierenden Ländern engagiert. Pro verkaufter Flasche gehen fünf Cent an den Verein. Seit 2010 kamen so bisher über 200 000 € Spenden zusammen (LemonAid & ChariTea e.V. 2013).
- Um die Einhaltung der Standards des fairen Handels zu überprüfen und maximale Transparenz zu gewährleisten, reist die Geschäftsführung jährlich in die Anbaugebiete, um sich persönlich ein Bild der Situation vor Ort zu machen.
- Neben den Aspekten der Nachhaltigkeit zeichnet sich die Marke durch einen jungen und urbanen Markenauftritt aus, der auf klassische Werbemaßnahmen verzichtet und vor allem mit below-the-line Aktivitäten arbeitet. So werden vor allem innovative First-Mover unter den Konsumenten angesprochen, die die bisher kleine Unternehmung ohne hohe Werbespendings zunehmend bekannter machen sollen.
- Der Erfolg der noch jungen Firma zeigt, dass das nachhaltige Konzept funktioniert. Neben steigenden Umsätze konnte die Neugründung bereits zahlreiche Preise erlangen – so belegten die drei Firmengründer u.a. den zweiten Platz des Unternehmer-Preises 2012 in der Kategorie Social Business der Harvard Clubs of Germany (Harvard Business Manager 2012). Das nachhaltige Engagment wirkt sich in diesem Falle also sowohl direkt auf die Wertschöpfung im Sinne einer Umsatzsteigerung, als auch indirekt über einen Reputationsgewinn aus.
- Einschränkend ist allerdings zu bemerken, dass die Überprüfung der Produktionskette mit zunehmender Unternehmensgröße und damit zunehmend größeren Warenströmen schwerer wird, so dass alternative Wege der Überprüfbarkeit gefunden werden müssen. Ob auch bei zunehmender Unternehmensgröße die Wahrung der Nachhaltigkeits-Grundsätze gelingt, bleibt also abzuwarten.

6.3   Engagement für Gesellschaft und Kultur

Nachhaltiges Handeln im Sinne von Engagement für Gesellschaft und Kultur ist die wohl am meisten verbreitetste Art von sozialer Nachhaltigkeit. Viele Unternehmen engagieren sich seit vielen Jahrzehnten in sozialen Projekten, ohne diese mit dem Label der Nachhaltigkeit zu belegen. Soziales und kulturelles Engagement lässt sich vielmehr als klassische Unternehmertugend verstehen, die unter dem Begriff der Nachhaltigkeit eine neue Relevanz erhalten hat. Dadurch wird eine Vielzahl von Maßnahmen in jüngster Zeit auch wieder stärker in die Kommunikation gegenüber den Verbrauchern integriert als dies in vergangenen Jahren der Fall war.

Verbraucherseitig wird ein derartiges Engagement allerdings mehrheitlich nicht als Abgrenzungskriterium wahrgenommen, sondern vielmehr als selbstverständlich vorausgesetzt bzw. erwartet. So geben ein Drittel der Deutschen an, dass sie bereit wären, für Produkte ohne Kinderarbeit mehr zu zahlen. Für Produkte von Unternehmen die sich sozial engagieren, würde nur jeder Zehnte Zusatzausgaben in Kauf nehmen (Nestlé Deutschland AG, 2011).

Unter Gesichtspunkten der Wertschöpfung sind also keine direkten, absoluten Zugewinne durch neue Kundensegmente zu erwarten. Da das soziale Engagement jedoch als Grundvoraussetzung erwartet wird, ist der Effekt hier vielmehr in einer Stabilisierung der bestehenden Wertschöpfung zu vermuten.

Beispiele für eine Vielzahl an Maßnahmen für Gesellschaft und Kultur finden sich bei dem Vollsortimenter REWE, der diese jährlich auch in einem der Öffentlichkeit zugänglichen Nachhaltigkeitsbericht publiziert.

Best Practice: REWE Supermarkt

- Die REWE Supermärkte engagieren sich seit einigen Jahren in starkem Maße beim Thema Nachhaltigkeit. Dabei bedient der Lebensmitteleinzelhändler alle Säulen der Nachhaltigkeit und hat »ProPlanet«, ein eigenes Siegel zur Kennzeichnung nachhaltig hergestellter Eigenmarken-Produkte, entwickelt.
- Unter dem Titel »Wir handeln für morgen« veröffentlichte die REWE 2011 ihren zweiten Nachhaltigkeitsbericht nach dem Standard der Global Reporting Initiative (GRI), der mit der Bewertung A+ ausgezeichnet wurde (REWE-Zentralfinanz eG und REWE Zentral-Aktiengesellschaft 2011).
- Schwerpunkte im gesellschaftlichen Engagement legt die REWE laut dem Nachhaltigkeitsbericht auf Gesundheit und Bildung für sozial Benachteiligte. Einige Beispiele sollen hier genannt werden:
- Seit bereits 16 Jahren unterstützt REWE die gemeinnützigen Tafeln. Lebensmittel, die nicht mehr verkauft, aber noch verzehrt werden können, werden täglich an 880 Standorten durch ehrenamtliche Mitarbeiter an Bedürftige verteilt.
- In dem Projekt »Power Tüte« erhalten Schüler ausgewählter Schulen aller Schulformen seit 2009 kostenlose Frühstückspakete, die eine ausgewogene Ernährung sicherstellen und fördern sollen. Unterstützt wird das Projekt durch Geld- und Lebensmittelspenden verschiedener Hersteller.
- Die Gesundheitskampagne »5 am Tag« soll Verbrauchern zeigen, wie gesunde Ernährung das Risiko von Herz-Kreislauf-Erkrankungen und Krebs reduzieren kann. Verbraucher werden im Rahmen der Kampagne aufgefordert, täglich 5 Portionen Obst oder Gemüse zu sich zu nehmen und erhalten Verzehrvorschläge passend zur Jahreszeit.

- Eine direkte Auswirkung der Nachhaltigkeits-Maßnahmen auf den Umsatz des Vollsortimenters kann an dieser Stelle nicht angegeben werden, da von REWE keine derartigen Zahlen veröffentlicht werden. Als Indikator für die positive Wirkung beim Konsumenten kann der CSR-Tracker des IFH Köln gewertet werden. In dieser halbjährlichen Messung der Nachhaltigkeitswahrnehmung Deutschlands größter Einzelhändler aus Sicht der Bevölkerung belegt REWE im Bereich Lebensmittelhandel stets einen der obersten Ränge (IFH Köln 2011, 2012a, 2012b, 2013).

7. Zusammenfassung

Zwei Gründe sprechen dafür, sich bei der Frage nach den für Handelsunternehmen wertschöpfungsrelevanten Themen mit der Nachhaltigkeit zu befassen. Das Thema Nachhaltigkeit erhält nicht nur eine wachsende gesellschaftliche Bedeutung, sondern beeinflusst auch das Konsumverhalten. Dies wird dadurch unterstützt, dass die Vielzahl publik gewordener Skandale den Verbraucher schrittweise sensibilisiert. Nicht nur Umsatzzuwächse bei nachhaltigkeitsrelevanten Warenangeboten sind feststellbar, sondern auch Studien, worin Verbraucher angeben, Fehlverhalten von Handelsunternehmen mit Boykottierungen zu ahnden, sind als Indikator zu werten.

Der zweite Grund, Nachhaltigkeit im Kontext der Wertschöpfung zu betrachten, leitet sich aus den Funktionen des Handels ab. Nachhaltigkeit ist ein Verbraucherthema geworden. Da die meisten Handelsfunktionen an der Schnittstelle zum Verbraucher ansetzen, erhält Nachhaltigkeit in praktisch allen Handelsfunktionen eine Bedeutung und spielt damit automatisch eine Rolle bei der Wertschöpfung.

Grundsätzlich nimmt die Relevanz der Nachhaltigkeit zu, weil auch Konsumenten sich ihrer Nachfragemacht bewusst werden. Im Konsumentenverhalten wird Nachhaltigkeit umso wichtiger, je näher Warengruppen den eigenen Körper betreffen (Lebensmittel, Kosmetik, Kleidung) und je einfacher sich der Verbraucher die Produktion vorstellen kann (Eier, Milch, Fleisch).

War aus Handelssicht Nachhaltigkeit ursprünglich vorrangig ein Thema zur Kostenreduzierung mittels Ressourcenschonung und Energieeinsparung, erweitert sich der Fokus nunmehr um die komplexe Kundenerwartung.

Der Handel und seine Organisationen versuchen den gestiegenen Verbrauchererwartungen gerecht zu werden. Dabei ist jedoch die genaue Motivlage wichtig.

Nachhaltigkeit kann entweder als Abgrenzungsmerkmal im Wettbewerb gesehen werden oder als Hygienefaktor. Im ersten Fall honoriert eine adressierte Zielgruppe Bemühungen mit höherer Preisbereitschaft, im zweiten Fall werden Standards vom Konsumenten erwartet ohne die Preisbereitschaft zu erhöhen. In beiden Fällen ergibt sich eine Implikation für die Wertschöpfung der jeweils betroffenen Handelsunternehmen.

Bei der sich ableitenden Frage, ob und wie ein Unternehmen von den Entwicklungen im Rahmen der Nachhaltigkeit profitieren kann, ist zu prüfen, wie sich Nachhaltigkeit grundsätzlich versteht. Gemäß dargestellter Definitionen greift Nachhaltigkeit im

Dreiklang von Ökologie, Ökonomie und Sozialem an und zielt darauf ab, die drei Themen gleichberechtigt zu behandeln.

Im Kontext der ökonomischen Betrachtung ist keine wissenschaftliche Ausarbeitung hinsichtlich des ökonomischen Beitrages von Nachhaltigkeit auf die Wertschöpfung im Handel bekannt. Mit einem Modell, welches den Zusammenhang von Nachhaltigkeit und Unternehmenserfolg betrachtet, ist jedoch eine Analogie zu erstellen. Sie beschreibt das Zusammenspiel von Maßnahmen der Nachhaltigkeit bezogen auf den Zuwachs von Wertschöpfung qualitativ. Danach ist bei ersten Maßnahmen der Nachhaltigkeit nicht von einer Gefahr der Wertschöpfungsminderung auszugehen, sondern gerade hier bestehen Chancen, Wertschöpfungszuwächse schnell zu generieren.

In Bezug auf das Thema Ökologie wurden anhand des Lebensmitteleinzelhandels Beispiele aufgezeigt, wie Initiativen ergriffen werden, um ressourcenschonend und gleichzeitig kostensparend im Sinne der Wertschöpfung zu profitieren.

Im Themenfeld Soziales wurden unterschiedliche Themen differenziert. Das Spektrum reicht von Mitarbeitern vor Ort, der internationalen Wertschöpfungskette bis hin zum Engagement in Gesellschaft und Kultur. Sind im Kontext Ökologie direkte Mehrwerte im Sinne der Wertschöpfung zu erzielen, sind Maßnahmen im Bereich Soziales als indirekt zu erachten, weil sie mittelbar über den Imagegewinn oder die Reputation beitragen.

Auf die Frage, ob und wie Wertschöpfung durch Nachhaltigkeit zu erzielen ist, ist festzuhalten, dass der Nachhaltigkeit auch quantifizierbar sehr wohl ein Potenzial im Sinne der Wertschöpfung zugesprochen werden kann. Für Unternehmen stellt sich jedoch die Herausforderung, dass Nachhaltigkeit tendenziell nur dann relevant für die Wertschöpfung sein kann, wenn sie stringent durch und in allen Unternehmensbereichen bearbeitet wird. Nur so wird eine Glaubwürdigkeit sichergestellt, die auch bei medial erwirkter Kritik Bestand haben kann. Es wird dann der Spagat zwischen den Ansprüchen der Verbraucher und dem tatsächlichen Verhalten zu meistern sein. Da das Thema Nachhaltigkeit an Bedeutung zunehmen wird, jedoch auch hoher sozialer Erwünschtheit unterliegt, ist im Einzelfall zu prüfen, wie Chancen und Risiken im Sinne der Wertschöpfung zueinander stehen.

Literaturverzeichnis

Arora, S. und Timothy N. Cason (1996), »Why do Firms Volunteer to Exceed Environmental Regulations? Understanding Participation.,« EPA's 33/50 Program, *Land Economics*, 72 (4), 413–32.

Baetge, Jörg, Gerhard Schewe, Roland Schulz und Henrik Solmecke (2007), »Unternehmenskultur und Unternehmenserfolg: Stand der empirischen Forschung und Konsequenzen für die Entwicklung eines Messkonzeptes,« *Journal für Betriebswirtschaft*, 57 (Dezember), 183–219.

Bartels, Jos und Karen Hoogendam (2011), »The role of social identity and attitudes toward sustainability brands in buying behaviors for organic products,« *Journal of Brand Management,* 18 (9), 697–708.

Bassen, Alexander, Sarah Jastram und Katrin Meyer (2005), »Corporate Social Responsibility – Eine Begriffserläuterung,« *Zeitschrift für Wirtschafts- und Unternehmensethik*, 6/2 (Dezember), 231–36.

BHB – Handelsverband Heimwerken, Bauen und Garten e.V. (2012), »BHB präsentiert Leitfaden »CSR in der DIY-Branche«,« *(Zugriff am 31.05.2013)*, [http://www.bhb.org/themen/umwelt-csr/csr/csr-leitfaden/].

— (2012), *CSR in der DIY-Branche. Neue Treiber für Unternehmenserfolg.* Köln: BHB - Handelsverband Heimwerken, Bauen und Garten e.V.

Cohen, Mark A., Scott A. Fenn und J. Naimon (1995), *Environmental and Financial Performance. Are They Related?.* Nashville: Vanderbilt University.

Coronado Palma, Nestor und Mirjam Visser (2012), »Sustainability creates business and brand value,« *Journal of Brand Strategy*, 1 (3), 217–22.

Deutscher Bundestag (1998), »Abschlussbericht der Enquete-Kommission ‚Schutz des Menschen und der Umwelt – Ziele und Rahmenbedingungen einer nachhaltig zukunftsverträglichen Entwicklung,« Berlin.

Friedman, Milton (1970), »The social responsibility of business is to increase its profits,« erschienen in An Introduction to Business Ethics, George. D. Chryssides und John K. Kaler, (eds.). London: Chapman.

G+J Media Research Service (2012), »Brigitte Kommunikationsanalyse 2012,« Hamburg.

Harvard Business Manager (2012), »Die Unternehmer des Jahres 2012,« *(Zugriff am 06.06.2013)*, [http://www.harvardbusinessmanager.de/trends/artikel/a-868187.html].

HDE Handelsverband Deutschland (2013a), »Energiekonzepte der Zukunft,« Informationsbroschüre Januar 2013, 19, Berlin.

— (2013b), »Energiekonzepte der Zukunft,« Informationsbroschüre Januar 2013, 19, Berlin.

— (2013c), »Energiekonzepte der Zukunft,« Informationsbroschüre Januar 2013, 23, Berlin.

— (2013d), »Energiekonzepte der Zukunft,« Informationsbroschüre Januar 2013, 29, Berlin.

IFEU (2003), »Zukunftsfähiges Wirtschaft - Ein Leitfaden zur Nachhaltigkeitsberichterstattung von Unternehmen.,« Umweltministerium Baden-Württemberg (ed.).

IFH Institut für Handelsforschung GmbH (2011), »CSR-Tracker,« 2. Welle November 2011, Köln.

IFH Institut für Handelsforschung GmbH (2012a), »CSR-Tracker,« 3. Welle Mai 2012, Köln.

IFH Institut für Handelsforschung GmbH (2012b), »CSR-Tracker,« 4. Welle November 2012, Köln.

IFH Institut für Handelsforschung GmbH (2013), »CSR-Tracker,« 5. Welle Mai 2013, Köln.

IFH Retail Consultants GmbH (2013), interne Berechnungen, Köln: IFH Köln.

John Elkington (1994), »Towards the Sustainable Corporation: Win-Win-Win Business Strategies for Sustainable Development,« *California Management Review*, 36 (2), 90–100.

LemonAid & ChariTea e.V. (2013), »Über uns,« *(Zugriff am 06.06.2013)*, [http://www.lemonaid-charitea-ev.org/?page_id=6].

LemonAid Beverages GmbH (2013), »Trinkend die Welt verändern,« *(Zugriff am 06.06.2013)*, [http://www.lemon-aid.de/uber-uns/].

Lothar Kuhn (2008), »Triple Bottom Line als Nachhaltigkeits-Konzept in der Wirtschaft,« *Harvard Business Manager*, Heft 1/2008.

memoAG (2011), »Nachhaltigkeitsbericht 2011/12,« Greußenheim.

Nestlé Deutschland AG (2011), »Die Nestlé Studie 2011 – So is(s)t Deutschland,« Frankfurt.

Otto Group (2011), »Otto Trend Studie 2011,« *(Zugriff am 01.10.2013)*, [http://www.ottogroup.com/media/docs/de/trendstudie/2_Otto-Group-Trendstudie-2011-Verbauchervertrauen.pdf].

Parguel, Béatrice, Florence Benoît-Moreau und Fabrice Larceneux (2011), »How Sustainability Ratings Might Deter ›Greenwashing‹: A Closer Look at Ethical Corporate Communication,« *Journal of Business Ethics*, 102 (1), 15–28.

Porter, Michael E. und Daniel C. Esty, (1998), »Industrial Ecology and Competiveness. Strategic Implications for the Firm.,« *Journal of Industrial Ecology*, 2 (1), 35–43.

— und van der Linde, C. (1995a), »Green and Competitive. Ending the Stalemate. Harvard Business Review, (September/ Oktober), 120–34.

— und Claas van der Linde, (1995b), »Toward a New Conception of the Environment-Competitiveness Relationship.,« *Journal of Economic Perspectives.* Oktober, 97–118.

— (1991), »America's Green Strategy.,« *Scientific American,* April, 168.

— und Mark R. Kramer (2006), »Strategy & Society: The Link Between Competitive Advantage and Corporate Social Responsibility,« *Harvard Business Review,* 84 (12), 1–15.

Ranalli, Silva, Simone Reitabauer und Dagmar Ziegler, (2009), *TrendReport Grün.* München: SevenOne Media GmbH.

Rat für nachhaltige Entwicklung (2013), »Was ist Nachhaltigkeit?,« *(Zugriff am 24.05.2013),* [http://¬ www.nachhaltigkeitsrat.de/nachhaltigkeit/].

REWE Group (2013), »REWE GREEN BUILDING,« *(Zugriff am 27.06.2013),* [http://www.rewe-¬ group.com/nachhaltigkeit/energie-klima-umwelt/energieeffizienz/green-building/].

REWE Markt GmbH (2013), »Auszeichnungen,« *(Zugriff am 07.06.2013),* [http://www.rewe.de/¬ nachhaltigkeit2013/auszeichnungen.html].

REWE-Zentralfinanz eG und REWE Zentral-Aktiengesellschaft (2011), »Wir handeln für morgen. Nachhaltigkeitsbericht 2009/2010,« Köln.

Schaltegger, Stefan und Phillip Hasenmüller (2005), »Nachhaltiges Wirtschaften aus Sicht des »Business Case of Sustainability,« Ergebnispapier zum Fachdialog des Bundesumweltministeriums (BMU) am 17. November 2005.

Sen, Sankar und C. B. Bhattacharya (2001), »Does Doing Good Always Lead to Doing Better? Consumer Reactions to Corporate Social Responsibility,« *Journal of Marketing Research,* 38 (2), 225–43.

Seul, Bettina, Andreas Schubert, Sabrina Klinksiek, und Katharina Höing (2012), *Arbeitgeber Handel – Fit for Future?!,* Köln: IFH Köln.

TransFair Verein zur Förderung des Fairen Handels mit der »Dritten Welt« e.V. (2012), »Absatz Fairtrade-Produkte im Einzelnen,« *(Zugriff am 31.05.2013),* [http://www.fairtrade-deutsch¬ land.de/produkte/absatz-fairtrade-produkte/].

United Nations World Commission on Environment and Development (1987), »Brundtland-Report: Our common future,«.

Utopia AG (2013), *(Zugriff am 31.05.2013),* [http://www.utopia.de/].

Vogelsang, Gregor und Christian Burger (2004), *Werte schaffen Wert. Warum wir glaubwürdige Manager brauchen.* Berlin: Econ Verlag.

Walley, Noah und Bradley Whitehead (1994), »It's not Easy Being Green.,« *Harvard Business Review,* (Mai/Juni), 46–52.

Wayne Norman and Chris MacDonald (2003), »Getting to the Bottom of Triple Bottom Line,« *Business Ethics Quarterly,* March 2003.

Wippermann, Peter (2011), »Otto Group Trendstudie 2011: Verbraucher-Vertrauen. Auf dem Weg zu einer neuen Wertekultur.,« Hamburg: Otto (GmbH & Co KG).

Kapitel 13: Empfehlungssysteme und integrierte Informationsdienste zur Steigerung der Wertschöpfung im stationären Einzelhandel

von Prof. Dr. Antonio Krüger, Prof. Dr. Wolfgang Maaß, Denise Paradowski und Sabine Janzen

1.   Einleitung

Der stationäre Handel ist weltweit zunehmend auch in Deutschland durch Entwicklungen in der Informationstechnologie unter Zugzwang geraten. Das Wachstum des Online-Handels und der damit einhergehende Kundenwunsch nach funktionierenden Multi-Channel-Bezugskonzepten nimmt zu und erfordert vom traditionellen Handel die Integration von Dienstleistungen, die dem Kunden aus dem Online-Handel geläufig sind. Zusammenfassend wurde kürzlich in einer Studie folgendes festgestellt: »Konsumenten leiten und verändern Multi-Channel-Trends und Händler laufen hinterher«. So ist es heutzutage völlig normal, dass Kunden sich zunächst mit tels Online-Informationsquellen über Produkte informieren, die sie dann anschließend im stationären Handel beziehen[19]. Während Online-Händler diese Entwicklung aufgegriffen haben und technologisch durch Erweiterungen ihrer Handelsplattformen unterstützen, hinkt der stationäre Handel den aktuellen Entwicklungen hinterher. Beispielsweise erhalten Online-Käufer einer Digitalkamera über Online-Quellen neben der Produktbeschreibung in verschiedenen Detaillierungsgraden, Vergleichsmöglichkeiten zu anderen Produkten, alternative oder ergänzende Produkte sowie die Bewertung und Erfahrungen von anderen Kunden mit diesen Produkten an einem Ort. Gleichzeitig stellt der stationäre Handel fest, dass Kundenansprache über traditionelle Kommunikationskanäle, wie z. B. Faltblattwerbung, an Effektivität verliert.

---

19 Original: »consumers are leading and shaping the multichannel trend, with retailers lagging behind,« (PWC (2012), »worldwide multichannel online shopping report 2011: Understanding how US online shoppers are reshaping the retail experience«)

Erfahrungen mit den neuen digitalen Methoden der Kundenansprache fehlen häufig im stationären Handel und so prallen zwei Lebenswirklichkeiten aufeinander: die der Kunden, die es gewohnt sind, digitale Informationsdienste zur Produktentscheidung im hohen Maße zu verwenden und die sehr eingeschränkte Erfahrung des stationären Einzelhandels mit modernen Methoden der digitalen Kundenansprache und -interaktion.

Die Art und Weise der Kundenansprache wird sich weiter verschieben, weg von klassischen Werbemedien, die auf Breitenwirkung setzen, hin zu personalisierten und maßgeschneiderten Angeboten an individuelle Kunden. Verstärkt wird diese Entwicklung durch den Erfahrungshorizont der Verbraucher mit internetbasierter Werbung. Unnütze Werbung wird als Spam angesehen, derer man sich mit technischen Hilfsmitteln, wie. z.B. Email Spam-Filtern, erwehren kann. In 2011 fielen ca. 88–90 Prozent der weltweit versendeten Emails unter die Kategorie Spam[20], d.h. in der Regel unerwünschte Werbung. Moderne Spamfilter sind sehr effektiv in der Erkennung und Filterung dieser unerwünschten Werbeflut, sodass den durchschnittlichen Email-Benutzer davon nur sehr wenige Emails am Tag erreichen (Schneider, Winter und Yannikos 2010). Empfehlungen, die tatsächlich vorhandene momentane Bedürfnisse ansprechen und von vertrauenswürdigen Quellen stammen, werden daher zukünftig massiv an Bedeutung gewinnen. Zwei Möglichkeiten zeichnen sich in der Umsetzung ab: Einerseits die verstärkte Einbeziehung sozialer Netzwerke und Empfehlungen, die aus dem unmittelbaren Netzwerkumfeld der Kunden stammen, oder andererseits technische Lösungen, die Empfehlungen aufgrund von historischem und aktuellem Kundenverhalten und -profilen aussprechen (sogenannte *Empfehlungssysteme, engl: Recommender Systems* (Resnick und Varian 1997)).

In diesem Kapitel beschäftigen wir uns mit dem zweiten Fall und insbesondere mit den Softwarearchitekturen und Benutzerschnittstellen, die benötigt werden, um eine erfolgreiche Wertschöpfung durch Empfehlungssysteme zu erzielen. Dabei wird offensichtlich werden, dass das Wertschöpfungspotenzial sowohl beim Händler als auch beim Kunden erheblich ist. Das vorliegende Kapitel ist daher wie folgt strukturiert: Zunächst wird im nächsten Abschnitt exemplarisch eine neue Generation von Empfehlungssystemen vorgestellt, die auf der systematischen Abbildung eines natürlichen Käufer-Verkäufer-Dialogs beruhen und es wird argumentiert, dass hierzu insbesondere natürlichsprachliche Systeme einen hohen Anteil an der Wertschöpfung haben werden. Anschließend wird auf die große Bedeutung der Diensteintergration eingegangen und eine Softwarearchitektur vorgestellt, die diese Diensteintegration am Beispiel eines Szenarios aus dem Bereich Mobile Payment ermöglicht.

Der konzeptionelle Rahmen des Kapitels wird in Abbildung 13.1 illustriert.

---

20 maawg.org (2011), »Messaging Anti-Abuse Working-Group: Email Metrics Program,« report #15, Nov 2011.

```
┌─────────────────────────────────────────────────────────────┐
│      Einsatz von innovativen Technologien im Kaufprozess      │
│                 (z. B. Empfehlungssysteme)                    │
└─────────────────────────────────────────────────────────────┘
```

Erfolgsvoraussetzungen:
1. Dienste-Integration
2. Geeignete Infrastruktur

```
┌─────────────────────────────────────────────────────────────┐
│                   Wertschöpfungspotenzial                     │
└─────────────────────────────────────────────────────────────┘
```

Abb. 13.1: Kapitelüberblick

2. Eine neue Generation von Empfehlungssystemen zur Kundenansprache

Erfolgreiche Verkäufer verstehen, dass die Interaktion zwischen einem Käufer und Verkäufer vor allem dazu dient, (a) das Bewusstsein für gegenseitige Erwartungen an das Produkt oder die Dienstleistung zu erhöhen, (b) an vergangene, erfolgreiche Transaktionen und ihre Handlungsergebnisse zu erinnern, (c) beiderseitige Verhalten in Bezug auf den Kauf bzw. Verkauf des Produktes oder der Dienstleistung zu verstärken, (d) verhaltenswirksame Aktionen auf der jeweils anderen Seite durch Intensivierung der Erwartungen zu erzeugen und (e) sich gegenseitig zu überzeugen, um eine Veränderung der eigenen Erwartungen herbeizuführen (Sheth 1976). Ein zufriedenstellender Kauf bzw. Verkauf kommt dann zustande, wenn Käufer und Verkäufer sowohl im Inhalt, als auch in der Kommunikation kompatibel sind (Sheth 1976). Unternehmen verstehen zunehmend, dass eine einseitige Massenkommunikation den Anforderungen sich spezialisierender Kunden nicht mehr gerecht wird (Vargo und Lusch 2004). Dies bedeutet einen Wechsel von einseitiger Massenkommunikation hin zu zweiseitigen Dialogen zwischen gleichberechtigten Dialogpartnern (Prahalad und Ramaswamy 2000), die häufig von Frage-Antwort-Mustern geprägt sind (Vargo und Lusch 2004). Dieser Wechsel des Kommunikationsparadigmas im Marketing ist eng mit dem Wechsel von einer Produkt- zu einer Dienstleistungsorientierung verbunden (Vargo und Lusch 2004). Die traditionelle Perspektive geht von Gütern aus, die über Produktionsstraßen gefertigt in den Markt geliefert werden, wo sie Abnehmer zu finden suchen. Aus einer Dienstleistungslogik heraus sucht ein Kunde nach spezialisierten Lösungen, welche ihm durch den Markt geliefert werden können. Dieser kopernikanische Wechsel im Weltbild des Marketings stellt den Kunden und nicht mehr den Hersteller bzw. Verkäufer ins Zentrum. Um den Kunden in seinen individuellen Bedürfnissen verstehen zu können, rückt die Bedeutung individueller und situativer Kommunikation in das Zentrum der Analyse und wird Kernpunkt jedweder Marketing-Aktivitäten (Duncan und Moriarty 1998). Damit verbunden sind unternehmerische Prozesse, welche das Zuhören, das Angleichen und das Abgleichen mit Unternehmensleistungen und Produkten umfassen (Duncan und Moriarty 1998). Die Kommunikation mit dem Kunden wird bestenfalls permanent und auf individueller Basis geführt. Beispielsweise wurde im Private Banking das Konzept eines »Family Office« entwickelt, wodurch vermögenden Kunden rund um die Uhr Lösungen für finanzielle und sonstige Fragestellungen, wie beispielsweise Urlaubsplanungen, geliefert werden. In ähnlicher Weise hat sich das Telefon durch das Smart Phone zu einem zu jeder Zeit verfügbaren Diener für eine Vielzahl von Fragestellungen entwickelt. So lassen sich beispielsweise zunehmend Wissensfragen jederzeit an jedem Ort über Wikipedia-Dienste beantworten.

Bei der Unterstützung einer solchen kommunikationsorientierten Sicht steht insbesondere der Einzelhandel mehreren Herausforderungen und Entwicklungen gegenüber:

1. Verstärkter Wettbewerb, der zu fallenden Umsatzrenditen führt
2. Strukturelle Veränderungen, wie bspw. größere Verkaufsflächen an weniger Orten bei gleichzeitiger Erhöhung des Umsatzes pro Verkaufsfläche (Beispiel: Schweiz 2000–2009 (Zentes und Forscht 2012))
3. Wachsender Wettbewerb mit Internet-Händlern und Direktvertrieb von Herstellern
4. Schwächung der Verhandlungsposition durch Konsolidierung im Großhandel und bei Herstellern
5. Spezialisierung der Kundenwünsche
6. Wachsender Wissensstand der Kunden
7. Personalkosten, die einen Großteil der Gesamtkosten im Handel ausmachen

Aus diesen Herausforderungen und Entwicklungen ergibt sich für den Einzelhandel ein Zielkonflikt. Einerseits verlangen Kunden nach individueller Beratung in spezialisierten Bereichen, welche durch gut ausgebildete Verkäufer gegeben werden kann. Andererseits führt verstärkter Wettbewerb insbesondere mit Internet-Händlern dazu, dass größere Verkaufsflächen von einer geringeren Anzahl an Verkäufern bearbeitet werden, die über zunehmend weniger Erfahrung verfügen. Um diesen Zielkonflikt zu lösen, werden im Einzelhandel Potenziale innovativer, digitaler Verkaufsdienste getestet und zunehmend eingesetzt.

Innovative Technologien können Branchen und Unternehmen auf drei Arten verändern:

1. Translation:
   Einsatz technologischer Innovationen, um bestehende Leistungen zu ersetzen
2. Adaption:
   Entwicklung neuer Leistungen durch technologische Innovationen
3. Transformation:
   Technologische Innovationen führen zur grundlegenden Neugestaltung des gesamten Leistungssystems

Ein Beispiel für eine Translation im Einzelhandel stellt die Einführung von elektronischen Etiketten dar. Der Einsatz von digitalen Beschilderungen (digital signage) oder mobilen Empfehlungsassistenten stellt eine Adaption dar, welche sich durch die Kombination von Bedürfnissen des Handels mit technologischen Innovationen entwickelt hat. Als Beispiel für eine Transformation des Einzelhandels durch technologische Innovationen zeichnet sich die Analyse massenhafter Kundendaten (Stichwort: Big Data) ab. Dafür werden Abverkaufsdaten, individuelles Verhalten von Kunden in realen und digitalen Verkaufsumgebungen des Händlers sowie in digitalen sozialen Medien (bspw. Twitter und Facebook) ausgewertet, um kundenadaptive Angebote zu entwickeln.

Empfehlungssysteme kommen vor allem in der Vorkaufphase zu tragen (▶ **Abb. 13.2**).

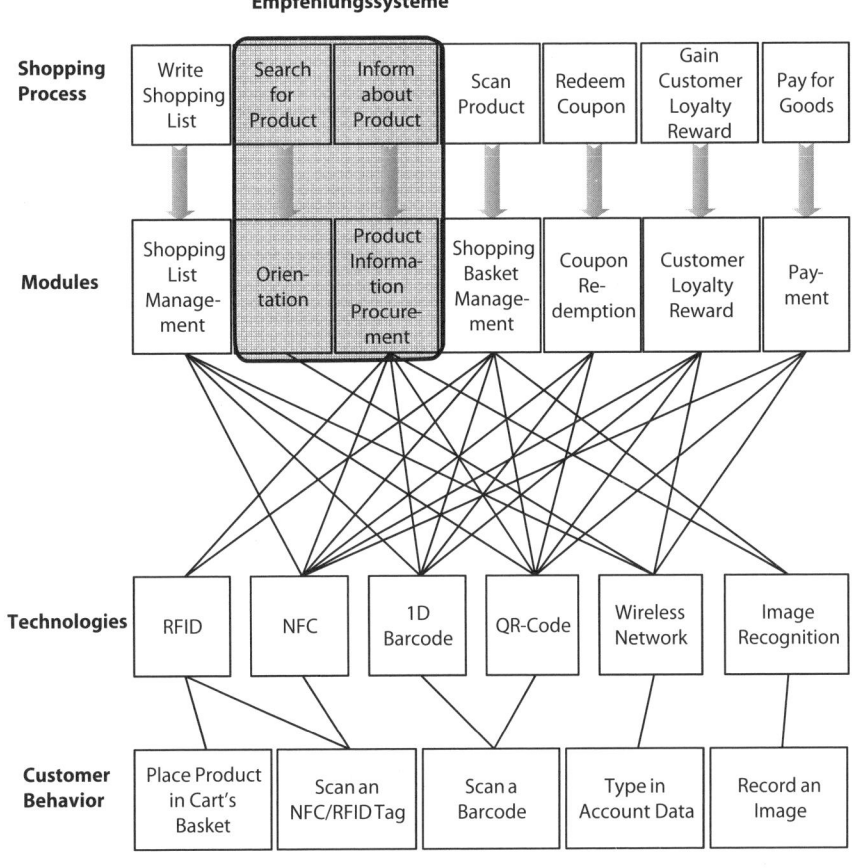

(in Anlehnung an Paradowski und Krüger 2013)

Abb. 13.2: Mobile Shopping-Assistenz-Module und verfügbare Technologien in einem Einkaufsprozess

Verkaufsgespräche zwischen Käufern und Verkäufern sind Dialoge zwischen zwei Parteien, die das Ziel haben, Unsicherheiten zu reduzieren und letztendlich Einigkeit hinsichtlich der Kaufentscheidung herzustellen (Daft und Lengel 1986). Kunden versuchen zumeist informierte Kaufentscheidungen zu treffen, in die Produktcharakteristika, wie beispielsweise der Preis, Produkteigenschaften und Produktgestaltungen eingehen (Mudambi und Schuff 2010) (▶ **Abb. 13.2**, »Product Information Procurement«). Gleichwohl tendieren Kunden dazu, Aufwände bei der Produktsuche zu reduzieren (Häubl und Trifts 2000) (▶ **Abb. 13.2**, »Orientation«). Demgegenüber stehen diverse Verkaufsstrategien und operative Maßnahmen auf der Verkäuferseite, um den Verkaufserfolg, den Umsatz und letztlich den Gewinn zu erhöhen. Zu diesem Repertoire gehören vor allem Produkt- und Preisdiskriminierungen jedweder Art (Choudhary et al. 2005; Stremersch und Tellis 2002).

Auf Basis der »Media Richness«-Theorie können direkte Verkaufssituationen zwischen Verkäufern und Käufern durch vier Faktoren beschrieben werden (Daft und Lengel 1986):

1. Übertragung multipler, verbaler und non-verbaler Signale durch Sprache, Körpersprache, Gesten und Mimik
2. Direktheit der Rückmeldung des Gegenübers
3. Vielfalt der natürlichen Sprache, d.h. es werden im Gespräch weitaus mehr Informationen übermittelt, als nur der reine Inhalt, z.B. durch Betonung, Lautstärke oder Wortwahl
4. Starke Personalisierung, d.h. Vermittlung und direkte Wahrnehmung persönlicher Stimmungslagen und Emotionen

Derartige Verkaufssituationen bieten eine reichhaltige Kommunikation, welche sich insbesondere für den Verkauf komplexer, kritischer, und selten gekaufter Produkte eignet, wohingegen Commodity-Produkte am besten über schlanke Kommunikation, wie beispielsweise Produktblätter verkauft werden. Aus Gründen der Optimierung kommt es zunehmend zu einer Verschlankung der Kommunikation, wodurch ein Missverhältnis zwischen der Produktkomplexität und einer angemessenen Verkaufskommunikation entsteht, woraus Verkaufsverluste und verpasste Möglichkeiten zur Kundenbindung resultieren können.

Vor diesem Hintergrund werden im Folgenden dialogbasierte Empfehlungsassistenten als exemplarische Mittel zur Unterstützung reichhaltiger Verkaufssituationen vorgestellt.

2.1 Natürlichsprachliche Empfehlungsassistenten

Natürliche Sprache gehört zu den reichhaltigsten Kommunikationsformen des Menschen. Menschen können ihr natürlichsprachliches Verhalten an die angenommenen Eigenschaften des Kommunikationspartners, die Dialoghistorie und den physischen, sozialen und ideellen Kontext anpassen. Beispielsweise können semantische Nuancen, Betonungen, Satzlängen und Sprachpausen von einem erfahrenen Verkäufer analysiert werden, um den Zustand des Käufers hinsichtlich seines Kaufentscheids oder seiner Aufnahmefähigkeit für zusätzliche Angebote festzustellen, um dies dann in das weitere Gespräch miteinfließen zu lassen.

Einem solchen Ideal eines Super-Verkäufers versuchen natürlichsprachliche Empfehlungsassistenten (natural language recommendation agents, NL-RA) näher zu kommen. Im Allgemeinen sind Empfehlungsassistenten (RA) Software-Agenten, die Interessen oder Präferenzen einzelner Nutzer zu Produkten implizit oder explizit herauslocken, um geeignete Empfehlungen geben zu können (Xiao und Benbasat 2007).

NL-RA für Verkaufssituationen gibt es in unterschiedlichen Ausprägungen:

- Online-basierte NL-RA: vom Händler oder Hersteller angebotene natürlichsprachliche Unterstützung auf Web Sites, z. B. myproductadvisor.com, Burtons Board Finder oder Empfehlungen auf Amazon.com. Monetate (2012) hat herausgefunden, dass 100 Prozent aller Top 10 Web Sites aus der Liste »Internet Retailer 500« Produktempfehlungen in der ein oder anderen Form einsetzen.
- In-store NL-RA: vom Händler oder Hersteller im Verkaufsladen angebotene Unterstützung, welche sich in zwei Varianten aufgliedern lässt:
  - NL-RA auf Geräten der Verkaufsumgebung: Ein-/Ausgabegeräte werden an bestimmten Stellen der Verkaufsumgebung platziert, an denen sie mit Kunden in einen Dialog treten können.
  - NL-RA auf Geräten des Kunden (Bring-Your-Own-Device, BYOD): Kunden laden sich den NL-RA auf ihr Gerät und interagieren mit diesem innerhalb der Verkaufsumgebung.

In-store NL-RA sind im Gegensatz zu Online-basierten NL-RA eine bis dato wenig untersuchte Klasse von Verkaufsunterstützungssystemen (van der Heijden 2006; Kowatsch und Maass 2010; Lee und Benbasat 2010). Sie dienen dazu, Kunden individuell in seiner Produktsuche und Kaufentscheidung zu unterstützen (▶ Abb. 13.2, »Orientation«). Gleichfalls ermöglichen sie Kommunikationsprozesse zwischen Kunden, Verkäufern und Herstellern effizient herzustellen, die einem Verkaufsgespräch mit einem Verkäufer nahekommen (Maass et al. 2011). Über diesen Kommunikationskanal kann der Kunde seine Wünsche äußern, Fragen stellen und gezielt Information anfordern. Verkäufer und Hersteller können gleichsam Information individualisiert kommunizieren (▶ Abb. 13.2, »Product Information Procurement«). Beispielsweise können alternative oder additive Produkte angeboten und Anwendungsbeispiele multimedial und multimodal präsentiert werden.

In-store NL-RAs können einerseits der weiteren Reizüberflutung oder andererseits der passgenauen Produkthinleitung dienen. Ein RA kann aus der Kundeninteraktion selbst nur das extrahieren, was eine semantische Verarbeitung zulässt. Für einfache Produkte, wie beispielsweise Bücher in einem Online Store, reichen einfache Suchbegriffe, um passgenaue Empfehlungen geben zu können. Für komplexe und gering strukturierte Produkte, wie beispielsweise Mode oder Reisen, ist eine höhere semantische Auflösung notwendig, um dem Kunden passgenaue und qualitativ hochwertige Empfehlungen anbieten zu können.

Ein NL-RA basierend auf dem BYOD-Prinzip ist ein digitaler Verkäufer mit hohem Kundenbindungspotenzial, da der Kunde über permanenten Zugriff auf den NL-RA verfügt, sobald der Kunde sich den Agenten installiert oder durch Einsatz innovativer Technologien nur vormerkt. Das Design des NL-RA kann funktional sehr unterschiedlich ausgestaltet sein. Einfache NL-RA sind reine Fragen- und Antwortlisten, durch die navigiert werden kann. Komplexe NL-RA sind mit innovativen Sprachtechnologien ausgestattet, die beispielsweise gesprochene Sprache erkennen, den Inhalt analysieren und Antworten in gesprochener Sprache geben. Basistechnologien, wie Apples SIRI, gewinnen hier zunehmend an Bedeutung, da sie dem Nutzer einen natürlichen und intuitiven Zugang zu Informationen ermöglichen.

2.2 CoRA – Conversational Recommendation Agent

Am Beispiel des Conversational Recommendation Agent (CoRA) (Janzen 2008; Janzen und Maass 2009), werden im Folgenden die Funktionen und eine technische Architektur beschrieben, um die Potenziale von NL-RA konkret darlegen zu können. Als Motivation kann man sich folgende Situation vorstellen. Eine Kundin betritt einen Modeladen, weil sie eine schöne Jacke in einem Film gesehen hat. Auf ihrem Smart Phone hat sie die Jacke bereits bestimmt und findet sie im Laden, wobei sie durch ein In-store Navigationssystem geleitet wird. Ihr mobiles Endgerät identifiziert das Produkt über seine Identifikationsnummer, beispielsweise mittels RFID oder QR-Tags. Die Kundin fragt den NL-RA auf ihrem mobilen Endgerät, ob die Jacke in der Farbe rot vorrätig ist und erhält als Antwort, dass die Jacke in drei Rotvarianten im zweiten Stockwerk verfügbar ist. »Wenn Sie möchten, kann ein Kundenberater Ihnen diese Jacke gleich hierher bringen.«, ergänzt der NL-RA. »Was denken andere Kunden über diese Jacke?«, fragt die Kundin weiter, woraufhin ihr der NL-RA positive und negative Bewertungen anzeigt. »Darf ich Ihnen ein Video mit dieser Jacke in Rot zeigen?«, fragt der NL-RA. Da dieses Video mit Scarlett Johansson in der Hauptrolle den Geschmack der Kundin trifft, entscheidet sie sich für die Jacke. »Haben Sie zufällig eine passende Hose zu dieser Jacke?«, fragt die Kundin, woraufhin ihr zwei zur Jacke passende Hosen in ihrer Größe sowie deren Lage im Geschäft auf dem mobilen Endgerät angezeigt werden. »Sie erhalten einen Preisnachlass von 10 Prozent auf den gesamten Einkauf, wenn Sie die Jacke in Kombination mit den beiden Hosen kaufen.«

Diese Situation ließe sich problemlos ergänzen. Beispielsweise könnte die Anwendung auch in wahrnehmungs- und körpernahe Geräte, wie beispielsweise Google Glass, eingebaut werden. Ebenso könnten Ladenhüter angeboten, Treuepunkte beworben, optische Tags anstelle von RFID verwendet oder Facebook Postings automatisch nach dem Kauf generiert werden. Da wir uns hier auf eine Unterstützung natürlichsprachlicher Verkaufsgespräche konzentrieren, sei auf eine erweiterte Diskussion additiver Möglichkeiten verzichtet.

Experimente mit NL-RA in Verkaufsumgebungen haben gezeigt, dass eine sprachliche Eingabe als unnatürlich wahrgenommen wird, weswegen in CoRA eine textmusterbasierte Eingabe entwickelt wurde, mittels der ein Nutzer durch wenige Auswahlaktionen eine Frage zusammenstellen kann. CoRA bietet dabei entsprechend dem vorangegangenen Dialog passende Optionen an. Durch empirische Studien von Verkaufsgesprächen wurden 18 häufig verwendete Frageschemata identifiziert (▶ **Tab. 13.2**) (Janzen und Maass 2009). Eine empirische Studie zu den Frageschemata ergab, dass 15 als bedeutsam für allgemeine Verkaufssituationen betrachtet werden.

Tab. 13.2: Rangfolge von Verkaufsfragen (54 Testpersonen, einseitiger t-Test) – (Ausschnitt aus Maass et al. 2011)

#	Name des Fragenschemas	Generische Frage der Studie	Durchschn.	SD	p-Wert
1	Description_Information_ Price	Wie viel kostet dieses Produkt?	4.78	0.42	< .001
2	Description_Decision_ Comparison	Ist ein günstigeres Produkt verfügbar?	4.52	0.64	< .001
3	Description_Information_ Property	Welche Eigenschaften hat dieses Produkt?	4.48	0.67	< .001
4	Description_Decision_ Existence_Property	Hat dieses Produkt spezielle Eigenschaften?	4.44	0.60	< .001

Mit diesen kundenseitigen Frageschemata sind typische Antworten und verkäuferseitige Intentionen verbunden. Antworten werden in CoRA mittels Textplänen realisiert, welche verkäuferseitige Intentionen mit kundenseitigen Intentionen verbinden (▶ **Tab. 13.3**).

Tab. 13.3: Vergleich kommunikativer Kundenintentionen aus Fragenschemata mit verkäuferseitigen Intentionen (Maass et al. 2011).

#	Kommunikative Kundenintentionen	Textpläne für Antworten	Händlerintentionen
1	Description_ Information_Price	INFORMATION	Information, Bundling, High_Price
2	Description_Decision_ Comparison	DECISION	Decision
3	Description_Information_ Property	INFORMATION_N	Information_N, Bundling
4	Description_Decision_ Existence_Property	DECISION	Decision

Um das Antwortschema *INFORMATION* realisieren zu können, werden Produktdaten, beispielsweise der Preis, Farbe und Material, aus der Produktdatenbank gelesen. Eine hohe Flexibilität wird dadurch erzielt, dass Produktdaten semantisch annotiert werden. Dazu werden Produktdaten mit ihren beschreibenden Datenschemata zusammen abgelegt. Dadurch ist der NL-RA in der Lage inhaltliche Analysen, wie bspw. auf Produktunterschiede (*Equation_Difference*) oder die Passgenauigkeit von Produkten (*Description_Additive_Product_Survey_Matching*) automatisch durchzuführen (Janzen 2008).

Durch Entkopplung von kunden- und händlerseitigen Intentionen werden flexible Dialoge unterstützt. Zudem lassen sich unterschiedliche Verkaufsstrategien durch Veränderung der Händlerintentionen dynamisch realisieren.

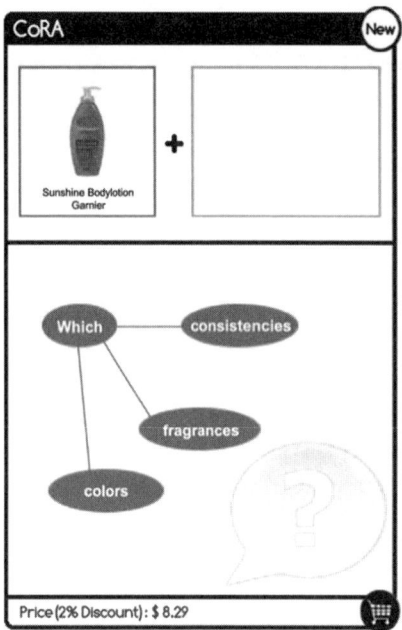

Abb. 13.3: Schrittweise Fragengenerierung   **Abb. 13.4:** Antwortpräsentation

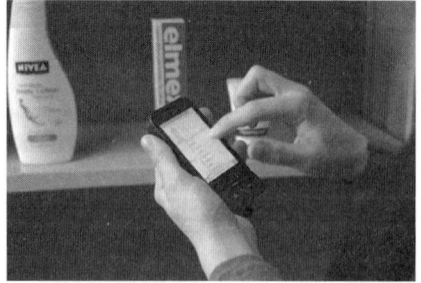

Abb. 13.5: Produktidentifikation   **Abb. 13.6:** Interaktion mit CoRA

In Abbildung 13.3 ist die auswahlbasierte Fragengenerierung abgebildet. Der Kunde wählt zuerst ein Fragewort aus (»Which«). Danach werden ihm drei sinnvolle Ergänzungen zum ausgewählten Produkt angeboten (»colors«, »fragrances« und »consistencies«) bis dann letztendlich eine Frage bestimmt wurde. Als Ergebnis erhält der Kunde durch den NL-RA die nachgefragte Information (▶ Abb. 13.4). Gleichfalls wurde jedoch auch die händlerseitige Intention »Bundling« aktiviert, sodass ein zusätzliches Produkt (Creme »Fresh«) mit einem Bündelpreis angeboten wird. Somit beantwortet der NL-RA nicht nur die Frage des Kunden, sondern erweitert die Antwort im Sinne der Verkaufsstrategie. Abbildung 13.5 und Abbildung 13.6 zeigen exemplarisch, wie CoRA auf einem mobilen Endgerät eingesetzt werden kann.

Empirische Studien zu elektronischen Konsumgütern belegen, dass NL-RA statischer Produktinformation, die beispielsweise durch Papierschilder am Regal gegeben wird, überlegen sind. Gleichfalls werden NL-RA als vergleichbar mit direkten Gesprächen mit Verkäufern eingestuft. Darüber hinaus gibt es deutliche Anzeichen für Verstärkungen von Kaufimpulsen (Maass et al. 2011).

Zusammenfassend lässt sich feststellen, dass natürlichsprachliche Empfehlungssysteme eine reichhaltige Kommunikation in Verkaufssituationen unterstützen, die sich für den Verkauf komplexer, kritischer, und selten gekaufter Produkte eignet. Kaufentscheidungsprozesse bei dieser Produktklasse gehen mit einem hohen Informationsbedarf auf Seiten des Kunden einher. Natürlichsprachliche Empfehlungsassistenten ermöglichen in diesem Kontext eine einfache Suche nach Produkten sowie eine intuitive und natürliche Beschaffung von Produktinformationen (▶ Abb. 13.2).

Des Weiteren stellen Empfehlungssysteme eine Möglichkeit dar, die bisher wenig etablierte trianguläre Kommunikation zwischen Kunden, Verkäufern sowie Herstellern effizient herzustellen. Der Kunde kann Wünsche und Fragen direkt platzieren und Informationen gezielt abrufen. Verkäufern und Herstellern ist es zudem möglich, Produktinformationen individualisiert zur Verfügung zu stellen und Verkaufsstrategien optimal zu implementieren.

Nicht zuletzt birgt die Verknüpfung von physischen Produkten mit innovativen Servicetechnologien wie natürlichsprachlichen Empfehlungsassistenten neue Gestaltungspotenziale für exzellente Verkaufsservices, die ohne Frage einen kritischen Erfolgsfaktor für jedes Einzelhandelsunternehmen darstellen. Eine optimale Integration von Empfehlungsassistenten in den Einzelhandel erlaubt die Umsetzung von neuartigen Geschäftsmodellen sowie innovativen Formen des Customer Relationship Management.

3. Integration von mobilen Diensten für den Handel

Immer mehr technische Innovationen finden ihren Weg in den Handel und eröffnen hierdurch neue Chancen für Händler und Kunden. Hierbei kommen eine Vielzahl von Technologien zum Einsatz, um beispielsweise den Bestand von Produkten zu ermitteln. Eingesetzt werden neben Barcodes unter anderem die Radiofrequenz-basierenden Technologien RFID (engl. »radiofrequency identification«) und NFC (engl. »near-field communication«), welche die vielversprechendsten Technologien für den zukünftigen Handel darstellen. Hinzu kommen weitere Technologien wie etwa Infrarot, kontaktlose Netzwerke und Bilderkennungsverfahren. Diese Innovationen werden sowohl eingesetzt, um die innerbetrieblichen Prozesse zu verbessern, als auch, um dem Kunden ein besseres Einkaufserlebnis zu verschaffen und ihn somit als Stammkunden zu binden.

Am Beispiel der RFID Technologie lässt sich veranschaulichen, wie vielfältig die Möglichkeiten sind, die neue Technologien für den Handel schaffen. Die Anbringung von entsprechenden Funketiketten, sogenannte Tags, an den Produkten ermöglicht es beispielsweise, jedes Produkt einzeln und ohne Sichtkontakt zu identifizieren. Weiterhin lassen sich auf den Tags Zusatzinformationen, wie z. B. das Mindesthaltbarkeitsdatum (MHD) oder die optimale Kühltemperatur hinterlegen. Sind Regale und Kühltruhen mit entsprechenden Lesern ausgestattet, ist es dem Händler möglich, zu erkennen, wo sich Produkte im Markt befinden. Hierdurch kann er schnell erkennen, ob ein Produkt zum Beispiel von einem Kunden an einer falschen Position im Markt abgelegt wurde und dieses Produkt durch seine Mitarbeiter zurückstellen lassen. Dies ist speziell bei Produkten sinnvoll, welche auf eine dauerhafte Kühlung angewiesen sind, und daher einer schnellen Handlung bedürfen. Neben der Ermittlung von Fehlplatzierungen ist es mit der RFID Technologie möglich, zu erkennen, wenn der Bestand eines Produktes zu gering wird. Der Händler kann hierauf direkt reagieren, indem er zum Beispiel das Regal auffüllen oder die entsprechende Ware nachbestellen lässt, um möglichst frühzeitig einer Out-of-Stock Problematik entgegenzuwirken. Durch die eindeutige Identifizierbarkeit der Produkte ist es außerdem möglich, Produkte, deren MHD bald abläuft oder bereits abgelaufen ist, zu identifizieren und diese zeitnah als Sonderangebote anzubieten oder diese aus dem Markt entfernen zu lassen. Durch den Einsatz von RFID Technologie im Handel lässt sich sogar Strom sparen, wenn zu den Produkten zusätzlich die optimale Kühltemperatur vorliegt. Stehen diese Daten zur Verfügung kann geprüft werden, welche Produkte sich im Kühlregal befinden, und die Temperatur des Kühlregals auf die kleinstmögliche Temperatur eingestellt werden.

Ein weiteres Beispiel für den Einsatz von technischen Innovationen im Handel stellt die Erkennung von Benutzerinteraktionen dar. Beispielsweise ermöglicht die Identifizierung natürlicher Zeigegesten des Kunden, eine gezieltere Beratung.

Durch die neuen Technologien lassen sich nicht nur – wie in den genannten Beispielen aufgezeigt – die Abläufe im Markt optimieren und hierdurch die Ausgaben verringern. Gleichzeitig wird auch das Einkaufserlebnis für den Kunden verbessert, was eine stärkere Kundenbindung zur Folge hat.

Die Einführung von technischen Innovationen im Handel verschafft auch dem Kunden viele Vorteile während des gesamten Einkaufsprozesses. Dies fängt bereits bei der Nutzung der Einkaufsliste an und endet bei der Bezahlung. Insgesamt wurden sieben verschiedene Dienste identifiziert, die durch den Einsatz von technologischen Innovationen maßgeblich verbessert werden können (Paradowski und Krüger 2013). In Frage kommen hierfür die Technologien RFID, NFC, Barcode, kabellose Netzwerke und Bilderkennungsverfahren (▶ Abb. 13.2).

Die Erstellung der Einkaufsliste kann automatisch aus Informationen in einem digital erfassten Haushaltsbuch generiert und beispielsweise im Markt an einen Einkaufsassistenten des Händlers übermittelt werden (»Shopping List Management«). Im Markt können Lokalisierungsverfahren dem Kunden helfen, sich im Markt zu orientieren und Produkte einfacher zu finden (»Orientation«). Am Produkt selber können mittels verschiedenster Technologien wie Barcode, RFID/NFC oder Bilderkennung Produktinformationen abgerufen werden (»Product Information Procurement«). Das anschließende Scannen des Warenkorbes erfolgt analog zur Produktinformationsbeschaffung (»Shopping Basket Management«). Vor der Bezahlung hat der Kunde in vielen Geschäften die Möglichkeit, Coupons einzulösen oder an einem Kundenbindungsprogramm teilzunehmen und hierdurch zum Beispiel einen Rabatt zu bekommen oder Punkte zu sammeln. Coupons können beispielsweise digital auf dem Kundenhandy vorliegen und dem Händler per angezeigtem, scanbarem Barcode oder NFC übermittelt werden (»Coupon Redemption«). Für die Teilnahme an einem solchen Kundenbindungsprogramm ist eine Authentifizierung notwendig, welche beispielsweise durch die Übertragung einer Kunden-ID und der Eingabe eines Passwortes durchgeführt werden kann (»Customer Loyalty Reward«). Die Bezahlung am Ende des Einkaufs ist ebenfalls mit Hilfe verschiedener Technologien möglich und wird bei mobilen Bezahlverfahren häufig mit QR-Codes oder NFC Technologie realisiert.

Einen neuartigen Einkaufsprozess unter Verwendung verschiedener Technologien stellen Kahl und Paradowski (2013) vor. In ihrem Einkaufsszenario kommen sowohl ein Kundenhandy als auch ein Einkaufsassistent des Händlers – der instrumentierte Einkaufswagen IRL SmartCart (Kahl et al. 2011) – zum Einsatz, welche miteinander kommunizieren ohne dabei private Daten auszutauschen. Der beschriebene Einkaufsprozess umfasst dabei mehrere der zuvor beschriebenen Module. Zu Beginn des Einkaufsprozesses befindet sich bereits eine zuvor erstellte Einkaufsliste auf dem Kundenhandy. Im Markt kann der Kunde diese Einkaufsliste nun per NFC an den intelligenten Einkaufswagen des Händlers übertragen. Der IRL SmartCart verfügt neben einem NFC Empfänger unter anderem zusätzlich über einen Touchscreen und einen RFID Leser, welcher den Inhalt des Einkaufswagens scannt. Basierend auf der Einkaufsliste des Kunden, bietet der Einkaufswagen verschiedene Services, wie z. B. einen Navigationsdienst, an. Durch das Anklicken eines Listeneintrages, wird der Kunde zu dem gewählten Produkt navigiert. Um das Produkt zu scannen, legt der Kunde es in den Einkaufswagen, welcher dieses anhand des am Produkt angebrachten Tags automatisch erkennt. Informationen zu den im Einkaufswagen befindlichen Produkten werden auf dem Display dargestellt. Nachdem die gewünschten Produkte im Einkaufswagen platziert wurden, kann der Bezahlvorgang gestartet werden. Hierzu fordert der Kunde eine Liste der im Einkaufswagen befindlichen Produkte inklusive Preise an. Dies wurde durch das Scannen eines QR-Codes mit dem Kundenhandy realisiert, welcher auf dem Display des Einkaufswagens erscheint, sobald der Bezahlbutton gedrückt wurde. Nach erfolgreich ausgeführter Transaktion des Betrages mit dem Handy, erhält der Kunde einen Schlüsselcode, welcher per NFC an den Einkaufswagen übermittelt werden muss. Hierdurch wird die Bezahlung verifiziert und der Diebstahlschutz für die bezahlten Produkte, welche durch die angebrachten RFID Tags eindeutig identifiziert werden können, deaktiviert.

Intelligente Einkaufswagen stellen für die Kunden eine große Bereicherung während des Einkaufs dar, denn sie ermöglichen einen angenehmeren und schnelleren Einkauf.

Für den Händler stellt die Aufrüstung eines Einkaufswagens zu einem intelligenten Einkaufswagen, der seinen Inhalt selber ermitteln, zu einem ausgewählten Produkt navigieren oder auch die Bezahlung ermöglichen kann, jedoch eine sehr hohe Investition dar, welche die meisten Händler davon abschreckt, solche neuartigen Systeme in ihren Markt zu integrieren. Sollten die Einkaufswagen mit Bezahlmöglichkeit jedoch irgendwann flächendeckend vorhanden sein, so würde kein Kassenbereich mehr benötigt werden. Hierdurch würde der Händler zum einen Mitarbeiterkosten sparen, zum anderen würde außerdem wertvolle Marktfläche dazugewonnen werden. Die Verwendung intelligenter Einkaufswagen wäre daher auf längere Sicht gesehen sehr rentabel.

Das oben beispielhaft beschriebene Einkaufsszenario zeigt wie komplex die Integration verschiedener nutzerzentrierter Dienste werden kann. Gleichzeitig wird deutlich, dass die Loslösung einzelner Dienste, z. B. der Bezahlfunktion von der Vergleichs- oder Couponfunktion, Risiken in sich birgt, da der Verkaufsprozess einem Bruch unterworfen wird. Die Wertschöpfung entsteht erst durch die Kombination verschiedener digitaler Dienste, die über das mobile Gerät dem Kunden zur Verfügung stehen. Für die Verknüpfung dieser Dienste werden geeignete Architekturen benötigt.

3.1   Software-Architekturen zur Integration von Diensten

Innovative Technologien können im Handel nur dann optimal genutzt werden, wenn der Händler über die passende Infrastruktur verfügt und diese mit gesicherten Schnittstellen den Kunden bereitstellt.

Der Einsatz von Technik in Märkten hat durch die Installation von Aktuatoren und Sensoren in den letzten Jahren eine starke Zunahme erfahren. Aktuatoren dienen dazu, Änderungen in der Umgebung zu bewirken. In Supermärken sind Beispiele hierfür elektrische Preisschilder oder auch Werbedisplays. Im Gegensatz zu Aktuatoren dienen Sensoren dazu, Daten aus der Umgebung zu erfassen. Beispiele hierfür sind elektronische Vorlaufsysteme, welche erkennen, wie viele Produkte sich noch in dem entsprechenden Fach befinden oder Sensoren, welche eingesetzt werden, um die Anzahl von Kunden und deren Laufverhalten zu ermitteln. Zukünftig wird die Anzahl der im Markt befindlichen Sensoren und Aktuatoren durch die Integration innovativer Technologien, wie zum Beispiel RFID Technologie, noch weiter ansteigen. Um die von den Sensoren erfassten Daten mit Diensten zu verknüpfen und anschließend Aktuatoren geeignet anzusteuern, wird eine entsprechende Infrastruktur benötigt. Ein Beispiel für eine solche Infrastruktur, welche die Kommunikation zwischen Sensoren, Diensten und Aktuatoren steuert, wurde 2012 von Kahl und Bürckert (2012) vorgestellt. Diese eventbasierte Kommunikationsinfrastruktur, der »Event Broadcasting Service«, ermöglicht den Datenaustausch zwischen allen Komponenten einer instrumentierten Umgebung. Die zu übermittelnden Daten werden dabei als Events von den Komponenten an einen zentralen Server geschickt. Dieser verteilt die Events an alle registrierten Clients, welche die Daten auswerten und verarbeiten (▶ **Abb. 13.7**).

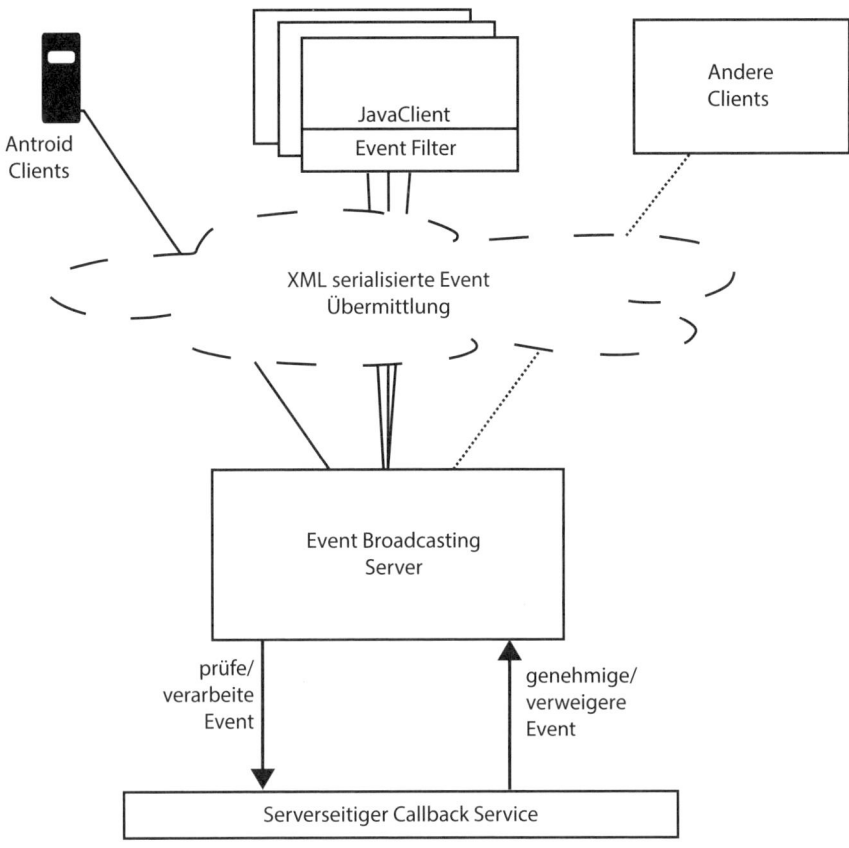

(in Anlehnung an Kahl und Bürckert 2012)

Abb. 13.7: Informationsübermittlung des Event Broadcasting Service

Die vorgestellte Infrastruktur, welche die Kommunikation zwischen verschiedenen Diensten steuert, kann beispielsweise dazu verwendet werden, um das Zusammenspiel zwischen verschiedenen Einkaufsassistenzsystemen im Markt zu ermöglichen. In Abbildung 13.2 wurden bereits diverse Dienste inklusive der verwendbaren Technologien vorgestellt. Wie die Grafik verdeutlicht, gibt es eine große Zahl von Möglichkeiten, diese Dienste miteinander zu verknüpfen. Die Art der verwendeten Dienste sowie der jeweiligen Technologien hängen dabei sowohl von der Struktur und Hardware des Marktes als auch der Hardware des Kunden, wie zum Beispiel dem verwendeten Smartphone, ab.

Um den Kunden einen angenehmen und schnellen Einkauf zu ermöglichen, ist es daher notwendig, eine Infrastruktur zu besitzen, welche sich automatisch optimal an die vorhandene Hardware des Kunden anpasst. Ein Markt, welcher seine Produkte zusätzlich zu den aufgedruckten Barcodes bereits mit RFID Tags ausgestattet hat, sollte beispielsweise die Bereitstellung von Produktinformationen nicht nur über den Barcode sondern für Kunden, die bereits über entsprechende Technologien auf ihrem Smartphone verfügen, auch über RFID Technologie ermöglichen. Die Infrastruktur des Marktes sollte es dem Kunden weiterhin erlauben, bei jeder Aufgabe im Markt die zu verwendende Technologie selber auswählen zu können. Zur Auswahl dürfen hierbei jedoch nur die Technologien stehen, die sowohl beim Händler als auch beim Kunden zur Verfügung stehen. Betritt ein Kunde mit einem Smartphone, welches über eine Kamera, aber keinen NFC-Leser verfügt, einen Markt, welcher seine Produkte sowohl mit RFID Funketiketten als auch mit Barcodes versehen hat, so wird dem Kunden zum Scannen der Produkte nur die Möglichkeit über den Barcode angeboten, da er mit seinem Smartphone keine RFID Etiketten scannen kann. Ein Beispiel für eine Architektur, welche das Zusammenspiel zwischen Einkaufsassistenzsystemen ermöglicht, zeigt Abbildung 13.8.

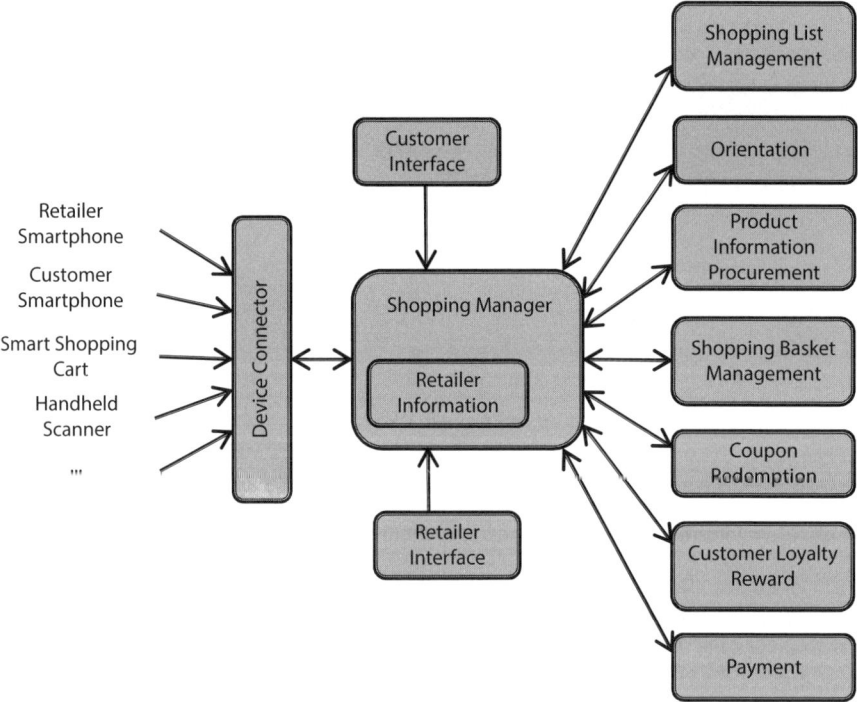

Abb. 13.8: Infrastruktur für Einkaufsassistenzsysteme

Den Kern dieser Architektur stellt der Einkaufsmanager (Shopping Manager) dar. Dieser enthält Informationen über den Händler, wie beispielsweise die verfügbaren

Technologien im Markt und die Produktinformationen. Zusätzlich ist es möglich, dass sich der Kunde mit einem Kundenkonto am Einkaufsmanager registriert, um hier Informationen zum Beispiel über zuletzt gekaufte Produkte zu hinterlegen. Eine Registrierung ist nicht notwendig, jedoch kann ohne diese keine Personalisierung der Anwendung erfolgen.

Um das System zu nutzen, muss sich zunächst die vorhandene Hardware beim Einkaufsmanager anmelden. Die Hardware kann hierbei ein Kundenhandy aber auch ein zur Verfügung gestellter Einkaufsassistent des Händlers sein. Die Anmeldung erfolgt über einen Geräteverbinder (Device Connector), welcher automatisch die Funktionen der Hardware ausliest und diese dem Einkaufsmanager bereitstellt. Beispiele für Funktionen sind das Vorhandensein eines NFC Lesers oder einer Kamera sowie das Auslesen von deren Eigenschaften. Anhand dieser Informationen, ermittelt der Einkaufsmanager die für den Kunden in dem spezifischen Markt verfügbaren Assistenzsysteme sowie nutzbare Technologien und bietet nur diese dem Kunden an. Angezeigt werden dabei kontextbasiert immer nur die Systeme, die der Kunde zu dem aktuellen Zeitpunkt auch wirklich nutzen kann. Die Möglichkeit zur Bezahlung erscheint beispielsweise erst dann, wenn der Kunde bereits ein Produkt in seinen Warenkorb gelegt hat. Die Kommunikation zwischen dem Warenkorbassistenten und dem Bezahlassistenten erfolgt über Events. Wird ein Produkt in den Warenkorb gelegt, so wird ein entsprechendes Event an alle anderen Einkaufsassistenzsysteme übermittelt, welche hierauf reagieren können. In dem Fall, dass ein Produkt in den Einkaufswagen gelegt wurde, wird beispielsweise die Bezahlfunktion aktiviert. Dies ermöglicht dem Kunden zu jeder Zeit kontextbasiert, adaptiv den geeigneten Dienst angeboten zu bekommen, um seinen Einkauf zu erleichtern.

4. Zusammenfassung und Ausblick

In diesem Kapitel haben wir technische Antworten auf Veränderungen im stationären Einzelhandel diskutiert, die eine Kundenansprache in der Fläche über natürlichsprachliche Verkaufsassistenten und natürliche Interaktion über ein mobiles Gerät kundenseitig ermöglicht. Wir haben ferner gezeigt, welche Vorteile die Integration unterschiedlicher Dienste, die heute häufig noch getrennt vom Kunden in Anspruch genommen werden, durch entsprechende Softwarearchitekturen erzielt werden können.

Das Potenzial Verkaufsgespräche durch natürlichsprachliche Empfehlungsassistenten zu unterstützen, ist aus Sicht der Kundenbindung und der wettbewerblichen Differenzierung bedeutsam. Bis dato gibt es mit Apples Siri erste Gehversuche in diese Richtung. Diese Systeme lassen sich als zentrale strategische Werkzeuge einsetzen, wenn Händler und Hersteller in der Lage sind ihre Aktivitäten zu synchronisieren. Voraussetzung sind Produktdaten von hoher Qualität, produktkategorieübergreifende, horizontale Vertriebsstrategien und ein Verständnis für kulturelle Kundenspezifika in der Kommunikation. Hinter dem letzten Punkt verbergen sich saisonale Schwankungen, soziale und sonstige kontextuelle Veränderungen, welche sich auf das Kaufverhalten und die Kommunikation in Verkaufssituationen auswirken.

Unternehmen, die in der Lage sind diese Elemente in ihre Verkaufsstrategien zu integrieren, werden Empfehlungsassistenten und -dienste als strategisches Werkzeug nutzen, um den eingangs genannten Herausforderungen des Handels begegnen zu können. Neue Technologien, wie u. a. Google Glass[21], werden neue Möglichkeiten schaffen, Empfehlungsassistenten in das natürliche Nutzungsfeld des Kunden zu bringen. Daraus werden sich neue Kommunikationsformen im Verkauf entwickeln, die sich letztendlich an der natürlichen, und insbesondere natürlichsprachlichen Kommunikation des Menschen ausrichten. Die weitere Integration dieser Empfehlungsassistenten in die Backend-Systeme der Einzelhändler wird eine vielversprechende Option sein, um eine neue Wertschöpfung durch digitale Dienste zu ermöglichen, die durch eine Trennung der Dienste nicht zu erreichen sein wird. Neue Möglichkeiten der Wertschöpfung werden so auf unterschiedlichen Ebenen realisiert: durch neue Methoden der Kundenansprache, die auf innovativen Empfehlungssystemen beruhen, bis hin zu massiven Prozessveränderungen, die Betriebsabläufe vereinfachen, wie z. B. durch die Einführung von intelligenten Einkaufswagen in diesem Artikel beschrieben. Das größte Potenzial wird aber durch die Etablierung einer neuen modularen Diensteinfrastruktur erreicht. Ist diese erst einmal flächendeckend im Einsatz wird diese neue Wertschöpfungsmöglichkeiten eröffnen, die sich zum jetzigen Zeitpunkt noch gar nicht absehen lassen.

Literaturverzeichnis

Daft, Richard L. und Robert H. Lengel (1986), »Organizational information requirements, media richness and structural design,« *Management Science*, 32 (5), 554–71.

Duncan, Tom und Sandra E. Moriarty (1998), »A Communication-Based Marketing Model for Managing Relationships,« *Journal of Marketing*, 62 (April), 1–12.

Choudhary, Vidyanand, Anindya Ghose, Tridas Mukhopadhyay und Uday Rajan (2005), »Personalized Pricing and Quality Differentiation,« *Management Science*, 51 (7), 1120–30.

Häubl, Gerald und Valerie Trifts (2000), »Consumer Decision Making in Online Shopping Environments: The Effects of Interactive Decision Aids,« *Marketing Science*, 19 (1), 4–21.

Janzen, Sabine (2008), »Natürlichsprachliche Kommunikation mit Produktkollektionen in Verkaufssituationen,« (Master Thesis).

Janzen, Sabine und Wolfgang Maass (2009), »Ontology-based Natural Language Processing for In-store Shopping Situations,« Third IEEE International Conference on Semantic Computing (ICSC 2009), Berkeley, California, USA.

Kahl, Gerrit und Christian Bürckert (2012), »Architecture to Enable Dual Reality for Smart Environments,« 8th International Conference on Intelligent Environments (IE), (June), 42–9.

Kahl, Gerrit und Denise Paradowski, »A Privacy-aware Shopping Scenario,« erschienen in Proceedings of the companion publication of the 2013 international conference on Intelligent user interfaces companion (IUI '13 Companion), ACM, New York, USA, 107–8.

Kahl, Gerrit, Lybomira Spassova, Johannes Schöning, Sven Gehring und Antonio Krüger (2011), »IRL SmartCart – a User-adaptive Context-aware Interface for Shopping Assistance,« erschie-

---

21 http://www.google.de/glass/start/

nen in Proceedings of the 16th international conference on Intelligent user interfaces (IUI '11), ACM, New York, USA, 359–62.

Kowatsch, Tobias und Wolfgang Maass (2010), »In-store Consumer Behavior: How Mobile Recommendation Agents Influence Usage Intentions, Product Purchases, and Store Preferences,« *Computers in Human Behavior*, 26 (4), 697–704.

Lee, Young Eun und Izak Benbasat (2010), »Interaction design for mobile product recommendation agents: Supporting users' decisions in retail stores,« ACM Transactions on Computer-Human Interaction (TOCHI), 17.4, 17.

Maass, Wolfgang, Tobias Kowatsch, Sabine Janzen und Upkar Varshney (2011), »A Natural Language Technology-enhanced Mobile Sales Assistant for In-store Shopping Situations,« 19th European Conf. on Information Systems (ECIS 2011).

Monetate Whitepaper (2012), »The Merchandiser's Cookbook,« [http://resources.monetate.com/¬ios/books/27604048book27604048.pdf].

Mudambi, Susan M. und David Schuff (2010), »What Makes a Helpful Online Review? A Study of Customer Reviews on Amazon.com,« *MIS Quarterly*, 34 (1), 185–200.

Paradowski, Denise und Antonio Krüger (2013), »Modularization of Mobile Shopping Assistance Systems,« 5th International Workshop on Near Field Communication (NFC) 2013, (Februar), 1–6.

Prahalad, C. K. und Venkatram Ramaswamy (2000), »Co-opting Customer Competence,« *Harvard Business Review*, 78 (1), 79–87.

Resnick, Paul und Hal R. Varian (1997), »Recommender systems,« *Communications of the ACM*, 40 (3), 56–8.

Schneider, Markus, Christian Winter und York Yannikos (2010), »Untersuchung von Spam-Eigenschaften kostenfreier Email-Dienste,« Fraunhofer-Institut, März.

Sheth, Jagdish N. (1976), »Buyer-Seller Interaction: A Conceptual Framework,« *Advances In Consumer Research*, 3 (1), 382–86.

Stremersch, Stefan und Gerard J. Tellis (2002), »Strategic Bundling of Products and Prices: A New Synthesis for Marketing,« *Journal of Marketing*, 66 (1), 55–72.

van der Heijden, Hans (2006), »Mobile decision support for in-store purchase decisions,« *Decision Support Systems*, 42 (2), 656–63.

Vargo, Stephen L. und Robert F. Lusch (2004), »Evolving to a New Dominant Logic for Marketing,« *Journal of Marketing*, 68 (January), 1–17.

Xiao, Bo und Izak Benbasat (2007), »E-Commerce Product Recommendation Agents: Use, Characteristics, and Impact,« *MIS Quarterly*, 31 (1), 137–209.

Zentes, Joachim, Bernhard Swoboda und Thomas Foscht (2012), »Handelsmanagement«, 3. Aufl. München: Vahlen.

Autorenverzeichnis

Dr. Jan-Michael Becker

Dr. Jan-Michael Becker ist Habilitand am Lehrstuhl für Marketing und Markenmanagement an der Universität zu Köln. Seine Arbeitsschwerpunkte bilden insbesondere Themen in den Bereichen Social Media Marketing, Markenmanagement mit einem Fokus auf Handels- und Händlermarken sowie Marktforschungsmethoden. Er ist Mitentwickler der SmartPLS Softwareanwendung zur Messung von Strukturgleichungsmodellen mit latenten Variablen. Forschungsaufenthalte als Visiting Scholar führten ihn u. a. an die Georgia State University (USA) und die University of Waikato (Neuseeland).

Thomas Brylla

Herr Brylla hat Betriebswirtschaftslehre an der RWTH Aachen und der UIC in Barcelona studiert. Nach seinem Diplom im Jahre 2008 war er knapp zwei Jahre als wissenschaftlicher Mitarbeiter an der Georg-August-Universität Göttingen beschäftigt und promoviert aktuell berufsbegleitend im Bereich der Spieltheorie, wo er den Einfluss von Kundenbewertungen auf das Kundenverhalten untersucht.

Anschließend war Herr Brylla als Regionalverkaufsleiter bei ALDI Süd beschäftigt, bevor er im Februar 2013 zu den IFH Retail Consultants als Consultant wechselte. Als Consultant tätig, zählen insbesondere die Analyse von Märkten und künftigen Potenzialen zu seinen Hauptaufgaben.

Dr. Susanne Eichholz-Klein

Nach ihrer Promotion und Tätigkeit als wissenschaftliche Mitarbeiterin an der Universität zu Köln kam Frau Dr. Eichholz-Klein 1993 zu den IFH Retail Consultants (ehemals BBE RETAIL EXPERTS) als Tochterunternehmen des Instituts für Handelsforschung. Frau Dr. Eichholz-Klein leitet als Prokuristin den Bereich Markt & Strategie. Ihre inhaltlichen Schwerpunkte liegen bei den Themenbereichen Handel und Handelsstrukturen, Luxus, Discount, Nachhaltigkeit und den Branchenschwerpunkten Food, LEH/FMCG, Drogerie, Apotheken, Sanitätshaus und Kaufhaus.

Hauptaugenmerk liegt auf Beratungsprojekten rund um den Einzelhandel und die Konsumenten in Deutschland und Europa.

Dr. Mark Elsner

Dr. Mark Elsner Habilitand am Seminar für Handel und Kundenmanagement der Universität zu Köln. Zuvor arbeitete und forschte er als wissenschaftlicher Mitarbeiter an der Universität Mainz sowie der University of Colorado. Seine Forschungsschwerpunkte und Interessen liegen in den Bereichen Handel, E-Commerce und Social Media. Vor seiner akademischen Tätigkeit konnte Dr. Elsner mehrjährige Beratungserfahrung im HR-Marketing sammeln.

Prof. Dr. Martin Fassnacht

Prof. Dr. Martin Fassnacht ist Inhaber des Lehrstuhls für BWL, insbesondere Marketing und Handel (Otto Beisheim-Stiftungslehrstuhl) an der WHU – Otto Beisheim School of Management in Vallendar/Koblenz. Zudem ist er Sprecher der Marketing Group, wissenschaftlicher Direktor des Zentrums für Marktorientierte Unternehmensführung (ZMU), Vorsitzender des Beirats des Henkel Center for Consumer Goods (HCCG) und wissenschaftliches Mitglied des Beirats der RUNDSCHAU für den Lebensmittelhandel. Prof. Fassnacht ist darüber hinaus als Strategic Advisor für Konsumgüter- und Handelsunternehmen tätig. In dieser Funktion transferiert er neueste Kenntnisse aus der Wissenschaft in die Praxis. Die am Lehrstuhl von Prof. Fassnacht behandelten Forschungsschwerpunkte umfassen das Preismanagement, Handelsmarketing, Marken- und Luxusmanagement sowie Marktorientierte Unternehmensführung.

Dr. Lars Finger

Dr. Lars Finger leitet das E-Commerce Competence Center der Otto Group. Er berät den Vorstand und die Geschäftsführungen in Bezug auf E-Commerce Strategien und verantwortet die Konzeption und Umsetzung neuer E-Commerce Geschäftsmodelle, -technologien und -methoden sowie gruppenweiter Innovations- und Synergie-Initiativen. Dr. Finger hat langjährige Berufserfahrung in den Bereichen Strategie- und Unternehmensentwicklung, dem Treiben des digitalen Wandels durch strategische Neuausrichtung, Etablierung effizienter Prozesse und Strukturen sowie dem Aufbau bzw. der Akquisition neuer Geschäftsfelder im Handels-, Telekommunikations- und Medienumfeld. Lars Finger ist Diplom-Wirtschaftsinformatiker und promovierte zum Dr. rer. pol. am Lehrstuhl für Unternehmensführung der Technischen Universität Braunschweig.

Vanessa Gartmeier

Vanessa Gartmeier ist seit Ende 2010 als wissenschaftliche Mitarbeiterin und Promotionsstudentin am Seminar für Handel und Kundenmanagement an der Universität zu Köln tätig. Zuvor absolvierte sie ein Master-Studium der Betriebswirtschaftslehre mit den Schwerpunkten Dienstleistungsmanagement und Handel, Marketing, Personal und Unternehmensführung sowie Organisations- und Personalökonomie an der Universität Duisburg-Essen und schloss dieses mit der Auszeichnung als jahrgangsbeste Absolventin ab. Im Rahmen ihrer wissenschaftlichen Tätigkeit interessiert sie sich vor allem für das Thema Shopper Marketing und befasst sich in ihrer Dissertation mit den Entscheidungsstrategien und dem Kaufverhalten von Kunden am Point of Sale.

Boris Hedde

Boris Hedde ist seit Ende 2009 Geschäftsführer der IFH Institut für Handelsforschung GmbH Köln. Implementierung forschungsbasierter Tools sowie Beratungsansätze für die Unternehmenssteuerung u. a. in den Bereichen E-Commerce, Nachhaltigkeit, Marke sowie Zukunftsstrategien im und für den Handel zählen zu seinen Schwerpunktthemen. Zuvor wirkte Herr Hedde langjährig in der Marktforschung – mit speziellem Fokus auf Marke, Marketing und Kommunikation. Bis 2007 war er für das Forschungs- und Beratungsunternehmen Sport+Markt AG (heute Repucom) in unterschiedlichen Bereichen international tätig und leitete als Senior Consultant zuletzt die Geschäfte im schweizerischen Markt. Danach wechselte Herr Hedde zur YouGovPsychonomics AG. Als Senior Projekt Manager Branding galt dort neben dem Thema Markenführung sein besonderes Augenmerk der Markennavigation in Krisenzeiten.

Dr. Timm Homann

Dr. Timm Homann ist seit 2008 Konzernvorstand Multichannel Retail der Otto Group. Er ist verantwortlich für das weltweite Multichannel-, Retail- und Touristikportfolio der Gruppe. Darüber hinaus ist Dr. Timm Homann Vizepräsident des Handelsverbandes Deutschland (HDE). Bis 2008 war Dr. Homann Generalbevollmächtigter und Geschäftsführer der Unternehmensgruppe Peek & Cloppenburg.

Im Anschluss an sein Studium der Betriebswirtschaftslehre (BA) erreichte Dr. Homann seinen Master in den Fächern Soziologie, Psychologie und Politologie der Universität Hamburg. Neben seinem MBA der WHU Vallendar und der Kellogg School of Management, Chicago, promovierte er an der Universität Hamburg.

Dr. Homann ist seit 2006 Lehrbeauftragter an der Fakultät Wirtschaftswissenschaften der Hochschule Bremen.

Dr. Kai Hudetz

Dr. Kai Hudetz ist seit August 2009 Geschäftsführer der IFH Institut für Handelsforschung GmbH Köln. Zuvor leitete er seit 2000 das dort angesiedelte E-Commerce-Center. 2003 wurde Dr. Hudetz in den Beirat des BMWi-Förderprojekts PROZEUS, 2007 in den Beirat des Projekts »e-Business Market Watch – The Retail Industry« der Europäischen Union berufen. Er war Mitglied des vom BMWi initiierten Ausschusses für Definitionen zu Handel und Distribution, dessen Arbeit Anfang 2006 in die fünfte Ausgabe des Katalog E mündete. Seit 2012 ist er Mitglied im Expertenbeirat des Umdasch Innovation Circle, seit 2013 des Aufsichtsrats der Intershop Communications AG. Dr. Hudetz ist Autor zahlreicher Fachartikel zu aktuellen Fragen des Handels und Gastdozent an verschiedenen Hochschulen.

Sabine Janzen

Sabine Janzen ist wissenschaftliche Mitarbeiterin am Lehrstuhl für Betriebswirtschaftslehre, insbesondere Wirtschaftsinformatik im Dienstleistungsbereich an der Universität des Saarlandes. Sie studierte Medieninformatik und schrieb ihre Diplomarbeit über die automatische Sprachverarbeitung im Kontext von mobilen Dialogsystemen. Im Rahmen des anschließenden Master-Studiums konnte sie ihre Forschung auf dem Gebiet der natürlichsprachlichen Interaktion zwischen Kunden und Produkten in intelligenten Umgebungen weiter vertiefen. Neben ihrer Promotion ist Sabine Janzen als Teilnehmerin des Software-Campus-Programms Projektleiterin des Projektes »SatIN – Satisficing

Mixed Intention Sets in Non-Collaborative Dialogues«. Das Projekt untersucht aus analytischer, konzeptueller und technischer Sicht systemgestützte, non-kollaborative Dialoge mit inkongruenten Intentionen der Gesprächspartner wie z. B. Verkaufsgespräche.

Dr. Monika Käuferle

Dr. Monika Käuferle ist seit Ende 2012 Habilitandin am Seminar für Handel und Kundenmanagement der Universität zu Köln. Ihre Forschungsschwerpunkte und Interessen umfassen die Themen Werbeeffektivität, Marketing und Vertriebskanäle, Multikanalstrategien- und Kundenmanagement. Zuvor arbeitete sie bereits als wissenschaftliche Mitarbeiterin und Doktorandin am Seminar für Handel und Kundenmanagement und beschäftigte sich hierbei mit Forschungsprojekten im Themenbereich »Multikanal-Distributionsstrategien«. Sie verbrachte im Rahmen ihres Promotionsstudiums im Jahr 2008 ein Forschungssemester am Marketing Department der Columbia University (USA) und schloss Ihre Dissertation mit dem Titel »Effective Multichannel Distribution Strategy« Mitte 2012 ab. Sie absolvierte ein Studium der Betriebswirtschaftslehre mit den Schwerpunkten Marktforschung, Datenanalyse und Statistik an der Universität Augsburg und schloss dieses im Jahr 2007 mit dem Diplom ab.

Jerome Alexander Königsfeld

Jerome Alexander Königsfeld ist Doktorand am Lehrstuhl für BWL, insbesondere Marketing und Handel (Otto Beisheim-Stiftungslehrstuhl) an der WHU – Otto Beisheim School of Management in Vallendar/Koblenz. Seine Forschungsschwerpunkte liegen im Preismanagement und Handelsmarketing. Herr Königsfeld studierte Betriebswirtschaftslehre mit den Schwerpunkten Marketing und Management an der Universität zu Köln, der National University of Singapore und der University of California, San Diego.

Prof. Dr. Antonio Krüger

Prof. Dr. Antonio Krüger ist seit 2009 Professor für Informatik an der Universität des Saarlandes und Direktor des Innovative Retail Laboratory (IRL) am Deutschen Forschungszentrum für Künstliche Intelligenz (DFKI). Zuvor war er fünf Jahre Professor für Informatik und Geoinformatik an der Universität Münster und bis April 2009 geschäftsführender Direktor des Instituts für Geoinformatik. Zuvor war er bereits einmal am DFKI im Bereich »Intelligente Graphikgenerierung«, »Ubiquitäre Navigationssysteme« und »Intelligente Räume« tätig, woraus auch das SpinOff »Eyeled GmbH« entstand, dessen Mitbegründer er ist. Seine Forschungsinteressen liegen im Bereich intelligenter Benutzerschnittstellen für mobile und ubiquitäre Assistenzsysteme und in der dialogischen Interaktion mit instrumentierten Räumen und Umgebungen.

Dr. Peter Linzbach

Dr. Peter Linzbach hat in Köln Betriebswirtschaftslehre studiert und 1983 in Wirtschaftsgeschichte promoviert. Er war danach in unterschiedlichen, nationalen und internationalen Managementfunktionen für die OTTO- und die Metro Group tätig. 2010 hat er ein eigenes Unternehmen gegründet, welches sich als Finanzinvestor auf den Kauf von kleineren mittelständischen Unternehmen spezialisiert hat. Er verfügt darüber hinaus über eine langjährige Erfahrung als Non-Executive in diversen Aufsichts- und Beiräten in nationalen und internationalen Handels- und Dienstleistungsunternehmen. Seit 2009 hat er einen Lehrauftrag an der Universität zu Köln.

Dr. Marc Linzmajer

Dr. Marc Linzmajer ist seit März 2013 wissenschaftlicher Mitarbeiter und Projektleiter am Forschungszentrum für Handelsmanagement (IRM-HSG). In seiner Dissertation an der Zeppelin Universität Friedrichshafen hat sich Dr. Linzmajer mit der Integration neurowissenschaftlicher Theorien, Konzepte und Methoden in die verhaltenswissenschaftlich orientierte Preisforschung auseinandergesetzt. Neben seinen Forschungsaktivitäten engagiert sich Dr. Linzmajer als Dozent an der Zeppelin Universität und an der Universität St. Gallen

Prof. Dr. Wolfgang Maaß

Prof. Dr. Wolfgang Maaß ist Professor für Betriebswirtschaftslehre, insbesondere Wirtschaftsinformatik im Dienstleistungsbereich, an der Fakultät 1 der Universität des Saarlandes (UdS). Zudem leitet er eine Forschungsgruppe am Institut für Technologiemanagement an der Universität St. Gallen (HSG). Sein Forschungsfeld sind Adaptive Alltagsumgebungen, Informationssysteme für personalisierte Medizin und konzeptuelle Modellierung. Nach seinem Studium der Informatik an der RWTH Aachen und der UdS wurde seine Promotion durch ein DFG-Stipendium gefördert. 2007 habilitierte er sich an der HSG in Betriebswirtschaftslehre. Er war Gastforscher am National Center for Geographic Information and Analysis (NCGIA) an der UC Santa Barbara und Gast-Professor am Department of Bioinformatics & Computational Biology an der University of Texas (MD Anderson Cancer Center).

Dr. Gunnar Mau

Dr. Gunnar Mau vertritt derzeit den Lehrstuhl für Marketing an der Universität Regensburg und ist Dozent an verschiedenen Universitäten und Hochschulen. Der studierte Psychologe und promovierte Wirtschaftswissenschaftler ist zudem Mitinhaber des Marktforschungsinstituts Shoppermetrics, das sich der anwendungsbezogenen Erforschung von Entscheidungen und dem Kaufverhalten am Point of Sale widmet.

Denise Paradowski

Denise Paradowski studierte Geoinformatik an der Westfälischen Wilhelms-Universität in Münster. Ihr Studium schloss sie 2011 mit dem Master of Science ab. Seitdem arbeitet sie als wissenschaftliche Mitarbeiterin am Deutschen Forschungszentrum für Künstliche Intelligenz in Saarbrücken. Ihre Forschungsschwerpunkte liegen im Bereich der Mensch-Maschine-Interaktion. Hier beschäftigt sie sich im Rahmen ihrer Promotion mit Systemen zur Lenkung der visuellen Aufmerksamkeit in cyber-physischen Umgebungen.

Dr. Markus Preißner

Dr. Markus Preißner hat Betriebswirtschaftslehre und Internationales Marketing an der Universität zu Köln und der Dublin City University studiert. Nach seiner Promotion am Seminar für Handel und Distribution im Jahre 2005, in der er sich mit den Zielen, Alternativen und Bestimmungsfaktoren der Gebührengestaltung in Franchisesystemen beschäftigte, wechselte Herr Dr. Preißner zum IFH Köln. Als wissenschaftlicher Leiter konzipiert und leitet er Studien für Unternehmen und Kooperationen im Groß- und Einzelhandel. Besonderes Augenmerk gilt dabei Analysen rund um die Themen Kundenzufriedenheit, Kundentypologien, Schnittstellenmanagement, Customer Journey sowie auf Branchenebene dem Lebensmitteleinzelhandel und dem Pharma-Markt.

Annette Ptok

Annette Ptok ist seit November 2012 wissenschaftliche Mitarbeiterin am Lehrstuhl für Handel und Kundenmanagement an der Universität zu Köln. Ihren Masterabschluss in Business Administration absolvierte sie ebenfalls an der Universität zu Köln mit den Schwerpunkten Marketing und Finance und beschäftigte sich in ihrer Masterarbeit mit den Motiven und Risiken von Unternehmen, Kunden in den Wertschöpfungsprozess zu integrieren. Ihre Forschungsschwerpunkte knüpfen an ihre These an und liegen im Bereich »Customer Integration«.

Prof. Dr. Werner Reinartz

Prof. Dr. Werner Reinartz ist Leiter des Seminars für Handel und Kundenmanagement an der Universität zu Köln und Direktor des Instituts für Handelsforschung (IFH) e. V. Sein Forschungsschwerpunkt ist empirisch-quantitativ geprägt und liegt in den Bereichen Marketingstrategie, Handel und Kundenmanagement. Er hat viele seiner Arbeiten in den international führenden akademischen Zeitschriften veröffentlicht. Zusätzlich wurden seine Forschungsstudien in mehreren Leitartikeln im Harvard Business Review präsentiert. Das Handelsblatt Ranking der Publikationsleistung aller Betriebswirtschaftler im deutschsprachigen Raum listet ihn in den Top 2,6 Prozent (Handelsblatt 2012). Neben der Forschungstätigkeit ist Prof. Reinartz für eine Reihe internationaler Konzerne (Fortune 500, Stoxx50) im Executive Training tätig. Er promovierte im Fach Marketing an der University of Houston, Texas (1999).

Prof. Dr. Thomas Rudolph

Prof. Dr. Thomas Rudolph ist Ordinarius für Betriebswirtschaftslehre und Marketing an der Universität St. Gallen (HSG). Seit 2009 leitet er als Direktor das Forschungszentrum für Handelsmanagement (Institute of Retail Management IRM-HSG) und verantwortet den Gottlieb Duttweiler Lehrstuhl für Internationales Handelsmanagement. Im Rahmen des Retail Lab begleitet er zahlreiche internationale Handelskonzerne bei Weiterbildungsprojekten und dem praxisorientierten Wissensaustausch. Zu seinen Forschungsschwerpunkten zählen Strategisches Handelsmanagement, Kaufverhalten, Consumer Confusion, Marktforschung, Positionierung und Profilierung von Verkaufsstellen, Cross-Channel Management und E-Commerce, Ess- und Verzehrverhalten.

Josef Saktjohanser

Josef Sanktjohanser ist Mitinhaber der PETZ REWE GmbH, Wissen und seit 2006 Präsident des Handelsverbandes Deutschland (HDE). Nach Abschluss seines Studiums der Betriebswirtschaftslehre an der Universität zu Köln trat er als geschäftsführender

Gesellschafter in das Lebensmittelhandel-Unternehmen PETZ ein. 1986 wechselte Sanktjohanser zur REWE-Group und war dort in regionalen und nationalen Führungspositionen tätig. Von März 2004 bis Juni 2012 gehörte er dem Vorstand der REWE Zentral-Organisationen an und verantwortete in dieser Zeit die Geschäftsfelder REWE, Fachmärkte, B2B und zuletzt Unternehmenskommunikation, Public Affairs und Konzernmarketing. Er ist Mitglied der Präsidien der BDA und der Zentrale zur Bekämpfung unlauteren Wettbewerbs e. V. Seit 2009 ist er Präsident des Instituts für Handelsforschung (IFH) an der Universität Köln.

Prof. Dr. Oliver Schnittka
Prof. Dr. Oliver Schnittka ist Associate Professor of Marketing an der University of Southern Denmark in Esbjerg. Zuvor studierte er Betriebswirtschaftslehre an der Universität Hamburg und promovierte dort anschließend am Institut für Marketing und Medien zum Thema »Brand Image Effects of Sponsorships«. Im Rahmen seiner Postdoc-Phase, ebenfalls am Institut für Marketing und Medien der Universität Hamburg, führten ihn Forschungsaufenthalte u. a. an die Cornell University (Ithaca, USA). Seine Arbeitsschwerpunkte bilden insbesondere Themen in den Bereichen Markenmanagement, Handelsmarketing, Sportmarketing und allgemeine Konsumentenforschung.

Bettina Seul
Bettina Seul ist bei der IFH Institut für Handelsforschung GmbH als Leiterin des Bereiches Forschung & Konzepte tätig. Ihr Bereich fokussiert auf Fragestellungen des stationären Handels und begleitet Kunden aus Handel und Konsumgüterindustrie bei individuellen Marktforschungs- und Beratungsprojekten. Persönlich engagiert sich Frau Seul u. a. in den Themen Nachhaltigkeit im Handel sowie Personal und Arbeitgeberimage. Vor ihrer Tätigkeit beim IFH Köln war Frau Seul Projektmanagerin beim Forschungsunternehmen YouGovPsychonomics AG angestellt, wo sie zuletzt als Head of Business Unit Retail & Consumer Goods die Verantwortung für den Bereich Handel- und Konsumforschung innehatte. Frau Seul studierte Psychologie und Marketing an der RWTH Aachen und der University of Cardiff.

Dr. Eva Stüber
Dr. Eva Stüber ist seit Mai 2012 Senior Projektmanagerin an der IFH Institut für Handelsforschung GmbH und dem dort angesiedelten ECC Köln. Bereits während ihres Diplom-Studiums der Betriebswirtschaftslehre an der Universität des Saarlandes und ihrer Tätigkeit als wissenschaftliche Mitarbeiterin an der BTU Cottbus hatte sie zahlreiche Berührungspunkte mit dem Handel allgemein und speziell dem E-Commerce. In ihrer Promotion hat sie sich schließlich empirisch mit der »Personalisierung im Internethandel« beschäftigt. Am ECC Köln beschäftigt sie sich schwerpunktmäßig mit Fragestellungen des Multi-Channel-Managements und der Logistik.

Prof. Dr. Franziska Völckner
Prof. Dr. Franziska Völckner ist Direktorin des Lehrstuhls für Marketing und Markenmanagement an der Universität zu Köln. Ihre Arbeitsschwerpunkte bilden insbesondere Themen in den Bereichen Markenmanagement sowie Markt- und Konsumentenforschung.

Forschungsaufenthalte führten sie als Visiting Scholar u.a. an die Georgia State University, die University of Technology Sydney und die School of Communication, Journalism and Marketing, Massey University. Der Austausch zwischen Universität und Praxis ist ein wichtiger Aspekt der Arbeit von Frau Völckner und eines der grundsätzlichen Ziele des am Lehrstuhl assoziierten Zentrums für Markenmanagement und Marketing (ZMM e.V.).

Stichwortverzeichnis

Das Institut für Handelsforschung (IFH) an der Universität zu Köln

An der Schnittstelle zwischen Theorie und Praxis

Zur Gründung des IFH Köln 1929 sprach sich der damalige Oberbürgermeister Kölns, Konrad Adenauer, dafür aus, dass das An-Institut an der Universität zu Köln ein Ort sei, der als Schnittstelle von Wissenschaft und Praxis Wissen für den Handel und für erfolgreiches Wirtschaften generiere. Auch wenn sich die Themen und Methoden geändert haben, hat dieses damals für das IFH Köln aufgezeigte Ziel auch heute noch Bestand. Alle Marktteilnehmer im Bereich Handel und Konsum profitieren von den wissenschaftlichen Analysen, der praxisrelevanten Information und dem fundierten Branchenwissen der IFH-Experten. Hierfür arbeitet das IFH Köln in einem Verbund, der Wissenschaft, angewandte Handelsforschung und konzeptionelle Beratung vereint:

- Das von der **Gesellschaft zur Förderung des Instituts für Handelsforschung an der Universität zu Köln e.V.** getragene sogenannte *An-Institut* für Handelsforschung untersucht Fragestellungen des Handels in Rahmen der akademischen Grundlagenforschung. Ziele sind die Bereitstellung von unabhängiger Information für Unternehmen, Politik und Öffentlichkeit und die wissenschaftliche Beleuchtung praxisrelevanter Themen und verständliche Aufbereitung der Ergebnisse für die unternehmerische Praxis (Schaffung eines öffentlichen Gutes). Die Gesellschaft möchte die Belange des Handels durch objektive Berichterstattung stärken und die Wertschöpfung im Handel verdeutlichen. Im Präsidium bestimmen namhafte Vertreter des Groß- und Einzelhandels sowie der Universität zu Köln unter dem Präsidenten Josef Sanktjohanser und dem Direktor des Instituts für Handelsforschung, Prof. Dr. Werner J. Reinartz, die Geschicke der Fördergesellschaft. Die Mitglieder der Gesellschaft unterstützen durch ihren Beitrag die Grundlagenforschung für den Handel, partizipieren am Informationsaustausch in der Branche und profitieren auf vielfältiger Weise von den Leistungen des IFH.
- Die **IFH Institut für Handelsforschung GmbH** agiert praxisbezogen und baut dabei auf eigene wissenschaftliche Erkenntnisse auf. Alle gängigen Marktforschungsmethoden werden eingesetzt, um in Studien oder im individuellen Auftrag Fragestellungen des Handels zu beantworten. So wird relevantes Marktwissen für den stationären Handel und mithilfe der Online-Experten des **E-Commerce-Center** (ECC) für den E-Commerce generiert.

- Die **IFH Retail Consultants** – die Beratungs-Unit des IFH Köln – greifen auf die Erkenntnisse der Handelsforschung zurück, um so Unternehmen marktstrategisch und konzeptionell zu unterstützen. Exemplarische Themen sind Multi-Channel-Strategien, die Marktbewertung bei Due Diligence-Prozessen, Standortanalysen oder die Identifikation von Expansionsstrategien.

Die Stärke des IFH Köln liegt in seinem Verbund. Von dieser einzigartigen Kombination an Leistungen in den Bereichen Forschung, Beratung und Information Services profitieren Entscheider im Handel und in der Konsumgüterindustrie. Dabei gilt stets der Dreiklang: Analysieren. Bewerten. Entscheiden.